中国式

现代化研究报告

（2020—2023年）

盖凯程　韩文龙／主编

西南财经大学出版社

中国·成都

图书在版编目（CIP）数据

中国式现代化研究报告.2020—2023年/盖凯程,韩文龙主编.--成都:西南财经大学出版社,2024.6

ISBN 978-7-5504-6050-8

Ⅰ.①中… Ⅱ.①盖…②韩… Ⅲ.①现代化建设—研究报告—中国—2020—2023 Ⅳ.①D616

中国国家版本馆CIP数据核字（2023）第246522号

中国式现代化研究报告（2020—2023年）
ZHONGGUOSHI XIANDAIHUA YANJIU BAOGAO（2020—2023 NIAN）

盖凯程　韩文龙　主编

策划编辑:杨婧颖
责任编辑:杨婧颖
责任校对:王甜甜
封面设计:墨创文化
责任印制:朱曼丽

出版发行	西南财经大学出版社(四川省成都市光华村街55号)
网　　址	http://cbs.swufe.edu.cn
电子邮件	bookcj@swufe.edu.cn
邮政编码	610074
电　　话	028-87353785
照　　排	四川胜翔数码印务设计有限公司
印　　刷	四川煤田地质制图印务有限责任公司
成品尺寸	185 mm×260 mm
印　　张	23
字　　数	657千字
版　　次	2024年6月第1版
印　　次	2024年6月第1次印刷
书　　号	ISBN 978-7-5504-6050-8
定　　价	92.00元

总　序

2022 年 10 月 16 日，在中国共产党第二十次全国代表大会开幕会上，习近平总书记在作报告时强调："从现在起，中国共产党的中心任务就是团结带领全国各族人民全面建成社会主义现代化强国、实现第二个百年奋斗目标，以中国式现代化全面推进中华民族伟大复兴"。

中国式现代化，是在中国特色社会主义革命、建设、改革和发展实践中，由中国共产党领导和全体中国人民共同努力，通过不断解放和发展社会生产力，实现经济、政治、社会、文化和生态等领域从不发达阶段向发达阶段转变的崭新过程。中国式现代化是在中国共产党领导下，结合中国的实际情况，在长期实践基础上形成的科学社会主义现代化道路，是一条把马克思主义基本原理同中国具体实际相结合，开辟出的中国特色社会主义现代化道路。这条道路根植于中国土壤，反映了中国历史文化传统、发展阶段和国情特点，是一条富有创新精神的现代化之路，它既遵循了各国现代化过程的基本规律，又具有社会主义特质和中国特色。

面对实现中华民族伟大复兴的战略全局和世界百年未有之大变局，中国特色社会主义政治经济学理论体系研究团队坚持以习近平新时代中国特色社会主义思想为指引，始终贯彻以问题为导向，充分发挥国家重点学科优势和国家级研究平台优势，深入研究和阐释中国式现代化的理论内涵和实践路径，形成了一批具有思想性、系统性、学理性的研究成果，为推动中国特色社会主义政治经济学学科体系、理论系统和话语体系贡献了西财力量。在科学研究基础上，我们形成了《中国式现代化研究报告（2020—2023 年）》，以此来推动"中国式现代化"研究的理论创新和实践发展。本报告由中国特色社会主义政治经济学理论体系研究团队倾心打造，旨在全面系统地阐释中国式现代化的内涵、路径与经验，以及它所蕴含的深刻理论意义和宝贵实践智慧。

政治经济学既是西南财经大学传统优势学科，也是我国马克思主义经济学重要的人才培养基地和学术研究重镇。进入新时代新征程以来，西南财经大学坚持以

"新财经"统揽学校未来发展和重大部署，着力强化使命引领、深化拓展大学功能、系统集成学科要素、全面增强组织成员适应性，全面推进"新财经"战略升级，努力建设中国特色哲学社会科学领军人才培养基地、中国特色哲学社会科学基础理论创新基地、中国特色哲学社会科学学科高地和中国特色新型财经智库。全力推进建设建好"习近平经济思想研究院"一流学科培优集成创新平台，并以平台为依托凝聚起了中国特色社会主义政治经济学理论体系研究团队，聚焦研究中国式现代化建设中的重大理论和实践问题，以及该学科领域的重大基础问题和前沿问题，采取超学科方式加强有组织研究。本团队紧紧围绕"打造学术高地、筑牢思想阵地、建强育人基地"，积极推进习近平经济思想学术化、学理化和学科化研究阐发，不断进行理论观点、学科体系和研究方法的创新与发展，力争为推动构建中国特色经济学学科体系、学术体系、教材体系和话语体系贡献"西财力量"。

在未来的研究道路上，我们将坚持以马克思主义经济学中国化时代化为主线，不断推进习近平经济思想的学理化阐释、学科化凝练、学术化表达，立足新发展阶段、贯彻新发展理念、构建新发展格局，讲清"中国奇迹"背后的道理、学理、哲理，推进具有标识性概念、原创性理论、体系化知识的自主经济学知识体系建构。西南财经大学中国特色社会主义政治经济学理论体系研究团队愿同理论界、高校同仁一道，心怀"国之大者"，立足"四为服务"，坚定"四个自信"，为建设具有中国特色、中国风格、中国气派的中国特色社会主义政治经济学理论体系作出应有贡献。

目　录

社会主义基本经济制度与中国式现代化[*]

刘　灿

党的二十大报告提出，"从现在起，中国共产党的中心任务就是团结带领全国各族人民全面建成社会主义现代化强国、实现第二个百年奋斗目标，以中国式现代化全面推进中华民族伟大复兴"；报告阐述了中国式现代化的中国特色和本质要求，"中国式现代化，是中国共产党领导的社会主义现代化，既有各国现代化的共同特征，更有基于自己国情的中国特色"①。中国式现代化"以人为中心"，体现为满足人民美好生活需要、共同富裕、人的全面发展、人与自然和谐共生。这些本质特征的充分体现，需要一个制度保证，即基础性制度安排。

一、社会主义基本经济制度与中国式现代化道路

从历史视角看，现代化代表了一个世界性的历史过程。现代化是人类自有文字以来告别传统社会的一场最伟大的变革，它不仅实现了科学技术革命、社会生产力跃迁、现代经济的累积性增长，而且实现了思想革命、社会转型和制度创新。自18世纪60年代工业革命以来，人类文明便进入了一个新的发展阶段，即工业文明阶段，学术界用现代化概念来叙述工业革命以来的文明历程，主要指工业化以及其所带动的城市化和社会文化程度的提高。从生产力角度看，现代化的主要内容是工业化、城市化和科学技术应用带来的经济增长，现代化使各个国家都要经历工业化和城市化进程、科学在经济领域的广泛应用、农业比重的下降、收入差距缩小的进程。从生产关系看，现代化是社会经济制度的现代构建和变革。

诺斯说："有效率的经济组织是经济增长的关键；一个有效率的经济组织在西欧的发展，正是西方兴起的原因所在。"② 从制度与绩效的关系看，许多西方学者认为成功的制度改变经过财产权的重新安排得以降低交易费用，其理论逻辑是"制度—经济组织—经济主体—经济绩效"。按照马克思历史唯物主义基本原理，社会经济制度变迁与经济增长的内在联系要用生产关系与生产力的相互关系来解释；社会生产关系的基础是生产资料所有制；有效率的组织或制度能够产生激励效果从而改变人的行为，但要把人的经济行为放在历史形成的整体制度约束中而不是个人的理性选择。

* 本文选自《政治经济学评论》2023年第2期。

① 习近平：《高举中国特色社会主义伟大旗帜 为全面建设社会主义现代化国家而团结奋斗》，人民出版社，2022，第21—22页。

② 道格拉斯·诺斯：《西方世界的兴起》，华夏出版社，1999，第5页。

从近现代社会经济制度的历史变迁看，15—16世纪欧洲各国普遍建立了以私人财产神圣不可侵犯为核心的私人财产权利体系，并在此基础上推进了市场经济制度的形成。从封建社会发展出来的资本主义社会，一开始就建立了确认和保护私人财产的所有权制度。

近代社会以来资本主义国家私有制和私人财产权利体系的建立具有重大进步意义，它把财产关系由一种"人身契约"变成了"市场契约"，一种新型的市场契约关系取代了人身性的依附关系，一般劳动者拥有了人身的自由，也为劳动力成为商品和商品经济的发展提供了条件。以私有财产权为基础，西方国家建立了一系列保护公民权利的制度，它提供了个人参与市场活动、生产和积累财富的激励，推动了资本主义市场经济的发展和现代化的进程。但是，资本主义私有制和私人财产权法律体系的最大缺陷是它带来的阶级分化、贫富差距和社会不公，劳资对立和不平等问题一直是资本主义国家现代化进程中的"痼疾"。从西方国家的现代化历史看，资本主义经济迅速发展、社会剧烈变动，原有的社会秩序被打乱，原有的利益格局被打破，原有的观念和意识被改变，而其中的资产阶级和无产阶级、强势阶层和弱势阶层急剧分化，尤其是处于社会最底层的弱势群体即没有财产权的工人阶级的权益受到根本性的侵害，构成当时的资本主义社会最严重的"社会安全问题"[①]。马克思和恩格斯认为财产权的自由并不只是拥有资本权利的那部分人的自由，它意味着每个社会成员拥有财产权利的平等、获得和使用财产的公平，即劳动产品分配的公平以及人们能充分享受社会财富带来的幸福，实现人的全面自由发展。

新中国成立以来，中国共产党，将马克思主义与中国国情相结合，以实践和问题为导向，探索出一条中国式现代化道路。这条道路的中国特色从基础生产关系看，就是20世纪50年代初与"国家工业化"同时构建的社会主义公有制，以及在其后工业化、现代化不断推进过程中社会主义所有制及其结构的不断创新和完善。

中国式现代化道路坚持从本国实际和国情出发，在中国特色社会主义建设实践中不断探索与生产力发展相适应的社会基本生产关系。改革开放以来，我们党立足基本国情，总结初级阶段中国特色社会主义建设和现代化道路探索的经验，确立了社会主义基本经济制度。在所有制结构层面，"以公有制为主体、多种所有制经济共同发展"保证了社会主义的根本性质和公有制的"普照之光"；在分配方式层面，坚持按劳分配为主体、多种分配方式并存，这既激发了劳动者的生产积极性，又使各种社会资源和要素能够更充分地进入社会生产生活中，给现代化提供了蓬勃活力；在运行机制层面，坚持社会主义市场经济体制的构建和"有效市场"与"有为政府"的耦合统一，这既发挥了市场的资源配置优势、激发了各类市场主体的活力和创造力，又有效发挥了政府调节市场、弥补市场缺陷的作用。公有制为主体、多种所有制经济共同发展明确了我国社会主义基本经济制度的性质，也对分配制度和市场经济体制起着决定性的作用；按劳分配为主体、多种分配方式并存是由我国生产力状况、所有制关系决定的，是所有制关系在收入分配领域的实现；社会

---

① 马克思：《资本论》（第1卷），人民出版社，1975，第466-468页。

主义市场经济体制以所有制关系为前提和基础，体现所有制关系、交换方式和资源配置方式，并受所有制关系、生产力发展水平等影响，对所有制关系及其实现形式也有重要影响。

二、坚持改革开放，不断夯实中国式现代化的所有制基础

生产资料所有制是生产关系的基础，其形式和结构决定着整个生产关系以及经济制度的性质。中国共产党领导的中国特色社会主义建设，坚持和完善社会主义基本经济制度，坚持公有制为主体、多种所有制经济共同发展的社会主义所有制结构，是马克思主义中国化的重要成果。这一成果在理论上解决了两大难题：一是社会主义所有制可以是一个包含公有制和非公有制的多元主体结构，二是社会主义公有制能够与商品经济、市场经济相结合。在经济体制改革中始终遵循生产力与生产关系及其相互关系的规律，以公有制为主体、多种所有制经济共同发展为主线的中国实践，创造性地取得了社会主义所有制改革的中国经验。进入新时代，在面临实现中国式现代化的战略目标、战略任务，以及新发展阶段、新发展格局和高质量发展的新时代背景下，所有制领域的改革和制度完善需要新的实践探索和理论拓展。

（一）推进所有制结构改革的纵深发展和理论拓展

改革开放以来，我国所有制结构经历了大致三个阶段。第一阶段，1978 年到 1987 年，"公有制为主体、其他经济成分为补充"，允许非公经济存在和发展，从单一的所有制（公有制）结构变为多元主体的结构，非公有制经济作为补充性要素以边际增量调整方式逐渐被纳入所有制改革的轨道。第二阶段，1987 年到 1997 年党的十五大之前，"公有制为主体、多种所有制经济共同发展"，非公经济得到更大的发展空间。同时，20 世纪 90 年代"抓大放小"改革意味着所有制结构开始从非公经济边际增量调整转向对公有经济的存量结构优化。第三阶段，1997 年党的十五大召开以来。党的十五大把"公有制为主体，多种所有制经济共同发展的制度"确立为社会主义初级阶段的基本经济制度。2002 年党的十六大提出"两个毫不动摇"，成为现阶段正确认识和处理所有制问题的根本准则。2000 年以后，所有制结构完善的重心转向从政策和法律层面着力锻造公有制经济与非公有制经济在要素上平等使用、经济上平等竞争和法律上平等保护的平等发展格局。进入新时代，在坚持改革开放、新发展理念和高质量发展以及走中国式现代化道路的背景下，所有制结构调整优化向纵深推进，其核心逻辑是推动不同所有制经济取长补短、相互促进、共同发展，从宏观制度架构层面进一步延伸至各种所有制资本交叉融合发展和产权保护等关键环节和微观领域。

所有制结构改革的纵深发展，还包括巩固和发展公有制主体地位，扩展其新内涵。一是坚持公有制主体地位和国有经济主导作用"两个不能动摇"，使其成为执政根基、社会性质、发展成果共享的制度性保障，使其作用在实现中国式现代化的战略目标，以及以人民为中心、共同富裕、人与自然和谐共生的特性中体现出来。二是推进农村集体产权制度改革，完善产权权能，完善农村基本经营制度，探索各种"新集体经济"的实现形式。例如，将经营性资产折股量化到具体的集体经济

组织成员，创新农村集体经济有效组织形式和运行机制以及农村集体产权实现形式，这一改革对公有制（农村集体经济）的实现方式来讲是一个很大的突破。我们需要在总结经验的基础上推进农村集体所有制和产权理论的创新。

（二）深化国有企业改革

党的十八大以来，在总结国有企业改革实践经验的基础上，从新的历史起点和时代要求出发，根据我国经济发展进入新常态和实现中国式现代化国有企业承担的历史使命，以习近平同志为核心的党中央对全面深化国有企业改革作出一系列新部署，提出了一系列新思路。2014年习近平总书记提出，"要把提高效率、增强活力作为国有企业改革的目标，推动国有企业做强大"。党的十八届三中全会提出要"积极发展混合所有制经济"，"国有资本、集体资本、非公有资本等交叉持股、相互融合的混合所有制经济，是基本经济制度的重要实现形式，有利于国有资本放大功能、保值增值、提高竞争力，有利于各种所有制资本取长补短、相互促进、共同发展"①。这一论断的提出表明有关社会主义初级阶段的所有制结构和实现形式的认知达到了一个新高度，国有企业改革也进入了混合所有制经济的深化期。党的二十大报告提出"深化国资国企改革，加快国有经济布局优化和结构调整，推动国有资本和国有企业做强做优做大，提升企业核心竞争力"，"完善中国特色现代企业制度，弘扬企业家精神，加快建设世界一流企业"②，这是新时代深化国有企业改革的基本方向和根本任务。

进入新时代，以在国有企业中引入非国有资本为特征的混合所有制改革成了国有企业改革的一个重要方向，推进了国有企业的产权改革。产权改革的绩效取决于是否有一个能够促进有效竞争的市场结构。在一些关系国计民生和国家战略性行业中，国有企业一般处于垄断地位，针对垄断，我们的改革是放松管制、开放市场、引入竞争，但在改革中，实际经验显示，还必须选择一个合理的所有制结构，因为我们发现，如果把国有企业放到一个特殊产业环境中来看，在一个产业结构下（行业集中度已定的情况下），企业的产权结构、治理机制和政企关系对企业行为从而对企业绩效有重要影响。国有企业改革的目标最终应落脚于提高整个经济系统内的资源配置效率。在混合所有制改革与结构化调整方面，要继续推进结构调整以及不同类型国有企业的分类改革；同时深化混合所有制改革，通过产权结构和治理结构的改善来改变国有企业的行为，提升企业绩效。对产权与绩效的关系的考量，还应该将其纳入生产关系和利益关系。我们的政治经济学分析要解释社会主义基本经济制度所决定的社会基本利益关系如何在混合所有制企业中体现，要看到社会主义市场经济中混合所有制企业内部资本与劳动、不同要素所有者以及企业与政府之间的利益关系也会影响企业的激励与绩效。

（三）构筑不同所有制经济共同发展的微观财产权制度基础

以公有制为主体的多元所有制结构、市场化改革与按要素分配，带来财产权结

---

① 《中国共产党第十八届中央委员会第三次全体会议文件汇编》，人民出版社，2013，第24页。
② 习近平：《高举中国特色社会主义伟大旗帜 为全面建设社会主义现代化国家而团结奋斗》，人民出版社，2022，第29页。

构上的一个最大变化就是个人（及家庭）拥有了私有财产，私人财产权利提供了个人参与市场活动、生产和积累财富的激励，为共享共建美好生活、实现共同富裕提供了动力。在农村土地产权制度改革的推进中，由于集体土地使用权的物权化、可交易化，农民也拥有了自己的"私有财产"，农民凭土地财产（土地承包权和宅基地使用权）要素参与市场资源配置，获得财产权收益。

在市场经济中财产权是一种自由选择权。财产权可以激发人们积累财富的积极性，可以促进人的全面发展的欲望，在提升社会生产力的效率的同时为人的全面发展提供先进的物质设施和优雅的环境。从这个意义上来说，保护公民私人财产是同实现人的全面自由发展的终极目标相一致的。1982 年《中华人民共和国宪法》确立了财产权法律制度的基础框架，在保持对公有财产权实行特殊保障的基础上，构建了多种财产权并存的制度。2004 年"私产入宪"和 2007 年颁布《中华人民共和国物权法》（以下简称《物权法》），在法律上确认了私有财产在社会主义市场经济中的地位。《物权法》的基本规则是民事主体在法律地位上一律平等。物权平等保护原则是指各类民事主体享有的所有权和他物权平等地受法律保护。2018 年 11 月，习近平总书记在民营经济座谈会上指出："公有制经济财产权不可侵犯，非公有制经济财产权同样不可侵犯；国家保护各种所有制经济产权和合法利益，坚持权利平等、机会平等、规则平等，健全以公平为核心原则的产权保护制度，加强对各种所有制经济组织和自然人财产权的保护。"[①] 实现中国式现代化，需要构建一个有活力又具稳定性的微观基础，有恒产者有恒心，微观主体财产权的有效保障和实现是这个基础的基础。作为经济社会持续健康发展基础的财产权结构，要处理好私有财产权的"私权"本性和保持社会秩序及其伦理的稳定的关系，既要保障在我国社会主义市场经济中私有财产权的地位与作用又不会使社会主义公有制的经济基础受到伤害，既要确保私有财产权得到发展又能实现社会公平正义，这些问题都是在新时代新的实践中要解决好的。

三、完善社会主义分配制度

改革开放四十多年来，中国特色社会主义收入分配以马克思主义为指导，立足于中国国情和改革开放的实践经验，经历了由单一的按劳分配，到按劳分配为主体、其他分配方式为补充，再到按劳分配为主体、其他分配方式共同发展，以及按劳分配与按生产要素分配相结合的过程，走了一条实践与理论不断创新发展之路。

在全面建成小康社会和实现中国式现代化背景下，新时代社会主义收入分配制度完善与改革得到了新的发展。2012 年党的十八大对深化收入分配制度改革作出了全新的战略部署，提出"两个同步"（居民收入增长和经济发展同步、劳动报酬增长和劳动生产率提高同步）与提高"两个比重"（居民收入在国民收入分配中的比重、劳动报酬在初次分配中的比重），并对效率与公平的关系进行了新的表述，即"初次分配和再分配都要兼顾效率和公平，再分配更加注重公平"。2013 年党的

---

① 习近平：《在民营企业座谈会上的讲话》，《人民日报》2018 年 11 月 1 日。

十八届三中全会提出要扩大中等收入者比重，逐步形成"橄榄型分配格局"。党的十九大继续强调"两个同步"，明确"坚持按劳分配原则，完善按要素分配的体制机制"，要求履行好政府再分配调节职能，缩小收入分配差距。2019年党的十九届四中全会将"按劳分配为主体、多种分配方式并存"作为社会主义基本经济制度。党的二十大再次提出"要完善分配制度，坚持按劳分配为主体、多种分配方式并存"。

社会主义收入分配制度中不仅包含体现社会主义基本经济制度和生产关系性质的按劳分配，还包含以社会主义公有制为主体的所有制结构与多种分配方式并存，这是我国现阶段收入分配的制度特征。从理论维度看，社会主义按劳分配是科学社会主义理论体系的核心原理之一。中国特色社会主义是对科学社会主义理论的具体实践，马克思分配理论与中国实践结合促成了分配理论的创新。将分配制度上升为基本经济制度的核心内容，就是这一理论发展的最新成果。它既包含体现社会生产关系性质的按劳分配的基本原则、内容、方式，还包含市场经济下按劳分配的实现方式，多元所有制结构与多种分配方式并存的制度特征，以及按要素贡献分配的依据和实现路径。从实践维度看，改革进程中社会经济结构的变化产生了财产主体多元化、分配形式多样性以及收入差距拉大的现象，意味着新时代深化收入分配制度改革，必须在社会主义基本经济制度的整体性中加以审视和推进。

党的二十大报告明确提出中国式现代化是全体人民共同富裕的现代化；因此，新时代完善社会主义分配制度必须体现实现全体人民共同富裕这一价值目标。在已有经验的基础上进一步地推进实践和拓展理论，需要从三个层面来抓住关键问题。

第一，在初次分配领域。我国初次分配的体制机制仍有许多不完善之处，与资本所得相比，劳动所得在初次分配中占比过低；行业之间、企业内部收入差距较大，还存在劳务派遣引起的同工不同酬现象；还有些人通过不正当手段无偿或低价占有和使用公共资源而获得非正当收入。社会主义市场经济中初次分配的基本格局是由不同生产要素之间的利益关系即生产关系决定的，初次分配领域的矛盾不仅表现为劳动与资本的要素收入差距，还有其他要素如科技创新、管理、知识产权等凭其贡献获得收入而形成利益是否均衡的问题。生产决定分配，不同的所有制关系决定不同的分配制度。以公有制为主体的多元所有制结构决定协调资本与劳动的合理关系必须坚持社会主义初级阶段基本经济制度，充分发挥公有制和按劳分配的引导作用；在社会主义市场经济中，生产要素贡献及其收入要遵循市场原则，通过市场机制给各类要素定价，因此缩小收入差距和体现公平正义要发挥公有制的作用，也要充分尊重市场机制的作用。

第二，在再分配即二次分配领域，充分发挥政府的调节作用，有效调节收入差距。从西方发达国家收入分配实践来看，它们往往通过社会再分配政策来缩小收入差距，如税收、转移支付、提供公共产品等，但是在初次分配中还缺乏调节财富差距和收入差距的有效手段。汲取西方国家的经验教训，需要充分发挥政府在纠正社会财富占有进而引起收入分配的过分不平等问题方面的功能，在再分配领域构建起一整套财产分布稳定机制和行之有效的财产再分配的经济调节机制，充分发挥政府机制与社会机制在再分配中的公平提升作用，以抑制和扭转整个社会财富的过度集中和财产分布过度不均等的趋势。

第三，充分发挥第三次分配的重要补充作用。第三次分配是指动员社会力量，建立社会救助、民间捐赠、慈善事业、志愿者行动等多种形式的制度和机制，是社会互助对于政府调控的补充。在新时代，第三次分配问题日益重要，党的二十大报告提出"引导、支持有意愿有能力的企业、社会组织和个人积极参与公益慈善事业"[①]。这就要求我们发挥好第三次分配的调节作用，发展慈善业，改善收入和财富分配格局，建立健全鼓励和引导社会捐赠的相关制度和政策，吸纳社会资金帮助困难群体。

四、构建高水平社会主义市场经济体制

1992 年党的十四大确立了社会主义市场经济体制改革目标。之后中国的市场化改革从构建社会主义市场经济体制的基本框架，到完善社会主义市场经济体制，围绕"使市场在资源配置中起决定性作用"深化经济体制改革，一系列重大实践都是着力于使初步建立起来的社会主义市场经济体制不断完善、走向成熟。党的十九届五中全会审议通过的《中共中央关于制定国民经济和社会发展第十四个五年规划和二〇三五年远景目标的建议》，提出"全面深化改革，构建高水平社会主义市场经济体制"的重点任务并作出了一系列重要部署。构建高水平社会主义市场经济体制是立足新发展阶段、贯彻新发展理念、构建新发展格局、实现高质量发展的现实需要，也是开启全面建设社会主义现代化国家新征程和实现共同富裕的战略需要。

与市场化改革的实践逻辑一致，关于社会主义市场经济的理论创新，从认识社会主义经济为什么是市场经济、公有制为什么能够与市场经济有机结合，到构建社会主义市场经济体制和社会主义市场体系，再到构建高水平社会主义市场经济体制，体现了社会主义市场经济理论的时代发展和理论升华。基于中国市场化改革的实践，社会主义市场经济理论对社会主义市场经济体制的内涵、市场经济基础性制度与完善要素市场化配置体制机制，以及社会主义市场经济体制中的政府与市场关系的学理解释，构成了社会主义市场经济理论的系统化学说和中国经济学自主知识体系，直接挑战了西方经济学的"经济自由主义"和"凯恩斯主义"。

理解高水平社会主义市场经济体制的内涵，"高水平"是关键。一般来讲，高水平社会主义市场经济体制是充满活力的体制，是"产权有效激励、要素自由流动、价格反应灵活、竞争公平有序、企业优胜劣汰"的体制，但这还不足以反映社会主义市场经济体制的制度特征和时代高度。把握高水平社会主义市场经济体制的内涵，要注意三个维度：一是从基本经济制度看，社会主义市场经济体制与所有制结构、分配制度存在内在关系，是"三位一体"的关系；二是从政府与市场的关系看，它是有效市场和有为政府的更好结合；三是从文化维度看，它不仅要承载

---

① 习近平：《高举中国特色社会主义伟大旗帜 为全面建设社会主义现代化国家而团结奋斗》，人民出版社，2022，第 47 页。

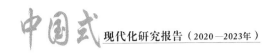

市场经济形成的原生文化，更需要的是引入中华优秀传统文化基因，有机整合中西文化资源优势，形成中国特色。从这三个层面充分反映中国发展社会主义市场经济的体制特征和独特道路。

党的十八届三中全会作出的《中共中央关于全面深化改革若干重大问题的决定》提出，建设统一开放、竞争有序的市场体系，是使市场在资源配置中起决定性作用的基础，"必须加快形成企业自主经营、公平竞争，消费者自由选择、自主消费，商品和要素自由流动、平等交换的现代市场体系"①。通过建设高标准现代市场体系、健全宏观调控体系和开放型经济体系，逐步朝着构建系统完备、成熟定型的高水平社会主义市场经济体制推进。高水平市场经济体制包括更完善的市场调节机制，更具竞争力和充分活力的市场组织，统一开放、竞争有序的市场体系，公平开放透明的市场规则，更有效率的政府服务体系以及更加安全有效的宏观调控与政策协调机制。主要的改革举措有三。第一，建设高标准现代市场体系。市场体系是包括各类市场在内的有机统一体，如商品市场（消费品市场和生产资料市场）、要素市场（金融市场、劳动力市场、技术市场、信息市场等），它们之间形成一个相互作用、相互联系的有机统一体。现代市场体系的建设，一是各类市场的建设，保证各类要素平等进入市场，形成充分竞争，包括完善公平竞争制度，全面实施市场准入负面清单制度，改革生产许可制度，健全破产制度等；二是完善市场机制，包括价格形成机制、供求机制和竞争机制，使市场机制能有效调节、实现供求均衡②。第二，健全宏观调控体系，完善宏观经济治理体制。要健全以国家发展战略和规划为导向、以财政政策和货币政策为主要手段的宏观调控体系，推进宏观调控目标制定和政策手段运用机制化，加强财政政策、货币政策与产业、价格等政策手段协调配合；要完善政府经济调节、市场监管、社会管理、公共服务、生态环境保护等职能，创新和完善宏观调控，进一步提高宏观经济治理能力，构建有效协调的宏观调控新机制。第三，建设更高水平开放型经济新体制，形成开放性经济体系，在更加开放的条件下实现高质量发展，实施更大范围、更宽领域、更深层次的全面开放。

构建高水平社会主义市场经济体制是中国共产党领导下的中国特色社会主义建设的新实践，目标是建立一个人类历史上从未有过的、把社会主义基本经济制度与市场经济结合起来的新型经济体制。社会主义市场经济解决了社会主义公有制与市场经济的有机结合与兼容这一难题，迄今为止，这在全世界还没有成功的范例，西方主流经济学对此也没有科学的解释。新时代，在实现中国式现代化和高质量发展背景下，还需要我们大胆实践、勇于创新。在坚定不移深化市场化改革中不断提高开放水平，在经济体制关键性基础性重大改革上实现实践创新和理论创新。

① 《中国共产党第十八届中央委员会第三次全体会议文件汇编》，人民出版社，2013，第9页。
② 洪银兴：《新编社会主义政治经济学教程》，人民出版社，2018年。

中国特色社会主义收入分配理论[*]

刘　灿

　　中国特色社会主义收入分配理论是中国特色社会主义政治经济学理论体系的重要构成部分，是当代中国马克思主义政治经济学和马克思主义中国化的学术成就，是中国改革经验和发展道路的经济学表达。它的理论范式是马克思主义的，其理论发展以马克思主义政治经济学收入分配理论为基础，同时汲取人类共同文明成果和西方经济学的有益内容。它是指导新时代中国特色社会主义经济建设和收入分配体制改革的理论思想。中国特色社会主义分配理论的总结应充分反映我们学科的内涵和性质，因此本文对中国特色社会主义收入分配理论的阐释按照思想来源和理论演进、核心范畴、理论维度、实践基础和重大问题这样一个逻辑主线来展开，同时把相关的经典文献、代表性学说与观点、实践与理论总结等纳入每一部分的内容中，目的就是尝试在收入分配领域形成"中国经验的系统化学说"。

一、社会主义基本分配制度的形成与发展

（一）马克思收入分配理论与社会主义分配原则

　　在马克思的收入分配理论中，生产与分配的关系表现为：生产资料的分配是分配的基础，参与生产的形式决定了分配的形式。在《〈政治经济学批判〉导言》中，马克思这样论述："照最浅薄的理解，分配表现为产品的分配，因此它离开生产很远，似乎对生产是独立的。但是，在分配是产品的分配之前，它是：（1）生产工具的分配；（2）社会成员在各类生产之间的分配（个人从属于一定的生产关系）——这是上述同一关系的进一步规定。这种分配关系包含在生产过程本身中并且决定生产的结构，产品的分配显然只是这种分配的结果。"[①] 在《资本论》第3卷中，马克思进一步指出"分配关系不过表示生产关系的一个方面"[②]。洪银兴认为，马克思关于生产与分配关系的观点主要有三个方面：一是分配关系由生产关系决定；二是分配关系与生产关系本质上的同一性；三是分配关系以及与之相适应的生产关系，必须与生产力的发展要求相适应[③]。

　　基于生产与分配的一般关系，马克思对资本主义分配方式的分析建立在对资本

---

　　* 西南财经大学经济学院的盖凯程、田世野、李怡乐、李标、吴垠、葛浩阳、韩文龙老师参与了本课题的研究，再次表示感谢！

　　① 《马克思恩格斯选集》（第2卷），人民出版社，1995，第14页。
　　② 马克思：《资本论》（第3卷），人民出版社，2018，第1000页。
　　③ 洪银兴：《〈资本论〉的现代解析》，经济科学出版社，2005，第384~386页。

主义生产方式深刻剖析基础上，以劳动价值论、剩余价值理论、资本积累理论为基础：劳动价值论确定了分配的实体是劳动创造的价值；剩余价值理论解开了剩余价值来源的奥秘和资本主义的分配规则，是资本主义条件下研究分配问题的基本指导思想。概言之，资本主义生产和分配的关系是：生产资料的分配是分配的基础，资本主义生产关系存续、抽象劳动创造的新价值可变资本（v）和剩余价值（m）在劳资间进行分配的前提是劳动者和生产资料的分离，参与生产的形式决定了获取分配的形式①。资本主义生产方式下价值创造与价值分配的不一致性表明资本主义分配方式是不公平的，其根源是资本主义私有制和雇佣劳动。

经典马克思收入分配理论是在对古典政治经济学进行批判的基础上诞生的，即在批判了"斯密教条"和萨伊的"三位一体"公式，批判性地吸收李嘉图的劳动价值论与分配理论、约翰·穆勒的"阶级异化"和收入公平思想之后，结合当时特定的时代背景和社会实践形成的。这一分析贯彻了马克思的整体主义分析方法，与西方主流经济学截然不同。西方经济学基于个人主义分析方法，把市场看作理性人交易的场所，认为要素所有者根据贡献获得相应收入，这种分配机制和分配格局是合理有效的，干预将造成效率的损害。这套收入分配理论忽略了一个事实：个体所具备的要素禀赋本身取决于一定生产关系所决定的生产条件的分配②。市场不是处在抽象的真空中，而是在特定生产关系的历史环境里。

马克思收入分配理论既是对资本主义分配关系、运动规律的揭示与批判，也是对未来社会分配制度的科学预言。马克思批判了空想社会主义者关于未来社会分配问题的错误观点，吸收了其中的合理成分，创立了科学的按劳分配理论。马克思的按劳分配思想集中体现在1875年的《哥达纲领批判》一文中。在这篇经典文献中，马克思第一次明确区分了共产主义第一阶段和高级阶段，并提出第一阶段即社会主义社会实行按劳分配原则，高级阶段则实行"各尽所能，按需分配"原则。对共产主义第一阶段的按劳分配，马克思这样阐述："每一个生产者，在作了各项扣除以后，从社会领回的，正好是他给予社会的。他给予社会的，就是他个人的劳动量。他从社会领得一张凭证，证明他提供了多少劳动（扣除他为社会基金而进行的劳动），他根据这张凭证从社会储存中领得一份耗费同等劳动量的消费资料。"③ 这是我们在马克思著作中所看到的对于按劳分配的最详细、最经典的论述，标志着按劳分配理论的正式形成。

马克思主义按劳分配的主要内容和基本要求是：①等量劳动领取等量报酬，多劳多得、少劳少得、不劳动者不得食；②按劳分配所依据的劳动排除任何客观因素，只包括劳动者自身脑力与体力的支出；③作为分配尺度的劳动不是劳动者实际付出的个别劳动，而是劳动者在平均熟练程度和劳动强度下生产单位使用价值所耗费的社会平均劳动。在经典的马克思主义分配理论中，实行按劳分配是建立在全社会范围的生产资料公有制和商品货币关系消亡基础上的。

---

① 张宇等：《中级政治经济学》，中国人民大学出版社，2016，第158-159页。
② 高峰、张彤玉等：《当代资本主义经济研究》，中国人民大学出版社，2012，第143页。
③ 《马克思恩格斯选集》（第3卷），人民出版社，2012，第363页。

按劳分配是社会主义分配制度的基础,具有十分重要的意义:一方面,按劳分配排除了凭借对生产资料的占有而占有他人劳动成果的可能,从而对实现共同富裕具有深远的历史意义;另一方面,按劳分配把劳动者的劳动和报酬直接联系起来,激发劳动者从物质利益上关心自己劳动成果的劳动积极性。因此,按劳分配能够兼顾公平与效率,是社会主义应当坚持的分配原则。这一理论从创建到发展已经历了170多年,历史的沧桑巨变证明了马克思主义收入分配理论的科学性、时代性和生命力,是社会主义国家进行分配制度改革的理论基础。而这个过程本身也是马克思主义收入分配理论在实践中不断创新和发展的过程。

(二)社会主义按劳分配制度的最初实践

在苏联社会主义革命与建设中,列宁继承和发展了马克思主义的收入分配思想,特别是首次将按劳分配付诸社会实践。他认为,社会主义虽然消除了人剥削人的现象,但是"这个社会最初只能消灭私人占有生产资料这一'不公平'现象,却不能立即消灭另一(现象):'按劳动'(而不是按需要)分配消费品"[①]。因此,"按劳分配消费品"的现象将长期存在,劳动尺度仍然是社会各个成员分配产品的调节者(决定者)。基于此,社会主义收入分配的原则是"不劳动者不得食""按等量劳动领取等量产品"。

在 1918 至 1920 年三年战争期间,苏联实行战时共产主义政策,国家直接定量配给基本消费品并实行工资实物化,分配中盛行平均主义,导致普遍出现"懒惰,松懈,零星地投机倒把,盗窃,纪律松弛"[②]。列宁及时汲取了战时共产主义的经验教训,实行新经济政策,突破了由国家直接分配产品的模式,停止劳动券形式的直接实物分配,代之以货币工资。同时,着重纠正分配中的平均主义,重视物质利益对提高劳动生产率的促进作用,实行工资等级制和奖金制度,强调劳动者收入要与劳动成果、劳动生产率直接挂钩,多劳多得。

斯大林在理论和实践上继续坚持按劳分配原则,将其视为"社会主义的公式",并结合苏联社会主义实践的具体情况对按劳分配的具体形式和实现方式进行了探索。斯大林肯定了社会主义条件下还存在商品经济,但他同时强调社会主义条件下的商品生产是"特种的商品生产"[③],价值规律已经没有调节作用。在高度集权的计划经济体制下,苏联始终没有建立起有效发挥按劳分配优势的体制机制。特别是高度集权的计划经济体制依靠行政手段的指令性计划对国营企业和集体农庄的个人收入分配管得过多、统得过死,缺乏灵活性和激励相容性,企业和劳动者的责任性、积极性和创造性都被严重压抑。高度集权的计划经济体制下收入分配制度的弊端日渐显露。斯大林对社会主义按劳分配实践的探索对后来社会主义国家的收入分配理论和实践产生了极大影响。

(三)中国收入分配制度的形成与制度演进

第一阶段(1956—1977 年):计划经济时期个人收入分配制度的探索与争论。

① 《列宁选集》(第 3 卷),人民出版社,2012,第 195 页。
② 斯大林:《苏联社会主义经济问题》,人民出版社,1958,第 12 页。
③ 中共中央文献研究室:《建国以来重要文献选编》(第十一册),中央文献出版社,1995,第 598 页。

1949—1952年，政府没收官僚资本，建立全民所有制经济，全面推进土地改革，保护民族工商业，极大地提高了工人和农民的生产劳动积极性。1957年后，中国参照苏联模式建立了高度集中的计划经济体制，我国收入分配原则的落实经历了曲折的探索。1958年《关于人民公社若干问题的决议》指出，按劳分配对发展社会主义具有重要意义，理论界也对按劳分配的客观必然、具体形式等做出了诠释，同时强调"物质鼓励和政治思想教育必须相辅而行"①。但"左倾思潮"的泛起使得按劳分配原则的落实遭遇了曲折，收入分配愈加向着平均主义异化。另一个问题是，计划经济体制下的按劳分配基于产品型经济，而不是真正的商品经济。当时已有个别学者认识到这个问题，例如，顾准提出并论证了计划体制不可能完全消灭商品货币关系和价值规律，主张社会主义条件下依靠商品经济的力量参与收入分配②。这些思想在当时缺乏成长的社会经济土壤，但给后人带来了深刻的启发，成为改革开放时代"社会主义市场经济收入分配理论"的先声③。

第二阶段（1978—1991年）：经济体制转型期社会主义收入分配原则的突破。改革开放初期，邓小平明确指出："我们一定要坚持按劳分配的社会主义原则。按劳分配就是按劳动的数量和质量进行分配。根据这个原则，评定职工工资级别时，主要是看他的劳动好坏、技术高低、贡献大小。"④国内学者对否定和歪曲按劳分配的错误观点进行了大量批判，指出按劳分配不但不产生资本主义，而且是最终消灭资本主义的必由之路；否认按劳分配，极大地伤害了人民群众的劳动积极性，严重阻碍了生产力的发展⑤。改革中所有制结构的多元化、社会主义商品经济理论与实践的推进，形成了"以按劳分配为主体，其他分配方式为补充"的新突破，在坚持按劳分配的主体方式前提下，还引入了按个体劳动、经营、资金、资本、劳动力价值分配等其他分配方式⑥。收入分配原则中公平与效率的关系还未明确提出，但是"先富"促进"共富"的表述暗含了效率先于公平的政策思路，意味着对计划经济体制阶段平均主义原则的彻底突破⑦。

第三阶段（1992—2011年）：社会主义市场经济确立与完善时期收入分配原则的演进。1992年党的十四大提出，我国经济体制改革的目标是建立社会主义市场经济体制，随后，党的十四届三中全会对社会主义市场经济体制改革做出了全面部署，中国经济改革至此正式进入了市场经济的轨道。马克思收入分配理论中国化也推进到了"社会主义市场经济收入分配理论"的新阶段。党的十五大正式提出，公有制为主体、多种所有制经济共同发展是我国社会主义初级阶段的一项基本经济

---

① 上海市劳动局办公室资料组编：《建国以来按劳分配论文选》（上），上海人民出版社，1978，第2页；《列宁全集》（第42卷），人民出版社，2017，第252页；薛暮桥：《中国社会主义经济问题研究》，人民出版社，1979，第76页。

② 《顾准文集》，贵州人民出版社，1994年。

③ 刘灿等：《中国特色社会主义收入分配制度研究》，经济科学出版社，2017，第127页。

④ 《邓小平文选》（第2卷），人民出版社，1993，第101页。

⑤ 于光远：《政治经济学社会主义部分探索》（二），人民出版社，1981，第108-121页；吴敬琏等：《驳"四人帮"对社会主义工资制度的污蔑》，广东人民出版社，1978，第6页。

⑥ 王珏：《社会主义政治经济学四十年》（第4卷），中国经济出版社，1991，第394-398页。

⑦ 刘灿等：《中国收入分配体制改革》，经济科学出版社，2019，第13页。

制度，并做出了"把按劳分配和按要素分配结合起来"的新论断。党的十六大进一步提出要"确立劳动、资本、技术和管理等生产要素按贡献参与分配的原则，完善按劳分配为主体、多种分配方式并存的分配制度"①。在"按劳分配与按生产要素分配相结合"的收入分配原则确立的同时，"效率优先、兼顾公平"的分配原则也逐渐建立起来。党的十四大就指出收入分配要"兼顾效率与公平"，党的十五大进一步明确了"坚持效率优先、兼顾公平"的原则，党的十六大提出"初次分配注重效率，再分配注重公平"的新提法，这一提法在党的十七大报告中发展为"初次分配和再次分配都要处理好效率和公平的关系，再分配更加注重公平"②。

第四阶段（2012年至今）：全面建设小康社会背景下新时代社会主义收入分配原则的新发展。2012年党的十八大对深化收入分配制度改革作出了全新的战略部署，提出"两个同步"（居民收入增长和经济发展同步、劳动报酬增长和劳动生产率提高同步）与提高"两个比重"（居民收入在国民收入分配中的比重、劳动报酬在初次分配中的比重），并对效率与公平的关系进行了新的表述——"初次分配和再分配都要兼顾效率和公平，再分配更加注重公平"。2013年党的十八届三中全会提出要扩大中等收入者比重，逐步形成"橄榄型分配格局"。党的十九大继续强调"两个同步"，明确"坚持按劳分配原则，完善按要素分配的体制机制"，要求履行好政府再分配调节职能，缩小收入分配差距。这一时期，中国收入分配制度进一步成熟和定型。2019年党的十九届四中全会将"按劳分配为主体、多种分配方式并存"作为社会主义基本经济制度。伴随我国综合国力和人民生活水平日益提升，全面建设小康社会、实现共同富裕成为新时代中国特色社会主义建设的重要目标。习近平总书记指出，"要坚持以人民为中心的发展思想，这是马克思主义政治经济学的根本立场。要坚持把增进人民福祉、促进人的发展、朝着共同富裕方向稳步前进作为经济发展的出发点和落脚点"③。

（四）马克思主义收入分配理论的中国化与理论创新

我国收入分配制度所经历的不断探索和发展的过程，是马克思主义中国化在收入分配领域的具体体现，更是对中国特色社会主义经济实践经验的理论提炼和总结。中国共产党百年奋斗的历史，就是一部马克思主义中国化的历史，即将马克思主义基本原理同中国具体实际相结合，不断形成具有中国特色的马克思主义理论成果的过程。具体地说，就是把马克思主义基本原理同中国革命、建设和改革的实践结合起来，同中国的优秀历史传统和优秀文化结合起来，既坚持马克思主义，又发展马克思主义；是实现马克思主义指导中国革命、建设和改革的实践的具体化，把中国革命、建设和改革的实践经验和历史经验上升为马克思主义理论；是把马克思主义根植于中华优秀传统文化之中。

---

① 江泽民：《全面建设小康社会，开创中国特色社会主义事业新局面——在中国共产党第十六次全国代表大会上的报告》，人民出版社，2002，第25页。

② 胡锦涛：《高举中国特色社会主义伟大旗帜，为夺取全面建设小康社会新胜利而奋斗——在中国共产党第十七次全国代表大会上的报告》，人民出版社，2007，第37页。

③ 习近平：《立足于我国国情和我国发展实践，发展当代中国马克思主义政治经济学》，《人民日报》2015年11月25日。

学者们对马克思主义收入分配理论中国化的研究形成了以下主要的认识和观点。

1. 社会主义市场经济体制与按劳分配原则的相容性

党的十五大前后，理论界对市场经济与按劳分配的关系，特别是二者的相容性曾有大量讨论。有学者提出"按劳分配与市场经济矛盾论"，认为马克思设想的按劳分配是在全社会统一实行的狭义按劳分配，这一条件在市场经济条件下显然暂时不具备[①]。另一种观点则认为，按劳分配的实质是要反对剥削同时反对平均主义，从马克思超越市场经济的按劳分配到市场经济条件下的按劳分配，不是对按劳分配本质的否定，而是在市场经济条件下更好地践行按劳分配原则[②]。

2. 社会主义市场经济体制中按劳分配原则的实现形式

社会主义市场经济条件下按劳分配的实现形式不同于马克思设想的未来社会的按劳分配：首先，按劳分配是我国收入分配的主要方式而不是唯一方式；其次，按劳分配受市场机制调节的影响，通过三个阶段（企业在市场上销售产品取得收入、企业对劳动者按其劳动分配经营收入中的个人收入部分、劳动者取得货币收入后实现个人消费）实现，而不是直接表现为社会劳动；最后，按劳分配的实现形式是工资、奖金、津贴等货币收入，而不是直接的实物分配[③]。

3. 按要素分配的含义、必要性及其与劳动价值论的关系

从改革开放到党的十四大召开之前，随着"社会主义有计划商品经济"理论和社会主义初级阶段理论的提出，我国经济理论界形成了一定的共识，认为社会主义初级阶段实行按劳分配为主体、其他分配方式为补充，是由现阶段生产力发展水平、公有制为主体多种经济成分并存、商品经济的内在要求等共同决定的。在按劳分配以外的"其他分配方式"中，引起特别关注的是按要素分配。传统的经济理论把按要素分配与萨伊的三要素是创造价值的源泉联系起来，称其为资产阶级庸俗经济学。在改革开放的时代浪潮中，国内经济学界开始突破这一传统认知。早在1988年，就有学者提出，现阶段多种分配方式的实质是按贡献分配，这是中国经济学界较早提出按贡献分配思想的文献[④]。关于生产要素"贡献"是创造价值的贡献还是生产财富（使用价值）的贡献，代表性观点有三种。第一种观点认为，价值和财富是由劳动和其他生产要素共同创造的，原来那种认为价值是由劳动创造、其他生产要素不创造价值的观点应予突破[⑤]。第二种观点坚持马克思的劳动价值论，认为生产要素按贡献参与分配，是指生产要素在生产使用价值中的贡献，而不

① 赵晓雷：《中华人民共和国经济思想史纲》，首都经济贸易大学出版社，2009，第191-192页。
② 张宇：《中国特色社会主义政治经济学》，中国人民出版社，2016，第180页。
③ 《马克思主义政治经济学概论》编写组：《马克思主义政治经济学概论》（第2版），人民出版社，2021，第274页。
④ 谷书堂、蔡继明：《按贡献分配是社会主义初级阶段的分配原则》，《经济学家》1989年第2期；郭熙保、张平：《对我国经济体制改革论争的回顾与思考》，《江海学刊》2009年第4期。
⑤ 劳动和社会保障部劳动工资研究所课题组：《深化对新的历史条件下收入分配理论的认识》，《内部文稿》2001年第24期。

是指其在创造价值中的贡献①。第三种观点则认为应该把以上两种观点综合：非劳动的其他生产要素的贡献在于为价值形成和财富创造提供了条件，而不是本身创造价值，这与劳动创造价值不但并行不悖，而且更好地承认并保证了劳动创造价值的实现②。

4. 按劳分配与按生产要素分配结合的依据与意义

关于按劳分配和按要素分配能否结合，学界曾有两种不同观点。一种观点认为二者能够结合，在社会主义市场经济条件下公有制实行按劳分配，非公有制实行按要素分配③。另一种观点认为二者不能结合。有学者认为，市场经济的一切分配方式都可以概括为按要素分配，其中就包括了劳动；另有学者认为，按劳分配是社会主义条件下消费品的分配原则，而按要素分配是国民收入的分配，二者不是一个层次的问题，不存在结合问题；还有学者提出，按劳分配与按要素分配有本质区别，前者建立在劳动价值论基础上，而后者的基础是资产阶级庸俗价值论④。当前学界的共识是社会主义市场经济条件下按劳分配与按要素分配能够也应该结合：首先，这是由公有制为主体、多种所有制经济共同发展的基本经济制度决定的；其次，这是社会主义市场经济体制的要求；最后，归根到底这是由生产力的发展状况决定的⑤。社会主义初级阶段把按劳分配与生产要素按贡献参与分配相结合具有重要意义：实行按劳分配为主体，有利于维护广大劳动者的切身利益，调动他们的创造积极性，从而提高劳动生产率；多种分配方式并存，各种生产要素按贡献参与分配，有利于调动各种要素所有者的积极性，提高全社会的资源配置效率，让一切创造社会财富的源泉充分涌流，推动经济发展与社会进步。

5. 社会主义市场经济中按劳分配原则为何必须坚持以及如何坚持

社会主义必须坚持按劳分配原则：一方面，按劳分配用劳动主权代替了资本主权，体现了人们在占有生产资料上的平等关系，为消灭剥削、消除两极分化、实现共同富裕奠定了制度基础；另一方面，按劳分配承认个人劳动能力和与此相关的利益差别，为经济的有效运行提供了有效的激励和约束机制⑥。在社会主义市场经济条件下坚持按劳分配原则应该做到以下几点：第一，不断巩固公有制的主体地位，这是按劳分配的前提，因此要不断做大做强做优国有企业；第二，既要拓宽财产性收入渠道，又要限制来自金融、房地产市场的投机性收入增长；第三，要坚持就业优先战略和积极就业政策，通过更高质量和更充分就业，保障劳动者通过劳动参与社会产品分配的权利；第四，通过集体谈判等制度增强劳动者的谈判能力，进一步

① 卫兴华：《我国现阶段收入分配制度若干问题辨析》，《宏观经济研究》2003年第12期；黄泰岩：《论按生产要素分配》，《中国经济问题》1998年第6期。
② 逄锦聚等：《马克思劳动价值论的继承与发展》，经济科学出版社，2005，第333-334页。
③ 高培勇：《收入分配：经济学界如是说》，经济科学出版社，2002，第81页。
④ 高培勇：《收入分配：经济学界如是说》，经济科学出版社，2002，第81页；李楠：《关于社会主义市场经济与按劳分配的关系》，《江汉论坛》1995年第5期。
⑤ 刘灿等：《中国收入分配体制改革》，经济科学出版社，2019，第19-20页。
⑥ 张宇：《中国特色社会主义政治经济学》，中国人民大学出版社，2016，第178页。

完善社会保障体系，保护劳动者的合法权益[1]。

6. 从效率与公平谁为先到二者结合互促

改革开放以来，我国收入分配中的效率与公平的关系经历了从何者为先到二者相互促进的变迁。马克思主义政治经济学认为，公平与效率具有同向变动的交促互补关系[2]。有学者认为，"效率优先，兼顾公平"在一定意义上是中国发展生产力的客观要求，然而，将公平置于效率之后导致我国收入分配差距持续扩大[3]。有学者提出，"效率优先"虽然解决了短期发展问题，但给经济社会的长期持续发展埋下了隐患[4]。随着我国改革发展实践和理论研究的不断深入，经济学界逐渐形成共识，那就是效率与公平应当结合互促。效率与公平相结合的要义是在发展基础上实现共同富裕。共同富裕不是平均主义，不搞"杀富济贫""杀富致贫"，要"避免掉入福利主义陷阱"[5]。为此，要坚持和完善社会主义初级阶段的基本经济制度，真正做到公有制和非公有经济平等竞争、共同发展；激发非公有制经济活力，充分发挥非公有制经济在支撑增长、促进创新、扩大就业、增加税收等方面的重要作用[6]。必须保护产权，激励人们从事财富积累[7]。有学者提出，由于技术变革、劳动复杂程度提高和劳动生产率提高，资本和劳动可能存在正和关系，从劳资关系角度探讨了效率与公平协调的可能性[8]。

7. 社会主义新时代收入分配机制健全与完善的长效机制

世纪之交我国收入分配格局中出现劳动报酬占比低、收入差距较大问题，对共同富裕、全面建成小康社会造成了突出的障碍，也给我国经济的运行效率、增长动力带来了负面影响。党的十六大以来特别是党的十八大以来，我国着力调节收入分配结构，进一步完善收入分配制度。围绕初次分配、再分配、三次分配，学界对健全社会主义收入分配机制基本形成以下共识：首先，要健全初次分配，坚持按劳分配为主体，努力实现劳动报酬增长和劳动生产率提高同步，提高劳动报酬在初次分配中的比重，并缩小不同人群所拥有的要素差别；其次，要健全再分配制度，通过再分配对初次分配形成的过大收入差距进行调节，完善以税收、社会保障、转移支付为主要手段的再分配调节机制，实现基本公共服务均等化；再次，要提高低收入者收入，扩大中等收入者比重，调节过高收入，取缔非法收入，逐步形成橄榄型分

① 张宇：《中国特色社会主义政治经济学》，中国人民大学出版社，2016，第183页。
② 程恩富：《现代马克思主义政治经济学的四大理论假设》，《中国社会科学》2007年第1期。
③ 魏众、王琼：《按劳分配原则中国化的探索历程——经济思想史视角的分析》，《经济研究》2016年第11期。
④ 刘承礼：《30年来中国收入分配原则改革的回顾与前瞻——一项基于公平与效率双重标准的历史研究》，《经济理论与经济管理》2008年第9期。
⑤ 刘鹤：《必须实现高质量发展》，《人民日报》2021年11月24日。
⑥ 卫兴华：《坚持和完善中国特色社会主义经济制度》，《政治经济学评论》2012年第1期；张宇：《更好坚持和完善基本经济制度》，《国企》2014年第10期。
⑦ 刘灿：《中国经济改革与产权制度创新》，西南财经大学出版社，2007年，第283-292页。
⑧ 孟捷：《劳动与资本在价值创造中的正和关系研究》，《经济研究》2011年第4期。

配格局；最后，要重视发挥第三次分配作用，发展慈善等社会公益事业①。

8. 社会主义收入分配制度改革的最终目的——以人民为中心实现共享共富

在马克思的经济发展理论里，生产力的发展只是手段，人的发展才是目的②。共同富裕、共享发展是坚持以人民为中心的发展思想的集中体现，是社会主义收入分配制度改革的最终目的和本质要求。党的十一届三中全会后，一个重要的发展理念就是"让一部分人先富起来"，历史发展到今天，这一政策已经完成任务，应逐步转向实现共同富裕③。社会主义公有制和按劳分配原则为共同富裕的实现提供了根本的制度保障，我们要坚持社会主义现代化道路，同时继续深化体制机制改革，不断完善市场经济环境下公有制和按劳分配的实现形式，使社会主义的制度优势充分发挥出来④。

（五）中国收入分配理论和实践对西方经济学的借鉴与超越

古典经济学曾与伦理学、道德哲学有着深刻的联系，非常重视收入分配问题。亚当·斯密继承了威廉·配第的劳动价值论的观点，并以此为基础奠定了其收入分配理论的基石。李嘉图在其代表作《政治经济学及赋税原理》中把收入分配作为研究的重点，认为"确定支配这种分配的法则是政治经济学的首要问题"⑤。约翰·穆勒第一次提出了分配优先的观点，认为"只有在落后国家，生产的增长才是依然重要的目标。在最发达国家，经济所需要的是更好的分配"⑥。但是，边际革命特别是新古典经济学建立并确立其在西方经济学中的主流地位后，收入分配问题、社会公平逐渐淡出主流经济学的视野，转而研究稀缺资源的配置效率问题。新古典经济学家把收入分配问题仅仅看作一般价格形成问题中的一个方面。在他们看来，只要市场机制能够充分发挥作用，生产要素按其价格所获得的收入就是公平合理的。20世纪20年代以庇古为代表的旧福利经济学家也曾关注收入分配均等问题，将国民收入总量和分配的均等作为经济福利提高的充分条件，但30年代后形成的新福利经济学又把分配公平排除在福利增加的条件之外。自由主义一贯忽视甚至反对研究公平问题，自由主义经济学的旗手哈耶克明确提出："因此就市场秩序，谈论分配的公正或不公正根本就是无稽之言。在这方面，说收入的'散布'而不是'分配'，造成的误解会更少一些。因此，所有保证'公正'分配的努力，

---

① 有学者提出，按劳分配排除了生产资料占有和资本积累差别对收入分配的影响，避免了过大的贫富差距。参见张宇：《中国特色社会主义政治经济学》，中国人民大学出版社，2016，第198—199页。洪银兴：《非劳动生产要素参与收入分配的理论辨析》，《经济学家》2015年第4期。蔡昉、王美艳：《中国面对的收入差距现实与中等收入陷阱风险》，《中国人民大学学报》2014年第3期。李实：《当前中国的收入分配状况》，《学术界》2018年第3期。

② 李义平：《马克思的经济发展理论：一个分析现实经济问题的理论框架》，《中国工业经济》2016第11期。

③ 刘国光：《是"国富优先"转向"民富优先"还是"一部分人先富起来"转向"共同富裕"？》，《探索》2011年第4期。

④ 张宇：《中国特色社会主义政治经济学》，中国人民大学出版社，2016，第198—199页。

⑤ 大卫·李嘉图：《政治经济学及赋税原理》，周洁译，华夏出版社，2005，序。

⑥ 约翰·穆勒：《政治经济学原理及其在社会哲学上的应用》，胡企林、朱泱译，商务印书馆，1997.

必然导致把市场的自发秩序变成一个组织，或换言之，变成一种集权主义秩序。"①正如托马斯·皮凯蒂所说："19 世纪的经济学家将分配问题置于经济分析的核心地位并致力于研究其长期趋势，这一做法值得称道。他们提出了正确的问题，我们没有任何理由相信增长是自动平衡的，长久以来，经济学家都忽略了财富分配。"②二战以后，随着凯恩斯主义经济学和国家干预的兴起，收入再分配成为西方经济学和政府用来对付不平等现象的主要手段，在此背景下西方"福利国家"兴起，西方发达国家收入分配不平等问题一度有所改善。但是，20 世纪 70 年代后随着新自由主义的兴起，收入分配公平问题再次被忽视，强调财富创造、经济增长的"涓滴经济学"（Trickle-down Economics）开始流行。但在西方发达国家的现实中，"涓滴经济学"并没有起作用，社会不平等程度显著加深③。由于不平等问题的凸显，近年来西方经济学界开始出现对新自由主义的反思，对于收入分配、社会公平问题给予了更多的关注，尝试在经济学中重新引入价值判断和道德哲学的智慧，如美国经济学家斯蒂格利茨、印度经济学家阿马蒂亚·森等。

纵观这一历史流变，可以发现，古典经济学之后的西方主流经济学对收入分配的研究有两个重大缺陷：一是从价值取向上看，在收入分配的效率与公平中，更加偏向效率，对公平的关注较少，甚至很多时候只看效率不看公平；二是在研究方法上，主要从价格这样的经济运行层面研究分配问题，对现实中出现的不平等问题，主要通过再分配政策进行调节，陷入"就分配谈分配"的窠臼，没有深入生产方式、生产关系的层面来研究分配。这两个方面也是西方主流的收入分配理论与马克思主义收入分配理论的根本区别：从价值取向上看，马克思主义政治经济学具有鲜明的阶级性，公开主张和维护无产阶级的利益，追求社会公平公正；从研究方法上看，马克思强调生产决定分配，深入生产方式、生产关系研究分配，而不是从价格等经济运行层次或单纯的再分配来看收入分配。

从经济改革与制度演化路径的视角研究中国收入分配制度的演变逻辑，对于深刻理解中国经济社会转型发展具有重要的学科意义和实践价值。新中国成立 70 多年来特别是改革开放 40 多年来，中国收入分配制度改革坚持马克思收入分配的基本原理，牢牢把握坚持与发展的辩证法，不断推进马克思主义收入分配理论的中国化和理论创新。首先，中国收入分配制度改革始终坚持"以人民为中心"这一中国特色社会主义政治经济学的本质属性，服从于人民的福祉和共同富裕。中国经济体制转型和市场经济体制构建过程中出现的诸多社会经济问题，迫切需要中国经济学重视对经济现象中社会伦理道德问题的研究，因此中国的理论经济学不可能做到价值中立，必须始终坚持马克思主义的人民立场。其次，遵循生产力与生产关系、经济基础与上层建筑之间的客观规律，深入生产关系进行分配关系的调整和收入分配制度的改革。中国收入分配制度改革是在中国生产关系的深刻调整（如农村产权改革、国企改革、非公有制经济从无到有从小到大的发展）中发生的，对收入

① 哈耶克：《经济科学与政治——哈耶克思想精神》，冯克利译，江苏人民出版社，2000，第 403 页。
② 托马斯·皮凯蒂：《21 世纪资本论》，巴曙松译，中信出版社，2014，第 16 页。
③ 斯蒂格利茨：《不平等的代价》，张子源译，机械工业出版社，2013，第 7-8 页。

分配结构的调整也始终重视生产关系、生产方式本身的调整，如深化国企和农村改革、理顺政府与市场的关系、建设现代化经济体系、在高质量发展中推进共同富裕，不仅仅是在初次分配层面，还通过再分配、三次分配对分配结果进行调节。进入新时代，时代赋予中国特色社会主义政治经济学一系列新的课题，不仅要研究新时代的经济运行特征和问题，更重要的是要从基本经济关系层面研究全面深化改革带来的社会权利、利益关系的变化，例如在收入分配领域体现出来的我国转型期的各种矛盾，背后的核心逻辑是生产关系，它是社会主义初级阶段生产力发展与生产关系、经济基础与上层建筑之间矛盾的具体表现和在现实中的展开。

二、社会主义按劳分配为主体的多种分配方式和实现形式

（一）社会主义基本经济制度与收入分配制度

生产力对生产关系、经济基础对上层建筑的决定作用是通过生产资料所有制为基础展开的，作为狭义生产关系的生产资料所有制结构在整个经济关系中有决定性作用。按照经典的马克思主义政治经济学的基本原理，在社会生产关系中，生产资料所有制及其产权关系决定分配关系和分配制度。所有制是一个发展的概念和发展的过程，在一定的社会经济形态中同时存在的不同所有制形式构成的所有制结构，决定了与所有制结构对应的收入分配制度的不同内容，这些内容在社会实践中通过法律制度、政策、条文等规范得以实现，渗透到分配的具体机制与方式当中。

1. 生产资料所有制、经济体制与收入分配制度的理论逻辑关系

生产资料是一个社会最基本的经济资源，谁控制了生产资料，谁就控制了包括生产、分配、交换以至消费等社会经济的各个环节，并由此成为这个社会政治上的统治者和意识形态上的主导者[①]。因此，生产资料所有制是决定社会基本性质和发展方向的根本因素。党的十九届四中全会之前，关于我国社会主义基本经济制度的表述，直接指向的就是生产资料所有制。收入分配制度及其实现形式，由生产资料所有制和经济运行机制共同决定，而收入分配制度及其实现形式、分配结构，具体体现了一个社会的基本利益关系以及社会成员间的利益关系。

有关基本经济制度内涵表述的重大变化发生在党的十九届四中全会，会议决定明确指出，"公有制为主体、多种所有制经济共同发展，按劳分配为主体、多种分配方式并存，社会主义市场经济体制等社会主义基本经济制度，既体现了社会主义制度优越性，又同我国社会主义初级阶段社会生产力发展水平相适应，是党和人民的伟大创造"[②]。公有制为主体、多种所有制经济共同发展，按劳分配为主体、多种分配方式并存，社会主义市场经济体制三项制度并列，都作为社会主义基本经济制度，是对社会主义基本经济制度的新概括，是对社会主义基本经济制度内涵的重要发展和深化，正式明确了收入分配制度是一个社会基本经济制度的内容之一。

---

① 张宇：《中国特色社会主义政治经济学》，中国人民大学出版社，2016，第58页。

② 《中共中央关于坚持和完善中国特色社会主义制度推动国家治理体系和治理能力现代化若干重大问题的决定》，《人民日报》2019年11月6日。

对此，刘鹤指出，"这三项基本经济制度相互联系、相互支持、相互促进，是经济制度体系中具有长期性和稳定性的部分，起着规范方向的作用，对经济制度属性和经济发展方式有决定性影响"[①]。党的十九届四中全会对基本经济制度的新表述是对新时代背景下整个社会主义初级阶段中国经济建设经验与理论的总结。

党的十九届四中全会对"社会主义基本经济制度"表述的重大调整，也是社会主义基本经济制度内涵的重要完善，对社会主义生产关系而言，核心不变的经济制度就是生产资料公有制和按劳分配制度，具有持久的稳定性和长期连续性，社会主义基本经济制度则具有相对的稳定性和渐进适应性，它既要为了遵循和适应现实经济运行作出必要的调整，也要愈益趋向符合社会核心经济制度的本质规定[②]。而将社会主义市场经济体制纳入基本经济制度，也是对社会主义中国经济增长经验的深刻总结。顾海良认为，2013年党的十八届三中全会第一次提出的国家治理体系和治理能力现代化问题，是在坚持和深化社会主义市场经济体制改革的"总目标"下展开的；在政府和市场关系核心问题方面的探讨，开始赋予社会主义市场经济体制以社会主义基本经济制度规定性[③]。

新时代社会主义基本经济制度的形成和确立，突出了将社会主义核心不变的公有制、按劳分配与市场经济体制有机结合起来，同时兼顾进一步解放与发展社会生产力，维护社会公平正义、实现共同富裕两大基本目标。基本经济制度的调整更好地反映了社会主义本质生产关系的内在要求，并与社会经济制度运行的具体组织形式和管理体系、要素配置方式和调节机制等更加融洽匹配。体现"生产关系适应发展观"，在"生产力—生产关系—上层建筑"的互动机制中，经济制度体系适应性调整的创新发展，促进中国经济的长期快速增长、人们生活的极大改善以及全社会福利的极大增进[④]。

总之，把所有制关系、分配关系、交换关系一起纳入社会主义基本经济制度的范畴，符合广义的生产关系含义。所有制关系不能孤立地存在和发挥作用，由于生产、分配、交换、消费等"构成一个总体的各个环节"，所有制关系也会受到分配关系、交换关系的制约。如果离开了分配和交换，所有制关系包含的经济利益就无法真正实现。只有把所有制关系和与之相适应的分配关系、交换关系等看成一个相互联系、相互作用的整体，才能更加全面和准确地把握一个社会的生产关系及其基本性质[⑤]。"所有制改革解决了经济发展的动力和方向问题，分配制度改革解决了推动经济发展的积极性问题，而市场经济解决了经济发展活力问题，三者关系当中所有制及其实现形式是起决定性作用的方面。"[⑥]

---

① 刘鹤：《坚持和完善社会主义基本经济制度》，《人民日报》2019年11月22日。

② 李萍等：《新中国经济制度变迁》，西南财经大学出版社，2019，第10页。

③ 顾海良：《基本经济制度新概括与中国特色社会主义政治经济学新发展》，《毛泽东邓小平理论研究》2020年第1期。

④ 李萍等：《新中国经济制度变迁》，西南财经大学出版社，2019年，第4页。

⑤ 方敏：《基本经济制度是所有制关系、分配关系、交换关系的有机统一》，《政治经济学评论》2020年第2期。

⑥ 胡钧、李洪标：《十九届四中全会〈决定〉中的基本经济制度与市场经济》，《福建论坛》（人文社会科学版）2020年第1期。

2. 社会主义基本经济制度与收入分配制度在历史实践中的演进

新中国成立至今，我国的经济制度经历了深刻的历史变革；伴随着社会基本经济制度的变革，我国的收入分配制度也经历了深刻的演变与发展。马克思强调，从本质上讲，"生产条件的分配决定生产结果的分配""生产关系和分配关系是同一的，它不过是生产关系的反面""消费资料的任何一种分配，都不过是生产条件本身分配的结果"①。通常，生产资料的公有制安排决定了分配关系采取按劳分配乃至按需分配的制度安排，而生产资料的私有制安排则决定了分配关系采取按要素贡献分配的制度安排。分配的具体实现形式由经济体制来决定。

新中国成立后，通过社会主义改造，我国建立了以公有制为基础的社会主义经济制度，确立了计划经济体制以及平均主义倾向较为明显的按劳分配制度。客观地看，这一历史变革，为建成比较完整的工业体系和现代国民经济体系奠定了基础，进而为当代中国的一切发展进步奠定了根本政治前提和制度基础②。但是20世纪50年代末到60年代，经济与社会运行逐渐脱离了生产力发展实际，急于建立完全单一的公有制经济，僵化的经济体制、缺乏微观激励的平均化分配机制，严重束缚了生产力发展，使我国经济发展一度付出重大代价。

1978年党的十一届三中全会后，党的工作重点转移到以经济建设为中心上来，提出了改革"同生产力迅速发展不相适应的生产关系和上层建筑"的任务，开始进入对基本经济制度的重新审视与探索阶段。从这时起，基本经济制度的调整，主要是立足所有制结构，对公有制经济与非公有制经济二者关系的认识不断深化的过程。伴随以公有制为主体、多种所有制经济共同发展的生产资料所有制结构形成，以及社会主义市场经济体制的建立，以按劳分配为主体、多种分配方式并存的分配制度也逐步确立。

回顾历史进程，在我国社会主义基本经济制度的改革过程中，所有制结构调整、收入分配制度改革与市场经济体制建设事实上始终是并行的。从经济运行的现实层面看，所有制及其实现形式的变革形成了国有企业、集体所有制企业、非公有制企业等各类市场主体，这些市场主体相互间存在交换、竞争关系，依托于价值规律的市场机制确立了对市场参与者行为及结果的基本评价准则。多种所有制并存的基本经济制度要求广泛发展市场经济，以充分发挥价值规律促进、调节经济发展的作用。

就形成合理的分配格局而言，所有制决定分配的性质，而市场机制决定初次分配的具体方式，资本间的竞争格局、市场权利大小决定剩余价值的分配格局；同时在市场经济条件下，按劳分配的"劳"不再是劳动者在公有制企业中的实际劳动数量和质量，而是通过市场机制，由社会必要劳动时间认可的劳动数量和质量③。结合现代经济中知识、技术、管理等要素对经济增长的贡献明显上升的趋势，坚持"两个毫不动摇"，同时完善各类要素市场化配置体制机制，是经济高质量发展的制度保障。

① 《马克思恩格斯文集》（第7卷），人民出版社，2009，第995页。
② 张宇：《中国特色社会主义政治经济学》，中国人民大学出版社，2016，第87页。
③ 刘凤义：《对社会主义基本经济制度新概括的理解》，《中国高校社会科学》2020年第2期。

总之，新时代社会主义基本经济制度三方面内容是有机互动的，基本经济制度内涵丰富的过程也是收入分配制度完善的过程。公有制与按劳分配的结合体现社会主义制度的本质特征，只有保证公有制、按劳分配等社会主义核心经济制度的稳固，才能最大限度地避免资本主义市场经济条件下的无序竞争、两极分化与生产过剩，保证以人民为中心、共同富裕的目标不动摇。同时，社会主义初级阶段，多种所有制经济共同发展以及按要素分配体制机制的完善能够最大化促进生产力水平提升、为各类经济主体提供足够激励并拓宽居民收入渠道，为中国经济的高速增长奠定基础。

（二）多种所有制结构与分配制度的关系

在生产关系中，生产资料所有制形式是生产关系的基础，分配关系作为生产关系的一部分，归根结底是由生产资料所有制形式规定的。我国生产资料所有制形式的特征决定了我国收入分配的基础与原则。

1. 生产资料全面公有制基础上"平均主义"倾向的按劳分配

1956年，我国社会主义改造的完成意味着生产资料全面公有制的建立，与之相应，在收入分配上也实行了单一的按劳分配。公有制经济在全国工业总产值中所占的比重由1952年的44.7%迅速增加到1957年的73%，并很快达到几乎100%的地步。此后20多年中，我国所有制结构在保持这一初始格局基本不变的前提下小幅调整。其中，作为公有制经济主体形式的国有经济的比重有所下降，但一直保持在大约80%；具有"准国营"性质的集体经济的比重有所增长，从1965年的9.9%逐步增加到1978年的22.4%[1]。非公有制经济几乎不存在，私人占有的财产微乎其微。

在高度集中的公有制结构的计划经济体制下，国家对城镇居民采取全民就业、统包统分政策，除了拥有少量的个人消费品外，个人基本上没有私人财产，也基本无财产性收入；在农村，农民在自留地上的种植作物也受到严格限制，土地、宅基地只是农民生产生活的最后保障，集体经营限制了农民获得财产性收入。这一时期的国民分配计划，实行"积累与消费的倒置"，以低工资锁定居民消费，以单位福利控制消费能力不足的部分。私有财产权在社会财产权结构中基本消失，自然也不存在相应的财产性收入。

从社会经济系统的整体向度来看，生产力、生产关系、上层建筑相互影响相互制约，收入分配作为生产关系重要的内容之一，无法突破生产力所提供的基本物质条件，在全面公有制和计划经济体制阶段，有限生产力基础上的按劳分配尚无法帮助劳动者实现马克思主义中劳动者各尽其能的发展，而是呈现出高积累、低消费模式下劳动者生活资料分配的平均化特征。

正如社会主义初级阶段生产力发展的迫切要求，召唤着基本经济制度改革调动公有制之外其他所有制形式的协同生产，与之适应的收入分配制度改革也要在分配机制上对应以市场为基础的资源配置方式，在分配基础上与多元化的要素产权结构相匹配，在分配原则上保障不同要素的所有者获取与其贡献相符的报酬，同时依法

---

① 刘世锦、杨建龙：《我国所有制结构的变化、特点和发展趋势》，《管理世界》1998年第4期。

保证分配形式的多元化和灵活性。促成合理的收入分配制度，是在生产力与生产关系之间、经济增长与居民消费之间，以及公平与效率之间实现良性互动。

2. 多种所有制结构与多种分配方式的协同演化

社会主义初级阶段以按劳分配为主体、多种分配方式并存的收入分配制度，是伴随所有制与经济体制改革逐渐形成的。1987年，党的十三大确认我国处于社会主义初级阶段，与之相适应，首次确认多种分配方式，当时所明确的多种分配方式，除了按劳分配和个体劳动所得外，还包括了企业发行债券筹集资金，相应出现凭债权取得利息，随着股份经济产生，出现股份分红；企业经营者收入中的风险补偿，以及私营企业雇佣一定数量劳动力给企业主带来的非劳动收入。

1992年党的十四大在确认社会主义市场经济的同时明确了分配制度，即以按劳分配为主体，允许个人资本等生产要素参与收入分配；1997年的党的十五大第一次提出允许和鼓励资本、技术等生产要素参与分配，并明确提出完善分配结构和方式，坚持按劳分配为主体、多种分配方式并存的制度。把按劳分配和按生产要素分配结合起来，这个表述与党的十四大的表述的不同在于：第一，"其他分配方式为补充"改为"多种分配方式并存"；第二，多种分配方式的内容明确为资本、技术等生产要素参与收益分配。

2002年党的十六大报告进一步提出确立劳动、资本、技术和管理等生产要素按贡献参与分配的原则，完善按劳分配为主体、多种分配方式并存的分配制度。这一表述与过去的不同在于：第一，参与分配的生产要素更为全面，包括了劳动、资本、技术和管理等；第二，生产要素参与分配的原则是"按贡献"分配。党的十七大进一步提出要坚持和完善按劳分配为主体、多种分配方式并存的分配制度，健全劳动、资本、技术、管理等生产要素按贡献参与分配的制度[1]。

进入新时代，我国的收入分配制度又获得了新的突破。党的十八大提出完善劳动、资本、技术、管理等要素按贡献参与分配的初次分配机制，2013年11月党的十八届三中全会决议，根据市场对资源配置起决定性作用的新规定进一步指出，健全资本、知识、技术、管理等由要素市场决定的报酬机制，突出了相应的机制建设问题。党的十九大将坚持按劳分配原则、完善按要素分配体制机制放在突出的位置。十九届四中全会将收入分配制度纳入基本经济制度的同时，重新强调坚持按劳分配为主体、多种分配方式并存，尤其提出了着重保护劳动所得、增加劳动者特别是一线劳动者劳动报酬、提高劳动报酬在初次分配中的比重，健全劳动、资本、土地、知识、技术、管理、数据等生产要素由市场评价贡献、按贡献决定报酬的机制。

3. 社会主义收入分配方式和实现形式的制度特征

社会主义收入分配制度中不仅包含体现社会主义基本经济制度和生产关系性质的按劳分配，还包含社会主义以公有制为主体的多种所有制结构与多种分配方式并存，这是我国现阶段收入分配的制度特征。这些制度特征由社会主义初级阶段的基本生产关系、社会主义公有制经济的主体地位，以及社会主义市场经济体制共同

---

[1] 洪银兴：《新编社会主义政治经济学教程》，人民出版社，2018年。

决定。

首先，社会主义初级阶段的多种所有制结构与多种收入分配方式并存，归根到底是由生产力的发展状况决定的。社会主义初级阶段是对中国从20世纪50年代建立起社会主义基本制度到建成社会主义现代化强国基本国情的科学概括，我国还处于社会主义初级阶段是由生产力发展的不均衡、不充分决定的，但作为社会主义基本特征的生产资料公有制和按劳分配的主体地位已经确立，这使我国实现共同富裕、避免两极分化的社会主义目标有了根本保证，并确立了我国的社会主义的基本生产关系属性①。初级阶段的社会主义生产关系意味着"公有化程度不可能很高""按劳分配不可能充分"②。生产资料所有制形式的多样性决定了分配形式的多样性，劳动、资本、土地、数据等按照贡献参与分配，是与多种所有制结构的生产关系现实、与生产力发展的客观需要相统一的。多种所有制结构的确立，容纳了非公经济以及居民私人财产权，认可依据包括通过房产、金融资产、知识产权等获得财产性收入分配，农村居民按土地财产权获得相应收入。凡是生产都需要劳动者与各种生产要素的结合。劳动是价值的唯一源泉，但是劳动不是它所生产的使用价值即物质财富的唯一源泉。多种所有制结构的运行充分激活了各种潜在的要素投入生产创新的实践当中，在社会主义初级阶段，尤其是新技术革命背景下，资本、技术、数据等要素活力的充分涌流对于高质量发展具有重要意义，只有完善多种所有制结构，真正做到公有制和非公有制经济平等竞争、共同发展，才能夯实我国社会主义初级阶段的经济基础。

其次，公有制在社会主义初级阶段的所有制结构中占主体地位，国有企业在国民经济中占绝对优势，这使得按劳分配能够成为我国现阶段收入分配方式的主体。按劳分配既是社会主义公有制的产物，也是社会主义公有制的实现，是对剥削制度的根本否定。一方面，按劳分配用劳动主权替代了资本主权，使劳动成为占有、分配社会产品的唯一原则，体现了公有制条件下人们占有生产资料的平等关系，从而为消灭剥削、实现共同富裕奠定了基础；另一方面，按劳分配也承认个人劳动能力的差别和分配结果的差异，承认参与分配的个人或企业之间有明确的产权、利益边界，这就为社会主义初级阶段经济制度的高效运行提供了合理的激励和约束机制。在多种所有制结构和市场经济体制下，要能够坚持按劳分配的主体地位，必须立足于国有经济的主导地位。不断巩固公有制经济的主体地位，深化国有企业分配制度改革，建立有效评价和激励劳动贡献的工资机制，这是以按劳分配为主体的前提；促进劳动收入与劳动生产率同步增长，确保"多劳多得"；努力增加工作机会，保障劳动者通过劳动参与社会产品分配的权利③。以公有制为主体的生产资料所有制结构是坚持按劳分配原则、推进共同富裕的制度根基。

最后，收入分配制度即以按劳分配为主体、多种分配方式并存是在社会主义市场经济体制环境中实现的。改革开放以来，我国逐步探索和建立了社会主义市场经

① 张卓元：《社会主义初级阶段理论》，《经济研究》2022年第1期。
② 洪银兴：《新编社会主义政治经济学教程》，人民出版社，2018，第40页。
③ 张宇：《中国特色社会主义政治经济学》，中国人民大学出版社，2016，第183页。

济体制，发展了劳动力、资本、土地、技术、数据等要素市场，发挥了市场对资源配置的决定性作用。在商品生产过程中，劳动创造价值，随着科学技术和数字经济的发展，掌握科学技术、拥有知识的劳动者所创造的价值越来越大；由于多种要素是商品生产不可缺少的重要条件，这些要素在生产使用价值中也作出了贡献，需要赋予要素所有者合理回报，以调动要素所有者的积极性，而要素合理定价与流动又必须依托高标准的土地、劳动力、资本、技术、数据要素市场建设，为各种要素提供按财富生产贡献分配的客观依据。因此，按劳分配与按生产要素贡献参与分配相结合，也是社会主义市场经济体制的必然要求。

（三）按劳分配为主体的多种分配方式和实现形式

"坚持按劳分配为主体、多种分配方式并存"是我国社会主义的一项基本经济制度，是党中央立足社会主义初级阶段基本国情、结合社会主义市场经济发展而进行的重大制度创新。这一顶层设计有利于调动劳动、资本、技术、管理、信息、数据等要素所有者参与社会主义生产、服务社会主义财富增加的积极性，有利于实现效率和公平的有机统一。

1. 社会主义市场经济下按劳分配的实现形式

我国目前仍处于社会主义初级阶段，经济运行主要遵循社会主义市场经济规律。在此条件下，公有制企业（这里主要指国有企业）按劳分配的实现与马克思设想的计划经济或产品经济中的按劳分配有明显不同，体现了突出的商品经济特色。

从实现机制角度看，社会主义市场经济下按劳分配通过市场机制实现。社会主义市场经济下，市场机制在按劳分配中发挥着重要的调节作用，劳动者要获取消费品要经过三个阶段的迂回：首先，公有制企业要在市场上销售生产的产品，将个别劳动转化为社会劳动，获取经营收入；其次，公有制企业依据劳动者的劳动分配经营收入，但由于不同公有制企业存在差异，不同企业的具体分配标准有所不同；最后，劳动者获取收入以后，依据个人家庭实际情况，按比例安排储蓄和消费，也即只有部分劳动收入用于购买消费品，满足个人需要。

从分配标准角度看，社会主义市场经济下按劳分配以社会承认的劳动量为分配标准。社会主义市场经济下，劳动者提供的劳动是个别劳动，需要经过市场转化为社会劳动，也即按劳分配不能以个别劳动时间作为分配的尺度，而只能按照市场承认的劳动时间进行分配。这意味着按劳分配的价值量是为社会承认的价值量，是在市场上实现的价值量。

依据市场经济的供求规律，这个实现的价值量可能高于其创造的价值量，也可能低于其创造的价值量，还可能恰好等于其创造的价值量。在公有制企业中，具备国有企业员工或职工身份的劳动要素获取劳动报酬的基础参照在于员工的劳动力禀赋。国有企业员工受教育程度等禀赋基础的不同，使得国有企业员工的人力资本存在普通型、专业型之分。由此，国有企业存在以劳动力稀缺性、专用性为基础的按劳分配差异，其工资水平不仅与工作岗位及其年限紧密挂钩，而且明显受到劳动力市场供求的影响。

从表现形式角度看，社会主义市场经济下按劳分配主要通过货币表现，而非实物表现。社会主义市场经济下商品交换关系不是直接的物物交换，而是以货币为媒介。这使得按劳分配并不是进行"实物分配"，而是进行"货币分配"，劳动者获取货币化的劳动报酬、在商品市场上购买商品以后，才真正完全实现社会层面的按劳分配。现代市场经济中，国有企业劳动者的货币收入以工资为主，其次是与超额劳动对应的奖金、津贴等，是国有企业利润扣除所得税、利润计提、债务偿还、扩大生产基金之后的部分。其中，工资是劳动者为自己的劳动所创造价值的货币表现，是按劳分配实现的主要形式；奖金是对劳动者提供的超额劳动的报酬，津贴则是对从事劳动强度大、工作条件差、工作任务重和有损健康的劳动者提供的劳动补充报酬。后两者都是按劳分配实现的辅助形式。

从具体结果角度看，按劳分配并不主张"平均主义"，而提倡"差异分配"。效率和公平的关系是社会主义市场经济下收入分配难以回避的问题，对收入分配结果有着重要影响。按劳分配体现了马克思主义的社会公平正义思想，以"社会平均劳动"为尺度较好地体现了公平正义，确保了结果的公平合理，但同时按劳分配也承认了禀赋差异或起点不公平下劳动数量、质量对应的收入差异，有利于激发劳动者的积极性，促进劳动生产率提高。此外，分配结果的差异还与企业生产经营状况紧密相关。在生产经营效益好的企业中工作的劳动者通常能获得较高收入，反之则相反。

2. 社会主义市场经济下按要素分配的实现形式

分配制度既由所有制结构决定，也受现行经济体制影响，与此同时其也反作用于二者。匹配于所有制、经济体制的分配制度有利于调动不同生产要素积极服务社会主义财富创造，反之则相反。与社会主义初级阶段所有制结构以及建立社会主义市场经济体制目标相契合，党中央对分配制度进行调适，适时引入按要素分配，逐步形成了"坚持按劳分配为主体、多种分配方式并存"的收入分配制度，并在党的十九届四中全会上将之上升为社会主义基本经济制度。这为在社会主义市场经济下实践按要素分配、创新要素分配方式提供了根本制度保障。按要素分配是指生产要素所有者凭借要素所有权、依据各要素在生产中的贡献参与生产剩余分配的制度。

从分配客体与内容看，要素参与分配的是劳动创造的价值，是货币化使用价值或财富。马克思主义政治经济学认为，劳动是价值创造的唯一源泉，但是除了劳动以外的各种生产要素也对价值创造或使用价值的生产发挥了作用，是劳动创造价值不可缺少的基本物质条件。在社会主义市场经济条件下，要素参与分配是生产资料所有权在分配层面的体现，是对生产要素在劳动创造价值过程中发挥协同支撑作用的尊重与确认，没有生产要素的协作，劳动创造价值就不能实现。总之，各种要素收入的价值源泉归根结底都在于劳动者的抽象劳动所创造的价值，是扣除投入要素成本后的净剩余。

从分配主体与类型看，要素参与分配的主体是不同的要素所有者，与之相适应，分配类型也是多元的。社会主义市场经济条件下，按要素分配是非公有制经济范围内的分配方式。由于资本、土地、技术、管理、信息等要素与劳动一样是现代商品生产不可缺少的重要条件，它们在生产中也做出了贡献，这就需要各种要素共同占有生产剩余。与社会主义初级阶段下收入分配制度内在要求的多种分配方式相呼应，社会主义市场经济中要素分配类型主要有：按劳动要素分配、按资本要素分配、按土地要素分配、按知识技术要素分配、按管理要素分配、按信息数据要素分配。

从分配依据与标准看，要素参与分配的依据是要素所有权，标准是要素在生产过程中的贡献大小。马克思主义产权理论表明，产权配置对分配有着决定性影响。我国社会主义市场经济是法治经济，要素参与分配有其法理依据。改革开放以来，"私产入宪"与《物权法》的颁布实施不仅明确界定了私有财产的来源、方式、范围，而且强调了私产与公产同样不可侵犯，构建了财产权法律保护制度，实现了法治、人权与私产保护的同构。法律制度的完善为不同要素所有者凭借对要素本身的所有或占有，按照其对财富创造的贡献获取不同的要素报酬提供了合法依据。

从实现机制看，要素参与分配通过市场机制实现，并始终遵循着等价交换与市场定价原则。社会主义市场经济条件下，资本、劳动、土地、管理、知识技术、信息数据等要素的获取依赖于市场，受价值规律支配，在遵循等价交换的基本原则下，要素的供给与需求状况以及商品市场价格的波动直接影响着要素的价格制定（要素贡献大小的评价），其所有者获取的收入数量也将受到明显影响。要素价格制定方面，应基于马克思的劳动价值论及其转型理论测算理论均衡价格，并作为要素市场竞价询价的参考，也即在"均衡价格参照机制、询价竞价机制"下科学制定要素价格。

从分配实现形式看，虽然要素参与分配是其所有权的经济实现，但不同要素获取收入的形式有明显差异。按资本要素分配的方式主要有两种：一种是资本直接参与社会再生产各环节，履行生产资本职能、商业资本职能等获取生产经营利润；另一种是资本要素通过转移使用权获取利息收入、租金收入、股息与分红等。按劳动要素分配在非公有制企业中主要表现为劳动力的价格，即劳动者的工资，是个体转移劳动力使用权获取经济收益的表现。按照马克思的工资理论，市场经济下劳动者工资水平除受劳动质量影响外，还主要取决于劳动要素市场上供需状况、买方竞争、卖方竞争。既定的劳动要素禀赋下，劳动力供给小于需求时，劳动力价格将上升，反之则相反；其他条件不变的情况下，雇佣劳动力的不同企业之间的竞争将会提高劳动力的价格，而不同劳动力针对同一职位的竞争则会拉低劳动力的价格。"管理（企业家要素投入）作为一种劳动应该取得劳动收入，但它作为资本职能则应该参与资本收入（利润）的分配，而不是仅仅得到劳动收入"，还包括股息股利、期权激励等经济收益[①]。土地要素、知识技术要素、信息数据要素等所有者主要是通过在市场上交易法律赋予的相应权利获取经济回报，也存在量化入股获取股份分红的形式。

3. 社会主义市场经济中个人按私人财产权参与分配

社会主义市场经济条件下，劳动报酬不再是个人获取收入的唯一方式，收入来源日益多元化。《社会蓝皮书：2013 年中国社会形势分析与预测》显示，我国劳动

---

① 洪银兴：《以富民为目标的收入分配》，《当代经济研究》2003 年第 12 期。

者报酬占国内生产总值（GDP）比例从 1990 年的 53.4% 下降到 2011 年的 44.9%[①]。国家统计局数据显示，"2015 年全国居民人均可支配收入 21 966.2 元，其中，工资性收入 12 459 元，占 56.7%；经营性收入 3 955.6 元，占 18%；财产净收入 1 739.6 元，占 7.9%；转移净收入 3 811.9 元，占 17.4%。分城乡看，2015 年城镇居民人均可支配收入 31 194.8 元，工资性收入、经营性收入、财产净收入和转移净收入占可支配收入的比重分别为 62%、11.1%、9.8% 和 17.1%。其中，经营性收入、财产净收入与转移净收入占比分别较 1997 年提高 7.8、7.4 和 2.4 个百分点。同期，农村居民人均可支配收入 11 421.7 元，工资性收入、经营性收入、财产净收入和转移净收入占可支配收入的比重分别为 40.3%、39.4%、2.2% 和 18.1%。其中，工资性收入、财产净收入与转移净收入的比重分别高出 1997 年 16.3、1.1 和 23 个百分点"[②]。进一步可知，我国居民尤其是城镇居民凭借财产获取收入日益成为可支配收入不可或缺的部分。总的来说，我国转型期个人及家庭的收入和财产结构越来越多地体现了用财产获得财产的特征，个人及家庭凭借对财产的占有在市场上获取财产收益是现代市场经济下按要素分配的重要实现形式。

个人（或私人）财产主要是指个人及其家庭拥有的货币、非货币的金融资产、土地、房屋、知识产权、债权、股权等具有经济价值并受到法律保护的物质财富和非物质财富的总称，在法律上表现为不同权利集合——财产权。在中国，法律规定的私人合法财产主要有不动产、动产和知识财产，具体包括：公民的合法收入、储蓄、房屋和其他生活资料；依法归个人、家庭所有的生产资料；个体化和私营企业的合法财产；依法归个人所有的股份、股票、债券和其他财产。在逐步建立社会主义市场经济体制过程中，个人凭借不动产、动产、知识等财产获取收入的规模越来越大，尤其是基于农村土地集体所有制所赋予的承包经营权，农民进行农用地、宅基地、集体建设用地流转而获取的土地使用权转让、租金、股息股利等财产性收入已成为农民收入的重要来源。这主要得益于我国财产权法律制度对非劳动收入与私营经济的认可。例如，1982 年宪法确立我国财产权法律制度的基础框架，在保持对公有财产权实行特殊保障基础上，构建了多种财产权并存的制度；1988 年宪法修正案扩大了私有财产的来源和获取方式；1993 年宪法修正案确立市场经济体制，增强了私产的主体性；2004 年宪法修正案确立"私有财产不可侵犯""国家尊重和保障人权"；2018 年宪法修正案在"总纲"部分继续保持法治、人权、私有财产保护、征收补偿等基本原则。2007 年颁布的《物权法》也规定，国家实行社会主义市场经济，保障一切市场主体的平等法律地位和发展权利；国家、集体、私人的物权和其他权利人的物权受法律保护，任何单位和个人不得侵犯[③]。

随着个人财产的丰富与财产性收入规模不断扩大，财产分布失衡、财产收入差

---

① 陆学艺、李培林、陈光金：《社会蓝皮书：2013 年中国社会形势分析与预测》，社会科学文献出版社，2012 年。

② 刘灿，等：《中国特色社会主义收入分配制度研究》，经济科学出版社，2018，第 260 页。

③ 刘灿：《完善社会主义市场经济体制与财产权法律保护制度的构建——政治经济学视角》，《政治经济学评论》2019 年第 5 期。

距日益扩大的特征日益突出。根据北京大学中国社会调查中心的《2014 中国民生发展报告》，1995 年我国财产的基尼系数为 0.45，2002 年为 0.55，2012 年我国家庭净财产的基尼系数达到 0.73，顶端 1% 的家庭占有全国 1/3 以上的财产，底端 25% 的家庭拥有的财产总量仅在 1% 左右。从体制性因素看，农村居民土地财产权缺失、弱势群体获得财产的能力低、一部分人通过非正当性途径获得财产权利和财产性收入等，是我国转型期财产权利在社会成员间分布失衡的重要原因①。由此来看，在社会主义市场经济下推进共同富裕，需要坚持依循马克思的产权理论逻辑，坚持社会主义利益和谐与共同富裕的基本方向，优化完善社会主义财产权制度，夯实按要素分配的制度基础。

马克思把所有制作为社会形态划分的主要依据，而把私有财产权作为商品经济存在的基本要素之一；财产权在实现不同目的的过程中成为对有限财富定止争或有效利用的手段，同时，根据其追求目的的差异而分裂为以国家利益为目的的公有财产和以私人利益为目的的私有财产。我国始终强调国家的强力作用，从最初否定一切私有财产权，到逐渐承认生活资料私有财产权，直至承认各种市场要素可进入私有财产权的范畴，其实质在于逐步扩大私有财产的量，并在保持财产的人与人的关系的本质不变和作为经济基础的公有制不变的前提下，逐步恢复财产的物对人的效用关系和私有财产权是私权的质，同时将公有财产权和私有财产权并存作为现阶段社会主义基本经济制度的构成要素。我国社会主义财产权制度的建立与实施为社会主义市场经济下顺利推进按要素分配提供了法理依据，与新时代社会主义市场经济体制深化改革要求相匹配，仍需加大创新力度，进一步完善财产权法律保护制度，在财产权宪法保护中保持法治、人权、私有财产保护、征收补偿等基本原则，构建平等保护各类财产权利的法律体系，并处理好规范公权、保障私权等问题。

三、国民收入分配格局和收入分配的效率与公平

（一）国民收入分配的内涵和国民收入分配方式

关于国民收入分配或个人收入分配，从古典经济学家那里开始，就有了相关的思想和阐述，例如，亚当·斯密在《国民财富的性质和原因的研究》（以下简称《国富论》）中指出三种价值理论为国民收入分配找到了客观依据：第一种，生产中耗费的劳动决定价值；第二种，交换中购买的劳动（为社会所承认的劳动）决定价值；第三种，工资、利润、地租决定价值②。李嘉图则把国民收入分配理论置于重要地位，指出："土地产品——将劳动、机器和资本联合运用在地面上所取得的一切产品——要在土地所有者、耕种所需的资本的所有者，以及进行耕种工作的劳动者这三个社会阶级之间进行分配。确立这种分配的法则乃是政治经济学的核心问题。"③ 当然，这类分配思想还是基于要素回报的视角，与国家收入分配还有距

---

① 刘灿：《缩小收入差距，实现共同富裕》，《政治经济学评论》2018 年第 1 期。
② 亚当·斯密：《国民财富的性质和原因的研究》（上），商务印书馆，1983，第 47 页。
③ 大卫·李嘉图：《政治经济学及赋税原理》，商务印书馆，2013，序言，第 2 页。

离。而古典经济学之后的近现代西方经济学思想，基本延续要素分配论的思想来建构其国民收入分配理论，其庸俗性在于抹杀了劳动者在社会财富创造中的重要作用。

马克思则不同，他在科学的劳动价值论的基础上提出了按劳分配理论。马克思认为未来社会个人消费品的分配方式应当是"等量劳动领取等量产品"，后来列宁将这种分配方式直截了当地称为按劳分配。马克思指出："每一个生产者，在作了各项扣除以后，从社会领回的，正好是他给予社会的。他给予社会的，就是他个人的劳动量。他以一种形式给予社会的劳动量，又以另一种形式领回来。"① 马克思为未来社会设计了一种理想的分配模式：除劳动力以外，所有的其他生产要素为整个社会所占有，"个人的劳动不再经过迂回曲折的道路，而是直接作为总劳动的组成部分存在着"②。显然，马克思的收入分配理论由于建立在科学的劳动价值论的基础上，其最大的优越性就是明显突出了劳动的作用，它继承和发展了斯密、李嘉图等人承认人类财富主要来源于劳动的理论，既表明了劳动与物的共性，又表明了劳动与物的区别，为我们结合现代实际建立适合我国生产力发展要求和符合最广大劳动人民根本利益的收入分配理论，奠定了最重要的理论基础。

世界上存在两种国民收入核算体系：一是基于马克思主义理论的物质产品平衡体系，在苏联和计划经济时代的中国采用过；二是国民收入账户体系，是目前市场经济国家基本采用的国民收入分配核算体系。改革开放以后，中国逐渐建立和完善了市场经济体制，在国民收入核算中采用了国民收入账户体系。因此，本文的国民收入分配研究将基于国民收入账户体系展开。

1. 国民收入的内涵

国民收入的内涵是指物质生产部门劳动者在一定时期所创造的价值，是一国以劳动为主的生产要素在一定时期内生产的价值的总和。国民收入又被分为广义的国民收入和狭义的国民收入。广义的国民收入通常指国民生产总值（GNP）或国内生产总值（GDP）。狭义的国民收入（NI）是指各种生产要素所得报酬的总额，它是国民生产总值扣除资本折旧和间接税以后的余额。

2. 国民收入的初次分配、再分配和第三次分配

国民收入的初次分配指国民收入在物质生产领域内部进行的分配。国民收入经过初次分配，分为两个部分：一部分是物质生产领域劳动者的个人收入，包括工资、奖金、福利费用和农民或其他劳动者的收入，它属于生产者及其家庭消费所需的必要产品；另一部分是生产单位和社会的纯收入，包括上缴国家的税金和利润、支付的利息和企业税后利润、利润留成或公积金、公益金等，属于国民收入扣除必要产品后的剩余。国民收入经过初次分配形成了国家、企业或集体、物质生产部门、劳动者的原始收入，国民收入的初次分配，直接关系到国家、生产单位和劳动者个人三方面的经济利益，并在很大程度上决定了积累基金和消费基金的比例。进行国民收入的初次分配，首先，要正确规定必要产品和剩余产品的比例，影响这一

---

① 《马克思恩格斯选集》（第 3 卷），人民出版社，2012，第 363 页。
② 《马克思恩格斯选集》（第 3 卷），人民出版社，2012，第 363 页。

比例的因素主要包括国民收入的生产额、构成和增长速度，劳动生产率提高幅度和物质生产部门劳动者平均收入增长速度之间的对比关系等；其次，要正确规定国家和生产单位间对剩余产品的分割比例；最后，要制定适当的工资政策、价格政策、财政政策来保证上述两个比例关系的实现。而我国现阶段，居民收入占国民收入的比重过低，劳动报酬在初次分配中的比重过低。

国民收入的再分配是指国民收入在初次分配基础上的进一步分配。这种分配是在全社会范围内进行的。通过再分配所获得的收入称"派生收入"。再分配的主要形式有三种。①财政支出。通过财政预算，一方面以利润和税金的形式集中一部分国民收入；另一方面又把集中起来的国民收入通过财政补贴、支付非生产部门劳动者工资等形式分配到各部门、各地区去，以满足社会生产，发展科学、文化、教育事业，进行行政管理和加强国防等方面的需要。②信贷。以偿还为条件，通过筹集社会闲散资金贷放给使用单位来实现再分配的过程。③价格。国家通过指令性价格、指导性价格和市场调节价等多种价格形式，建立合理的价格体系，实现国民收入经过再分配。此外，各种劳务付费、居民之间的馈赠、生产单位直接举办的各种福利事业，也可影响国民收入再分配。国民收入经过再分配，最后形成生产单位、非生产单位和居民的最终收入。

国民收入的第三次分配是指人们完全出于自愿的、相互之间的捐赠和转移收入，比如对公益事业的捐献，这既不属于市场的分配，也不属于政府的分配，而是出于道德力量的分配。第三次分配有别于前两者，主要是企业、社会组织、家族、家庭和个人等基于自愿原则和道德准则，以募集、捐赠、资助、义工等慈善、公益方式对所拥有的资源和财富进行分配。社会组织和社会力量是第三次分配的中坚力量。中国国内早就开展了大范围的社会慈善活动，大量高收入人群已经积极投身公益，比如学校教育的捐赠、健康事业的捐赠，还有一些针对灾区的捐赠等，增长速度很快，规模很大，具有良好的基础。同时，更重要的是，中国已经建立了相应的法律体系，为第三次分配等提供了很好的支持。

3. 居民个人收入与国民收入分配的关系

个人收入分配是指社会成员参与国民收入分配的经济活动。个人收入分配直接影响就业、投资、消费、储蓄、物价等。个人收入水平和收入结构变化，对劳动者积极性、经济的增长以及社会全面进步都有重大影响。因此，个人收入分配问题是收入分配管理中的一个重要问题，必须认真对待。

国民收入分配与个人收入分配的关系是总体与局部的关系，二者互相联系、互相制约、互相影响。国民收入分配决定个人收入分配，个人收入分配对国民收入分配产生积极或消极影响。

世界主要市场经济国家对于个人收入分配都进行相应的宏观管理。个人收入分配的宏观管理就是国家采取经济的、法律的和必要的行政手段对各个行业、各个阶层的收入分配进行调节、引导和控制，以实现依法保护合法收入，取缔非法收入，整顿不合理收入，调节过高收入，规范收入分配，使收入差距趋于合理，防止两极分化，促进国民经济的持续快速健康发展。

我国个人收入分配实行的是以按劳分配为主体、多种分配方式并存的制度。在以劳动收入为主体的前提下，国家依法保护法人和居民的一切合法收入和财产，鼓励城乡居民储蓄和投资，允许属于个人的资本等生产要素参与分配。因此，我国个人收入具有多样性，不仅劳动收入有工资、资金、劳动报酬、承包收入、个体劳动收入、经营劳动收入等多种形式，而且非劳动收入也有个人资产收入、风险收入、补贴、福利等多种形式。不管是来自劳动的还是非劳动的收入，国家都要进行调节与管理。

市场机制所形成的初次分配结果，不一定能完全符合国家、社会的普遍利益和意愿；因此，在现代市场经济国家，出于各种考虑，政府通常会采取多种手段对初次分配结果进行调节，也就是进行收入再分配。关于国家调控个人收入分配的理由，主要有以下几个方面：

（1）控制收入差距、促进社会公平的需要。市场机制进行的初次分配，通常会出现较大的收入差距，有的时候出现严重的贫富分化。太大的收入差距和贫富分化通常被认为不利于社会的普遍利益（比如不利于社会稳定，容易引发不同阶层和集团之间的剧烈冲突等），不符合社会公平原则。因此，为了控制收入差距、缓解贫富分化、促进社会公平，政府应当进行收入再分配。

（2）政府行使社会管理者职能的需要。政府作为社会管理者，需要维护社会秩序，支持教育、文化、卫生和社会公益事业，提供各种公共产品等，这些活动需要通过收入再分配（比如征税）来获得所需要的资金。

（3）政府进行宏观经济调控的需要。现代政府的一项重要职能是进行宏观经济调控，而收入再分配（比如征税、转移支付等）为政府进行宏观调控提供了途径和资金。

（4）政府协调地区发展、支持战略性新兴行业发展的需要。在地区发展不平衡的国家，出于协调地区发展的需要，政府会进行收入再分配（如地区之间的财政转移支付）。为了支持某些战略性行业（如某些高科技产业、先导产业等）的发展，政府需要通过收入再分配来筹集资金。

（5）建立社会保障制度和社会后备基金的需要。这需要收入再分配来筹集资金。在现代市场经济国家，政府进行收入再分配的手段主要有：①税收，比如征收个人所得税、财产税等；②财政转移支付，比如对低收入居民的财政补贴等；③社会保障，比如通过社会保险（包括养老保险、失业保险、医疗保险等）、社会救助、社会福利等社会保障机制，保障人民生活，调节社会分配，缩小居民之间的收入差距。经过初次分配和再分配，国民收入最终被分割为国家（政府）、企业和个人分别占有的三个部分。分析这三个部分的比例及其变化，可以大致了解一个国家的国民收入分配格局及其变化。

（二）国民收入分配格局

国民收入分配格局是指一个地区或国家的政府、企业和居民三者在国民收入中的分配比例关系，国民收入分配格局的形成包括初次分配、再分配和第三次分配等环节和阶段。初次分配是基础，再分配是重要的调节手段，第三次分配则是对初次分配、再分配的补充，有利于缩小社会差距，实现更合理的收入分配。"坚持按劳分配原则，完善按要素分配的体制机制，促进收入分配更合理、更有序"是党的十九大报告中对当前我国收入分配格局所做的方向性指引。围绕这一核心，以下两个方面的现实问题需要政治经济学生产关系进行重点分析和关注。

1. 我国国民收入分配格局的现状

目前，我国的分配制度是以按劳分配为主体、多种分配方式并存，我国的国民收入分配格局基本上能够适应经济社会发展的需要，总体来说，对于我国经济社会的发展起到了很大的促进作用。从 1992 年到 2019 年这一时间段来看，在我国国民收入分配格局中，政府部门、企业部门、居民部门的初次分配收入和可支配总收入的现状和趋势有如下特征。

首先，我国的国民收入初次分配格局的变化趋势具有阶段性的特点。随着时间的推移，在绝对数上，各部门的初次分配收入都在提高。从相对数来看，各部门的占比出现显著差异，居民部门的初次分配收入在国内生产总值中占比最大，一直都在 60% 左右，且占比呈现先下降后上升的趋势；政府部门的初次分配收入在国内生产总值中占比最小，比重在 15% 左右；企业部门变动幅度较大，总体呈现出先上升后下降的趋势。

其次，我国国民收入再分配格局的变化趋势也呈现出阶段性的特点。从可支配总收入的绝对数值来看，三部门都呈增长态势。从相对数来看，居民部门可支配总收入的占比依旧是最多的，但总体上呈现出先降后升的整体态势；从政府部门和企业部门可以看出可支配总收入向政府部门倾斜的趋势。综合来看，无论是在初次分配，还是在再分配过程中，三个部门的可支配收入都在逐年递增，尤其是政府部门和企业部门的可支配收入所占比重增长较快，相对而言，居民部门的可支配收入所占的比重下降幅度比较大。

最后，从城乡和区域差距来看，分别呈现出不同的特征。第一，城乡之间个人收入差距逐年拉大。2000—2020 年，我国城镇居民人均可支配收入与农村居民人均可支配收入均逐年上涨，但城镇居民人均可支配收入的涨幅高于农村居民人均可支配收入涨幅，城镇居民人均可支配收入均高于农村居民人均可支配收入，城乡居民人均可支配收入的绝对差距逐年上升，平均差距为 2~3 倍。第二，区域之间个人收入差距依然明显。东部地区在地缘优势与政策优惠的双重支持下，发展势头迅猛，中西部地区发展相对缓慢，形成了"东高西低"的不均衡区域经济增长格局，影响着区域居民收入水平。结合统计数据可知，居民人均可支配收入呈现从东部地区向东北地区、中部地区、西部地区依次递减的态势。

2. 我国国民收入分配格局面临的问题

目前，我国国民收入分配格局主要面临以下四个方面的问题：

一是社会成员之间收入差距过大。这种差距可以从以下几个方面来看。首先，从"劳动报酬"内部看，个体之间的要素禀赋差异及其市场定价的差别导致社会成员之间收入差距不断拉大。以 2020 年为例，全国城镇非私营单位中，在 18 个行业中排名前三的行业工资分别是全国平均工资的 1.82、1.44 和 1.37 倍；排名最后的三个行业工资分别是全国平均水平的 49.8%、50.1% 和 62.4%。其次，从劳动报酬和资本报酬的关系看，差距主要来自资本财产的积累以及创新收入在初次分配上的支配地位。劳动报酬在初次分配中的占比从 2000 年的 52.7% 降至 2008 年的

47.9%，2009年以来，劳动报酬占比有所上升，2018年增加至51.73%。与之相比，2000年以来资本报酬占GDP比重呈现出先升后降的特征，不过近年来资本报酬占比略有回升[①]。

二是基尼系数超过国际警戒线。国际上通常把基尼系数0.4作为收入分配差距的"警戒线"。进入21世纪以来，我国的基尼系数在静态意义上长期超过国际警戒线，在动态意义上大致经历了一个先持续扩大后高位波动的过程。从国家统计局公布的数据来看，2003年全国收入差距的基尼系数为0.473，到2008年上升为0.491，随后出现缓慢下降，到2015年下降为0.464，而最近几年又有所回升，2020年回到大约0.47。在现有经济格局和公共政策不变的情况下，收入差距的基尼系数在国际警戒线之上高位波动将会是未来的一个长期态势。

三是财产占有在社会成员间的分布差距大。除关注收入基尼系数，还要关注财产分布差距。根据北京大学中国社会调查中心的《2014中国民生发展报告》，1995年我国财产的基尼系数为0.45，2002年为0.55，2012年我国家庭净财产的基尼系数达到0.73，即顶端1%的家庭占有全国1/3以上的财产，底端25%的家庭拥有的财产总量仅为1%左右。财产权分布和财产权收入的多少与个人及家庭收入差距是密切相关的。当前城乡居民之间、不同区域居民之间财产性收入差距持续扩大。从体制性因素看，农村居民土地财产权缺失、弱势群体获得财产的能力低、一部分人通过非正当性途径获得财产权利和财产性收入等，是我国转型期财产权利在社会成员间分布失衡的重要原因[②]。

四是初次分配领域资本与劳动的分配关系失衡。初次分配领域资本与劳动的分配关系失衡主要表现有三。首先，劳动收入在国民收入中所占比重低。改革开放40多年中，我国财政收入逐年增长，年均增长率达到了15%左右，而相对应的职工工资总额年增长则略低一些，尤其是近些年我国财政收入每年的增长幅度都非常大，而相对应的职工工资总额年均增长幅度，则显得相对较小。劳动收入在国民收入中所占比重低，是目前我国国民收入分配格局中初次分配存在的问题。其次，工资收入占居民收入比重低。2000年到2008年，我国城镇职工工资收入占居民可支配收入的比重呈现出先下降后上升的趋势，虽然目前我国的城镇职工工资收入占居民可支配收入的比重正在不断上升，但是相比较而言，总体上所占的比例依然较低。最后，劳动要素在企业内部分配比例相对较低。在我国国有及规模较大的工业企业当中，利润增长率以及制造业职工平均工资增长率与劳动要素在企业内部分配所占的分配比例存在着非常不协调的状况，劳动要素在企业内部分配所占的比重过低。

（三）公平与效率

探讨收入分配中的公平与效率问题，首先有必要理解公平与效率的内涵。公平最初是一个伦理学的概念，但对公平的研究广泛见诸伦理学、经济学、哲学、政治

---

① 常兴华等：《完善按要素分配政策制度：基本认识、现状和对策建议》，《中国经贸导刊》2021年第6期。

② 刘灿：《缩小收入差距，实现共同富裕》，《政治经济学评论》2018年第1期。

学、法学和社会学等多个学科。公平有公正、平等、合理、正义等含义。古希腊的亚里士多德把公平、公正、平等联系在一起，对不同领域的公平作了较为详细的划分，将公平划分为法律公平、政治公平、道德公平等。近代英国功利主义哲学家边沁和穆勒提出了功利主义哲学的公平观，认为一个社会如果能够给最大多数人带来最大程度的幸福，也就是能给所有人带来最大的效用净值，那它便是公平和合理的。经济自由主义的代表人物哈耶克认为，自由放任的市场经济秩序就是公正的，反之即为不公正。当代美国政治哲学家罗尔斯提出了两个著名的正义原则，对公平理论作出了重要贡献。第一，与其他所有人一样，每个人都应该平等地享有一系列广泛的基本权利与自由，包括选举权与被选举权、言论自由、结社自由、思想自由、拥有财产的自由、不受非法任意拘捕和搜查的自由等（自由平等原则）。第二，社会和经济不平等应满足两个条件：在机会平等的条件下，所有地位和职务对所有人开放（机会平等原则）；不平等必须对社会中最弱势的人最为有利（差异原则）[1]。

马克思主义认为，不同的时代有不同的公平观，没有超越时空的公平原则。"希腊人和罗马人的公平认为奴隶制度是公平的；1789年资产者的公平要求废除封建制度，因为据说它不公平。在普鲁士的容克看来，甚至可怜的专区法也是对永恒公平的破坏。所以，关于永恒公平的观念不仅是因时因地而变，甚至也因人而异"[2]。马克思认为，在同一个时代，不同社会集团、不同的阶级会有不同的公平观。针对资本主义社会的不平等，马克思认为，重要的不是消灭不平等本身，而是消灭产生不平等的经济基础，即消灭资本主义的生产资料私有制，建立社会主义的生产资料公有制。

在现代经济学中，效率是指社会利用现有资源进行生产所提供的效用满足程度，它不是生产多少产品的简单的物量概念，而是一个社会效用或社会福利概念。利用现有资源进行生产所提供的效用满足程度越高，效率也就越高。效率通常包含以下三层含义。

（1）技术效率，又被称为生产效率，它是指生产活动中根据各种资源的物质技术联系，建立起符合生产条件性质的经济关系，合理地组织各种生产活动，充分有效地利用资源，提供尽可能多的产出。

（2）资源配置效率，这是经济学上最为普遍的含义，它不仅包括企业内部的资源配置效率，而且包括整个社会要素和产品的有效配置是否实现最优。这一效率概念的具体标准就是帕累托效率原则。19世纪末，意大利经济学家帕累托将最有效率的状态描述为：如果资源在某种配置下不可能由重新组合生产和分配来使一个人或多个人的福利增加，而不使其他人的福利减少，那么这种配置就是最有效率状态。这种状态被称为帕累托最优状态。

（3）制度效率，是指某种制度安排能够在成本最小化的状态下运行。新制度经济学关注制度运行的效率，它说明了任何一种制度运行都是有成本的，对于完成

---

① 约翰·罗尔斯：《正义论》，何怀宏等译，中国社会科学出版社，1988，第292页。
② 《马克思恩格斯选集》（第3卷），人民出版社，2012，第261页。

同样的交易，或者说资源流动和配置，人们总是寻找运行成本最低的制度。制度运行的成本又被称为交易成本，交易成本是衡量效率的重要标准。

不同的经济学流派有着不同的公平效率观，这些不同观点基本上可以概括为两类：起点公平与结果公平。所谓起点公平，指的是市场经济的自由竞争应该在同一起跑线上，即竞争的规则必须公平。所谓结果公平，指的是收入均等化意义上的公平。马克思主义认为，公平首先是生产资料占有上的公平，只有劳动者有同等的机会和同等的权利占有生产资料，他才能把劳动力同生产资料相结合，生产出属于自己所有的物质产品，才能在收入分配上处在平等的地位上，从而保证生产的效率[1]。

在改革的过程中，如何处理效率和公平的关系是一个突出问题，引起社会普遍关注，并受到了党和政府的高度重视。在我国经济发展的不同阶段，中国共产党提出了与之相适应的政策方针，构成了关于公平和效率的系统理论。

（1）兼顾效率与公平。改革开放以后，中国共产党第十四次全国代表大会明确了公平和效率的关系，强调："在分配制度上，以按劳分配为主体，其他分配方式为补充，兼顾效率与公平。运用包括市场在内的各种调节手段，既鼓励先进，促进效率，合理拉开收入差距，又防止两极分化，逐步实现共同富裕。"[2]

（2）效率优先，兼顾公平。党的十四届三中全会确立了社会主义市场经济体制，与此相适应，全会报告提出："在收入分配中，必须坚持按劳分配为主体、多种分配方式并存的原则，体现效率优先、兼顾公平，把国家、企业、个人三者的利益结合起来。"[3] 党的十五大报告延续了对于公平和效率的这种定位，指出："坚持按劳分配为主体、多种分配方式并存的制度。把按劳分配和按生产要素分配结合起来，坚持效率优先、兼顾公平，有利于优化资源配置，促进经济发展，保持社会稳定。"[4]

（3）初次分配注重效率，再分配注重公平。随着经济体制改革的不断推进，贫富差距问题逐渐显现，公平和效率的关系被重新审视。中国共产党第十六次全国代表大会提出："初次分配注重效率，发挥市场的作用，鼓励一部分人通过诚实劳动、合法经营先富起来，再分配注重公平，加强政府对收入分配的调节职能，调节差距过大的收入。"[5]

（4）初次分配和再分配都要处理好效率和公平的关系。我国经济发展水平的提高也伴随着收入差距的不断扩大，2007年中国共产党第十七次全国代表大会强调了社会公平的重要性，提出："要坚持和完善按劳分配为主体、多种分配方式并存的分配制度，健全劳动、资本、技术、管理等生产要素按贡献参与分配的制度，初次分配和再分配都要处理好效率和公平的关系，再分配更加注重公平。"[6]

---

① 李松龄、栾晓平：《公平与效率的理论综述》，《山东社会科学》2003年第4期。
② 《十四大以来重要文献选编》（上），人民出版社，1996，第19页。
③ 《十四大以来重要文献选编》（中），人民出版社，1997，第1470页。
④ 《中国共产党第十五次全国代表大会文件汇编》，人民出版社，1997，第25页。
⑤ 《十六大以来重要文献选编》（上），人民出版社，2005，第21页。
⑥ 《十七大以来重要文献选编》（上），人民出版社，2009，第30页。

（5）初次分配和再分配都要兼顾效率和公平，再分配更加注重公平。党的十七大之后，党的政策不断强调公平的重要性。党的十八大提出，"实现发展成果由人民共享，必须深化收入分配制度改革，努力实现居民收入增长和经济发展同步，劳动报酬增长和劳动生产率提高同步，提高居民收入在国民收入分配中的比重，提高劳动报酬在初次分配中的比重。初次分配和再分配都要兼顾效率和公平，再分配更加注重公平"①。此外，党的十八大报告还提出"必须坚持走共同富裕道路。共同富裕是中国特色社会主义的根本原则。要坚持社会主义基本经济制度和分配制度，调整国民收入分配格局，加大再分配调节力度，着力解决收入分配差距较大问题，使发展成果更多更公平惠及全体人民，朝着共同富裕方向稳步前进"②。

（6）更有效率，更加公平。公平和效率之间并不一定是对立的，也可能存在着辩证统一的关系。党的十九大报告提出"坚持在经济增长的同时实现居民收入同步增长、在劳动生产率提高的同时实现劳动报酬同步提高"③，其内涵是将效率和公平原则贯穿于收入分配的各环节。此外，党的十九大报告中多次强调了公平的重要地位，报告指出，"要激发全社会创造力和发展活力，努力实现更高质量、更有效率、更加公平、更可持续的发展"④，以及"必须始终把人民利益摆在至高无上的地位，让改革发展成果更多更公平惠及全体人民，朝着实现全体人民共同富裕不断迈进"⑤。

在政策话语的基础上，对于公平与效率之间的关系学术界也形成了多种意见。吴宣恭将学术界关于公平与效率关系的讨论分成了三种观点，即效率优先、公平优先和公平与效率交替⑥；卫兴华将这个问题的争论概括为五种观点，即效率与公平并重论，效率与公平统一论，市场管效率、政府管公平论，公平优先、兼顾效率论和效率优先、兼顾公平论⑦；徐丹丹则将有关公平与效率的争论概括为效率优先论、效率与公平并重论、公平与效率统一论和公平优先论四种观点⑧。

可以看出，学者们关于效率和公平关系的观点纷繁多元，其中代表性的主要有以下两种。

第一种观点认为，"效率优先，兼顾公平"的提法不能改变。这是因为，生产决定分配，"效率优先，兼顾公平"是针对改革开放前的平均主义分配提出来的，含有把生产搞上去的根本用意。而要把生产搞上去，就必须在分配制度上坚持效率优先，以调动广大生产者和经营者的积极性。改变提法有走回头路的嫌疑，是不利于促进生产的。

第二种观点认为，在生产领域可以讲效率优先，但在分配领域，效率与公平不

① 《十八大以来重要文献选编》（上），人民出版社，2014，第 28 页。
② 《十八大以来重要文献选编》（上），人民出版社，2014，第 12 页。
③ 《中国共产党第十九次全国代表大会文件汇编》，人民出版社，2017，第 37-38 页。
④ 《中国共产党第十九次全国代表大会文件汇编》，人民出版社，2017，第 28 页。
⑤ 《中国共产党第十九次全国代表大会文件汇编》，人民出版社，2017，第 36 页。
⑥ 吴宣恭：《实现公平与效率互相促进》，《经济纵横》2007 年第 1 期。
⑦ 卫兴华：《把握效率与公平关系的新观点》，《人民论坛》2008 年第 16 期。
⑧ 徐丹丹：《公平与效率关系问题研究综述》，《教学与研究》2006 年第 5 期。

应是一种彼此权衡的关系，而应当是对立统一的关系，要辩证地考虑①。"效率优先，兼顾公平"的方针只适用于社会主义初级阶段的某一个时期，随着我国社会经济的发展，"效率优先，兼顾公平"的口号可以开始淡出，逐渐向"效率与公平并重"或"效率与公平优化组合"过渡，当前应当更加注重社会公平②。我们作为社会主义国家，就应强调重视社会公平和分配公平。社会主义最大的社会公平，是消灭剥削、消除两极分化、逐步实现共同富裕。从长远发展趋势来看，提高生产效率有利于实现社会主义的这种公平。

综合以上两种观点，我们要辩证地看待效率和公平的关系，才能得出正确的结论。一般来说，公平的竞争秩序、平等的社会权利和按劳分配原则的实行，有利于发挥制度的激励和调节作用，从而能提高经济效益，推动生产力的发展。而过分的收入差距扩大到一定程度则会损害经济的持续增长。首先，收入分配的过分不平等和收入向高收入阶层的过分集中，会造成社会有效需求不足，妨碍经济增长；其次，收入分配的过分不平等会造成大量的贫困人口或弱势群体，使他们的生存和发展权利得不到保障，这必然会制约劳动力素质的提高；最后，收入分配的严重不公平，会导致贫富两极分化，进而损害政治民主和社会公正，加剧社会矛盾，危害社会和谐与稳定。

因此，公平和效率之间并不一定是对立的，也存在着辩证统一的关系，党的十九大报告就体现了将效率和公平贯穿于收入分配的各环节的指导思想。而且，公平与效率的这种相互促进作用目前已经越来越为实践所证实，实现公平的经济增长，使社会的大多数成员都能分享到经济增长的成果，也正日益成为人们的共识。

四、社会主义共同富裕

（一）共同富裕的内涵与本质特征

1. 共同富裕是经典马克思主义的核心思想

马克思、恩格斯一生都在为无产阶级追求富裕和幸福的生活而奋斗，其共同富裕思想对当前我国实现共同富裕具有非常重要的理论指导意义。每一种理论与思想的产生都有其特殊的历史背景。马克思、恩格斯的共同富裕思想是在资本主义存在严重贫富分化、阶级压迫以及无产阶级抗争等多种社会矛盾的背景下逐渐形成的。同时，西方启蒙思想中的人权、自由、平等观点和古典政治经济学的劳动价值论观点，空想社会主义中对幸福平等的追求以及古典哲学中的部分理论为马克思、恩格斯的共同富裕思想提供了理论来源。马克思、恩格斯正是在这些理论的基础上结合阶级压迫与无产阶级斗争的时代背景创立了共同富裕思想。他们认为在以私有制和剥削本质为基础的雇佣劳动制度下，资产阶级和无产阶级之间的关系是一种剥削与被剥削的关系。所以，在资本主义社会里无产阶级的平等和自由是无法实现的，只有在共产主义社会才能实现共同富裕。同时马克思提出实现共同富裕的物质基础是

---

① 刘国光：《效率优先兼顾公平与建立和谐社会不相容》，《中华工商时报》2005年10月14日。
② 刘国光：《进一步重视社会公平问题》，《经济学动态》2005年第4期。

生产力的高度发展，在保证社会主义公有制与生产力高度发展的基础上才能实现共同富裕的价值追求从而促进劳动者的全面发展。

从经典著作中可以看出，马克思和恩格斯是从经济基础、制度保障与实现过程等方面来讨论共同富裕的思想内涵的。

首先，关于共同富裕的经济基础，马克思曾经说过："任何一个民族，如果停止劳动，不用说一年，就是几个星期，也要灭亡，这是每一个小孩子都知道的"①。在《1857—1858年的经济学手稿》中，马克思指出："社会生产力的发展将如此迅速，以致尽管生产将以所有人的富裕为目的，所有的人的可以自由支配的时间还是会增加"②。恩格斯曾在《反杜林论》中指出，在生产资料社会占有的前提下，"通过社会化生产，不仅可能保证一切社会成员有富足的和一天比一天充裕的物质生活，而且还可能保证他们的体力和智力获得充分的自由的发展和运用"③。可以看出，马克思认为共同富裕的物质基础是生产力的高度发达，实现共同富裕的首要条件就是生产力的高度发展。马克思、恩格斯明确指出无产阶级推翻资产阶级之后首先要明确自身的目的，就是尽最大努力发展生产力。

其次，关于共同富裕的制度保障方面，马克思、恩格斯曾在《共产党宣言》中明确指出："共产党人可以把自己的理论概括为一句话：消灭私有制"④。他们认为以生产资料为主的社会主义公有制为共同富裕的实现提供了重要的制度保障和原则。在马克思看来，劳动和生产资料相分离的资本主义私有制度是阻碍共享的，是形成两极分化的根本原因，要实现共同富裕，就需要消灭资本主义私有制，建立社会主义公有制。

最后，在实现共同富裕的过程中，马克思曾指出："把生产发展到能够满足所有人的需要的规模；结束牺牲一些人的利益来满足另一些人的需要的状况；彻底消灭阶级和阶级对立；通过消除旧的分工，通过产业教育、变换工种、所有人共同享受大家创造出来的福利，通过城乡的融合，使社会全体成员的才能得到全面发展"⑤。马克思、恩格斯认为实现共同富裕是一个漫长的动态的过程，社会主义是共产主义的过渡期且社会主义是存在一定的贫富差距的。虽然马克思、恩格斯并未对这个复杂艰巨的过程做出明确的期限规定，但从他们对实现共同富裕的观点表述来看，共同富裕的实现过程可以分为两个阶段，即社会主义建设阶段和共产主义最终实现阶段。综上所述，马克思、恩格斯共同富裕思想是从人类根本利益出发，为无产阶级谋福利求幸福的科学理论。深入研究马克思恩格斯共同富裕思想对正确认识共同富裕的科学内涵和实现问题具有重要意义。

2. 共同富裕在中国特色社会主义中的实践

共同富裕在中国的理论发展和实践探索是与时俱进的，是与生产力发展水平和特定时期的发展战略相适应的，是呈现阶段性特征的。根据中国革命、建设和改革

① 《马克思恩格斯选集》（第4卷），人民出版社，2012，第473页。
② 《马克思恩格斯全集》（第31卷），人民出版社，1998，第104页。
③ 《马克思恩格斯选集》（第3卷），人民出版社，2012，第670页。
④ 《马克思恩格斯选集》（第1卷），人民出版社，2012，第414页。
⑤ 《马克思恩格斯选集》（第1卷），人民出版社，2012，第308-309页。

实践的阶段性，可以将共同富裕的实践历程分为三个阶段——初步探索阶段、深入探索阶段和大力推进阶段。

一是社会主义建设初期即计划经济时期的初步探索阶段（1956—1978年）。从1956年社会主义改造完成到1978年改革开放前，这个时期既是社会主义的初步探索阶段，也是共同富裕在中国的初步探索阶段。在党的文件中，"共同富裕"这一概念最早出现在1953年12月16日公布的《关于发展农业生产合作社的决议》里，该文件指出，"使农民能够逐步完全摆脱贫困的状况而取得共同富裕和普遍繁荣的生活"[①]。1955年，毛泽东在《关于农业合作化问题》中进一步提出了"共同富裕"的理念。他指出，"要巩固工农联盟，我们就得领导农民走社会主义道路，使农民群众共同富裕起来"[②]。在毛泽东看来，共同富裕就是消灭阶级剥削和阶级压迫，使人民群众都能富裕起来，从而实现社会主义的大同。毛泽东思想中的共同富裕为后来我国继承和发展共同富裕理论提供了思想框架与理论基础，尤其是其对共产主义和社会主义道路的坚持为实现共同富裕奠定了重要的制度基础。另外，计划经济时代，职工工资先是"供给制"，后为"工资制"，1956年实行"薪金制"。在公有制企业中的工资制度，以平均主义的分配方式在个人收入分配中尝试共富共享，在某种程度上消除了劳动者个人收入间的差距，但是后来的实践证明，绝对的平均主义会带来效率的损失。这一阶段，在计划经济体制中构建起了以平均主义为导向的按劳分配制度，解决了广大劳动者的基本生存问题，为实现共同富裕探索和总结了实践经验。

二是改革开放后共同富裕的进一步探索阶段（1978—2012年）。1978年改革开放以后，邓小平在坚持四项基本原则基础上，结合改革开放的现实背景形成了对共同富裕的新认识。在邓小平看来，共同富裕在过程上体现为先富带后富，即允许一部分人先富起来再带动其他人共同富裕。邓小平曾说过："我们允许一些地区、一些人先富起来，是为了最终达到共同富裕，所以要防止两极分化，这就叫社会主义。"[③] 邓小平提出，"共同富裕是共同富有而不是共同贫穷"[④]。他认为共同富裕是社会主义的本质特征，要通过先富带后富最终实现共富，而解放与发展生产力是实现共同富裕的前提。

邓小平理论结合时代背景对共同富裕的内涵做出了重大的理论创新。1992年到2012年，"三个代表"重要思想拓宽了共同富裕的理论内涵，具体体现

为在经济上坚持公有制与非公有制经济共同发展，实行三步走战略；政策上积极扶持中西部；在效率与公平问题上提出新的规划，强调效率优先、兼顾公平。科学发展观进一步丰富了共同富裕的理论内涵，并提出共同富裕的关键是发展，坚持以人为本，提出建设和谐社会；与此同时，在生产力不断发展的基础上更加关注社会公平问题。在这一阶段，随着社会主义市场经济体制的建立和完善，社会生产力

① 中共中央文献研究室：《建国以来重要文献选编》（第七册），中央文献出版社，1993，第86页。
② 中共中央文献研究室：《建国以来重要文献选编》（第七册），中央文献出版社，1993，第308页。
③ 《邓小平文选》（第3卷），人民出版社，1993，第195页。
④ 《邓小平文选》（第3卷），人民出版社，1993，第187页。

得到发展，积累了实现共同富裕的社会物质财富和精神财富，解决了温饱问题。收入分配制度总体上实行了效率优先、兼顾公平的原则，提高了劳动生产率，但是也产生了收入分配差距过大问题。

三是完善社会主义市场经济体制与共同富裕的大力推进阶段（2012 年以后）。党的十八大以来，以习近平同志为核心的党中央继续坚持和发展中国特色社会主义，并提出了精准扶贫、新发展理念和中国梦等，进一步丰富了共同富裕的理论内涵。习近平总书记提出共同富裕的理念的目的就是要解决新时代社会的主要矛盾，让全体人民享有幸福、安康的美好生活，全面建成小康社会，全面建成社会主义现代化强国，最终实现中华民族的伟大复兴。

正如习近平总书记经常提到的，"小康不小康，关键看老乡"和"小康路上一个也不能少"①，共同富裕是新时代实现人民美好生活的重要内容。这里的美好生活不仅包括美好的物质生活、精神生活，还包括美好的生态环境。习近平经济思想中的共同富裕有两个基本内核，即始终坚持人民的立场和新发展理念。具体来说，习近平总书记提出要坚持以人民为中心的发展思想，结合中国面临的现实问题提出深入推进精准扶贫、城乡融合发展和乡村振兴战略等，提出在提高效率的基础上，更加注重公平。从党的十八大以来，中国特色社会主义进入新时代。这一阶段打赢了脱贫攻坚战，全面建成了小康社会，在以习近平同志为核心的党中央坚强领导下，全国人民正迈向全面建设社会主义现代化国家新征程。这一阶段，中国式现代化新道路为实现全体人民共同富裕提供了价值理念、领导力量、基本经济制度、物质财富和精神财富等多个方面的重要保障。

从马克思、恩格斯对共同富裕理念的提出，到毛泽东思想、邓小平理论、"三个代表"重要思想、科学发展观以及习近平新时代中国特色社会主义思想对共同富裕理论的继承、发展和实践，体现了实现共同富裕既是一个理论不断创新的过程，也是实践不断探索的过程。作为当代马克思主义中国化的一个核心范畴，共同富裕既是社会主义的根本目标，也是一种道路的选择和坚持，需要通过全体人民的不断努力和生产力的不断发展来实现。

3. 共同富裕与共享发展

共享发展是马克思在对资本主义两极分化式发展批判基础上，对未来社会主义社会发展方式的科学揭示，科学社会主义理论就是建立在生产资料公有制为基础的共享发展基础上的。马克思、恩格斯曾提出"真正的共同体"概念，他们用这一概念特指一种由人民群众共同参与治理公共事务的生存和生活状态："在真正的共同体的条件下，各个人在自己的联合中并通过这种联合获得自己的自由""在那里，每个人的自由发展是一切人的自由发展的条件"②。

马克思把人的自由全面发展作为人的权利的基本内涵，同时把人的劳动实践活动作为权利实现的途径和过程。他认为，只有在现实的世界中并使用现实的手段才能实现真正的解放，也只有在共同体中，个人才能获得全面发展其才能的手段。从

① 中央农村工作领导小组办公室：《小康不小康关键看老乡》，人民出版社，2013 年。
② 《马克思恩格斯选集》（第 1 卷），人民出版社，2012，第 422 页。

这个意义上讲，共享发展理念作为人类经济社会活动的先进理念，必须体现人的共同意志，体现人的"类"本质，体现人的主体性地位，如此才能防止人在发展中出现异化。在马克思看来，市场体制、赤裸裸的金钱交换关系支配的整个自由资本主义历史阶段，以纯粹性利己为核心动机和价值目的的所谓"理性经济人"，构成其全部社会关系尤其是生产关系主体的最重要特质。

马克思认为，在共产主义社会中，社会生产关系的主体的生存特质实现了质的转变，这是一个长期的、复杂的历史过程。在《哥达纲领批判》中，论及未来的新制度及其形成，马克思是这样描述的："在共产主义社会高级阶段，在迫使个人奴隶般地服从分工的情形已经消失，从而脑力劳动和体力劳动的对立也随之消失之后；在劳动已不仅仅是谋生的手段，而且本身成了生活的第一需要之后；在随着个人的全面发展，他们的生产力也增长起来，而集体财富的一切源泉都充分涌流之后——只有在那个时候，才能完全超出资产阶级权利的狭隘眼界，社会才能在自己的旗帜上写上：各尽所能，按需分配！"[1]

共享发展与共同富裕是两个密切相关的范畴。共同富裕是指发展成果由全体人民共同享有，它既是人们追求的理想，也是实现后的一种状态。因此，共同富裕的内涵中必然包含共同享有。从共享自身的内涵看，共享的主体是全体人民而不是一部分或少数人，不管是个人还是群体，都有平等的资格和机会参与经济社会活动。共享不等于共有或均享，不能无偿占有他人劳动成果和损害他人的正当权益。共享发展是建立在社会公平正义、共建基础上的共享，即建设越多、贡献越大，享受发展成果的能力越强、机会也越大。共享经济发展成果是最重要、最基础的共享，但不是共享的唯一内容；践行共享发展理念不是只解决基本社会民生问题，还包括满足人民的精神层面需求，包括干净的空气、充足的闲暇休息和丰富的文化生活等，即包括经济、政治、社会、文化、生态等在内的全面共享。在社会主义初级阶段社会生产发展不充分、不均衡的条件下，还不能实现全方位、全领域的共享，而是"渐进共享"和"有条件的共享"，并需要通过法律法规形式，建立秩序和规则，为共享发展提供稳定的社会预期和制度保障。从这几个方面的意义上讲，共享与共富有着相同的含义，因此，共同富裕必然包含共享共富。

（二）中国特色社会主义新时代共同富裕的内涵和特征

1. 中国特色社会主义进入新时代

2017年10月18日，习近平总书记在党的十九大报告中指出"中国特色社会主义进入了新时代"。进入新时代，是从党和国家事业发展的全局视野、从改革开放近40年历程和十八大以来取得的历史性成就和历史性变革的方位上，所作出的科学判断。新时代是中国特色社会主义初级阶段的阶段性质变阶段。党的十八大以来，以习近平同志为核心的党中央多次强调我国仍处于并将长期处于社会主义初级阶段这一基本国情没有变，全党要牢牢把握这个基本国情、立足这个最大实际。中国特色社会主义进入新时代，科学回答了"坚持和发展什么样的中国特色社会主义，怎样坚持和发展中国特色社会主义理论的重大命题，推进了对共产党执政规

---

[1] 《马克思恩格斯选集》（第3卷），人民出版社，2012，第364-365页。

律、社会主义建设规律和人类社会发展规律的深化认识。党的十九大报告中提出，"中国特色社会主义进入新时代，我国社会主要矛盾已经转化为人民日益增长的美好生活需要和不平衡不充分的发展之间的矛盾"①。社会主要矛盾的转化反映了中国社会发展的巨大进步和发展的新的阶段性变化，是中国特色社会主义进入新时代的主要标志。2020 年年底全面建成小康社会是中国式现代化新道路上里程碑式的重大事件。党的十九届五中全会提出要"开启全面建设社会主义现代化国家的新征程"。从全面小康迈向全面现代化，是实现"两个一百年"奋斗目标的有机衔接，是推动中国特色社会主义创新发展的战略举措，是实现中华民族伟大复兴进程的历史性跨越。新征程上，要把握新发展阶段、贯彻新发展理念、构建新发展格局，推动"十四五"时期高质量发展，确保全面建设社会主义现代化国家开好局、起好步。

2. 新时代共同富裕的新内涵和新特征

第一，共同富裕是中国式现代化的重要特征。中国式现代化新道路是在中国特色社会主义革命、建设、改革和发展实践中，由中国共产党领导和全体中国人民共同努力，通过不断解放和发展社会生产力，实现经济、政治、社会、文化和生态等领域从不发达阶段向发达阶段转变的崭新发展道路。中国式现代化新道路是适合中国具体国情的现代化道路，它既遵循了各国实现现代化过程的基本规律，又具有社会主义特质和中国特色。中国式现代化新道路的价值追求就是实现中华民族的伟大复兴，为中国人民谋求幸福。共同富裕是让全体中国人民都过上幸福生活。实现全体人民共同富裕，遵循的是人民利益至上原则，凸显了中国式现代化新道路的社会主义方向，为人类实现现代化注入了新内涵，为构建人类命运共同体贡献了中国经验和中国方案。

第二，共同富裕不是一部分人和一部分地区的富裕，而是全体中国人民的富裕，"全体"是指 14 亿多中国人民。正如习近平总书记指出的，"像全面建成小康社会一样，全体人民共同富裕是一个总体概念，是对全社会而言的，不要分成城市一块、农村一块，或者东部、中部、西部地区各一块，各提的指标，要从全局上来看"②。

第三，共同富裕的内容不仅包括物质财富，还包括精神财富。物质财富和精神财富是辩证统一关系。没有物质财富做保障，人类的基本生存就会面临极大挑战。没有精神财富做支撑，人类的精神生活就会陷入混乱。因此，只有通过不断解放和发展社会生产力才能不断丰富物质财富和精神财富。只有实现物质文明和精神文明的同步发展和协调发展，才能够在扎实推动共同富裕基础上不断推动实现人的全面和自由发展。

第四，共同富裕的实现具有阶段性特征。共同富裕不是一蹴而就，而是渐进的过程。其实现程度依赖于物质财富和精神财富积累的程度，依赖于政治文明、经济文明、社会文明、生态文明等的建设成就。按照党的十九大和党的十九届五中全会

---

① 《党的十九大报告辅导读本》，人民出版社，2017，第 11 页。

② 习近平：《扎实推动共同富裕》，《求是》2021 年第 20 期。

的部署，共同富裕的实现程度是与社会主义现代化国家建设进程相一致的，在2035年基本实现社会主义现代化时，共同富裕的实现程度是中等层次的，即"全体人民共同富裕迈出坚实步伐"；在本世纪中叶建成社会主义现代化强国之时，共同富裕的实现程度是高层次的，目标是"全体人民共同富裕基本实现"。

第五，实现共同富裕需要以经济社会高质量发展为前提。高质量发展既是实现经济社会健康平稳运行的必然要求，更是建设社会主义现代化国家的应然要求。只有大力推动经济社会高质量发展，才能为共同富裕奠定坚实的物质财富和精神财富基础。

马克思明确指出"一切生产力即物质生产力和精神生产力"①。共同富裕不是简单的物质上的富裕，而是物质生活和精神生活上的同步富裕，目的是为实现人的全面发展提供良好的基础。

总体来看，新发展阶段共富的内涵，学者们认为，一是要"富裕"。共同富裕中的"富裕"，一般指物质层面的经济宽裕，以及文化、社会层面的生活丰裕②。"富裕"体现的是社会总体的财富水平，同时也是生产力发展水平的体现，既有量的规定，又有质的因素③。"富裕"指的是生产力的发展水平，其基本含义是物质财富超越了温饱生存的界限而有较丰富的可自由支配的剩余财富，以至于充足、宽裕。共同富裕实际上是社会主义社会生产力和生产关系有机统一发展到一定程度的产物或表现，其中"富裕"源于社会主义制度下高质量发展的生产力④。二是要"共享"。共享不是一种平均主义的分享，但也不是两极分化的分配。共享是一种有差别的分享，是一种合理的分享⑤。共享理念是新发展理念中的重要理念之一，实现共同富裕，需要贯彻共享发展理念，着力改善民生，让人民群众共享改革发展成果⑥。在共享发展中应当处理好生产与分配、过程与目标、局部与全局的辩证统一关系，在共享发展和高质量发展中促进共同富裕⑦。

3. 新时代共同富裕的本质要求

新时代的"新"在于中国特色社会主义进入了新的发展阶段，处于新的历史方位；在于确立了分两个阶段全面建设社会主义现代化国家的新安排，踏上了新的征程；在于社会主要矛盾发生了新变化，提出了新的要求。新时代，中国社会的主要矛盾已经转化为"人民日益增长的美好生活需要和不平衡不充分的发展之间的

---

① 《马克思恩格斯全集》（第30卷），人民出版社，1995，第176页。

② 蒋永穆、豆小磊：《共同富裕思想：演进历程、现实意蕴及路径选择》，《新疆师范大学学报》（哲学社会科学版）2021年第6期。

③ 杨静、宋笑敏：《朝着共同富裕目标扎实迈进》，《光明日报》2021年9月1日。

④ 吴文新、程恩富：《新时代的共同富裕：实现的前提与四维逻辑》，《上海经济研究》2021年第11期。

⑤ 李实：《共同富裕的目标和实现路径选择》，《经济研究》2021年第11期。

⑥ 逄锦聚：《中国共产党带领人民为共同富裕百年奋斗的理论与实践》，《经济学动态》2021年第5期。

⑦ 王生升：《在共享发展中正确处理促进共同富裕的三重关系》，《思想理论教育导刊》2021年第11期。

矛盾"①。人们对共同富裕的追求，更多倾向于对物质文明、精神文明以及生态文明等的整体获得感、满足感和幸福感。

新时代，习近平总书记关于共同富裕的重要论述蕴含着深刻的人民性，只有发展为了人民、发展依靠人民，才能解决发展的目的和动力问题，才能在实现共同富裕的道路上坚持社会主义基本方向。新时代，经济发展的根本目的就是实现共同富裕。习近平总书记曾指出："要坚持把增进人民福祉、促进人的全面发展、朝着共同富裕方向稳步前进作为经济发展的出发点和落脚点。"② 新时代的共同富裕一定是全体人民的共同富裕。习近平总书记在党的十九大报告指出："必须坚持以人民为中心的发展思想，不断促进人的全面发展、全体人民共同富裕。"③

马克思曾经说过："通过社会生产，不仅可能保证一切社会成员有富足的和一天比一天充裕的物质生活，而且还可能保证他们的体力和智力获得充分自由的发展和运用。"④ 在党的十九大报告中，习近平总书记也指出："共同富裕问题上，一个也不能掉队。"这说明在生产力高度发达的情况下，实现发展成果由全民共享一直以来都是共同富裕的本质特征。

当前，我国正处于新旧矛盾叠加的转型期，解决不平衡不充分的发展问题也面临诸多挑战，从客观环境和经济发展规律来看，仍然要坚持发展是第一要务的基本理念。因此，新时代共同富裕的本质要求就是在解放生产力、发展生产力和保护生产力的基础上，坚持以人民为中心，解决发展的不平衡不充分问题，积累更多社会财富，增强全体人民的幸福感和获得感。共同富裕是社会主义的价值追求，它的终极目标就是在发达的生产力基础上，消除两极分化，实现社会发展成果由全体人民共享，实现人的全面发展。随着中国特色社会主义事业的不断推进，共同富裕的社会主义价值目标会更加全面地实现。

（三）新时代实现共同富裕的路径

立足发展新阶段、贯彻新发展理念、构建发展新格局，在高质量发展中实现社会主义共同富裕，其途径涉及如下八个方面。

1. 坚持以人民为中心的发展思想

习近平总书记指出："要坚持以人民为中心的发展思想，这是马克思主义政治经济学的根本立场。""要坚持把增进人民福祉、促进人的发展、朝着共同富裕方向稳步前进作为经济发展的出发点和落脚点，部署经济工作、制定经济政策、推动经济发展都牢牢坚持这个根本立场。"⑤ 以人民为中心的发展，其关键是实现共享发展，体现逐步实现共同富裕的要求。

---

① 习近平：《决胜全面建成小康社会，夺取新时代中国特色社会主义伟大胜利》，《人民日报》2017年10月28日。

② 习近平：《在主持中共中央政治局第二十八次集体学习时的讲话》，《人民日报》2015年11月23日。

③ 习近平：《决胜全面建成小康社会，夺取新时代中国特色社会主义伟大胜利》，《人民日报》2017年10月28日。

④ 《马克思恩格斯文集》（第9卷），人民出版社，2009，第299页。

⑤ 习近平：《立足我国国情和我国发展实践发展当代中国马克思主义政治经济学》，《人民日报》2015年11月25日。

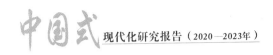

2. 坚持社会主义基本经济制度和所有制基础

在经济转型期，我国与社会主义市场经济相适应的收入分配结构正在逐渐形成，多种所有制并存和财产多元化、结构包容的社会主义市场经济体制新形态正逐渐为社会大众认可接受。与此同时，社会经济结构的演变也导致了多样性的财产权形式和财产权主体。与社会主义市场经济相适应的社会主义收入分配制度，其所有制基础是公有制为主体、多种所有制经济共同发展。在社会主义市场经济中，公有制经济在关系国家及民生的重要经济部门充分发挥主体和主导作用，是国民财富增长及其经济利益在社会成员间合理分配、平等受益的重要保证。公有制经济及其衍生出来的按劳分配制度与方式，是"消灭剥削、消除两极分化、实现共同富裕"的制度基础和长期保证，是实现国民财富和利益共享的"制度之钥"。

3. 以共享发展来解决不平等、不均衡问题

经济增长的成果如何让人民共享，特别是让穷人受益？20世纪以来发展经济学根据一些发展中国家的增长经验概括出"包容性增长"和"益贫式增长"的模式。"包容性增长"这一概念最早由亚洲开发银行在2007年提出，它最基本的含义是公平合理地分享经济增长的成果，其中最重要的表现就是缩小收入分配差距，它涉及平等与公平问题，最终目的是使经济发展成果最大限度地让普通民众受益。与此相关的是"益贫式增长"，它关注经济增长、不平等和贫困三者之间的关系。

发展中国家的实践表明，单纯的经济增长并不能自动惠及穷人，穷人的生活水平有可能随着经济增长而下降，因此"涓滴效应"并不必然出现。在这个背景下，人们重新审视经济增长、贫困和不平等之间的关系并达成共识：高速的经济增长和对穷人有利的收入分配相结合能够使绝对贫困的问题得到最大化解决，达到"益贫式增长"。为实现"益贫式增长"，一国必须努力实现较高且可持续的经济增长率、提升贫困人口参与经济增长过程的机会、增强贫困人口参与经济增长的能力，使其成为经济增长的推动者而非单纯依赖社会保障和救济的受助者。

4. 坚决打赢精准扶贫脱贫攻坚战和全面建成小康社会

贫困人口脱贫致富是全面建成小康社会，实现共同富裕的一个标志性指标。改革开放以来，中国在全面推进现代化国家进程取得巨大成果的同时，扶贫开发事业也取得了举世瞩目的伟大成就。党的十八大以来，以习近平同志为核心的党中央把脱贫攻坚摆在治国理政突出位置，充分发挥党的领导和我国社会主义制度的政治优势，全方面推动贫困治理工作高质量发展，取得了脱贫攻坚的伟大成就。2020年，现行标准下我国的相对贫困人口实现了全部脱贫。八年来，我国平均每年减贫规模均在1 000万人以上，农村贫困人口减少了9 000多万，脱贫攻坚完成后将有1亿左右人口脱贫、832个贫困县全部摘帽，区域性整体贫困得到解决。这种大体量的脱贫规模和脱贫成效，再次创造了世界减贫史上的伟大奇迹。2020年中国彻底消灭了现行标准下的绝对贫困问题，全面建成了小康社会。全面建成小康社会具有里程碑式的意义，它标志着中国共产党带领全国人民实现了第一个百年奋斗目标，也圆了中国人民的千年小康梦。全面建成小康社会为实现共同富裕奠定了坚实的物质、精神、社会、制度和治理基础。

5. 构建中国特色社会主义收入分配制度

在中国特色社会主义收入分配制度的构建上，我们要选择的是制度与现阶段生产力发展、提升经济效率的内洽性。中国特色社会主义收入分配制度的整体性制度架构是：在核心价值取向上，坚持马克思主义核心的价值观，即社会公正与人的全面发展；在制度功能上，保护公民的占有财产和社会产品分配上的权利，激励各类经济主体，规范不同主体之间的权利义务关系，实现资源的有效配置；在制度构建上，包括财产权利制度建构层面、顶层设计层面、行政法律法规层面、经济调节层面（如税收、社会保障等）以及利益共享机制层面的多层次制度设计。

6. 充分发挥政府的调节作用，有效调节收入分配

从西方发达国家收入分配实践来看，其往往通过社会再分配政策来缩小收入差距，如税收、转移支付、提供公共产品等，但是在初次分配中还缺乏调节财富差距和收入差距的有效手段。汲取西方国家的经验教训，需要充分发挥政府在纠正社会财富占有进而收入分配的过分不平等状态上的功能，在再分配领域构建起一整套财产分布稳定机制和行之有效的财产再分配的经济调节机制，以之抑制和扭转整个社会财富的过度集中和财产分布过度不均等的趋势。

高基尼系数是一国在经济高速发展过程中的较普遍的现象，经济学面临的需要解释的问题是：高基尼系数是市场有效配置资源的自然结果吗？初次分配领域需要政府作为吗？经济增长与工资调节机制如何建立（政府、工会和劳工三方的利益关系）？税收政策（尤其是高的资本所得税、遗产税）对收入不平等的调节作用有多大？为什么一国在经济发展初期（低收入阶段）转移支付政策对收入不平等调节的效果可能更为显著？中国特色社会主义的发展道路需要总结和借鉴他国经验，立足国情，实现理论和实践创新。

7. 建立资本与劳动的协调和共赢机制

建立资本与劳动的协调、共赢机制是社会主义市场经济中解决初次分配劳资矛盾的根本途径，这一机制的基础是社会主义初级阶段的生产关系。实践证明，初次分配完全由市场决定既不能实现市场经济的高效率也难以实现公平。初次分配的基本格局是由资本与劳动的利益关系即生产关系决定的。生产决定分配，不同的所有制关系决定不同的分配制度。协调资本与劳动的合理关系必须坚持社会主义初级阶段基本经济制度，充分发挥公有制的作用。在社会主义市场经济中，公有制经济在关系国家及民生的重要经济部门充分发挥主体和主导作用，是国民财富增长和财产利益在社会成员间合理分配、平等受益的重要保证。同样是财产权主体的多元化和收入分配方式形式的多样性，其合理结构与协调关系的所有制基础是否以公有制为主体，是社会主义市场经济条件下解决初次分配领域各利益主体收入分配矛盾（最主要的矛盾是资本与劳动之间的矛盾）与资本主义市场经济的根本区别。

8. 完善产权保护制度和平等保护财产权

我国当前新的财产权结构，其最大特点之一就是公民在社会主义市场经济条件下，在公有制为主体的所有制结构中拥有了真正意义上的个人（及家庭）的私有财产。这种私人财产作为一种权利，为个人参与市场活动、生产和积累财富提供了激励，为共享共建美好生活、实现共同富裕提供了动力。在现实中，私权行使受到

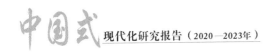

的最大威胁是公权侵害，财产权制度应该充分保护各类经济主体特别是确保公民私人财产权利不可侵犯，使公民的财产权得到平等有效保护，这是社会公平正义的基本内涵。为此，完善产权保护制度、推进产权保护法治化在稳定经济预期、推动创新创业、加快经济转型升级、扩大中等收入群体、保护公民合法财产、缩小财产占有差距、推进社会公平正义、实现共同富裕方面有着重大意义。

构建新发展格局促进中国经济高质量发展*

刘　灿　韩文龙

2022 年 10 月 16 日，习近平总书记在中国共产党第二十次全国代表大会上所作的报告中强调："加快构建新发展格局，着力推动高质量发展"①。构建新发展格局是以习近平同志为核心的党中央基于对国际国内形势的判断所作出的重大战略部署，意义重大，影响深远。立足新发展阶段，要深入贯彻新发展理念，加快构建新发展格局，大力推动经济高质量发展。构建新发展格局可以为我国经济高质量发展提供全新的路径选择，有利于促进中国经济行稳致远和推动实现共同富裕。

一、新发展格局与经济高质量发展的辩证关系

新中国成立后，受到国内外政治经济环境的影响，经过对农业、手工业和资本主义工商业的社会主义改造，中国确立了社会主义经济制度。在实行计划经济的时期，我们通过重工业优先发展战略，建立起了比较完整的工业体系，保障了新中国的经济安全和主权独立，形成了以独立自主战略为主，以与社会主义国家进行国际经济贸易往来为辅的发展战略。改革开放以来，尤其是加入国际贸易组织（WTO）以后，我国逐步形成了市场和资源"两头在外"的外向型经济增长模式，通过"世界工厂"接入国际大循环体系，实现了经济快速增长。但随着要素成本上升和产业转型升级压力增加，外向型经济增长模式的动力开始衰减，近些年进出口对中国经济增长率的贡献率逐渐下降。当前，全球新冠疫情这一"黑天鹅"事件，美国奉行"美国优先"战略并推行霸权主义和贸易保护主义，以及地区地缘政治冲突和矛盾不断升级，使得世界经济发展面临着巨大的不稳定性和不确定性。外加美国对中国实施全方位的打压和遏制策略，使得中国在芯片制造等一些关键核心技术和高科技产业领域遭遇"卡脖子"问题，同时外需面临着较大的不确定性。

经过改革开放 40 多年的高速发展，中国已是世界第二大经济体、第一大工业国和第二大商品消费国，是世界上为数不多的拥有联合国产业分类中全部工业门类的国家，具有 14 亿多人口的超大规模市场优势，在经济体量、工业基础、产业链和消费市场等方面中国已经具备了经济内循环的基础。在国内国际双循环中，只有准确把握主要矛盾的主要方面，重点解决好国内大循环问题，才能在错综复杂的国

＊　本文选自《马克思主义理论学科研究》2022 年第 10 期。
① 《习近平高举中国特色社会主义伟大旗帜为全面建设社会主义现代化国家而团结奋斗：在中国共产党第二十次全国代表大会上的报告》，《人民日报》，2022 年 10 月 26 日。

际国内环境中把握发展的主动权，保障国家经济安全和核心利益。同时，必须准确把握国内循环和国际循环相互影响、相互交融、相互促进、相得益彰的辩证统一关系，利用好两大循环体系，更好服务于经济高质量发展的大局，同时以高质量发展进一步推动形成更高水平的新发展格局。

第一，新发展格局是促进中国经济高质量发展的战略路径。新时代中国经济进入了新常态。新常态下必然要求中国经济实现质量变革、效率变革和动力变革。质量变革，从宏观上讲就是将传统的以劳动力、资本等初级要素投入为主的粗放型经济增长方式转变为以高质量劳动力、科学技术、信息技术等高级要素投入为主的集约型和创新驱动型经济增长方式。从中观上来讲，就是要不断调整产业结构，实现产业结构的升级，在全球产业链中不断向中高端攀升。从微观上讲，就是要形成一批具有国际竞争力的跨国企业以及从事特定领域的"专精特新"等企业"小巨人"，同时不断提高产品质量、形成有国际竞争力的品牌等。效率变革，一方面是要正确处理政府与市场关系，让市场在经济资源配置中起决定性作用，不断提高资源配置效率；另一方面，要通过提高资本有机构成提高资本劳动比，通过营养健康计划和教育等提高劳动者的素质，通过技术创新等提高全要素生产率，进而提高总体劳动生产率。动力变革，就是使创新驱动成为推动经济高质量发展的主动力。按照熊彼特关于创新五个方面的概括[1]，实施创新驱动，重点是要加快新技术新产品的研发、新市场的发掘、新组织形式的创立、新的生产工艺的形成、新材料等的发现。通过创新驱动，不断增强经济发展的动力，不断提高经济发展的效率和可持续性。

构建新发展格局为经济高质量发展提供了实现路径。首先，利用国内大循环可以为经济高质量发展注入新动力新活力。在建设全国统一大市场的基础上，加快构建完整内需体系，可以形成新的经济增长点和增长极。一个国家的人均GDP和人均可支配收入达到中高水平以后，需求的扩张主要依靠产品和服务体系的创新来满足。2021年，我国人均国内生产总值达到1.25万美元[2]，达到了上中等收入国家的水平，这本身会创造出很多新需求。随着需求升级，必然带动产业结构、产品和服务的升级，这会进一步推动经济高质量发展。同时，国内大循环必然要求供给体系的创新。为解决中高端需求不能被有效满足的问题，必须推动以创新为基础的供给体系创新。供给体系的适应性调整和创新，必然会进一步促进经济结构的转型，提高经济的效率效益水平。其次，利用国际市场与资源，可以为经济高质量发展提供良好的市场空间和资源保障。中国是世界第二大经济体，第一大货物贸易国。中国的经济发展需要融入全球市场，一方面中国企业通过国际市场为更多国家和地区提供满足其需求的产品和服务，另一方面中国需要获得全球性的资源，尤其是石油、天然气、煤炭、铁矿石、信息技术和产品等，来满足经济结构转型升级和高质量发展的需要。

---

① Josehp A Schumpeter: memeory of economic development, Harvard University Press, 1934.

② 陆娅楠：《党的十八大以来，我国经济社会发展和生态文明建设取得了具有里程碑意义的重大成就——经济发展大提高生态环境大改善（中国这十年·系列主题新闻发布）》，《人民日报》，2022年5月13日。

第二，经济高质量发展为推动形成更高水平新发展格局提供有力支撑。新发展格局与经济高质量发展的关系是螺旋式上升的辩证统一关系。构建新发展格局是推动经济高质量发展的重要路径，同时经济高质量发展将为新发展格局提供三个方面的重要支持。一是经济高质量发展形成的社会财富为推动构建更高水平新发展格局提供了经济基础。高质量发展的目的是要通过解放生产力、发展生产力和保护生产力来创造更多的社会财富，进而更好满足人民对美好生活的需要。通过高质量发展，可以形成更加庞大的国内需求，更加合理的产业结构和更加安全的产业链与供应链，为促进国际国内大循环提供更加坚实的基础。二是经济高质量发展形成的社会再生产体系是推动构建更高水平新发展格局的重要载体。高质量发展必然要求形成高效、畅通和现代化的社会扩大再生产体系。高质量的社会再生产体系与构建国内国际双循环体系在生产、交换、分配和消费等环节具有高度重合性，是可以互相辅助和互相促进的。三是高质量发展形成的创新体系是推动构建更高水平新发展格局的关键环节。创新发展是中国经济高质量发展最重要的主题。只有通过创新才能为中国经济高质量发展提供可持续的活力和动力。在构建双循环体系中，实现科技领域的高水平自立自强是传统经济社会循环体系保障经济发展和安全的最重要内容。因此，通过创新驱动实现中国经济高质量发展，可以推动构建更高水平和更安全的双循环体系。

二、构建以全国统一大市场为基础的国内大循环体系

2022 年 4 月 10 日发布的《中共中央 国务院关于加快建设全国统一大市场的意见》为加快构建全国统一大市场提供了重要指导。新发展阶段，建设全国统一大市场是畅通国内国际双循环的内在逻辑要求和基础性支撑条件。建设全国统一大市场旨在形成全国统一的市场规则，打破地方市场分割格局，疏通社会再生产中生产、流通、分配和消费等环节的堵点，目的是建设全国统一的高水平的商品市场和要素市场，加快商品和要素的全国流动，进一步降低市场交易成本，推动高水平市场体系的建设，为构建新发展格局提供坚实的基础。构建以国内统一大市场为基础的国内大循环体系需要把握三个方面的关键点。

第一，从供给和需求两方面来畅通国内循环。供给侧结构性改革是构建国内大循环体系的重要推动力。当前，我国经济运行的主要矛盾仍然是供给侧结构性方面的矛盾。供给侧结构性改革就是要从提高供给质量出发，通过改革的办法来实现产业结构、区域结构、要素投入结构、经济发展动力结构和收入分配结构的优化调整，发挥市场在资源配置中的决定性作用，扩大有效供给，提高供给结构对需求变化的适应性和灵活性，提高劳动生产率和全要素生产率，更好对接市场需求，建立健全现代化经济体系，更好实现经济高质量发展。推动供给侧结构性改革要重点把握四点：一是加快要素市场改革，实现劳动力、土地、资本、技术、管理和数据等要素的市场化定价和合理流动，提高要素的配置效率和使用效率。二是不断进行制度创新，解决制约经济发展的体制机制问题，构建亲清新型政商关系，营造一流营商环境。三是增长动力由要素驱动向创新驱动转换，发挥政府及公立机构在基础领

域创新的孵化作用，发挥企业在应用领域创新的主体作用，通过官产学研协同创新平台提高科技创新效率和科技转化效率，通过自主创新获得解决"卡脖子"问题的关键技术和核心技术。四是积极融入国内大分工体系，提高供给的质量和档次。新冠疫情和"逆全球化"趋势暴露出全球分工体系的脆弱性和我国产业分工体系的短板。构建国内大循环体系，需要找准国内产业分工体系中的位置，尤其要在关系国计民生的关键行业有所作为，重点突破一批核心技术瓶颈，迈向产业链和价值链中高端。

扩大内需是构建国内大循环体系的战略基点。需要进一步发挥投资对扩大内需的重要作用。改革开放以来，很长一段时间内投资对我国 GDP 拉动作用最大。随着经济增长动力的转型，消费对 GDP 增长的贡献率超过了投资。同时，从世界经济发展的经验来看，投资对发展中国家经济增长的作用具有可持续效应，必须坚持将投资保持在合理范围。当前，受到房地产调控政策和信贷政策等影响，社会投资占比较高的房地产领域的投资增速逐渐下降。但是，新型基础设施、大型基础设施、高新技术、高端服务业等投资增速较快。随着投资结构的调整，产业结构正在向高级化转变。受到新冠疫情等影响，中国经济面临着较大的下行压力，当前必须通过"稳投资"政策进一步发挥投资对经济增长的促进作用。同时，需要通过积极的财政政策进一步保持合适的经济增速，通过产业政策鼓励信息技术、新能源等高新技术投资，不断增强促进经济高质量增长的新动力。

发挥消费对经济发展的基础性作用。扩大消费是扩大内需的重点。2021 年最终消费支出对经济增长贡献率达到 65.4%[1]。扩大内需的重点是要扩大消费需求。我国是世界第二大经济体，拥有超大规模市场优势。我国中等收入群体规模超过 4亿多人[2]，已经成为位居世界前列的消费大国。但与主要发达国家相比，消费对中国经济的贡献率还可以进一步提高。进一步扩大消费需要做好四个方面的工作。首先，需要不断提高居民可支配收入。收入是消费的基础，只有保持经济可持续增长，才能不断提高居民的可支配收入，只有人均 GDP 和人均可支配收入提高了，才能进一步扩大消费规模。其次，要千方百计增加居民就业机会。就业是民生之本，也是稳定消费的最重要途径。只有稳定和增加就业，才能使得广大居民获得稳定的收入，建立起消费的基本保障。再次，要不断丰富产品种类，提高产品质量，形成产品品牌，努力满足人们对美好生活的需要。要不断升级消费结构，在提高人们物质消费水平的同时，不断满足居民对教育、休闲、娱乐、文化、生态产品等消费的需要。最后，要发挥社会主义社会集体消费对内需的拉动作用，通过收入分配和和谐劳资关系带动消费潜力释放。通过进一步加大教育、医疗、社会保障、生态、文化等领域的共同投入，不断提供高质量的民生和社会公共服务，形成促进私人消费的公共政策基础。

---

[1] 周人杰：《消费升级传递中国信心（评论员观察）》，《人民日报》，2022 年 8 月 22 日。

[2] 陆娅楠：《党的十八大以来，我国经济社会发展和生态文明建设取得了具有里程碑意义的重大成就——经济发展大提高生态环境大改善（中国这十年·系列主题新闻发布）》《人民日报》，2022 年 5 月 13日。

第二，以破立并举来完善全国统一大市场的制度体系。市场是交易的场所及其制度的集合。要建立全国统一大市场，破除地区分割的市场制度，建立健全全国统一的市场制度体系。全国统一的市场制度体系包括四个方面的内涵。

其一，建立健全全国统一的产权制度。市场经济中，产权是人们获得各类经济收益的依据，也是形成合理预期收益的激励制度。产权的界定和保护是激发市场经济主体创造社会财富积极性的重要手段。因此，在市场经济中，必须合理界定和保护产权。具体到中国特色社会主义市场经济体制中，需要构建全国统一的产权制度体系，重点要界定和保护好国有、集体所有和私有等各种所有制的产权，并且要在市场经济中给予平等的保护。在现实生活中，既要防止国有资产和集体资产的流失，又要防止私有产权受到侵害。

其二，建立健全统一的市场准入制度。高效的市场经济需要市场始终保持动态的调整，即市场主体有进有出，才能有利于市场发挥资源配置效率。因此，需要建立健全全国统一的市场准入制度，打破地方保护主义和条块分割。同时建立全国性的负面清单制度，只要符合全国统一的市场准入制度，不在负面清单范围之内，各类市场主体都可以自由进出。各地区和各部门不得随意出台地方性保护政策。

其三，形成公平竞争制度。市场经济条件下，竞争是产生效率最重要的手段。但是由于存在垄断、地方保护主义和不正当竞争等现象，市场经济中竞争往往是不充分的。不充分的市场竞争必然会带来效率损失。因此，必须建立健全鼓励市场公平竞争的制度体系，重点要加强反垄断执法、反不正当竞争执法，以及破除地方行政保护主义等。公平是市场经济重要的价值取向，涉及起点公平、过程公平和结果公平等。市场经济中，既要讲起点公平和过程公平，又要讲求效率。由于禀赋条件、竞争实力和创新能力等差异，市场竞争必然产生结果的分化，要在坚持公平原则的基础上，鼓励提高效率，创造更多的社会财富。

其四，建立健全社会法制和信用制度体系。市场经济就是法治经济。市场经济破除了自然经济中人对人的依赖，形成了人对物的依赖，并逐渐向人的自由全面发展迈进。在这一过程中，理性的个体为了实现自身利益最大化，会采取各种手段去获得经济利益。市场经济允许个体发挥更多的积极性、主动性和创造性，能够极大地促进社会财富的创造，但是也会带来一些负面问题。例如，为了逐利不择手段，不讲信用等。因此，市场经济需要法治体系和信用体系来约束各类市场主体，让他们在合法合理的范围内追逐自身利益。我国作为社会主义市场经济体制的国家，需要建立健全关于市场经济的各类法律体系，同时需要加快商业信用和社会信用体系的建设，让市场经济成为真正的法治经济和信用经济，从而进一步激发人们创造社会财富的积极性和创造性。

第三，正确处理好政府与市场的辩证关系。市场经济中政府与市场的关系一直是学者们关注的焦点。古典政治经济学家亚当·斯密在《国富论》中提出了"看不见的手"[①]，并主张自由市场和小政府的运行模式。在其思想的影响下，自由主义市场经济在欧洲各国和美国等主要资本主义国家取得了意识形态在经济领域的主

---

① 亚当·斯密：《国富论》[M]. 谢祖钧译，中华书局，2014年。

导权。1929—1933 年美国大萧条的发生，使得人们逐渐改变了对自由主义市场经济的认识。英国经济学家梅纳德·凯恩斯在《就业、利息与货币通论》中提出了通过大规模政府干预来弥补市场缺陷，解决有效需求不足的问题[①]。第二次世界大战以后，凯恩斯主义在美国和欧洲等国家流行起来。20 世纪七八十年代，由中东石油危机引发的经济滞胀，使得凯恩斯主义被新自由主义所取代。2008 年国际金融危机后，新自由主义受到更多质疑，政府干预主义又重新成为各国政府制定经济政策的价值原则。在疫情冲击和世界地缘政治冲突等影响下，美国等国家更加注重利用国家干预主义政策遏制竞争对手国家的企业发展，同时扶持本国的芯片制造等战略性产业等。从世界范围经济政策的演变来看，政府与市场的关系是动态演进的，也是动态调整的，它们都服务于一定历史时期和社会背景下的国家利益和阶级利益。

中国的市场经济是从计划经济体制下"创生"出来的，是通过渐进式改革路线逐渐形成和完善的。正因如此，市场与政府的关系比较复杂。从计划经济体制转向市场经济体制，这就意味着转型之前政府的作用比较大，转型之后市场的作用会逐渐放大。中国特色社会主义市场经济体制建立和完善的过程，也是政府权力调整和市场作用不断发挥的过程。这一过程是动态调整的。首先，政府从计划经济时代对企业的直接管制和对经济的直接干预中逐渐退出，转向主要负责宏观经济治理、制定产业政策和发展社会民生事业等。其次，市场在资源配置中，政府由辅助性作用逐渐向基础性作用，再到决定性作用转变。在政府与市场关系的动态调整中，合理界定政府和市场的边界，科学发挥政府职能和市场作用是正确处理政府与市场关系的关键。结合世界上主要市场经济国家发展的经验，立足中国实际，中国的政府是广义上的政府，在坚持中国共产党领导和社会主义制度的基础上，需要将政府的边界线定在合理范围内。政府的职能主要包括提供国防和公共安全、公共基础设施、基础制度框架、基础性研究，以及就业、教育、医疗、住房和社会保障等基本公共服务。市场的边界，则是有限与无限的结合，市场的作用应该被限制在经济领域，凡是经济领域政府没有禁止的地方，各类市场主体都可以自由进出。市场通过供求机制、竞争机制和风险机制等在经济资源的配置中起着决定性作用。在社会民生领域可以科学使用市场机制，但是要防止过度市场化带来的负面效应。

三、以更高水平对外开放畅通国际大循环体系

当今世界正经历着百年未有之大变局。新冠疫情的冲击、俄乌冲突、美国的霸权主义等因素导致全球经济增长预期减弱，"逆全球化"问题不断显现，全球经济正面临着前所未有的挑战。中国作为世界第二大经济体，已经踏上了全面建设中国特色社会主义现代化国家的新征程。在这一征程中，发展仍然是第一要务。因此，我们必须通过更高水平的开放来畅通国际大循环体系，促进高质量发展。

第一，加快建设自由贸易区和自由贸易港，主动扩大进口。自由贸易区是为适

[①] 约翰·梅纳德·凯恩斯：《就业、利息和货币通论》，徐毓枏译，商务印书馆，1997 年。

应高水平对外开放新要求，在国内建设若干个实施零关税或低关税政策，通过建设加工贸易区、保税区、仓储物流区、国际港等综合性开放区域，进一步集中制造业、服务业等优势资源，形成具有国际竞争力的国家对外开放功能区。目前，中国已经在 20 多个省市设置了自由贸易区，形成了比较完整和功能互补的自由贸易区体系。自由贸易区在推动我国对外贸易高质量发展中发挥着重要作用，已经成为推动我国对外贸易可持续增长的关键力量。因此，需要进一步加快自由贸易区的设置，同时不断完善自由贸易区制度体系，扩大制度型开放，让更多的优质企业和资源等能够聚集在自由贸易区，进一步增强自由贸易的开放功能。同时也要高质量建设海南等自由贸易港，实施负面清单制度和全面开放政策，探索自由贸易港建设经验，形成中国特色自由贸易港运行模式。在建设自由贸易区和自由贸易港的同时，举办进口博览会等进一步扩大主动进口的规模。扩大主动进口，一方面是满足人民日益增长的对美好生活的需要；另一方面则是与世界各国共享中国发展的机会，分享中国市场，让更多国家与中国形成良好的贸易往来关系。

第二，要持续优化营商环境，不断加大招商引资力度和制度建设。按照世界银行发布的《全球营商环境报告 2020》，中国的国际营商环境排名提升到了第 31 位，并成为全球营商环境持续改善幅度最大的十大经济体。提高营商环境水平是吸引高质量外资的重要措施。因此，需要进一步加快政府的"放管服"改革，进一步优化营商环境和提升全球排名。当前，凭借中国稳定的政治社会环境、可持续的经济增长预期、超大规模市场优势、比较完备的工业制造业体系、高素质的劳动力和庞大的人才规模等，中国持续保持吸引外资的领先地位。在高质量发展过程中，高端装备、高新技术投资、高端服务业等领域的外商投资规模持续增加，已经成为推动中国经济转型升级和高质量发展的重要力量。立足新发展阶段，中国需要进一步采取各种措施稳外资，同时要通过制度型开放、打造优越的营商环境等方式吸引更多高质量外资进入中国。

第三，积极倡导贸易自由化、投资便利化和经济全球化，成为现行国际经济制度的维护者。当前，受到疫情冲击、地缘冲突和美国单边主义行为等影响，世界经济增长遇到了前所未有的挑战，全球也出现了"逆全球化"的新动向。其一，疫情冲击和地缘政治冲突等打乱了全球产业链和供应链体系，使得石油、天然气、粮食等大宗原材料市场出现了较大幅度的价格波动，严重扰乱了世界市场的要素价格和商品价格。其二，以美国为首的西方国家对中国和中国高科技企业等实施遏制和打压，建立所谓的"小院高墙"政策，使得高新技术领域和国际贸易领域出现了"俱乐部式全球化"，严重扰乱了世界经济秩序。其三，美国等国家为了降低通货膨胀率和刺激本国经济增长，先是大规模实施量化宽松货币政策，后又通过不断加息来遏制通货膨胀。世界主要经济体之间的宏观经济政策协调性降低严重影响了世界货币市场和汇率市场，一部分发展中国家已经陷入了主权债务危机，这使得世界经济增长处于更大的风险敞口。中国作为负责任的大国，一直倡导贸易自由化、投资便利化和经济全球化，并与全球相关国家积极签订双边、多边和区域之间的贸易协定和投资协定，积极推动经济区域化和全球化，成为推动世界经济增长的火车头。当前，中国需要进一步在国际舞台上大力倡导贸易自由化、投资便利化和经济全球化，让中国的朋友圈越来越大，这样中国的国际影响力才能不断提升，才能为中国经济可持续发展提供更加广阔的国际市场空间。

第四，通过"一带一路"倡议等为世界提供中国方案和中国榜样。"一带一路"倡议是中国向周边地区和全世界提供的重要公共产品。目前，全球已经有100多个国家、地区和国际组织等积极支持和参与中国提出的"一带一路"倡议。"一带一路"倡议是开放和包容的地区合作和发展倡议，目的是以"和平合作、开放包容、互学互鉴、互利共赢"的丝路精神为指引，充分发挥各个国家和地区的比较优势，形成双赢和多赢的利益共同体、命运共同体、责任共同体。"一带一路"建设已经成为中国与世界各国进行全方位合作的重要渠道。尤其是在经贸领域，"一带一路"建设沿线地区和国家已经成为中国经贸和投资的主要来源地和目的地，实现了各方的互利共赢。当前，中国需要进一步推动共建"一带一路"高质量发展，重点推动地区与国家之间的基础设施互联互通，深化政策和制度沟通，加快贸易畅通和投资便利化，大力促进资金融通，积极推动文化交流实现民心相通。

总之，以更高水平对外开放畅通国际大循环体系，就是在守住国家利益和安全底线的前提下，中国的国门只会越开越大。客观地讲，内循环不是简单的"出口转内销"，也不是所谓的"闭关锁国"，而是在更高水平对外开放基础上统筹利用国际国内两个市场、两种资源，构建强大的双循环体系。

四、畅通双循环促进经济高质量发展的实现路径

在马克思主义政治经济学中，生产、交换、分配、消费四个环节构成一个经济大循环。国内的投资和消费是国内循环的基础，进出口和国际投资是国际循环的基础。几个环节是相互影响和相互促进的，必须统一于社会扩大再生产的体系之内。"以国内大循环为主"是中国应对复杂国际形势、提高经济韧性、释放经济增长潜力和保障国家经济安全的战略选择。"国际大循环"是中国主动融入世界，以开放促发展，培育中国参与国际合作和竞争的新优势，为世界提供中国方案的必然选择。只有形成国内国际双循环相互促进的新发展格局，才有利于进一步提升中国的国际竞争力，补齐产业体系的发展短板，增强经济增长的稳定性，加快实现经济高质量发展。

在生产环节，重点要解决产业结构转型升级和高水平科技自立自强等问题。当前，我国产业结构正在向中高端迈进，要持续加大政策力度，鼓励更多的企业加快科技研发投入，不断提高企业的竞争力，推动产业结构向中高端迈进。同时，要解决好产业链和供应链的安全问题，推动产业链、供应链和创新链的协同发展。面对芯片、高端设备、新材料等领域的"卡脖子"问题，需要发挥新型举国体制优势，发挥政府、市场与社会的协同效应，持续加大科研投入，推动教育和人才制度供给，实现高水平科技自立自强。

在交换领域，需要统筹利用好国际国内两种资源，发挥国际国内市场的协同作用。国际国内市场是两个最大的交换平台。因此，必须高度重视国际市场和国内市场的高质量建设和维护问题。对于国际市场，重点是要开拓和保障大宗原材料、高

端技术产品和服务的国际供应，同时要维护好与"一带一路"沿线国家和地区，以及东盟、欧盟、美国等重点地区和国家的经贸往来。对于国内市场，重点是要在深化改革和制度创新的基础上，建立高水平社会主义市场经济体制，推动构建全国统一大市场。

在分配领域，要加快推进收入分配制度改革，促进共同富裕。马克思指出："所谓的分配关系，是同生产过程的历史地规定的特殊社会形式，以及人们在他们的人类生活的再生产过程中相互所处的关系相适应的，并且是由这些形式和关系产生的。"[7]社会主义的分配关系是与社会主义制度和生产关系相互适应的。当前，正确处理社会主义分配关系的重点是推进收入分配制度改革。收入分配制度改革是解决缩小收入差距，促进消费扩张的重要途径。推进收入分配制度改革的总体方向是提高低收入群体收入，扩大中等收入群体规模，调节过高收入等，逐渐形成橄榄型收入分配结构。推进收入分配制度改革，需要不断完善收入分配的基础性制度。具体包括在初次分配领域，要在政府、企业和居民部门之间形成合理的收入分配格局，统筹公平与效率的关系，处理好资本与劳动等之间的分配关系。在再分配领域，政府要充分发挥其在税收、转移支付、社会保障和社会救助等方面作用，不断缩小初次分配中产生的分配差距等。在三次分配领域，要充分发挥企业、居民和各类社会组织在慈善、捐赠、志愿者和社会救助等方面的作用，实现社会资源由社会中高层向中低层的有序流动，促进居民收入、就业、教育、医疗、科研、社会保障等各个方面的健康发展。只有通过完善收入分配基础性制度才能更好促进共同富裕。

在消费领域，要促进消费转型升级和不断形成新消费力。促进消费转型升级，一方面需要通过经济的可持续增长和收入分配政策的调整等，不断增加居民的人均可支配收入，降低居民之间的收入差距；另一方面，需要通过供给侧结构性改革，丰富并提高产品和服务质量，优化消费环境，降低居民的教育、医疗、住房和养老等负担，让居民敢于消费、乐于消费。同时，要通过发展新产业、新业态和新模式等，不断形成新的消费力。例如，通过发展数字经济等，推动形成数字消费力[8]，让数字消费成为促进消费转型升级的新动力。

共同富裕的理论逻辑与现实基础[*]

丁任重

习近平总书记在党的二十大报告中明确指出："中国式现代化是全体人民共同富裕的现代化。共同富裕是中国特色社会主义的本质要求，也是一个长期的历史过程。"[①] 共同富裕作为人民群众的共同期盼，既是马克思主义政治经济学的根本立场，也是中国式现代化的重要特征和本质要求。站在新的历史时点，通过进一步发掘共同富裕的理论逻辑和实现保障，对于扎实推进共同富裕与全面推进中华民族伟大复兴，具有重要的理论和现实意义。

一、共同富裕是马克思主义中国化的重要内容

马克思在唯物史观和剩余价值论"两大发现"的基础上，深刻揭示了资本主义必然被社会主义代替的人类历史发展规律，鲜明地提出了未来社会"生产将以所有的人富裕为目的"的科学论断，为中国特色社会主义指明了发展方向。

共同富裕是社会主义的本质要求。按照马克思主义的基本观点，资本主义社会根本不具备实现共同富裕的可能性，反而存在资本家和雇佣劳动者之间两极分化的必然。"二律背反"下的这种对抗性分配关系归根结底决定于资本主义积累的本性，它从资本主义生产关系中产生并体现资本主义的分配关系，致使劳动力价格总是被限制在"不仅使资本主义制度的基础不受侵犯，而且还保证资本主义制度的规模扩大的再生产"[②]。然而，这种"被神秘化为一种自然规律的资本主义积累规律"不断推动资本主义陷入周期性的、一次比一次更猛烈的经济危机的漩涡，对此，马克思明确表示："一切现实的危机的最终原因，总是群众的贫穷和他们的消费受到限制，而与此相对比的是，资本主义生产竭力发展生产力，好像只有社会的绝对的消费能力才是生产力发展的界限。"[③]

资本主义的发展现实和社会主义的伟大实践已经充分证明，只有社会主义才能超越资本逻辑，逐步实现共同富裕。列宁指出："只有社会主义才能使科学摆脱资产阶级的桎梏，……才可能广泛推行和真正支配根据科学原则进行的产品的社会生

---

   * 本文选自《经济学动态》2022 年第 11 期。

   ① 习近平：《高举中国特色社会主义伟大旗帜为全面建设社会主义现代化国家而团结奋斗——在中国共产党第二十次全国代表大会上的报告》，《人民日报》2022 年 10 月 26 日。

   ② 《马克思恩格斯文集》（第 5 卷），人民出版社，2009，第 716 页。

   ③ 《马克思恩格斯文集》（第 7 卷），人民出版社，2009，第 548 页。

产和分配，以便使所有劳动者过最美好的、最幸福的生活。"① 在社会主义制度下，一方面可以消除"技术的资本主义应用"所带来的严重痼疾，真正"把现代工业的生产力作为社会财产来为整个社会服务"②。另一方面，通过建立生产资料公有制，可以使全体人民都能在不掠夺他人劳动的情况下完全达到富裕的程度。恩格斯在《反杜林论》中指出，在社会主义的生产组织中，"生产劳动给每一个人提供全面发展和表现自己的全部能力即体能和智能的机会。"③ 因此，实现全体人民共同富裕是社会主义的本质要求，理应将共同富裕作为社会主义的根本原则和目标。

实现共同富裕的首要任务是发展生产力。马克思在《哥达纲领批判》中将共产主义社会分为"第一阶段"和"高级阶段"。前者即是指社会主义阶段，在该阶段，无产阶级通过社会革命夺取政权并建立公有制社会后，首要任务是发展生产力，"把一切生产工具集中在国家即组织成为统治阶级的无产阶级手里，并且尽可能快地增加生产力的总量。"④ 同时，社会主义发展生产力具有比资本主义更大的优势：一方面，社会主义制度可以消灭资本主义制度所固有的贫困和周期性经济危机等特征性因素；另一方面，社会主义制度可以"使每一个社会成员都能够完全自由地发展和发挥他的全部力量和才能"⑤。

发展生产力是为了让人民群众过上幸福生活，逐步提高人民的物质和文化生活水平。在马克思和恩格斯看来，只有生产力的大幅增长和高度发展才是实现共同富裕的根本前提，"如果没有这种发展，那就只会有贫穷、极端贫困的普遍化。"⑥ 所以说，生产力的不发达是造成无产阶级贫困的主要根源，相应地，要想实现全体人民的共同富裕就必须发展生产力，不断推动社会生产力迈向更高水平，因为在社会主义制度下，"通过有计划地利用和进一步发展一切社会成员的现有的巨大生产力，在人人都必须劳动的条件下，人人也都将同等地、愈益丰富地得到生活资料、享受资料、发展和表现一切体力和智力所需的资料。"⑦ 因而，这也进一步反映出共同富裕的双重内涵——既在于物质生活的富裕，也包括精神生活的富裕。对此，习近平总书记在党的二十大报告中明确提出："物质富足、精神富有是社会主义现代化的根本要求。"⑧ 总之，正如习近平总书记所言："解放和发展社会生产力，增强社会主义国家的综合国力，是社会主义的本质要求和根本任务。"⑨ 在社会主义建设时期，无论是改革开放，还是建立与完善社会主义市场经济体制，实质上都是为了适应和满足不断解放和发展生产力的客观需要。

---

① 《列宁选集》（第3卷），人民出版社，2012年版，第546页。
② 《马克思恩格斯文集》（第4卷），人民出版社，2009，第459页。
③ 《马克思恩格斯文集》（第9卷），人民出版社，2009，第311页。
④ 《马克思恩格斯文集》（第2卷），人民出版社，2009，第52页。
⑤ 《马克思恩格斯文集》（第1卷），人民出版社，2009，第683页。
⑥ 《马克思恩格斯文集》（第1卷），人民出版社，2009，第538页。
⑦ 《马克思恩格斯文集》（第1卷），人民出版社，2009，第709-710页。
⑧ 习近平：《高举中国特色社会主义伟大旗帜为全面建设社会主义现代化国家而团结奋斗——在中国共产党第二十次全国代表大会上的报告》，《人民日报》2022年10月26日。
⑨ 《习近平谈治国理政》（第三卷），外文出版社，2020，第186页。

二、共同富裕是共产党执政的宗旨与理念

共产党是始终代表最广大人民群众根本利益的政党。马克思在《哥达纲领批判》中明确指出："在资本主义社会和共产主义社会之间，有一个从前者变为后者的革命转变时期。同这个时期相适应的也有一个政治上的过渡时期，这个时期的国家只能是无产阶级的革命专政。"① 究其原因，无产阶级政党是无产阶级的领导核心，始终代表人类社会发展的方向，是为广大人民群众谋幸福的政党。

《共产党宣言》指出："过去的一切运动都是少数人的，或者为少数人谋利益的运动。无产阶级的运动是绝大多数人的，为绝大多数人谋利益的独立的运动。"② 这个"运动"中最坚决同时始终起推动作用的就是共产党。共产党作为与无产阶级利益高度一致的政党，其历史使命就是要推翻资本主义制度，建立公有制社会，并在公有制社会建立以后不断发展社会生产力，以满足全体人民的需要，即"由社会全体成员组成的共同联合体来共同地和有计划地利用生产力；把生产发展到能够满足所有人的需要的规模"③。

实现全体人民共同富裕是中国共产党的历史使命。中国共产党的领导作为中国特色社会主义最本质的特征，其根本宗旨是全心全意为人民服务，最终归旨是实现全体人民共同富裕。早在中国共产党成立之初，毛泽东同志就提出了"使中国大多数穷苦人民得享有经济幸福"④ 的目标和使命。改革开放后，邓小平同志提出"我们坚持走社会主义道路，根本目标是实现共同富裕"⑤。在新时代背景下，习近平总书记强调指出："前进道路上，我们必须始终把人民对美好生活的向往作为我们的奋斗目标，践行党的根本宗旨。"⑥ 其中，关键就是要坚持以人民为中心的执政理念，并始终将其贯穿于党和政府的各项工作之中。2015 年 11 月，习近平总书记在党的十八届中央政治局第二十八次集体学习时的讲话中进一步指出："党的十八届五中全会鲜明提出要坚持以人民为中心的发展思想，把增进人民福祉、促进人的全面发展、朝着共同富裕方向稳步前进作为经济发展的出发点和落脚点。这一点，我们任何时候都不能忘记，部署经济工作、制定经济政策、推动经济发展都要牢牢坚持这个根本立场。"⑦ 所以说，中国共产党坚持为人民谋幸福、坚持以人民为中心的应有之义就是要逐步实现全体人民的共同富裕。

实现全体人民共同富裕是党长期执政的重要基础。习近平总书记强调："实现共同富裕不仅是经济问题，而且是关系党的执政基础的重大政治问题。"⑧ 中国特

---

① 《马克思恩格斯文集》（第 3 卷），人民出版社，2009，第 445 页。
② 《马克思恩格斯文集》（第 2 卷），人民出版社，2009，第 42 页。
③ 《马克思恩格斯文集》（第 1 卷），人民出版社，2009，第 689 页。
④ 《毛泽东文集》（第一卷），人民出版社，1993，第 16 页。
⑤ 《邓小平文选》（第三卷），人民出版社，1993，第 155 页。
⑥ 《习近平谈治国理政》（第三卷），外文出版社，2020，第 183 页。
⑦ 《十八大以来重要文献选编》（下），中央文献出版社，2018，第 4 页。
⑧ 习近平：《把握新发展阶段，贯彻新发展理念，构建新发展格局》，《求是》2021 年第 9 期。

色社会主义的共同富裕，就是在马克思主义的指导下，在中国共产党的领导下，始终将不断满足人民群众的需要作为经济社会工作的根本出发点和落脚点，不断适应社会主要矛盾的变化，坚持走中国式现代化道路，分阶段接续奋斗的稳步前进过程。

党的十八大以来，以习近平同志为核心的党中央立足新的生动实践，始终将打赢脱贫攻坚战作为重大政治任务，创造性地提出了一系列新的理论成果。在这一新的历史时期，人民群众不仅对物质文化生活提出了新的更高要求，并且在民主、法治、公平、正义、安全、环境等方面的需求也在逐渐增加，对教育、文化、住房、养老、健康等方面的需求日益提升。因此，随着由"物质文化需要"向"美好生活需要"的历史性转变，党和国家逐步形成了诸如供给侧结构性改革、经济高质量发展、新发展阶段、新发展理念、新发展格局以及统筹发展和安全等一系列最新理论成果。这些理论成果始终围绕"全面建设社会主义现代化国家"与"逐步实现共同富裕"的总任务，为走好中国式现代化新道路、更好实现全体人民共同富裕、不断夯实我们党长期执政的基础，提供了科学指南。

回顾我国发展历程中所取得的"两个奇迹"与全面建成小康社会的伟大成就，已然昭示出中国共产党始终坚持全心全意为人民服务的根本宗旨，以及不断发展生产力、逐步实现全体人民共同富裕的应然和实然。站在新的历史时点，我们正式迈向了全面建设社会主义现代化国家第二个百年奋斗目标的新征程，必须一以贯之地坚持党的领导，坚持以人民为中心的发展思想，坚持实现全体人民共同富裕的根本目标。

三、公有制是实现共同富裕的根本保障

社会主义将共同富裕作为根本目标，其现实基础就是建立了生产资料公有制。生产资料公有制使全体劳动者成为社会生产的主人。马克思和恩格斯认为，生产资料私有制是资本主义社会阶级斗争和经济危机的根源，必将导致资本主义社会走向灭亡。资本主义生产过程的现实起点与基础就是资本和劳动的分裂，具体表现为资本家占有全部生产资料，而劳动者除了占有自己的劳动力以外一无所有。这是由资本主义私有制决定的，其直接结果就是劳资之间的利益对立和阶级斗争。在资本主义私有制条件下，工人作为财富的创造者，却被资本家剥夺了实现财富的手段，致使工人自己的劳动产品反而成为"异己的存在物"，最终造成工人生产的财富越多反而越贫穷的畸形态势，其原因在于私有制的固有规律促使财富分配两极分化，"直到世界分裂为百万富翁和穷光蛋、大土地占有者和贫穷的短工为止"①。然而，随着生产力的发展，生产社会化程度不断提高与生产资料资本主义私人占有之间的矛盾日益深化，致使经济危机不可避免。所以说，只有消灭私有制，全面变革资本主义社会生产关系，才能消除资本主义的弊端。

马克思和恩格斯认为："随着私有制的消灭……人们将使交换、生产及他们发

---

① 《马克思恩格斯文集》（第1卷），人民出版社，2009，第84页。

生相互关系的方式重新受自己的支配。"① 私有制消灭后要建立的就是生产资料公有制，且这个公有制应该是"在协作和对土地及靠劳动本身生产的生产资料的共同占有的基础上"② 建立的。让全体劳动者共同占有劳动资料和劳动的外部条件，使他们真正成为社会生产的主人，资本主义私有制的外壳也就自然随之被炸毁了。马克思在《资本论》中曾设想建立一个按照社会主义原则组织起来的"自由联合体"，其前提就是生产资料归公共所有。在这样一个公有制社会，劳动异化的本源将彻底消失，资本与劳动之间的不平等也将不复存在。劳动者可以摆脱资本的支配、强迫和压制，通过自己直接占有生产资料，自由地、能动地认识自然和人类的本质，并根据社会需要进行生产和组织交换。正如恩格斯所言："一旦社会占有了生产资料……社会生产内部的无政府状态将为有计划的自觉的组织所代替。……人们周围的、至今统治着人们的生活条件，现在受人们的支配和控制，人们第一次成为自然界的自觉的和真正的主人。"③ 因此，实现全体劳动者直接享有对生产资料的占有权，既是公有制社会建立的前提，也是实现共同富裕的基础。

生产资料公有制使全体劳动者为了共同利益而共同生产。所有制性质的不同代表着经济利益关系的不同。在私有制条件下，资本家与雇佣劳动之间的利益存在着对抗性的本质区别，资本家的利益是在独占生产资料的基础上，通过统治生产过程而独自享有生产资料带来的收益，无产阶级的利益则仅仅在于靠出卖自己的劳动力获得维持生存所必需的生活资料，从而最终将导致无产阶级联合起来推翻资产阶级的统治。生产资料社会主义公有制下的劳动则是能够产生预期的有益结果的劳动。全体劳动者共同占有生产资料，决定了每个劳动者都可以按照个人和整体的利益参与生产，消灭了阶级差别和异化劳动，社会全体成员的利益逐渐融合并趋于一致。这一社会形态下的根本目标就是通过社会生产力的提高，不断增加劳动成果，使全体劳动者的生活水平得到普遍提升，保证每个人的一切合理需要都能逐渐得到满足，直至实现共同富裕。

同时，生产资料的所有权内在规定了生产资料使用权的归属，进而也就决定了生产的方式和性质。从自然层面来看，劳动过程无非是劳动者使用劳动资料并作用于劳动对象所产生的人与自然之间的物质变换过程，但从社会形态层面来看，不同所有制形式下的劳动性质却迥然不同。私有制条件下，劳动者只能被动地与生产资料相结合并按照资本家的意愿进行生产，资本家通过竞相采用先进的机器，致使"劳动资料不断地夺走工人手中的生活资料，工人自己的产品变成了奴役工人的工具"④。在公有制条件下，劳动者与劳动资料之间的隶属关系则恰恰相反，生产资料只是被动的物质构成要素，劳动者作为自由人可以在生产过程中发挥主观能动作用。一方面，可以加强对生产过程有意识有计划的控制；另一方面，可以对劳动时间进行社会的有计划的分配，以及按照统一的总计划调节生产结构和生产布局。因

---

① 《马克思恩格斯文集》（第1卷），人民出版社，2009，第539页。
② 《马克思恩格斯文集》（第5卷），人民出版社，2009，第874页。
③ 《马克思恩格斯文集》（第3卷），人民出版社，2009，第564页。
④ 《马克思恩格斯文集》（第9卷），人民出版社，2009，第291页。

此，生产资料公有制决定了社会主义社会的生产将是所有人积极参与、共同使用生产工具并有计划地调节和经营的生产。

生产资料公有制使全体劳动者共同分配劳动收益。生产资料所有制决定了整个社会的经济关系，包括生活资料和消费资料的分配关系。在私有制条件下，资本家与雇佣工人之间的分配关系是对抗性的，分配的权利完全掌握在资本家手中，分配结果只能是大多数人越来越贫穷。马克思认为，资本主义生产过程结束后，雇佣工人所创造的剩余价值首先归产业资本家占有，然后再遵照一定的经济规律在资产阶级内部进行分配，工人阶级唯一可以得到的只是能够满足自身劳动力再生产的微薄的生活资料。这也就意味着，资本驱动下的所谓平等分配实质上是平等的剥削。在公有制社会中，社会全体成员在共同占有生产资料的基础上共同劳动，其结果即劳动产品由全体劳动者按照共同的协议来组织分配。也就是说，在公有制基础上，"社会的每一成员不仅有可能参加社会财富的生产，而且有可能参加社会财富的分配和管理"①。

总之，在百年党史视野下，中国共产党团结带领全国各族人民为共同富裕目标而不懈奋斗的伟大历程，充分体现出我国已经具备了实现全体人民共同富裕的强大现实基础。早在新中国成立之初、社会主义改造完成之后，我国就已建立了生产资料公有制，即全民所有制和劳动群众集体所有制。改革开放之后，基于我国正处于并将长期处于社会主义初级阶段的基本国情，我国确立了以公有制为主体、多种所有制经济共同发展的所有制结构，以及按劳分配为主体、多种分配方式并存的分配制度。中国特色社会主义进入新时代之后，党的十九届四中全会进一步将"公有制为主体、多种所有制经济共同发展，按劳分配为主体、多种分配方式并存，社会主义市场经济体制等"②确立为社会主义基本经济制度。这就充分表明，我国实现共同富裕的经济基础和制度保障已经形成并不断趋于完善。正如习近平总书记在党的二十大报告中所指出的："今天，我们比历史上任何时期都更接近、更有信心和能力实现中华民族伟大复兴的目标"③。

① 中共中央马克思恩格斯列宁斯大林编译局：《马克思恩格斯文集》（第3卷），人民出版社，2009，第460页。

② 习近平：《中共中央关于坚持和完善中国特色社会主义制度 推进国家治理体系和治理能力现代化若干重大问题的决定》，《人民日报》2019年11月6日。

③ 习近平：《高举中国特色社会主义伟大旗帜 为全面建设社会主义现代化国家而团结奋斗——在中国共产党第二十次全国代表大会上的报告》，《人民日报》2022年10月26日。

社会主要矛盾

丁任重　张　航

党的十九大报告对我国当前社会的主要矛盾作出了新的重大论断："中国特色社会主义进入新时代，我国社会主要矛盾已经转化为人民日益增长的美好生活需要和不平衡不充分的发展之间的矛盾。"深刻认识社会主要矛盾及其转化，有助于我们更好地理解和把握新时代的内涵。

一、社会主要矛盾的内涵

1. 矛盾论是我党认识主要矛盾的有力工具

抓住事物的主要矛盾和主要方面，是马克思主义认识论的重要内容。在马克思主义中国化的探索中，矛盾论是帮助中国共产党认识和判断我国社会主要矛盾的有力工具，而对社会主要矛盾的清晰认识和正确判断是中国共产党领导中国革命、建设和改革的坚实保障。马克思主义经典作家曾在多个方面论述了矛盾的普遍性，同时也都强调了要重视对主要问题和主要矛盾的认识方法[1]。恩格斯指出："为了达到伟大的目标和团结，为此所必需的千百万大军应当时刻牢记主要的东西，不因那些无谓的吹毛求疵而迷失方向。"[2]列宁也曾指出："政治事态总是非常错综复杂的。它好比一条链子。你要抓住整条链子，就必须抓住主要环节。"[3]

在马克思主义进入中国后，以毛泽东为主要代表的中国革命者，运用马克思主义基本原理，充分结合中国的特殊国情和实践经验，形成了较为系统的具有中国特色的矛盾理论。首先，毛泽东强调了生产力和生产关系之间的矛盾、经济基础和上层建筑之间的矛盾依然是社会主义社会的基本矛盾，并且这两对矛盾始终是推进社会主义社会不断进步的根本动力。其次，毛泽东拓展了矛盾的非对抗性在社会主义社会中的运用，指出矛盾分为对抗性矛盾和非对抗性矛盾，对抗性矛盾在阶级社会普遍存在，这种矛盾往往只能通过阶级斗争的方式解决，而社会主义社会的矛盾很多是非对抗性的，尤其是在人民的根本利益是一致的情况下，它可以依靠自身力量得以解决，如可以通过发展生产力，使生产力和生产关系之间的矛盾得以缓和等，而不仅仅是通过阶级斗争。再次，毛泽东进一步丰富了矛盾的特殊性理论，指出对

---

① 艾四林、康沛竹：《中国社会主要矛盾转化的理论与实践逻辑》，《当代世界与社会主义》，2018，第1期。

② 《马克思恩格斯全集》（第38卷），人民出版社，1972，第270页。

③ 《列宁全集》（第43卷），人民出版社，1987，第107页。

于我国不同阶段的矛盾要具体情况具体分析，不同事物在不同阶段，其矛盾都具有特殊性，而不同矛盾要用不同的方法加以解决。同时，将矛盾的普遍性和特殊性相结合才能更好地解决矛盾。最后，毛泽东强调解决主要矛盾以及主要矛盾的主要方面，必须要将两点论和重点论相结合。正是在矛盾论的指导下，中国共产党才能对我国社会主要矛盾作出更为科学和正确的判断。

2. 社会基本矛盾和社会主要矛盾

社会基本矛盾，是整个社会有机体中所有矛盾的根源，即生产力和生产关系的矛盾、经济基础和上层建筑的矛盾。社会基本矛盾是在所有社会形态中必然存在的矛盾，制约和影响着社会其他矛盾的运动和发展。社会基本矛盾运动必须按照一定的规律进行，即生产关系必须适应生产力的发展，上层建筑必须适应经济基础的发展。但其间适应往往是相对的、非常态的，不适应反而是绝对的、常态的，因此这一基本矛盾贯穿着所有社会形态的始终，只不过在每个社会形态的不同发展阶段其表现形式可能有所区别。

社会主要矛盾，是在一定社会各种具体矛盾中居于支配地位、起着规定或影响其他矛盾的矛盾。而其他矛盾则是非主要矛盾。在不同社会形态、每个社会形态的不同发展阶段，社会主要矛盾往往都有着不同的表现形式。只有不断调整认识，才能更加科学地判断和处理在不同时期的社会主要矛盾。

研究社会主要矛盾必须联系社会基本矛盾，但二者在不同的社会形态或统一社会形态的不同历史发展阶段，其表现形式是不尽相同的，这点从我国社会主要矛盾的发展历程中可以看出。社会主要矛盾根源于社会基本矛盾，社会主要矛盾是社会基本矛盾的集中体现，但生产力和生产关系、经济基础和上层建筑之间的矛盾始终是所有社会形态中最为基本的矛盾，因此首先要把发展生产力作为解决社会主要矛盾的根本任务。同时，不同阶段的社会基本矛盾有其特殊性，因此也要将社会主要矛盾的定位和判断与社会的发展状况充分结合起来，进而调整指导方针与行动策略①。

3. 社会主要矛盾和社会次要矛盾

在事物的发展过程中，不仅存在某一种矛盾发挥作用，而且可能存在多种矛盾同时发挥作用，但其中必然有一种矛盾起主要的、领导的、决定的作用，"规定或影响着其他矛盾的存在和发展"②，即主要矛盾；而其他矛盾则居于次要和服从地位，即次要矛盾。

"研究任何过程，如果是存在着两个以上矛盾的复杂过程的话，就要用全力找出它的主要矛盾。抓住了这个主要矛盾，一切问题就迎刃而解了。"③ 同时，"不同质的矛盾，只有用不同质的方法才能解决。例如，无产阶级和资产阶级的矛盾，用社会主义革命的方法去解决；人民大众和封建制度的矛盾，用民主革命的方法去解

---

① 周海荣、何丽华：《马克思主义社会矛盾理论视域下我国社会主要矛盾的转变》，《社会科学》，2018年第4期。

② 《毛泽东选集》（第1卷），人民出版社，1991，第322页。

③ 《毛泽东选集》（第1卷），人民出版社，1991，第322页。

决；殖民地和帝国主义的矛盾，用民族革命战争的方法去解决；在社会主义社会中工人阶级和农民阶级的矛盾，用农业集体化和农业机械化的方法去解决；共产党内的矛盾，用批评和自我批评的方法去解决；社会和自然的矛盾，用发展生产力的方法去解决。过程变化，旧过程和旧矛盾消灭，新过程和新矛盾发生，解决矛盾的方法也因之而不同。""用不同的方法去解决不同的矛盾，这是马克思列宁主义者必须严格地遵守的一个原则。"①

社会主要矛盾和社会次要矛盾并不是固定不变的，二者相互作用，相互影响，在一定条件下，二者可以实现相互转化。在二者关系中，主要矛盾起着主导和决定性作用，同时次要矛盾也影响和制约着主要矛盾②。社会主要矛盾具有历史性和阶段性，一旦社会主要矛盾发生变化，这就意味着社会发展或者革命进程来到了新的阶段。因此，及时、准确地判断社会主要矛盾的变化，是政党领导革命、带领建设的核心基础。

二、我国社会主要矛盾的认识历程与特点

在不同时期中，我国社会主要矛盾是不尽相同的。随着建党以来百年的发展，我国社会主要矛盾主要经历了四个阶段，发生了三次重大的演变。首先，在社会主义制度建立之前的半殖民地半封建社会，社会的基本矛盾具有对抗性，表现为激烈的阶级斗争，因而阶级斗争始终是社会的主要矛盾。其次，党的八大后，我国制定了一系列政策，开始进行社会主义建设的探索，此时社会主要矛盾变为了人民对于建立先进的工业国的要求同落后的农业国的现实之间的矛盾。再次，1978年，我国开始实施改革开放政策，党的十一届六中全会提出了我国社会主要矛盾变为了人民日益增长的物质文化需要同落后的社会生产之间的矛盾。最后，到2017年，我国国民经济发展水平已经得到了大幅提升，习近平总书记在党的十九大上提出，我国社会主要矛盾已经是人民日益增长的美好生活需要和不平衡不充分的发展之间的矛盾。

1. 社会主义制度建立前的探索

在中国共产党成立初期，中国仍是一个半殖民地半封建的国家，因此，如何反帝反封建是革命者需要首要思考的问题。为了将马克思主义基本原理同中国具体实际相结合，中国共产党人进行了艰辛的探索。1923年，党的三大提出："半殖民地的中国，应该以国民革命运动为中心工作，以解除内外压迫。"③ 基于此，共产党与国民党展开了国共合作，一起开展了大革命。随着大革命的失败，1927年的"八七会议"过后，武装反抗国民党成了我党行动总方针，工作重心也从城市转移到了农村。

"九一八"事变后，随着日本帝国主义入侵，我国的主要矛盾转化为了中华民

---

① 《毛泽东选集》（第1卷），人民出版社，1991，第311页。
② 李慎明：《正确认识中国特色社会主义新时代社会主要矛盾》，《红旗文稿》，2018年第5期。
③ 《中共中央文件选集》（第1册），中共中央党校出版社，1989，第146页。

族和日本帝国主义之间的矛盾。1934 年《为中国工农红军北上抗日宣言》（简称：《宣言》）提出："苏维埃政府与工农红军决不能坐视中华民族的沦亡于日本帝国主义同全中国一切武装队伍联合起来共同抗日。"①《宣言》的提出，将日本帝国主义和国民党政府作为了共同斗争对象，并喊出了"打倒一切帝国主义"的口号。但随着时局的发展，民族矛盾已经成了社会的主要矛盾，1935 年的瓦窑堡会议确立了抗日民族统一战线策略方针。1937 年《中国共产党在抗日时期的任务》指出："由于中日矛盾成为主要的矛盾、国内矛盾降到次要和服从的地位而产生的国际关系和国内阶级关系的变化，形成了目前形势的新的发展阶段。"② 可见，此时反对帝国主义成为社会主要矛盾，而国内矛盾则降为次要矛盾。抗日战争取得胜利后，毛泽东曾在 1945 年指出："从整个形势看来，抗日战争的阶段过去了，新的情况和任务是国内斗争。"③ 1946 年全面内战爆发后，推翻国民党的反动统治又重新成为社会的主要矛盾。在新中国成立以后，以毛泽东为核心的领导人继续对我国社会主要矛盾进行探索，在 1949 年党的七届二中全会上，毛泽东指出："中国革命在全国胜利，并且解决了土地问题以后，中国还存在着两种基本的矛盾。第一种是国内的，即工人阶级和资产阶级的矛盾。第二种是国外的，即中国和帝国主义国家的矛盾。"④ 可见，此时工人阶级和资产阶级的矛盾、社会主义道路和资本主义道路的矛盾成为新的社会主要矛盾。再到 1956 年社会主义改造基本完成后，社会主义制度在我国基本建立起来，如何在一个经济文化等各方面都相对落后的大国建设社会主义成了中国共产党面临的新的考验。

2. 党的八大：人民对建立先进的工业国的要求同落后的农业国的现实之间的矛盾

1956 年，我国的社会主义改造基本完成，剥削制度和剥削阶级已被消灭，社会基本矛盾的对抗性也基本消除，因此社会主要矛盾不再是阶级矛盾。党的八大集中提出了一系列的重要指导方针，其中包括了在新的国情下，对我国社会主要矛盾的判断。党的八大提出："我们国内的主要矛盾，已经是人民对于建立先进的工业国的要求同落后的农业国的现实之间的矛盾，已经是人民对于经济文化迅速发展的需要同当前经济文化不能满足人民需要的状况之间的矛盾。这一矛盾的实质，在我国社会主义制度已经建立的情况下，也就是先进的社会主义制度同落后的社会生产力之间的矛盾。"⑤ 基于对社会主要矛盾的判断，我国当时的主要任务已经不再是进行阶级斗争，而是大力发展基础工业，提高生产力水平，又快又好地将我国从一个落后的农业大国建设成为现今的工业大国。这一判断完全符合当时的基本国情，同时也意味着中国共产党迈出了进行社会主义建设的重要一步。

实践证明，党的八大关于社会主要矛盾的判断是正确的，但在随后的 20 多年里，党中央对我国社会主要矛盾的认识发生了变化，尤其是在 1957—1978 年，阶

① 《中共中央文件选集》（第 10 册），中共中央党校出版社，1991，第 347-348 页。
② 《毛泽东选集》（第 1 卷），人民出版社，1991，第 252 页。
③ 《毛泽东选集》（第 4 卷），人民出版社，1991，第 1433 页。
④ 《毛泽东选集》（第 4 卷），人民出版社，1991，第 1433 页。
⑤ 《中国共产党第八次全国代表大会文件》，人民出版社，1956，第 82 页。

级斗争又被重新认为是社会主要矛盾。1957 年《关于正确处理人民内部矛盾的问题》中指出："我们的根本任务已经由解放生产力变为在新的生产关系下面保护和发展生产力。"① 1957 年，党的八届三中全会提出："无产阶级和资产阶级的矛盾，社会主义道路和资本主义道路的矛盾，毫无疑问，这是当前我国社会的主要矛盾。"② 随后"左"倾思想逐渐在党中央占据主导地位，使得社会主要矛盾的认识产生了偏差，提出了"以阶级斗争为纲"的观点。正是对社会主要矛盾的错误认识，导致我国经历了一系列曲折的发展，甚至使得生产力遭到严重破坏，人民生活质量和物质文化水平提升缓慢。

3. 党的十一届六中全会：人民日益增长的物质文化需要同落后的社会生产之间的矛盾

1978 年 12 月，随着党的十一届三中全会的召开，我国的历史发展进程迎来了重要的转折点。会议确定了"解放思想、开动脑筋、实事求是、团结一致向前看"的指导方针，果断放弃了"以阶级斗争为纲"的指导方针，实现了党的思想路线的拨乱反正，并将工作重心转移到了经济建设上来，全面实施"改革开放"战略。

在这一历史时期，邓小平基于毛泽东的矛盾理论，进一步对我国的社会矛盾展开了深入剖析。1979 年，邓小平指出："关于基本矛盾，我想现在还是按照毛泽东同志在《关于正确处理人民内部矛盾的问题》一文中的提法比较好。毛泽东同志说：'在社会主义社会中，基本的矛盾仍然是生产关系和生产力之间的矛盾，上层建筑和经济基础之间的矛盾。'当然，指出这些基本矛盾，并不就完全解决了问题，还需要就此作深入的具体的研究。"③ 他提出，在社会主要矛盾中，最重要的因素仍然是生产力，因此，应当把发展生产力作为建设社会主义的根本任务。他提出："搞社会主义，一定要使生产力发达，贫穷不是社会主义。我们坚持社会主义，要建设对资本主义具有优越性的社会主义，首先必须摆脱贫穷。"④ "社会主义的根本任务是发展生产力，逐步摆脱贫穷，使国家富强起来，使人民生活得到改善。"⑤ 在充分继承党的八大会议精神后，以邓小平为代表的党中央领导人对我国社会主义初级阶段的社会主要矛盾继续进行探索。邓小平指出："至于什么是目前时期的主要矛盾，也就是目前时期全党和全国人民所必须解决的主要问题或中心任务，由于三中全会决定把工作重点转移到社会主义现代化建设方面来，实际上已经解决了。我们的生产力发展水平很低，远远不能满足人民和国家的需要，这就是我们目前时期的主要矛盾，解决这个主要矛盾就是我们的中心任务。"⑥ 1981 年，党的十一届六中全会正式对我国的社会主要矛盾提出了新论断："在社会主义改造基本完成以后，我国所要解决的主要矛盾，是人民日益增长的物质文化需要同落后的

---

① 《毛泽东文集》（第 7 卷），人民出版社，1999，第 218 页。
② 中共中央文献研究室：《建国以来重要文献选编》（第 10 册），中央文献出版社，1994，第 606-607 页。
③ 《邓小平文选》（第 2 卷），人民出版社，1994，第 181 页。
④ 《邓小平文选》（第 3 卷），人民出版社，1993，第 225 页。
⑤ 《邓小平文选》（第 3 卷），人民出版社，1993，第 264-265 页。
⑥ 《邓小平文选》（第 2 卷），人民出版社，1994，第 182 页。

社会生产之间的矛盾。"① 在新的指导思想下，全国上下逐渐把工作重心转移到了经济建设上来，社会生产力进入快速发展的道路，综合国力不断增强，国际地位不断提升，人民的物质文化生活水平不断提高。

对于这一主要矛盾的论断，主要是由我国社会主义初级阶段的基本国情所决定的。人民不断增长的物质文化需要同落后的社会生产之间的矛盾日益突出，贯穿于我国社会主义初级阶段的整个过程和社会生活的各个方面，成为社会主义初级阶段的主要矛盾。在这个主要矛盾中，矛盾的主要方面是落后的社会生产。所谓落后的社会生产，一是特指我国社会生产力还不是很发达，还没有实现现代化，社会主义的物质基础还比较薄弱，全面建设小康社会的任务还相当艰巨；二是相对于发达资本主义国家的生产力发展状况而言，我国目前的生产力水平还有相当大的差距。这就决定了我国在今后相当长的一段时期必须以经济建设为中心，各项工作都要服从和服务于这个中心。只有这样才能有效地促进各种社会矛盾的解决②。

1992 年，党的十四大将"人民日益增长的物质文化需要同落后的社会生产之间的矛盾"这一论断正式写入党章，1997 年党的十五大指出"这个主要矛盾贯穿我国社会主义初级阶段的整个过程和社会生活的各个方面"③。经过十年的建设，到 2007 年，党的十七大提出：我国仍处于社会主义初级阶段的基本国情没有变、现阶段我国社会主要矛盾没有变。再到 2012 年党的十八大强调了"三个没有变"，即我国仍处于并将长期处于社会主义初级阶段的基本国情没有变，人民日益增长的物质文化需要同落后的社会生产之间的矛盾这一社会主要矛盾没有变，我国是世界上最大的发展中国家的国际地位没有变。

4. 党的十九大：人民日益增长的美好生活需要和不平衡不充分的发展之间的矛盾

2017 年，党的十九大对我国社会主要矛盾作出了重大新论断：中国特色社会主义进入新时代，我国社会主要矛盾已经由人民日益增长的物质文化需要与落后的社会生产之间的矛盾转化为人民日益增长的美好生活需要和不平衡不充分的发展之间的矛盾。

习近平总书记强调要高度重视运用马克思主义矛盾理论来帮助分析和解决党和国家事业发展中的重大问题，要充分掌握事物矛盾运动的基本规律和原理，正确认识矛盾的普遍性、特殊性、阶段性、客观性等。"在任何工作中，我们既要讲两点论，又要讲重点论，没有主次，不加区别，眉毛胡子一把抓，是做不好工作的。"④习近平总书记还强调，面对复杂形势和繁重任务，首先要有全局观，对各种矛盾做到心中有数，同时又要优先解决主要矛盾和矛盾的主要方面，以此带动其他矛盾的解决。

这一新论断的提出，既是对马克思主义矛盾理论的运用，也是中国社会实践的

① 《中国共产党中央委员会关于建国以来党的若干历史问题的决议》，人民出版社，2009，第 58 页。
② 刘诗白：《社会主义市场经济理论》，西南财经大学出版社，2011，第 26 页。
③ 《十五大以来重要文献选编（上）》，人民出版社，2000，第 17 页。
④ 《习近平总书记系列重要讲话读本》，学习出版社、人民出版社，2016，第 48 页。

真实反映，是我们党在中国特色社会主义进入新时代以后，客观分析了我国社会主义现代化建设的形势和任务，对我国目前社会主要矛盾作出的新判断和新论断。社会主要矛盾的新变化来源于我国经济社会发展的新变化，来源于社会生产和社会需要的新变化。中国发展到今天，社会生产力和生产关系、经济基础和上层建筑都发生了深刻变化，主要矛盾的两个方面即人民需要和社会生产也都发生了深刻变化。

一方面，我国稳定解决了十几亿人的温饱问题，全面建成小康社会，人民的美好生活需要日益广泛，不仅对物质文化生活提出了更高要求，而且在民主、法治、公平、正义、安全、环境等方面的要求日益提高①。从社会生产来看，新中国成立以来特别是改革开放以来，到党的十九大召开前，我国经济发展取得了举世瞩目的成就，我国经济总量已稳居世界第二，人均 GDP 已从 1978 年的 156 美元逐步跃升至 2016 年的超过 8 000 美元；产品短缺已成为历史，部分领域已出现了产品过剩现象；部分产业的产量和技术水平已领先世界。因此，原先"落后的社会生产"的判断已经过时。从社会需要来看，在经济不断发展的基础上，我国综合国力和人民生活水平不断提高，正在从"基本小康"跃向"全面小康"，因而更加美好的生活自然成了人民群众的新期待，在物质与文化需要得到充分满足以后，人民群众关于民主、法治、公平、正义、安全、环境等方面的"非物质""非文化"的需求更加突出。因此，原先"物质文化需要"的判断也已经过时。由此可见，"落后的社会生产"转变为"不平衡不充分的发展"，"物质文化需要"转变为"美好生活需要"，这些新提法、新概念涵盖面更广，也更加符合实际②。

另一方面，我国社会生产力水平总体上显著提高，社会生产能力在很多方面进入世界前列，更加突出的问题是发展不平衡不充分，这已经成为满足人民日益增长的美好生活需要的主要制约因素③。虽然我国经济建设与经济发展取得了巨大成就，但是与人民群众"美好生活需要"相比，现在的发展仍然是"不平衡不充分的发展"。从"不平衡"来看，主要表现在：①城乡发展不平衡，改革开放以来我国一直重视以城市作为经济中心的带动作用，城镇化率持续提高，但同时"三农"问题一直成为发展的短板。②区域发展不平衡，在区域经济总体布局中，区域发展分化现象日趋明显，东部地区发展仍然是领先于全国，中部和西部地区处于追赶型发展阶段，而东北地区发展则相对滞后。③不同阶层的收入不平衡，在人民群众收入水平不断提高的同时，我国收入分配的基尼系数也在提高，收入分配差距有所扩大。从"不充分"来看，主要表现在以下五个方面：一是创新发展不充分，我国一直致力于建设创新型国家，也创造出了一批有影响的科技成果，如天宫、蛟龙、天眼、墨子、大飞机等，但总体上我国原始创新、基础创新仍然落后于发达国家；二是协调发展不充分，区域差距、城乡差距、产业差距等仍然较大；三是绿色发展不充分，习近平总书记提出的"绿水青山就是金山银山"的理念已经深入人心，

---

① 《马克思主义政治经济学概论》，人民出版社，2021，第 224 页。

② 丁任重：《深刻领会和把握新时代我国社会主要矛盾的变化与完善我国发展模式》，《经济学家》，2017 年第 12 期。

③ 《马克思主义政治经济学概论》，人民出版社，2021，第 224 页。

但我国局部地区的环境污染现象仍然比较严重；四是开放发展不充分，党的十八大以来，我国对外开放步伐加快，如"一带一路"倡议持续推进，建立亚投行和丝路基金，人民币"入篮"等，但我国在重要国际组织中投票权不多，在国际市场上重要商品的定价权不多；五是共享发展不充分，如我国目前收入分配差距较大①。

三、社会主要矛盾的研究意义

清楚认识社会主要矛盾的变化是我们党领导革命和带领全国人民进行政治、经济、社会、文化、生态等各方面建设的重要基础。从我国社会主要矛盾的发展历程来看，只有当我们研究清楚、正确认识了各个时期社会的主要矛盾，我们的实践活动才能是正确的，才能够推动社会进步发展，因此研究社会主要矛盾对我国的发展方向有着至关重要的引导作用。

社会主要矛盾发生变化是我国进入新时代的判断依据，是新时代开启全面建设现代化国家新征程的逻辑起点。站在全新的历史方位，我国国情已经发生了深刻变化，社会主要矛盾的两个方面，即人民需要和社会生产也都发生了深刻变化。及时、正确地对社会主要矛盾展开深入研究，有利于我们更好地认清进入新时代的判断标准，有利于正确认识人民需求和社会生产二者本身及其关系的变化特征，有利于深刻理解推进改革开放的重要性，从而更好地指导我国展开社会主义现代化建设。

1. 有利于更好地认清进入新时代的判断标准

《习近平新时代中国特色社会主义思想三十讲》指出，中国特色社会主义进入新时代"这一重大政治论断，是根据我国社会主要矛盾发生新变化作出的"②，因此社会主要矛盾的转变是中国特色社会主义进入新时代的重要依据。经过几十年的社会主义改革和建设，主要矛盾的两个方面，人民需求和社会生产均发生了深刻变化。最初，受制于生产力水平发展相对落后，人民更多地需要解决吃饱饭、穿暖衣、有屋住等问题。1956 年我国 GDP 为 1 030.7 亿元，人均 GDP 仅为 165 元，第一产业增加值占 GDP 比重为 43.07%，第二产业占比为 27.23%③。可见在新中国成立初期，我国经济体量较小且在较大程度上依赖于第一产业，而第二产业则占比偏低。在人口基数较大、科学技术水平发展滞后的基本国情下，物资相对匮乏，尤其是工业制成品种类和数量长期处于供不应求的状态。经过 20 多年的艰辛探索和曲折发展，到 1978 年，我国 GDP 增长到了 3 678.7 亿元，人均 GDP 上涨到了 385 元，第一产业占 GDP 比重下降到了 27.69%，第二产业占比增长至 47.71%④。随着经济水平的逐步提升，工业化水平的不断升高，人民生活物质匮乏、工业制成品

① 丁任重：《深刻领会和把握新时代我国社会主要矛盾的变化与完善我国发展模式》，《经济学家》，2017 年第 12 期。

② 《习近平新时代中国特色社会主义思想三十讲》，学习出版社，2018。

③ 数据来源：2019 年《中国统计年鉴》以及根据其中相关数据计算所得。

④ 数据来源：2019 年《中国统计年鉴》以及根据其中相关数据计算所得。

严重供不应求的状况有所改善，但人们对物质文化的丰富程度、质量提升等问题产生更多的需求，即"人民日益增长的物质文化需要"逐渐成为更为迫切的需要应对的问题。

经过改革开放近40年的发展，我国经济发展水平迅速提升，到2017年，我国GDP已经达到832 036亿元，人均GDP上涨到59 201元，第一产业占比下降到了7.46%，第二产业占比为39.58%，第三产业则达到了52.68%。已经稳定解决了十几亿人的温饱问题，即将实现全面小康，人民对美好生活的需要日益广泛，不仅对物质文化生活提出了更高要求，而且在民主、法治、正义、安全、环境等方面的要求也日益增长，并趋向于多样化和高质量化。进入新时代，"物质文化生活需要"已经无法再正确、全面地表达出人民的真实需求。党的十九大报告指出，我们在经济方面所面临的困难和挑战主要是"民生领域还有不少短板，脱贫攻坚任务艰巨，城乡区域发展和收入分配差距依然较大"等。可见，这些问题已逐渐成为影响我国社会进一步发展，同时也是人民需求最为强烈的问题。若不能及时认识清楚人民需要的转变，则可能导致作出不合时宜的决策，进而使得社会矛盾越发复杂和尖锐。

进入新时代后，人民需求已经不仅限于物质文化方面，而且对经济、政治、文化、社会和生态等"五位一体"建设以及党的建设等各个方面的需求都在日益提升。例如，人民群众关注的收入差距、民生保障、公平法治、监督维权、环境保护、房住不炒、教育公平、医疗养老等多个领域。因此"人民日益增长的美好生活需要"这一新的表述更加准确、全面地表达出了人们在改革开放以来取得重大成就的基础上，在经济、政治、文化、社会、生态和党的建设等多个方面都充满了对未来生活的美好希冀[①]。因此，研究社会主要矛盾的变化有利于我们更加深刻地理解进入新时代的划分依据和判断标准。

2. 有利于实现更科学的供给侧结构性改革

认清社会主要矛盾的主要方面，是解决主要矛盾的必要前提。实践证明，社会主要矛盾中的人民需要和社会生产两方面，往往社会生产是主要矛盾的主要方面，而只有正确处理好了社会生产这一方面，才能更好地应对和解决社会主要矛盾。认清国情，找准社会主要矛盾是帮助我国选择正确道路的必要前提，也是我国实现快速发展、实现中华民族伟大复兴的重要保障。在新中国成立初期，我国仍是个落后的农业大国，生产力远落后于先进的西方工业国；改革开放后，我国工业化水平有所提高，但是物质文化供给仍然跟不上人民的基本需求；进入新时代，不平衡不充分的发展成为最值得关注的问题。可见，不同时代背景有着不同的社会主要矛盾，而想要解决主要矛盾，必须抓住社会生产这一主要矛盾的主要方面，进而找到解决矛盾的有效着力点。

无论在何时，生产力和生产关系、经济基础和上层建筑这两对社会基本矛盾不会变，但在不同时代有着不同的表现形式，即社会主要矛盾有所区别。在新中国成立初期，快速实现工业化，保证基本物资供给是重点，因此大力发展生产力，夯实

---

① 赵中源：《新时代社会主要矛盾的本质属性与形态特征》，《政治学研究》，2018年第2期。

工业化基础，尽快实现从农业国向工业国的转换，是解决主要矛盾的主要途径；改革开放后，进一步提高生产力水平，丰富物质文化的供给是建设重点；进入新时代，"落后的社会生产"已经转变为了"不平衡不充分的发展"，如果再继续像原来那样只注重体量上的经济增长，已经无法再应对发生转变后的社会主要矛盾。经过改革开放 40 多年的发展，我国经济体量已经位居世界第二，社会生产已经彻底摆脱了贫穷落后的局面，甚至在航空航天技术、基础设施建设等多个领域已经做到了引领世界的程度。此时，正确认识到我国的社会发展已经转变成了以"不平衡不充分"为特征，是我国更有效地实现供给侧结构性改革，进而应对社会主要矛盾发生转变的重要保证。而着力解决发展不平衡不充分的根本办法就是形成以供给侧结构性改革为主线，以实体经济、科技创新、现代金融、人力资源协同发展的产业体系为支撑，以构建市场机制有效、微观主体有活力、宏观调控有度的经济体制为动力的现代化经济体系①。

3. 有利于深刻理解推进改革开放的重要性

通过 40 多年的改革开放，我国经济快速增长，人民生活水平不断提升，社会各方面都得到了长足发展，社会主要矛盾也发生了转变。主要矛盾在不同历史发展阶段有着不同的表现形式，是主要矛盾的两个方面，即人民需要和社会生产之间的关系发生变化所导致的结果。正确认识到不同阶段人民需要和社会生产两方面的特征及其关系，是作出正确、恰当的政策抉择的必要前提。从"经济文化迅速发展的需要"，到"物质文化需要"，再到"美好生活的需要"，从解决"当前经济文化不能满足人民需要的状况"的问题，到"落后的社会生产"的问题，再到解决"不平衡不充分的发展"的问题，社会主要矛盾的变化反映出了我国发展的阶段性要求，也反映了党和国家事业发展的重点要求②。尤其是进入新时代后，随着社会主要矛盾中的供求关系发生转变，主要矛盾的主要方面，即社会生产，进一步由注重物质资料生产向强调全面均衡发展转变，解决主要矛盾的着眼点由注重社会生产向凸显人民需要转变，人民需要则由生存性需要向享受性与发展性需要转变③。

进入新时代，我国要更好地应对社会主要矛盾的转变，要加快社会全面发展，要建设社会主义强国，就必须要继续坚持改革开放。只有不断地深化和推进改革开放，才能帮助我们更好地认识和处理社会主义市场经济中的供求关系，实现更高质量、更有效率、更加公平、更加可持续的发展，实现人的全面发展和社会的全面进步。

---

① 黄泰岩：《社会主要矛盾的转化规律及其政策取向》，《光明日报》2017 年 11 月 21 日。
② 高培勇：《深刻理解社会主要矛盾变化的经济学意义》，《经济研究》，2017 第 12 期。
③ 赵中源：《新时代社会主要矛盾的本质属性与形态特征》，《政治学研究》，2018 年第 2 期。

中国式现代化的现实底色*

丁任重　　徐志向

习近平总书记在党的二十大报告中宣告："从现在起，中国共产党的中心任务就是团结带领全国各族人民全面建成社会主义现代化强国、实现第二个百年奋斗目标，以中国式现代化全面推进中华民族伟大复兴。在新中国成立特别是改革开放以来长期探索和实践基础上，经过党的十八大以来在理论和实践上的创新突破，我们党成功推进和拓展了中国式现代化。"可以说，中国式现代化是我们党把马克思主义与中国特色社会主义建设相结合而提出的一个重大科学论断，是马克思主义中国化时代化的一项重要内容。

现代化是世界各国发展的一般规律，是各国从不发达走向发达、从贫穷走向富裕、从蒙昧走向文明的发展过程。具体来说，现代化包括多方面内容，工业革命以来人类社会所发生的深刻变化，包括从传统经济向现代经济、从传统社会向现代社会、从传统政治向现代政治、从传统文明向现代文明等各方面的转变。中国式现代化的提出和中国式现代化道路的形成表明，中国在追求现代化的过程中，既遵循世界现代化的一般规律，又有中国自己的特色和内容，这就是中国式现代化的现实底色。

一、中国式现代化是基于中国国情的现代化

马克思和恩格斯设想的社会主义社会，是生产资料公有制社会，能够适应和促进社会生产力的发展。社会主义生产目的是不断满足人民群众物质和精神生活需求，不断提高人民群众生活水平。"通过社会生产，不仅可能保证一切社会成员有富足的和一天比一天充裕的物质生活，而且还可能保证他们的体力和智力获得充分的自由的发展和运用。"[1] 但是，不断提高人民群众生活水平的现实途径，只能是不断发展社会生产力。因此，马克思和恩格斯在《共产党宣言》中指出，无产阶级革命斗争胜利后，首要任务就是发展生产力："无产阶级将利用自己的政治统治，一步一步地夺取资产阶级的全部资本，把一切生产工具集中在国家即组织成为统治阶级的无产阶级手里，并且尽可能快地增加生产力的总量。"[2] 通过扩大再生产，达到不断提高人民群众生活水平的目的。"在共产主义社会里，已经积累起来

* 本文选自《经济学家》2022年第12期。

[1] 《马克思恩格斯选集》（第3卷），人民出版社，1972，第322页。
[2] 《马克思恩格斯选集》（第1卷），人民出版社，1972，第272页。

的劳动只是扩大、丰富和提高工人的生活的一种手段。"①

新中国成立后，我们党把加快经济建设作为首要任务。改革开放以后，我们党提出社会主义处于初级阶段是最大的国情。基于对人口多、底子薄、欠发达具体国情的认识，邓小平同志认为"坚持社会主义，首先要摆脱贫穷落后状态"②，要加快经济发展。他提出贫穷不是社会主义，发展太慢不是社会主义，就是解放生产力，发展生产力。他还把发展生产力称作为社会主义的"根本任务""主要任务""第一个任务"。邓小平同志还明确把建设中国特色社会主义路线称为"中国的发展路线"③。

1992年10月，江泽民同志在党的十四大报告中指出，我们党"在社会主义的发展阶段问题上，作出了我国还处在社会主义初级阶段的科学论断，强调这是一个至少上百年的很长的历史阶段，制定一切方针政策都必须以这个基本国情为依据，不能脱离实际，超越阶段。在社会主义的根本任务上，必须把发展生产力摆首要位置，以经济建设为中心，推动社会全面进步"。江泽民同志还强调："我国经济能不能加快发展，不仅是重大的经济问题，而且还是重大的政治问题"。

2007年10月，胡锦涛同志在党的十七大报告中全面论述了科学发展观，"科学发展观，第一要义是发展，核心是以人为本，基本要求是全面协调可持续，根本方法是统筹兼顾。必须坚持把发展作为党执政兴国的第一要务。发展，对于全面建设小康社会、加快推进社会主义现代化具有决定性意义。要牢牢抓住经济建设这个中心，坚持聚精会神搞建设、一心一意谋发展，不断解放和发展社会生产力"。

党的十八大以后，我们党创立了以新发展阶段、新发展理念、新发展格局为核心内容的习近平新时代中国特色社会主义思想。在党的二十大报告中，习近平总书记全面论述了高质量发展理念，他提出："高质量发展是全面建设社会主义现代化国家的首要任务。发展是党执政兴国的第一要务。没有坚实的物质技术基础，就不可能全面建成社会主义现代化强国。必须完整、准确、全面贯彻新发展理念，坚持社会主义市场经济改革方向，坚持高水平对外开放，加快构建以国内大循环为体、国内国际双循环相互促进的新发展格局。我们要坚持以推动高质量发展为主题、把实施扩大内需战略同深化供给侧结构性改革有机结合起来，增强国内大循环内生动力和可靠性，提升国际循环质量和水平，加快建设现代化经济体系，着力提高全要素生产率，着力提升产业链供应链韧性和安全水平，着力推进城乡融合和区域协调发展、推动经济实现质的有效提升和量的合理增长"。

二、中国式现代化是立足于中国道路的现代化

新中国成立以来，特别是改革开放以来，我们党把推动经济发展作为社会主义现代化建设的主要内容，而经济发展的主题就是实现四个现代化。

① 《马克思恩格斯选集》（第1卷），人民出版社，1972，第266页。
② 《马克思恩格斯选集》第1卷，人民出版社，1972，第224页。
③ 《邓小平文选》第3卷，人民出版社，1993，第62-66页。

新中国成立后，我们党就着手加快经济建设，具体体现在"四个现代化"的提出。1954年全国人民代表大会明确提出，我国社会主义建设要实现工业、农业、交通运输业和国防四个现代化的任务。

在1964年年底召开的第三届全国人民代表大会第一次会议上，周恩来总理在政府工作报告中又进一步提出："调整国民经济的任务已经基本完成，今后发展国民经济的主要任务，是要在不太长的历史时期内，把我国建设成为一个具有现代农业、现代工业、现代国防和现代科学技术的社会主义强国"。

改革开放后，邓小平同志基于以经济建设为中心的思想，又重申了四个现代化目标，并提出了"中国式现代化"的概念。1979年3月21日，邓小平同志会见英中文化协会执委会代表团，他对客人说："我们定的目标是在本世纪末实现四个现代化。我们的概念与西方不同，我姑且用个新说法，叫作中国式的四个现代化"。① 两天以后，在中央政治局会议上，邓小平同志正式提出"中国式的现代化"概念。他说："过去搞民主革命，要适合中国情况，走毛泽东同志开辟的农村包围城市的道路。现在搞建设，也要适合中国情况，走出一条中国式的现代化道路"。② 1979年3月30日，在党的理论工作务虚会上，邓小平同志又明确提出，"社会主义现代化建设是我们当前最大的政治""能否实现四个现代化，决定着我们国家的命运、民族的命运"③。他还再一次论述"中国式的现代化"，他提出"中国式的现代化，必须从中国的特点出发"④，从人口多、耕地少、底子薄这个现实的国情出发。

随着我国经济不断发展，社会主义建设各项事业不断取得新成就，我们党又提出"新四化"的概念。2012年11月，党的十八大报告提出："坚持走中国特色新型工业化、信息化、城镇化、农业现代化道路，推动信息化和工业化深度融合、工业化和城镇化良性互动、城镇化与农业现代化相互协调，促进工业化、信息化、城镇化、农业现代化同步发展"。

改革开放以后，我们党不仅确立了四个现代化的目标，而且还不断完善现代化建设的路径与步骤。

根据邓小平同志的构想，1987年10月党的十三大制定了"三步走"发展战略。第一步，从1981年到1990年实现国民生产总值比1980年翻一番，解决人民的温饱问题。这个任务已基本实现。第二步，从1991年到20世纪末，使国民生产总值再增长一倍，人民生活达到小康水平。第三步，到21世纪中叶，人均国民生产总值达到中等发达国家水平，人民生活比较富裕，基本实现现代化。

进入21世纪后，随着我国经济的快速发展，我国现代化的第一步任务，即人民温饱问题得到有效解决，第二步的任务也基本完成。2002年11月，党的十六大报告指出："经过全党和全国各族人民的共同努力，我们胜利实现了现代化建设'三步走'战略的第一步、第二步目标，人民生活总体上达到小康水平。"并提出

---

① 新华社：《邓副总理会见英国朋友》，《人民日报》，1979年3月22日。
② 《邓小平文选》（第2卷），人民出版社，1993，第163页。
③ 《邓小平文选》（第2卷），人民出版社，1993，第162页。
④ 《邓小平文选》（第2卷），人民出版社，1993，第163-164页。

"经过这个阶段的建设，再继续奋斗几十年，到本世纪中叶基本实现现代化。"

2012 年 11 月，党的十八大提出了两个"百年奋斗目标"，即在中国共产党成立一百年时全面建成小康社会，在新中国成立一百年时建成富强民主文明和谐的社会主义现代化国家。2017 年 10 月，党的十九大绘就了社会主义现代化建设的蓝图，把我国社会主义现代化分为两个阶段。第一阶段，从二〇二〇年到二〇三五年，在全面建成小康社会的基础上，再奋斗十五年，基本实现社会主义现代化。第二阶段，从二〇三五年到本世纪中叶，在基本实现现代化的基础上，再奋斗十五年，把我国建成富强民主文明和谐美丽的社会主义现代化强国。2021 年 7 月，习近平总书记在庆祝中国共产党成立一百周年大会上庄严宣告，"经过全党全国各族人民持续奋斗，我们实现了第一个百年奋斗目标，在中华大地上全面建成小康社会，历史性地解决了绝对贫困问题，正在意气风发向着全面建成社会主义现代化强国的第二个百年奋斗目标迈进。"

第三，中国式现代化是彰显中国方案的现代化。

世界各国的现代化过程既有共性，也有一般发展规律，但由于国情的不同，世界各国的现代化也有自己的特殊性。中国在历史过程、政治制度、资源环境、经济发展、文化传统等方面，有自己的发展演进过程，所以中国的现代化过程与世界各国相比也有自己的特性。习近平总书记在党的二十大报告中全面阐述了中国式现代化的内容。

一是内容丰富的现代化。中国式的现代化是人口规模巨大的现代化、全体人民共同富裕的现代化、物质文明与精神文明相协调的现代化、人与自然和谐共生的现代化、走和平发展道路的现代化。

二是以人民为中心的现代化。马克思主义的中心思想是资本主义制度必然消亡后，建立社会主义公有制社会，在公有制基础上让人民群众过上日益美满的生活。这就决定了社会主义现代化是摒弃了资本主义社会一部分人剥削广大群众的现代化，是平等致富的现代化；是不断满足人民群众需要的现代化，不仅满足人民群众物质和文化需要，还要满足人民在经济、政治、文化、社会、生态等方面日益增长的需要；是抛弃资本主义社会阶级分化、财富两极分化的现代化，追求人民群众共同富裕的现代化。

三是在中国共产党领导下实现的现代化。党的二十大报告提出："中国式现代化，是中国共产党领导的社会主义现代化。"中国共产党以马克思主义为指导，践行为人民服务的宗旨，建立了社会主义制度。这有利于端正经济发展目标，实现社会主义生产目的；这有利于集中力量办大事，确保国民经济的协调性和全国经济一盘棋；这有利于政府各项政策综合施策，保持经济增长的可持续性；这有利于协调整体利益和内部利益、长期利益和短期利益、全国利益和地方利益，以人民利益为最高准则。

四是追求合作共赢、建立人类命运共同体的现代化。西方资本主义国家实现现代化的过程，是凭借政治、经济垄断地位，用超经济手段剥削不发达国家的现代化；是用战争掠夺殖民地的现代化；是用实力排斥其他国家、瓜分世界市场的现代化。中国的现代化，是站在人类文明进步的一边，高举和平、发展、合作、共赢旗

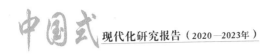

帜，推动构建人类命运共同体的现代化。

　　中国式现代化创造了人类文明新形态。党的二十大报告提出："科学社会主义在二十一世纪的中国焕发出新的蓬勃生机，中国式现代化为人类实现现代化提供了新的选择，中国共产党和中国人民为解决人类面临的共同问题提供更多更好的中国智慧、中国方案、中国力量，为人类和平与发展崇高事业作出新的更大的贡献"。

深刻把握农村集体产权制度改革
促进农民共同富裕的学理遵循

李　萍

一

党的二十大报告再次强调，"中国式现代化是全体人民共同富裕的现代化"。而促进共同富裕，最艰巨最繁重的任务仍然在农村。新时代深化农村集体产权制度改革意义重大，其要旨是明确农村集体资产所有权、成员资格界定、经营性资产股份合作制改革、完善农村集体资产股权权能；其核心是适应社会主义市场经济发展要求，重塑农村新型集体经济组织，实行农民财产合作和劳动合作基础上的共同经营、民主管理、利益共享；其指向是探索农村集体所有制的有效实现形式、着重在集体经营更好地适应促进农村生产力发展、在中国式农业农村现代化发展中实现农民共同富裕；其理论源头和学理遵循是科学社会主义理论体系的创建、发展和创新。

自马克思和恩格斯在扬弃、批判空想社会主义基础上创建起科学社会主义理论以来，在农业农村土地所有制转向公有制的变革及其具体形式的选择上，马克思和恩格斯既坚持了建立公有制的规律性、方向性和目的性的科学构想，又在公有制具体形式的选择上为我们做出了唯物史观遵循生产关系一定要适合生产力性质规律的光辉典范。之后，列宁、毛泽东、邓小平等在不同历史阶段守正创新，在特定历史条件下作出具体化的特殊实践探索，并依据现实社会主义实际和时代变化作出新的概括，对科学社会主义理论及其公有制具体实现形式的探索做出重大突破和实现创新性发展，从而赋予了科学社会主义理论以旺盛的生命力、鲜明的时代特征和不断完善的系统体系，指导着现实社会主义沿着科学社会主义的方向惟实励新。

二

19世纪中下叶，马克思和恩格斯基于唯物史观和剩余价值学说"两大发现"的科学基石，在深入剖析当时以英国为代表的发达资本主义私有制社会资本剥削劳动关系及其资本主义基本矛盾冲突"历史事实和发展过程"的基础上，对人类社会未来的走向和发展作出了框架式的科学构想。第一，"三阶段转变"，从资本主义社会向共产主义社会的革命转变包括过渡时期、共产主义的第一阶段（社会主

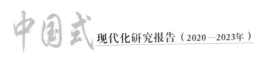

义）和共产主义的高级阶段。第二，制度的基本特征，消灭了私有制，实行自由人联合体共同占有使用生产资料、"按照预定计划进行的社会生产"和按劳按需分配。第三，最终目标，通过"尽可能快地增加生产力的总量"，旨在"保证一切社会成员有富足的和一天比一天充裕的物质生活"，以"代替那存在着阶级和阶级对立的资产阶级旧社会的，将是这样一个联合体，在那里，每个人的自由发展是一切人的自由发展的条件"。马克思和恩格斯为我们勾勒出一幅公有制、计划经济、所有人的富裕即共同富裕、人的自由和全面发展的未来社会的美好图景。

进一步地看，具体在论及基于不同生产力水平的农业农村土地所有制转向公有制的变革上，马克思和恩格斯又体现出唯物史观下生产关系具体形式的性质及其选择一定要适合生产力状况的求实变革观。针对农业已高度资本主义化、农民变成了雇佣工人的英国，马克思提出无产阶级革命对农业资本家必须进行剥夺，主张土地国有、全民所有；而对农民作为土地私有者大批存在、资本主义农业发展不及英国充分的法国、德国，则提出"应当促进土地私有制向集体所有制的过渡"；晚年的马克思在深入地研究了东方社会尤其是俄国的农村公社之后，也曾提出，农村公社中所具有的公有制因素和外部先进的资本主义生产方式存在的内外条件综合作用下，可以探索通向社会主义的另一条道路，即跨越资本主义制度的"卡夫丁峡谷"，建立起农村社会的集体所有制。马克思认为，"'农村公社'的这种发展是符合我们时代历史发展的方向的，对这一点的最好证明，是资本主义生产在它最发达的欧美各国中所遭遇的致命危机，而这种危机将随着资本主义的消灭、随着现代社会回复到古代类型的高级形式，回复到集体生产和集体占有而告终。"之后，1886年恩格斯进一步提出"应该将土地交给合作社"。

三

20世纪初至中下叶，列宁、毛泽东先后开创和领导了现实社会主义的建设与发展。面对农业生产方式、经济文化相对落后的共同问题，列宁和毛泽东有着相同的主张。列宁在"十月革命"胜利后初期曾试图按马克思和恩格斯设想直接过渡到共产主义。在取消商品货币实行战时共产主义政策受挫后，他迅速调整、转而首创实施了"新经济政策"：着眼于当时生产力发展要求，以粮食税代替余粮收集制，以联合农民的合作制取代早期主张的土地国有、共耕制，吸收和利用市场及其现代交换机制来建设社会主义合作制。毛泽东针对农民占人口绝大多数且贫穷落后的农业大国的具体国情，提出，"克服这种状况的唯一办法，就是逐步地集体化；而达到集体化的唯一道路，依据列宁所说，就是经过合作社"，强调了摆脱贫穷落后的制度前提是变革生产关系，明确了"社会主义是中国的唯一的出路"。1955年10月，毛泽东在党的七届六中全会所做的《关于农业合作化问题》的报告中进一步指出："要巩固工农联盟，我们就得领导农民走社会主义道路，使农民群众共同富裕起来。"

20世纪70年代末，在我国发轫于农村承包制的改革开放实施的新历史背景下，邓小平在总结和审视国内外社会主义实践探索正反两方面经验教训的基础上，提出了"什么是社会主义，怎样建设社会主义"的"时代之问"，并依循唯物史观和唯物辩证法揭示的生产力与生产关系、经济基础与上层建筑互动作用客观规律的基本原理，实事求是地作出了新的思考和科学回答，先后提出"一个公有制占主体，一个共同富裕，这是我们必须坚持的社会主义的根本原则。""社会主义的本质，是解放生产力，发展生产力，消灭剥削，消除两极分化，最终达到共同富裕"。而对我国社会主义还处在初级阶段及其主要矛盾客观求实的新论断，则决定了解放和发展生产力的重要途径，必须突破过去长期被奉为圭臬的传统公有制形式与计划体制的桎梏，探寻公有制新的多种有效实现形式、坚持以公有制为主体、多种经济形式并存、发展社会主义市场经济，充分利用有效市场机制的激励约束作用、促进生产力持续发展基础上的国民财富的增加与积累，充分发挥有为政府调控与规制作用、促进公平分配基础上走向共同富裕，实现效率与公平的兼顾。一言以蔽之，邓小平对什么是社会主义、怎样建设社会主义两大问题的新识新论，一方面，可以通过社会主义本质论、社会主义初级阶段论以及社会主义基本经济制度与经济体制论来概括和理解他对社会主义的科学认识；另一方面，提出并科学阐发了新生产力观、新市场经济观和新发展观，则是他关于怎样建设社会主义这一问题的创新性理论成果。

党的十八大以来，习近平总书记把握中国特色社会主义即将进入全面建设共同富裕新阶段的新变化，高屋建瓴地指出"共同富裕是社会主义的本质要求，是中国式现代化的重要特征。"并多次强调，"集体经济是农民共同富裕的根基""坚持农村土地集体所有制性质，发展新型集体经济，走共同富裕道路。"

四

纵观科学社会主义理论体系创立、创新及其创造性地发展完善的历程，揭示出社会主义、共产主义社会发展的规律性、目的性的科学内涵，蕴含着三点理论深意及其学理遵循。一是建立在公有制基础上的社会主义、共产主义社会必将取代资本主义私有制社会的根本制度变革，是人类社会历史发展的一般规律；公有制的建立和完善需要创造性地探索公有制的有效实现形式。二是生产关系一定要适合生产力性质的基本规律，需要开创性地探索社会主义初级阶段以公有制为主体、多种经济形式共同发展，以解放生产力、发展生产力，推动生产力发展"质"的转变、高度发达的基础上，走向实现所有人的富裕和人的全面而自由发展的根本目的。三是改革开放下探索中国特色社会主义市场经济发展规律是经济快速成长发展的重要秘诀，充分发挥市场在资源配置中的决定性作用，更好地发挥政府作用，是续写中国式现代化发展奇迹的必由之路。

深刻理解科学社会主义理论体系的规律性、目的性特质并以此为根本学理依循。当前，深化农村集体产权制度改革、促进农民共同富裕，需要进一步拓展研究如下新的基础理论重大课题：第一，研究揭示新时代坚持党领导下农村新型集体经济新的发展特征、目的及其规律性；第二，如何推动农村集体产权制度改革形成的新的集体发展性资产与集体资本的市场化、竞争性运营以振兴乡村；第三，如何探求以农民为中心的集体资本运营与国有资本、社会资本的合作共享、融合发展机制；第四，如何在"规范财富积累机制"的前提下，正确处理资本合法合规获得增值的利益分配与更注重维护按劳分配的主体地位、重点确保农民增收共富的关系，促进各类资本良性共同发展，发挥其发展生产力、创造社会财富、增进人民福祉的作用；第五，怎样在坚持市场促进与政府支持有机结合中实现新型农村集体经济的发展和壮大，以夯实和充分发挥新型农村集体经济的制度基础和制度优势引领农村改革发展实现第二次飞跃，在中国式农业农村现代化进程中加快建设农业强国、促进农民稳步走向共同富裕。

"九个必须"擘画方向
"三个自觉"砥砺前行

李 萍

习近平总书记在建党百年华诞盛典上提出的"九个必须",其中必须继续推进马克思主义中国化、必须坚持和发展中国特色社会主义,为政治经济学学科发展擘画了砥砺奋进的方向。深刻把握其精髓要义,明确其实践要求,需要我们不断增强理论自觉、方法论自觉和主体自觉"三个自觉"。

第一,理论自觉是继续推进马克思主义中国化、坚持和发展中国特色社会主义的重要基础。哲学意义上的自觉即内在自我发现、外在创新的自我解放意识。这里讲的理论自觉,是在坚持马克思主义政治经济学基本原理的基础上,充分利用中国社会经济历史性变迁的巨大舞台和现实性宝贵资源,提炼和创造自己的概念、命题和理论,形成自己的学术话语,而不是在西方理论的笼子里跳舞。这种理论自觉,既体现为坚守马克思主义政治经济学基本原理的"底色",又体现为结合中国不同时期的实际,对马克思主义政治经济学的创造性运用和继承发展,探索彰显中国特色社会主义政治经济学之"特色"。

要坚守马克思主义政治经济学的基本原理,首先就必须要学懂弄通马克思主义政治经济学原著,以学理为支撑,在推进马克思主义经济学理论的不断创新与发展中,在平等与各套话语体系的对话中,既要消除理论盲目、理论自卑、理论矮化,又要力避唯我独尊,要"美人之美,各美其美",善于从新的实践中提炼出自己特有的范畴、命题,以构成当下中国特色社会主义政治经济学理论大厦的基石,树立起对马克思主义科学理论真理性、正确性坚信的理论自信。第二,方法论自觉是继续推进马克思主义中国化、坚持和发展中国特色社会主义的重要前提。方法论的自觉就在于沿着马克思主义唯物辩证法所开辟的道路,列宁认为:"马克思主义者从马克思的理论中,无疑地只是借用了宝贵的方法。"列宁把马克思主义视为"由一整块钢铸成"的科学的方法论体系。在这个方法论体系中有三个层次:总体层次的方法是马克思主义的整个世界观,是指导社会主义运动"活的行动指南";基础层次的方法是唯物辩证法,是"马克思主义中有决定意义的东西";核心层次的方法是"对具体情况作具体分析",它是"马克思主义的精髓,马克思主义活的灵魂"。1842 年 8 月 25 日,马克思在致达·奥本海姆的信中指出:"正确的理论必须结合具体情况并根据现存条件加以阐明和发挥。"

方法论自觉的直接体现是话语自觉,而推进话语自觉的重点是要树立问题意识,是要着眼于观照中国现实社会经济问题,从中国现阶段经济发展道路中遭遇的

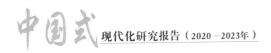

新的实际问题出发，总结和提炼我国社会主义实践探索特别是改革开放的实践经验和教训，以新的认识和新的结论正确地回答和解决现实生活中出现的新情况、新问题，建构起因应中国特殊经济问题、根据当代中国经济发展现存条件加以阐明和发挥、具有逻辑内洽系统的新的研究范式、新的阐释概念体系和新的理论体系，在问题意识自觉、叙事方式自觉、术语革命自觉中形成和健全中国特色的社会主义政治经济学理论体系，在方法论自觉中推动马克思主义政治经济学的创新发展并建立起坚定的方法论自信。

第三，主体自觉是继续推进马克思主义中国化、坚持和发展中国特色社会主义的重要保障。理论自觉和方法论自觉，离不开一支稳定的、后继有人的政治经济学教学研究队伍的主体自觉。主体自觉既包括教师对主体内在目的和使命的自觉，也包括对教学客体规律性的自觉。具体地说，教师为承担起培养政治经济学专业学生的时代任务，必须是具有扎实的马克思主义政治经济学理论功底和理论素养的主体，通过培养课程课时、培养训练方式、培养路径的实践及其规律的探索、改革和创新，使得政治经济学学科不仅能得以存续下来，更能繁荣兴盛。改变一段时间以来，政治经济学学科专业的培养内容与形式的名实脱离，培养目的与人才培养的方向偏离，培养水平与实效的同向降低，从根本上导致政治经济学学科相对弱化、后继乏人。因此，主体自觉既包括教师个体，也包括教师群体自身反思、检讨政治经济学学科专业的教学方式、教学内容、教学模式、教学路径选择上主体的自主性、能动性、创造性，还包括对教师队伍外在发展环境、制度规则改革和创新的自觉。在人才引进上，应破除偏见，对外对内均依据实力给予相应平等的地位、待遇，激发政治经济学青年才俊以专业荣誉感和主体自信，发挥他们在政治经济学学科人才培养和"新财经"一流人才培养上的更大作用。

总之，致力于继续推进马克思主义中国化、坚持和发展中国特色社会主义理论的不断实践，必须促使教师主体形成对学科建设的自觉性，而主体自觉具体表现的教改实践及其过程又可以促进马克思主义理论创新发展的不断落实。通过这样一个主体自觉与学科建设相辅相成的过程建立起主体自信。

新发展阶段加强党
对"三农"工作领导的政治经济学分析[*]

李 萍 田世野

一、引言

2020 年 10 月，党的十九届五中全会着眼于全面开启中国特色社会主义现代化新征程及其新发展阶段[①]、"三农"在全党工作重中之重的战略地位，再次强调必须坚持党的全面领导，加强党对"三农"工作的领导，优先发展农业农村，全面推进乡村振兴，加快农业农村现代化[②]。基于此，从中国国情出发，科学把握新发展阶段农业农村走中国特色社会主义的现代化发展之路，加强党对"三农"工作的领导，在根本上是要把握住农业农村改革发展方向和重大政策取向。加强党对"三农"工作的领导是一个复杂的系统工程，涉及方方面面的问题[③]，需要我们进行系统分析，厘清其内在逻辑。但是，从现有研究来看，还鲜有学者对这一重大时代命题进行深入、系统的学理性研究。

从马克思主义政治经济学分析范式的精髓来看[④]，加强党对"三农"工作的领导是一个生产力与生产关系、经济基础与上层建筑相互适应、相互促进的系统工程。按照"生产力—生产关系—经济基础—上层建筑"的政治经济学分析范式，党对"三农"工作的领导本身是一个上层建筑的问题，但我们不能孤立地研究上层建筑，而要紧密联系生产力、生产关系和经济基础新的发展变化，从"生产力—生产关系—经济基础—上层建筑"互动作用的系统视角展开探讨。马克思主义

 * 本文选自《财贸研究》2021 年第 2 期。本文为国家社会科学基金重大项目"中国特色社会主义政治经济学研究"（2015MZD006）；国家社会科学基金西部项目"基于农村集体资产股权量化改革的农民财产性收入增长机制研究"（2017XJY015）的阶段性研究成果。

① 党的十九届五中全会审议通过的《中共中央关于制定国民经济和社会发展第十四个五年规划和二〇三五年远景目标的建议》开启的新发展阶段，就是全面建设社会主义现代化国家、向第二个百年奋斗目标进军的新阶段。

② 2019 年 9 月中共中央印发的《中国共产党农村工作条例》，为坚持和加强党对"三农"工作的领导提供了基本遵循，对坚持农业农村优先发展、确保如期实现全面小康、全面推进乡村振兴、加快农业农村现代化等作出了系统部署。

③ 加强党对"三农"工作的领导，包括党对农业农村的经济建设、政治建设、文化建设、社会建设、生态文明建设和党的建设等各项工作的全面领导。

④ 林岗（2007）认为，历史唯物主义的两个基本命题，即生产力决定生产关系、经济基础决定上层建筑，构成了马克思主义政治经济学的分析范式的精髓。

政治经济学以唯物史观的科学方法论为基础，为研究新发展阶段加强党对"三农"工作的领导提供了一个深入、系统的分析框架。我们应当以马克思主义政治经济学这一分析范式为基础，同时适当借鉴现代经济学发展的有益成果，理清新发展阶段加强党对"三农"工作领导的内在逻辑与实践路径。

沿着这一政治经济学分析范式进行思考，我们发现，目前党在"三农"领域的领导作用面临严峻挑战。首先是党和政府在"三农"领域的职能发挥不足的问题。虽然21世纪以来，中央反复强调"三农"工作的基础性、战略性作用，大量增加"三农"投入，深化农业农村改革，但是，由于历史惯性和体制机制的原因，轻视农业农村、忽视农民利益的问题仍然存在，地方政府深化"三农"领域改革、促进农业农村发展与农民增收动力不足的问题仍未得到根本解决。与此同时，市场力量对"三农"的影响力日益扩大，特别是在那些大量引进资本的地方。但是，由于制度环境的不完善，一些下乡企业存在行为失范的问题，没有起到应有的服务带动作用，甚至在一定程度上损害了农民的利益。从基层来看，中西部不少地区农村集体经济愈益空壳化，难以履行"统"的职能，对农民的服务带动能力较弱；农村基层党组织软弱涣散的问题突出，部分村干部素质较低，存在不少家族治理和村霸现象。在此背景下，农村基层治理的公共性被严重削弱，权力和资本常常结成联盟，侵占小农户的利益[①]。

针对农业农村的现实问题，我们认为，新发展阶段党对"三农"工作的领导必须适应和推动生产力、生产关系和经济基础的重大历史性转型。从生产力层面看，传统农业加速向现代农业转型，设施农业、休闲农业、数字农业、定制农业、生态农业等新产业、新业态、新商业模式不断涌现，呈现一、二、三产业融合发展态势。从生产关系及其总和的经济基础层面看，在工业化、城市化、市场化影响下，过去均质的农民群体已经高度分化，职业农民、"新农民"群体兴起；农村土地"三权分置"改革进一步深化，农业生产经营主体多元化、产业化、现代化，专业大户、家庭农场、农民专业合作社、龙头企业等新型农业经营主体的地位和作用显著提升，呈现利益多元化趋势；农业农村的开放性进一步加强，城乡要素双向流动、城乡融合发展的态势更加显著。按照"生产力—生产关系—经济基础—上层建筑"的分析框架，新发展阶段加强党对"三农"工作的领导，必须适应和推动这一新的生产力、生产关系和经济基础的深刻变化和发展，增强各级党组织对现代农业发展和广大农民增收的服务带动作用。同时，在参与农村经济基础重塑的过程中，加强党的领导力建设，促进现代化建设新阶段农业农村形成生产力与生产关系、经济基础与上层建筑相互适应、相互促进新的良性循环机制。

遵循上述研究思路，本文从以下三方面展开分析：首先，从生产力、生产关系与经济基础着眼，研究新发展阶段党的"三农"工作要实现的历史使命，以明确新发展阶段加强党对"三农"工作领导的中心任务；其次，分析实现上述目标的实践路径，以明确新发展阶段加强党对"三农"工作领导的具体方式；最后，按照上层建筑对经济基础、生产力反作用的马克思主义政治经济学分析范式，论述为

---

① 张良：《"资本下乡"背景下的乡村治理公共性建构》，《中国农村观察》2016年第3期。

保障上述历史使命与实践路径的落实，需要创造怎样的制度环境，以明确新发展阶段加强党对"三农"工作领导的制度保障。

二、新发展阶段加强党对"三农"工作领导的历史使命

党的领导不是空洞的，而是要完成特定的使命，有着具体的内容。每个时代都有每个时代的任务，党的领导就体现在团结带领人民，顺应时代的变化，完成时代赋予的历史使命。在新发展阶段，加强党对"三农"工作领导的历史使命，是贯彻落实新发展理念和践行"以人民为中心"的发展思想，确保中国农业农村现代化始终沿着共同富裕的社会主义道路行进。

首先，"三农"在经济社会发展全局中具有的战略性地位，凸显出当前背景下保证中国农业农村现代化的社会主义方向这一历史使命极强的现实意义。一方面，在世界粮食能源化、全球粮食供求格局发生重大变化①，叠加新冠疫情给国际粮食市场带来极大不确定性的背景，农业作为国民经济的基础，农业基础薄弱势必对国家粮食安全、食品安全、生态安全、高质量发展等战略目标构成制约，威胁国家整体安全和可持续发展。另一方面，中国作为一个拥有悠久农业文明史的人口大国，农民人口占比大，若农民收入水平低、消费能力不足，城乡差距大，会影响社会公平与和谐稳定和内需。因此，加强党对"三农"工作的领导，保证中国农业农村现代化的社会主义方向，是当前构建以国内大循环为主体、国内国际双循环相互促进新发展格局和防风险、守底线、保安全新的战略部署下，实现经济社会发展新目标的战略需要。

其次，在农业农村现代化道路的选择上，我们面临的一个基本问题是如何处理好发展与农民利益的关系。目前，尽管决胜全面建成小康社会已经取得决定性成就，但中国仍然是世界上最大发展中国家，发展仍然是解决一切问题的关键所在。要实现乡村振兴，关键是改造低效益的传统农业，发展高效益的现代农业②。必须在党的领导下，坚定不移建设现代农业产业体系、生产体系和经营体系，大力发展信息农业、生态农业、立体农业、有机农业、定制农业等高效益的新业态，提高中国农业有效供给能力、市场竞争力和经济效益。不仅要满足量的需要，切实保障粮、棉、油、糖、肉等重要农产品供给安全，还要更好地满足城乡居民消费结构的转型升级，特别是提高农产品质量安全、延伸农业产业链条、开发农业多种功能③。在新发展阶段，坚持和加强党对"三农"工作的领导，必须保证中国农业农村现代化的社会主义方向，使得农业农村现代化与广大农民利益的提升有机结合、相互促进，而决不能使农业农村现代化演变成剥夺农民、损害农民利益的过程。

最后，发展现代农业的关键是对传统小农进行改造，以实现小农户与现代农业

---

① 吕捷，王雨濛：《当前国际粮食经济形势与中国粮食安全》，《中共中央党校（国家行政学院）学报》，2019 年第 4 期。

② 舒尔茨：《改造传统农业》，梁小民译，北京商务印书馆，2013。

③ 魏后凯：《中国农业发展的结构性矛盾及其政策转型》，《中国农村经济》，2017 年第 5 期。

的有机衔接。这种改造包括技术改造与制度改造①两个紧密关联的层面。现代农业必须从"以资源为基础的农业"转变为"以科学为基础的农业"（速水佑次郎 等，2009）。一些研究表明，现代农业生产技术并没有明显的"不可分性"，小规模农场也能采用②，但是，从中国的现实来看，兼业化、老龄化、过于细碎化的小农户在采用现代农业生产技术上存在诸多不足③。例如，小农缺乏必要的知识和技能，无法科学使用农药化肥，为了追求产量增长，常常存在过量使用农药化肥的现象，造成严重的农业面源污染④。因此，改造小农首先是技术改造，同时小农的技术改造离不开制度改造。无论理论还是实践都证明，家庭农业能够解决农业生产中难以克服的劳动监督和激励难题，是有效的农业经营微观主体。与此同时，也应当充分认识到分散的农业家庭经营存在不可突破的内在局限性。这种局限性体现在各个方面，如小农进入市场的交易成本过高、农产品价格剧烈波动、小农的议价能力不足等。现代农业发展的趋势是标准化生产和品牌化经营，这要求进行有效的供应链管理，从各个环节保证农产品质量安全⑤。在农业供应链中，小农户存在重量轻质、缺乏品牌经营思维、"搭便车"动机严重等局限性。此外，分散经营的小农户还会对饲料、食品加工等上下游产业链的高质量发展造成阻碍⑥。凡此种种，都需要通过对小农户进行有效的制度改造加以解决。

为此，在传统农业向现代农业转变、传统农民向现代农民转变的历史性经济革命中，党必须切实发挥领导作用，对转变的方向、路径与速度进行科学引导与调控，确保中国农业现代化始终沿着共同富裕的社会主义道路前进⑦。在新发展阶段，以科技创新推动特色现代农业的高质量发展，需要把发展农业科技放在更加突出的位置。而现代科学技术的高度发展及其在整个农业产业链中的广泛应用，使得全产业链农业日益成为一个资本密集型产业，资本对农业的影响力、控制力日益增强。虽然就中国而言，农业生产环节的资本主义经营方式占比很小⑧；但是，上游的农资供应，下游的农产品加工、运输、销售都是资本化经营的，在农业全产业链发展的时代背景下，上下游的龙头企业对直接从事农业生产的分散小农的控制越来越强。如果没有党和政府的积极引导，在市场的自发作用下，农业现代化必然走上资本主导的资本主义模式。不可否认，大企业所采取的产业组织方式和雄厚的资

① 对小农的制度改造包括微观组织改造和整体制度环境的改造，本文的第三部分和第四部分将对这两方面的制度改造进行详细研究。

② 舒尔茨：《改造传统农业》，梁小民译，北京商务印书馆，2013。

③ 曹阳：《当代中国农业生产组织现代化研究》，中国社会科学出版社，2015，第38页。

④ 魏后凯、刘同山：《论中国农村全面转型：挑战及应对》，《政治经济学评论》2017年第5期。

⑤ 胡定寰、陈志钢、孙庆珍，等：《合同生产模式对农极收入和食品安全的影响：以山东省苹果产业为例》，《中国农村经济》2006年第11期。

⑥ 张利庠：《产业组织、产业链整合与产业可持续发展：基于我国饲料产业"千百十调研工程"与个案企业的分析》，《管理世界》2007年第4期。

⑦ 正如党的十九大报告所指出的，"中国特色社会主义最本质的特征是中国共产党领导，中国特色社会主义制度的最大优势是中国共产党领导"，要从根本上保证中国农业农村现代化的社会主义方向，关键是坚持和加强党对"三农"工作的领导。

⑧ 黄宗智、高原、彭玉生：《没有无产化的资本化：中国的农业发展》，《开放时代》2012年第3期。

金、科技、人才实力，在发展现代农业方面具有明显优势①，但是，中国农业现代化过程不能由资本来主导，否则必然偏离"以人民为中心"的社会主义道路。一方面，资本是逐利的，如果缺乏必要的约束与引导，很可能出现下乡资本侵占农民利益的现象；另一方面，农业现代化虽然是发展的必然趋势，但是也必须保持合理的发展速度，做到统筹协调、"四化同步"，而由自发性、逐利性的资本主导的农业现代化过程，不可能实现这种整体协调。

三、新发展阶段加强党对"三农"工作领导的实践路径

政府与市场是"中国共产党实现其宗旨、使命和战略意图的'两只手'"②，在新发展阶段，实现前述党对"三农"工作领导的历史使命，关键是要处理好政府与市场的关系。党的十九届五中全会也再次强调，"充分发挥市场在资源配置中的决定性作用，更好发挥政府作用，推动有效市场和有为政府更好结合"。因此，我们认为，新发展阶段实现前述历史使命的实践路径是：遵循农业农村经济社会发展的内在规律，努力实现有效市场和有为政府的更好结合。

有效市场与有为政府的有机结合，主要包括两个方面的基本内涵：一是通过有效的产品和要素市场在资源配置中发挥决定性作用，激发经济活力，提高发展质量；二是通过有为政府的建构，培育有效的产品市场和要素市场。迄今，中国农业农村市场化改革已经走过四十多年的风雨历程，取得了巨大的进展和成就；但是，仍然存在诸多短板。从产品市场看，突出的问题有：小农户与大市场对接不畅、农产品价格波动频繁、有效的农产品质量安全可追溯体系还有待进一步建立健全、农产品质量安全保障也还有待进一步强化。从要素市场来看，问题更加突出：城乡统一、双向流动、平等交换的土地、金融等要素市场还没有很好地建立起来，人、地、钱等关键要素更多表现为农村向城市的单向流动，城市的资金、资本、人才、技术注入农业农村、助推农业农村发展的通道尚未完全打通。这些问题说明中国农业农村市场距离有效市场还有一定差距，而其背后的深层次原因则是，在"三农"领域政府职能存在明显的缺位与越位，与有为政府的要求尚有差距。解决这些问题，必须通过全面深化改革，推动有效市场与有为政府更好地有机结合。

具体地讲，在"三农"领域，推动有效市场和有为政府的有机结合，包括两方面的要求：一是切实发挥政府在"三农"领域应有的职能，落实有为政府的要求，培育有效市场，在加强政府对农业农村定向投入的力度及发挥其杠杆作用的同时，进一步推动相关制度体制机制的构建，完善制度环境；二是围绕现代农业产业链的整合③，充分发挥有效市场的作用，处理好企业、集体与农民之间的利益关系，积极引导鼓励各类企业加入农业上下游产业链，提高农民组织化程度，发展具

---

① 张义博：《农业现代化视野的产业融合互动及其路径找寻》，《改革》2015年第2期。
② 李萍，田世野：《习近平精准扶贫脱贫重要论述的内在逻辑与实现机制》，《教学与研究》2019年第2期。
③ 在现代农业发展中，产业链整合居于核心地位（廖祖君等，2015）。

有共享性的农村合作经济组织，培育和壮大农村新型集体经济。

首先，政府应当继续加大对农业农村的精准投入力度，增加农业农村生产和生活的基础设施、公共服务、科技研发等投入，夯实农业农村基础①。农业农村领域由于比较收益较低，仅靠市场不能满足其发展需求。加强党对"三农"工作的领导，落实"三农"领域有为政府的要求，当务之急是在坚持农业农村优先发展总方针下增加政府投入的财政资金，夯实农业农村发展基础，更重要的是由此撬动更多社会资源进入。然而，长期以来，由于实行城市偏向型发展战略，政府对农业农村的公共投入严重不足，例如，政府对农业基础设施、农业科技研发与推广的投入不足，导致中国农业转型升级的科技支持乏力②。党的十六大以来，中央和各级地方政府明显加大了对农业农村的支持力度，出台了大量惠农政策，如取消农业税、加大农业补贴力度等。但是，无论是从国际的横向比较来看，还是从中国现代农业发展要求来看，国家对"三农"的定向投入、精准投入仍然远远不够，特别是在农业科技研发和设施农业、数字农业等资本密集型的现代农业发展方面。

其次，新发展阶段"三农"领域建设有为政府的重中之重是全面深化农业农村市场体制机制改革，完善制度环境，构建有效的产品市场和要素市场，兼顾公平与效率。政府作为最重要的制度供给主体，针对中国农村市场化改革质量不高等相关问题，在农业农村现代化建设新阶段必须着力加以解决，构建和完善"三农"领域的有效市场。从农产品市场的完善来看，必须加快建立健全农产品质量认证制度、农产品产地认证制度、统一的绿色产品标准、认证和标识体系，实现农产品优质优价，解决信息不对称所导致的"逆向选择"问题，构建有效的农产品市场；从要素市场的完善来看，必须进一步打破城乡二元体制和行政区划分割的藩篱，为构建城乡一体、合理流动、平等交换的城乡要素市场特别是土地市场、金融市场、劳动力市场提供制度环境，这要求进一步深化城乡融合改革，尤其是深化农村土地产权制度改革。

为此，新发展阶段给政府提出了新的历史任务——加大力度统筹协调推动农村两类改革：一类是促进效率的改革，如前述完善农产品质量认证制度、构建农产品质量可追溯体系、放活农地经营权，都属于此类改革；另一类是促进公平的改革，如将财政支农资金划转集体资产并股权量化到农户、规范农村基层治理、促进农民持续增收、扩大农村中等收入群体等，都属于此类改革。一般地讲，由于第一类改革能够直接产生经济效益，因而具有较强的内生动力，而第二类改革以促进公平分配、确保农民权益为目标，往往不能产生短期直接的经济利益，甚至可能影响或损害改革者自身的利益，所以可能面临改革动力不足、改革难度较大的问题③。在当前加快构建以国内大循环为主体、国内国际双循环相互促进的新发展格局、迫切要

---

① 2020 年中央一号文件对标全面建成小康社会目标任务，要求加快补上农村基础设施和公共服务短板，包括农村公共基础设施建设、农村供水保障、农村人居环境整治、农村教育质量、农村基层医疗卫生服务、农村社会保障、乡村公共文化服务、农村生态环境八个方面。

② 魏后凯：《中国农业发展的结构性矛盾及其政策转型》，《中国农村经济》2017 年第 5 期。

③ 第二类改革所面临的改革动力不足问题，正是本文第四部分"新发展阶段加强党对'三农'工作领导的制度保障"要讨论的激励机制构建问题。

求扩大内需的背景下，持续提高农民收入，进一步释放农民的消费潜力，无疑具有极为重要的现实意义。这就要求政府必须大力推进第二类改革，促进农业农村发展的共享性和分配的公平性。能否持续有效推动这类改革，是有为政府建设成效的试金石。

再次，实现有效市场和有为政府相结合的一个重要要求，是对上下游产业链的公司加以引导，充分发挥其对现代农业发展、农民能力增强和农民持续增收的带动作用，抑制其侵占农民利益的消极影响。在农业产业链整合中，实力强大的公司居于主导地位，政府应当积极鼓励各类企业加入农业上下游产业链，特别是技术研发、农资供应、加工、物流、销售等产业链。与发达国家相比，中国农业之所以处于弱势地位，一个重要原因是缺乏一批实力强大的农业企业在先进技术研发、进军国际市场上发挥引领作用。发达国家已经形成了一批具有国际竞争力的跨国农业企业①，如国际四大粮商"ABCD"②。国家应当通过财政、税收等优惠政策，鼓励各类资本投入现代农业的发展中，培养一批具有国际竞争力的跨国农业企业。这对于增强中国农业国际竞争力、保障国家粮食安全、带动农民增收、促进国内国际双循环，都有重要意义。与此同时，必须完善相关制度，避免强大的龙头企业侵占农民利益。具体地讲：第一，对于那些为农服务的传统组织，如供销社、信用社、国有农场等，应当继续鼓励和支持企业化的发展道路，但同时必须强化其服务"三农"的意识，避免"离农化"趋势。第二，鼓励民营资本投资现代农业，支持民营企业做大做强做优，充分发挥民营企业对现代农业发展和农民持续增收的带动作用。第三，应当鼓励国有资本投向那些民营企业不愿进入的基础性行业，特别是道路、电力、通信等农业基础设施建设行业，夯实现代农业发展基础。农村商业银行、农业发展银行等金融机构应加大对"三农"基础设施建设的金融支持力度。

最后，在现代农业的发展中，提高农民的组织化程度，大力发展各种形式的新型合作经济与集体经济，始终是更为基础性的环节。笔者认为，在农业农村现代化和开放发展的今天，中国新型农村合作经济与集体经济的发展既不能走过去的人民公社化道路，也不能盲目模仿日本综合农协模式，或者照搬西方经典合作社原则，而应当随着农业农村市场化改革的深入，有选择地借鉴欧美"新一代合作社"公司化、股份化经验③，并将其与中国特殊的制度环境④进行有机融合，发挥有效市场与有为政府的引导作用，创新发展股份合作制的新型农村合作经济与集体经济。

近年来，随着中央日益重视加强党对"三农"工作的领导，农村基层党组织领办合作社开始在各地兴起，探索以党建为引领，实现基层党建、新型农村集体经济、现代农业的协同发展。各地实践探索的一般模式是：首先，村两委推动土地流转，将过去分散经营的土地集中起来，成立土地股份合作社；然后，以股份为纽带，与公司合作开发，形成"党支部+合作社+公司"的基本结构。有的地方已经

---

①　邓家琼：《世界农业集中"态势、动因与机遇》，《农业经济问题》2010 年第 9 期。

②　"ABCD"指的是美国的 Archer Daniels Midland、Bunge、Cargill 和法国的 Louis Dreyfus。

③　郭富青：《西方国家合作社公司化趋向与我国农民专业合作社法的回应》，《农业经济问题》2007 年第 6 期。

④　这种"中国特殊的制度环境"包括农村土地集体所有制、"三权分置"、党的领导等。

不限于个别农村的自发探索，而是在县一级推进试点，完善制度环境。在这些基层党组织领办的股份合作社中，党组织进入股份合作社的治理结构之中，切实发挥领导作用。通过基层党组织领办股份合作社这一新的方式来发展壮大集体经济的实践，充分体现了新型合作经济与集体经济的融合发展。

四、新发展阶段加强党对"三农"工作领导的制度保障

在新发展阶段，加强党对"三农"工作的领导，保证上述历史使命及其实践路径的实现，需要提供必要的制度保障。从经济学视角看，这种制度保障的核心是"把激励搞对"，构建"亲农型"激励机制。从前面的讨论来看，"三农"领域的有效市场和有为政府更好的结合，其内涵实际上体现了一种对政府、企业和农村基层干部的"亲农型"行为取向的要求。所谓"亲农型"行为取向，包括三方面的基本内涵：其一，"亲农业"，即重视农业自身的发展，树立农业是重中之重、"压舱石"的新理念，而非重工轻农，甚至通过牺牲农业来发展工业；其二，"亲农村"，即重视农村在现代社会中不可替代的特殊作用，如粮食安全、生态屏障、文化传承等，促进城市与乡村的协调发展、融合发展；其三，"亲农民"，即重视农民利益，促进小农户和现代农业发展有机衔接，真正让广大农民分享产业发展的实惠，避免农村产业发展中农民边缘化和"挤出效应"。需要强调的是，坚持和加强党对"三农"工作的领导，采取"亲农型"政策取向，是基于当前"三农"工作的基础性和战略性意义，但是，这种整体利益不一定符合个人和特定群体的个别利益。只有通过进一步完善中国特色社会主义制度环境，实现政府、企业、基层干部、农民四方的激励相容，构建"亲农型"激励机制，才能为上述历史使命及其实践路径的实现提供动力机制和制度保障。

首先，要构建地方政府的"亲农型"激励机制。中央已经把农业、农村、农民问题放到重中之重的地位，重要的是必须将中央的"亲农型"政策取向传导到地方，在地方形成相应的激励。实践中，一定程度上还存在着中央与地方激励不相容的"农业悖论"现象。毫无疑问，在中央政策导向上，"三农"工作在国民经济全局中具有战略性和基础性的地位，但现实中农业增加值占 GDP 的比重、农业部门创造的税收在政府税收中所占的比重逐年下降，与其在国民经济全局中的基础性、战略性地位极不相称。在相当长的一段时期内，在以 GDP 为核心的"晋升锦标赛"考核机制下[①]，地方政府唯 GDP 和财政收入为重，很难形成"亲农型"政策取向。因此，破解这一"农业悖论"，构建地方政府的"亲农型"激励机制，关键是切实改变以 GDP 为核心的政绩考核体系，使得"三农"工作成效（如农业投入、粮食产量、农民收入等指标）在考核中占据更大的比重，促使各级党和政府官员形成"亲农型"政策取向和行为自觉。在"三农"工作的绩效考核中，必须贯彻共同富裕、共享发展的社会主义农业现代化发展方向，不仅要重视加大投入、深化改革、促进现代农业本身的发展（"亲农业"），还要更加重视在发展过程中

---

① 周黎安：《中国地方官员的晋升锦标赛模式研究》，《经济研究》2007 年第 7 期。

带动农民增收和保护农民利益（"亲农民"），并促进农村经济、社会、政治、文化、生态文明的全面协调发展（"亲农村"），兼顾"产业型政策"与"社会型政策"①。除了官员考核机制改革之外，实践中还有一些行之有效的其他制度安排，如各种形式的干部下乡，包括驻村"第一书记"、干部包村、干部下基层挂职锻炼等。

其次，要探索构建各类企业的"亲农型"激励机制，通过经济激励和非经济激励，引导社会资本带动农业农村发展与农民增收。所谓"经济激励"，就是通过经济利益，诱导形成企业的"亲农型"行为选择。从"亲农业"方面来看，所谓"经济激励"就是提高农业本身的经济效益，使得各类企业投资农业能够获得与投资其他行业大体相当甚至更高的经济收益，从而产生投资农业的内生动力。现代农业完全可以成为丰利产业，但是，发展现代农业需要进行大量基础投入，投资周期长、风险高，降低了农业对一些企业的吸引力。政府应当继续加大"三农"投入力度，加强高标准农田、农产品冷链物流、设施农业、数字农业等农业基础设施建设，同时优化涉农企业金融、人才、用地等方面的政策和制度环境，增强农业对企业的吸引力。从"亲农村"方面来看，所谓"经济激励"，就是通过政府购买服务、PPP模式等方式，吸引社会资本参与到农村道路、通信、供水、人居环境整治、文化、教育、卫生、体育等基础设施建设和公共服务供给中，通过有效市场和有为政府的有机结合，探索乡村振兴的新途径、新机制。从"亲农民"方面看，所谓"经济激励"，就是构建企业与农民的利益联结机制。一般而言，企业与农民之间利益联结机制的构建，关键在于增强农民与企业谈判的力量，从而实现企业与农民的利益兼容。

实现这一目的，有两条基本路径。一是培育具有较强经济实力的新型农业经营主体，如家庭农场、专业大户、农民专业合作社。新型农业经营主体对企业的经济利益有较强的影响，企业必须兼顾新型农业经营主体的利益，从而相比于一般的小农户而言，更容易形成利益联结机制。二是通过制度和政策构建，增强农民与企业谈判的力量，其中特别重要的是财政支农资金的分配。过去，财政支农资金一般直接由政府部门分配给企业，资金分配的决定权在政府部门，农民缺乏必要的话语权，这不仅不利于农民利益的保护，而且容易形成寻租和腐败的温床，不利于构建亲清政商关系。应当探索出一些可行机制，增强农民在财政支农资金分配中的作用，落实农民主体地位。例如，通过股份合作制的新型农村集体经济，将财政支农资金直接划拨到股份合作社的个人账户，并赋予农民退出权，使得农民可以"用脚投票"，带着量化后的财政支农资金在企业、合作社等组织之间流动；或者在涉农项目的评选和验收中，让作为服务对象的农民享有较大的话语权。通过各种方式，让农民参与到涉农资金、项目的分配中，可以根本上改变政府、企业、农民之间的关系：企业要获得财政支农资金，必须切实增进农民的利益、争取农民的支持，由此切实构建起企业与农民之间的利益联结机制。

所谓"非经济激励"，就是通过非经济价值，引导企业形成"亲农型"行为取

---

① 苑鹏、丁忠兵：《小农户与现代农业发展的衔接模式：重庆梁平例证》，《改革》2018年第6期。

向。对于非经济激励，国有企业与民有企业存在本质的不同。构建国有企业的"亲农型"激励机制，关键是在对国有企业领导的考核中加大对扶贫、带动农业农村发展和农民增收的考核。应当明确，中国的国有企业是党领导下的特殊经济组织，而非一般的营利性企业，作为党领导下的重要经济力量，要服务于党的宗旨——为人民服务，服从国家和人民的整体利益。培育国有企业的"亲农型"激励机制，与坚持和加强党对国有企业的领导，具有内在一致性[1]。而构建民营企业带动"三农"发展的非经济激励，关键是在广大民营企业家中树立社会主义义利观，培育新时代的企业家精神。新时代的企业家精神不仅仅是熊彼特意义上的企业家精神，还应当具有社会责任感，认同和践行社会主义核心价值观，具有中华民族传统的家国情怀。当前，在"三农"领域，这种新时代的企业家精神，集中体现为推动农业农村现代化，服务和带动广大农民增收。加快培育新时代的企业家精神，需要在乡村振兴和全面脱贫的实践中推进和检验，并构建相应的激励机制，形成示范效应。对此，各级党和政府都进行了一些积极的探索，例如，全国工商联、国家乡村振兴局、中国光彩会发起的"万企帮万村"精准扶贫行动、部分地方政府开展的"归雁工程"、引进和表彰"新乡贤"等。

最后，要建立健全农村基层干部的"亲农型"激励评价机制。其一，是构建与农村基层党建紧密联系的"亲农型"激励机制，核心是村干部选任与评价机制。从经济学视角看，农村基层党组织建设的重点是构建有效的干部考核和选用机制，把"懂农业、爱农村、爱农民"、法治意识、服务意识、带富能力较强的村干部甄别出来。为此，必须加快构建以带富创业实效为核心的农村基层干部考核指标，使得基层干部的选用评价与其为农民服务的成效挂钩，进一步提升基层干部的素质和能力[2]。其二，是构建与全面深化农业农村改革相联系的"亲农型"利益兼容机制。从深化农村改革来看，必须对基层乡村干部形成正确的激励，否则，任何改革在农村落地，要么会遇到阻力，要么会扭曲变形。一般地说，增加农村集体产权权能、发展新型农村集体经济、盘活农村沉睡资源，与村干部的利益是一致的，因为这会增加其实际掌握的经济资源，从而增加潜在租金。因此，对于旨在放活农村土地经营权的"三权分置"改革、赋予农村土地更多权能（如转让权、抵押权、担保权）、农村集体经营性建设用地入市等产权改革，以及相应的土地流转、招商引资等工作，农村基层干部一般都有较强的动力。但是，对于那些会限制基层干部配置资源权的集体产权改革，基层干部往往缺乏积极性，例如，旨在更好地保护农民财产权利的农村集体资产股权量化改革[3]。同样，对于那些旨在规范农村基层治理的制度改革，如彻底清查集体资产、村账乡管、第三方记账、规范土地流转合同、

---

① 中国国有企业区别于西方国家国有企业的一个本质区别就是坚持中国共产党的领导。中国共产党的根本宗旨是为人民服务，代表国家和人民的整体利益、战略利益，坚持和加强党对国有企业的领导，就能从根本上避免国有企业蜕变为一般的营利性企业。

② 贺雪峰（2011）认为，在征收农业税费的时代，"好人村干部"由于难以完成税费征缴的硬任务而被迫退出，"狠人恶人"却因为能凭借暴力手段征收农业税而脱颖而出。从干部激励的角度看，这实际上是一种不合理的"负激励"，会形成"劣币驱逐良币"的"逆向淘汰"效应。

③

加强农村集体经济财务审计，基层干部也缺乏内在动力。对于这些问题，一方面必须加强顶层设计，加大改革推进力度；另一方面，应当考虑构建一定的激励相容机制，例如在农村集体资产的股权设置中，对村干部赋予一定的股权激励，将基层干部的个人利益与集体利益联结起来。

综上，通过构建政府、企业、基层干部的"亲农型"激励，就能形成对农民的正确激励。比如，合作的激励、关心集体经济的激励、种粮的激励、提高农产品质量安全和环境保护的激励、开放发展的激励等。此外，在现代化建设新阶段，对"农民"这一主体应有新的认识。为适应现代农业的发展要求，必须培育一批"新农民"。"新农民"是农民群体中的新成员，是新的历史条件下的农民增量（新农民），与农民存量（老农民）既有一定区别，又非对立的关系。应当积极探索通过土地的承包权和宅基地的资格权将"新农民"与"老农民"区别开来，赋予"新农民"一定的土地经营权和宅基地使用权，处理好"新农民"与"老农民"的关系，使二者共同参与到现代农业发展过程中，并共享发展成果。

五、尾论

当前面临的一个突出问题是对坚持和加强党对"三农"工作领导提供学理性、逻辑性和系统性的理论解释，用学术语言讲好这一"中国故事"。对此，首要的要求就是要确立科学的理论指导。笔者认为，这个理论选择需要聚焦的核心问题是采取"单纯经济观"还是"整体经济观"。所谓"单纯经济观"，是将经济问题从社会系统中抽离出来，着重研究所谓"纯粹"的经济问题，关注个体的微观效率而非整个社会的宏观效率；而"整体经济观"，则是将社会视为一个不可分割的有机整体，不是孤立地研究经济问题和推进经济发展，而是从经济、社会、政治、文化、生态相互关联的整体角度，系统分析、协调推进经济高质量发展。对同样一个经济问题，基于这两种经济观能得出完全不同的观点。对"三农"问题而言，从"单纯经济观"来看，就只能看到单纯的农业经济问题，看到农业在 GDP 中的占比下降这个表面现象，不能深刻理解农业、农村、农民问题的系统性及其在中国经济发展全局和国家治理体系中的基础性、战略性地位，也难以理解中国农业农村现代化走社会主义道路与一定要坚持和加强党对"三农"工作领导的内在逻辑。反之，从"整体经济观"来看，就能看到农业、农村、农民问题是一个不可分割的有机整体，而非单纯的农业经济问题，看到"三农"在国民经济发展全局和国家治理体系中的基础性和战略性地位，看到中国农业农村现代化走社会主义道路的必然性和合理性，由此才能深刻认识和把握加强党对"三农"工作领导的必要性、合理性、内在规律及其中国特色的实践路径[①]。由此可见，讲好党对"三农"工作领导这一"中国故事"需要依托的科学理论，必须贯穿"整体经济观"，而不能是

[①]　在本文的分析中，这种"中国特色的实践路径"包括：在党的领导下促进有效市场和有为政府的更好结合、发展壮大股份合作制的新型农村集体经济、农村基层党组织领办合作社、坚持农村土地集体所有制、深入推进农村集体产权制度改革、"万企帮万村"等。

"单纯经济观"①。

在当前的各种经济理论中，体现"整体经济观"的典型代表是马克思主义政治经济学，而西方主流经济学更多的是采取"单纯经济观"。马克思主义政治经济学贯穿了"整体经济观"，集中体现在两个方面：其一，从方法论上来看，生产力—生产关系、经济基础—上层建筑的唯物史观方法论，就是从经济、社会、政治、文化、生态的整体系统来研究经济问题，而不是孤立地研究经济问题；其二，从价值取向上来看，马克思主义政治经济学坚持认为，人的需要和发展是目的，经济发展是手段，后者必须服务于前者，而人的需要和发展是多方面的，不仅有物质需求，还有社会、文化、生态环境等多方面需求，服从于人的全面需要，必然要求全面协调的发展②。与此相对，西方主流经济学偏重"单纯经济观"。从研究方法、研究对象上来看，西方主流经济学奉行个体主义分析方法，从抽象的人性假设出发，聚焦稀缺资源配置效率，专注于价格、供求、生产、消费、储蓄、投资、利率、汇率等所谓"纯粹的经济问题"；从价值取向上来看，西方主流经济学片面关注经济效益，而不是人本身的需求和发展，因为忽视人的主体地位，自然就会忽视人的需要和发展的全面性与协调性，研究单一的物质需求问题，采取"单纯经济观"。

因此，从基本经济观的角度看，讲好党对"三农"工作领导这一"中国故事"，深刻理解中国特色社会主义制度的内在逻辑，必须以马克思主义政治经济学的分析范式为基础，不能盲目照搬西方主流经济学。特别是随着中国社会主要矛盾的变化、经济发展阶段的转换和发展方式的转型，遵循"单纯经济观"的西方主流经济学越来越不能适应中国的现实情况，不能科学解释从中国发展实际出发进行的一系列制度设计的真实逻辑，其内在的理论缺陷日益显示出其在实践中的局限性甚至危害性③。因此，新发展阶段迫切要求我们进行经济学理论范式的新的转型，建立基于"整体经济观"的新经济学范式，代替基于"单纯经济观"的西方主流经济学范式。在这场经济学理论范式的新的革命中，我们应当坚持马克思主义唯物史观基本方法，紧密结合中国自身实践，创新发展中国特色社会主义政治经济学，"不断开拓当代中国马克思主义政治经济学新境界"。

---

① 实际上，不仅是"三农"问题，对中国特色的制度环境、中国的"发展故事""改革故事"，都必须坚持"整体经济观"而非"单纯经济观"，否则难以理解其本质特征和真实逻辑。

② 作为马克思主义中国化、时代化重要理论成果的科学发展观、新发展理念、习近平新时代中国特色社会主义经济思想，同样鲜明地体现了马克思主义的"整体经济观"。

③ 当然，虽然西方主流经济学在基本经济观、方法论上存在根本缺陷，但客观地说，对于市场经济中的一些具体经济问题的分析，西方主流经济学也有一定借鉴意义。

论新时代共同富裕的基本经济制度作用

蒋南平　张明明

共同富裕对中国特色社会主义现代化建设事业的极端重要性，引发了理论与实践界的高度关注。然而共同富裕中的问题，无法从碎片化的理论观点及实践做法中寻求解决，只能根据推进新时代共同富裕的根本性的原则予以解决，只有认识中国特色社会主义基本经济制度的巨大作用，才能稳步推进新时代共同富裕。

一、新时代共同富裕与中国特色社会主义基本经济制度密不可分

党的十九大对中国特色社会主义基本经济制度作了高度概括，即以公有制为主体、多种所有制经济共同发展的所有制，以按劳分配为主体、多种分配方式并存的分配制度以及社会主义市场经济体制[①]。这三项内容是统一的整体。而正是这样的基本经济制度，与新时代共同富裕密不可分。

1. 新时代共同富裕体现了中国特色社会主义基本经济制度的目的性

从历史上看，中国人民几千年来渴望富裕与当前我国推进的共同富裕的内涵有很大差别[②]，因为在中国建立社会主义公有制及分配制度之前，任何采用剥削制度的社会都不可能实现共同富裕。而我党建立的社会主义所有制与分配制度，是根据中国实际并运用市场经济手段将马克思主义的社会主义所有制及分配制度的相关理论结合起来，形成的中国特色社会主义基本经济制度的重要内容。在党的百年实践中，随着中国特色社会主义基本经济制度的形成和完善，我们党才能领导全国人民由站起来、解决了温饱，到富起来、实现了小康，再到强起来、全面建成了小康社会，进而在这些基础上奔向共同富裕。显然，建立中国特色社会主义基本经济制度的过程，是为奔向共同富裕而不断夯实基础的过程。中国特色社会主义基本经济制度是党在百年实践过程中逐步创立和完善的。而在这个基本经济制度形成的每一个历史时期的不同阶段，都是为了维护人民的利益，实现尽可能地使绝大多数人在物质及精神方面富裕起来这个目的。如土地革命时期，我党颁布的土地革命纲领和实施的土地革命政策，是从所有制关系及分配关系上解决了千百年来在中国从未解决的土地问题，第一次在中国历史上使大多数农民的生活得到了改善。抗日战争时期

---

① 习近平：《决胜全面建成小康社会 夺取新时代中国特色社会主义伟大胜利——在中国共产党第十九次全国代表大会上的报告》，人民出版社，2017，第36页。

② 有学者认为，共同富裕是中国人民自古的共同愿望，实际是对不同致富思想的解读。具体参见高翔：《如何理解共同富裕自古以来就是中国人民的夙愿》，《人民日报》2021年11月12日，第11版。

实施的"减租减息"及解放战争时期的土地法大纲同样是结合当时的中国实际，在所有制关系及分配关系方面维护了绝大多数农民的根本利益。中华人民共和国成立之后，通过贯彻新民主主义的经济纲领，通过"一化三改造"，我党进一步地在所有制关系及分配关系上，保障了包括民族资产阶级在内的最广大人民群众的利益，调动了他们的积极性，解决了约占世界人口1/4的人民的温饱问题，堪称世界奇迹。改革开放以来，我党在新的形势下运用市场机制实行"以公有制为主体，多种所有制经济共同发展"的所有制、"按劳分配为主体，多种分配方式并存"以及"把社会主义制度和市场经济有机结合起来，不断解放和发展社会生产力的显著优势"的分配制度的"三位一体"的中国特色社会主义基本经济制度，从而消除了绝对贫困，为全面建成小康社会打下了迈向现代化、推进新时代共同富裕的基础。可见，我党百年的发展历程，在任何一个时期，创立及完善中国特色社会主义基本经济制度的目的，都是与人民的富裕特别是新时代共同富裕息息相关的。

2. 新时代共同富裕的推进过程体现了中国特色社会主义基本经济制度的过程性

新时代共同富裕的推进是一个过程，体现了创立和完善中国特色社会主义基本经济制度的过程性。笔者不同意一些学者认为共同富裕是几千年来中国人民共同愿望的观点，因为如孔子的"富民""惠民""均贫富"思想[1]，不过是希望统治阶级通过放松一点压榨人民的绳索，缓解一下阶级矛盾的思想；洪秀全提倡的"有田同耕、有饭同食、有衣同穿，有钱同使，无处不均匀，无人不饱暖"的口号，其实际上反映了一些人希望过上像有产阶级一样的富足生活，通过杀富济贫方式实现富裕的愿望，有极大的空想成分。这种愿景随太平天国的失败归于破产。孙中山提倡"平均地权"，希望"以养民为目标，不以赚钱为目标""要粮食的分配很平均"[2]，尽管体现了对广大下层民众的关怀，但同样是一种空想。面对旧中国的现状，不仅这些口号未能兑现，连人民的基本生活权利都无法保障。只有中国共产党倡导的为人民谋利益的原则，倡导的人民富裕思想，才是真正的能够实现的科学的"共同富裕"思想，其所创立的"三位一体"的中国特色社会主义基本经济制度才是真正推进共同富裕的制度。毛泽东曾认为，"我们的富裕，是大家的富"[3]；邓小平也认为，我们搞社会主义，是为了"最终实现共同富裕"[4]；习近平总书记更是提出要在2050年"全体人民共同富裕基本实现"的奋斗目标[5]。然而，我党实现共同富裕与创立和完善中国特色社会主义基本经济制度均是一个过程，而且两者的过程是高度相关的。我党在土地革命时期建立的土地制度，是中国特色社会主义基本经济制度的基础。这个制度仅解决了当时苏区人民的土地所有制及分配制度的相关问题。抗日战争及解放战争实行的"减租减息"及"土地改革纲领"，尽管使广

① 黄意：《孔子分配思想对我国社会经济分配关系的影响》，《湖北第二师范学院学报》2010年第4期。
② 张兆全：《孙中山粮食分配思想论述》，《哈尔滨学院学报》2007年第6期。
③ 毛泽东：《毛泽东文集》第6卷，人民出版社，1999，第437页。
④ 邓小平：《邓小平文选》第3卷，人民出版社，1993，第373页。
⑤ 习近平：《决胜全面建成小康社会 夺取新时代中国特色社会主义伟大胜利——在中国共产党第十九次全国代表大会上的报告》，人民出版社，2017，第36页。

大农民在更大程度及范围内受益，并进一步夯实了建立中国特色社会主义基本经济制度的基础，但仅局限于我党领导的抗日民主根据地及解放区。中华人民共和国成立之后，建立的生产资料所有制及分配制度，解决了全国包括民族资产阶级在内的最广大人民当家作主及物质利益分配问题，调动了最广大人民的积极性。但受当时历史条件的限制，许多相关问题仍无法解决。只有改革开放之后，才通过建立社会主义市场经济体制，不仅调动了人民群众的劳动积极性，而且调动了其他要素所有者的积极性，最大限度地发挥了社会主义基本经济制度的优越性，完成了从"站起来"到"富起来"的任务，进而走向"强起来"的实现共同富裕的现代化道路。显然，新时代共同富裕的实现过程，是由中国特色社会主义基本经济制度的过程性来体现的。

3. 推进新时代共同富裕的过程是由中国特色社会主义基本经济制度的方法决定的

中国特色社会主义基本经济制度的创立方法与推进共同富裕的方法是完全相同的。我们党百年来运用"实事求是"的基本方法及"理论联系实际"的根本方法，逐步创立了中国特色社会主义的基本经济制度，并逐步推进共同富裕。土地革命时期，使广大中国农民获得土地，改善其生活是当时中国革命的主要问题之一。故而当时毛泽东主持起草并制定的《井冈山土地法》《土地问题决议案》，完全是根据当时的情况，灵活运用马克思主义原理和结合中国革命实际的产物，从而保证了苏区群众的利益。抗日战争时期，我党同样实事求是地提出"减租减息"政策，建立最广泛的统一战线，也是当时国内外形势的需要所致，从而保证了整个中华民族的利益诉求的满足。解放战争时期，在解放区实行的土地改革，也是新的历史时期马克思主义所有制理论及分配关系的中国化实践，真正使解放区人民得到实惠，过上了好日子。中华人民共和国成立之后，通过"一化三改造"，才在全国范围内落实了新民主主义经济纲领，为中国特色社会主义的所有制关系及分配关系的形成打下了重要的理论基础和实践基础，在全国范围内逐步解决了人民的温饱问题，创造了世界奇迹。改革开放以后，根据中国社会主义初级阶段的国情，实事求是地推动市场化的改革，逐步建立社会主义市场体制，全面建成了小康社会，形成并逐步完善了"三位一体"的中国特色社会主义基本经济制度，中国人民开始"过上好日子""达到温饱""小康及全面小康"的生活，真正逐步推进到 2050 年全体人民共同富裕基本实现[①]，以及"最终达到共同富裕"[②]。可见，将马克思主义的普遍真理同中国实际相结合，实事求是地形成及完善中国特色社会主义基本经济制度，与根据现实情况在不同时期推进共同富裕的进程，在马克思主义方法论上是高度一致的。

---

① 习近平：《决胜全面建成小康社会 夺取新时代中国特色社会主义伟大胜利——在中国共产党第十九次全国代表大会上的报告》，人民出版社，2017，第 36 页。
② 邓小平：《邓小平文选》第 3 卷，人民出版社，1993，第 373 页。

二、中国特色社会主义基本经济制度是新时代共同富裕的制度保证

1. 中国特色社会主义所有制关系保证了高质量发展中促进共同富裕的稳定的生产条件

马克思主义认为，任何社会经济时期的物质资料生产，都必须具有一定的生产资料以及包括所有制在内的生产关系，"为了进行生产，人们相互之间便发生一定的联系和关系；只有在这些社会联系和社会关系的范围内，才会有他们对自然界的影响，才会有生产"①。新时代共同富裕，是在高质量发展中实现的。而高质量发展，需要调动一切积极因素，包括调动一切要素所有者的积极性，对生产要素进行科学合理的调配与运作，从而形成发展方式由规模及速度型向质量效率型转化，经济结构从增量扩张向存量调整及增量做优转化，发展动力从依赖劳动力低成本及资源红利向创新驱动转化。中国特色社会主义的所有制关系是我党艰苦奋斗100年形成的马克思主义中国化结晶，在实践中被证明是科学合理的。例如，中国国内生产总值在1979—2020年的平均增速达到9.2%，国民总收入在1979—2020年的平均增速也达到9.2%②。2021年，在疫情肆虐的情况下，我国国内生产总值仍达1 143 670亿元，比上年增长8.1%③。从逻辑上讲，没有逐渐改善及不断坚持的科学合理的生产资料所有制关系，是无法形成中国经济发展所需要的稳定的优质生产条件的，也不可能取得如此丰硕的经济成果。特别是在高质量发展过程中，需要借助广大人民的聪明才智和辛勤劳动，需要借助高速发展的以人工智能为代表的高新技术，需要稳定优质的经济结构，以形成新发展格局必需的高质量发展的生产条件，才能打下推进新时代共同富裕的物质基础。试问，单一的所有制关系所形成的单一的经济结构，单一的生产条件所生产的物质资料能够解决"人民日益增长的美好生活需要和不平衡不充分的发展之间的矛盾"吗？显然不能。因此，我们既要坚持公有制为主体，反对私有化，反对资本的无序扩张；又要坚持多种所有制经济共同发展，反对否定中国社会主义初级阶段的现实国情，避免走僵化保守的老路倾向，为新时代共同富裕提供高质量发展的稳定的生产条件。

2. 中国特色社会主义分配制度保证全体人民按其所有、按其所能地稳步迈向共同富裕

新时代共同富裕是当代中国经济社会发展的综合性问题，应在中国特色社会主义所有制决定的分配关系基础上稳步推进共同富裕。第一，中国特色社会主义分配制度是由中国特色社会主义所有制决定的，体现了新时代中国全体人民的分配状况。所以，既可以在公有制条件下按劳分配，又可以在多种经济成分下形成多种分配方式，满足了全体人民最广泛的分配诉求，给予了全体人民在利益分配上的最大可能性，从而能最大可能地调动全体人民的积极性，使人民在利益的获取上有最大

---

① 《马克思恩格斯文集》（第1卷），人民出版社，2009，第724页。
② 数据来源：根据历年《中国统计年鉴》整理而得。
③ 数据来源：国家统计局网，http://www.stats.gov.cn/tjsj/zxfb/202202/t20220227_1827960.html。

的共同性。第二，中国特色社会主义分配制度是被历史证明了的，能推进新时代共同富裕的科学制度。过去，我们党在 100 年的艰苦奋斗中形成的土地革命制度及初步的中国特色社会主义分配制度，解决了温饱的问题和改善了人民的生活条件；中华人民共和国成立之后，特别是改革开放之后形成的中国特色社会主义分配制度，保证了全体人民走向小康和全面建成小康社会，并在现代化的进程中推进新时代共同富裕的条件。例如，在 1979—2020 年，全国居民人均可支配收入的平均增速达 17.6%，全国居民人均消费支出平均增速达 8.2%，一般公共预算收入平均增速达 12.9%，医疗卫生机构床位数增速平均达 3.6%。2020 年年末，参加基本养老保险的人数达 99 865 万人，比 1978 年的 5 710 万人增加了 1 648.9%；2020 年年末，参加基本医疗保险人数达 136 131 万人，比 1978 年的 400 万人增加了 33 932.75%。按 2010 年标准，1978 年 77 039 万人在 2020 年全部脱贫；1978 年的 97.5% 的贫困发生率降为 2020 年的 1.7%[①]。2021 年，在全球疫情仍然严峻的情况下，城乡居民的收入仍持续增加、生活质量持续提高。第三，中国特色社会主义分配制度是保证社会成员获取利益的公平正义的制度。从中国特色社会主义分配制度的内容而言，"按劳分配为主体"体现了分配的社会进步性和方向性，"多种分配方式并存"体现了分配上的现实性、灵活性及广泛性。这种分配制度既可以满足不同社会成员的利益分配诉求，又制约了分配上的不合理性，是我们保护劳动所得、保护合法收入、取缔非法收入、调节过高收入的制度保证和依据。故而，在这种制度保证下，"劫富济贫""同等富裕""平均主义"是不可能也不允许发生的。这种制度对推进新时代共同富裕的健康发展是极为有利的。第四，中国特色社会主义分配制度能够真正体现推进新时代共同富裕的中国特色。一些学者在理论探讨中，往往注重西方国家致富的经验，故而在一些地方的实践中，也形成了照搬西方经验的做法。实际上，这些经验和做法与我们推进新时代共同富裕的做法，是有本质区别的，只能借鉴，不能照搬。从西方资本主义致富史来看，马克思早就认为，"资本来到世间，从头到脚，每个毛孔都滴着血和肮脏的东西"[②]。资本主义用暴力的手段为其致富及发展创造了条件，因此，"他们的这种剥夺的历史是用血和火的文字载入人类编年史的"[③]。在当代，资本主义国家中少数人的财产积累更是惊人。仅在 1987 年至 2013 年，西方发达国家占世界人口亿分之一的顶级富豪，平均财富从 30 亿美元上升到 350 亿美元，即使排除通货膨胀因素，年平均增速也达 6.8%。而全球人均财富同期增速为 2.1%，人均收入增速仅为 1.4%[④]。近几年，全球性贫富差距进一步增大。可见，西方国家的致富经验乃至方法，并不能推进中国新时代的共同富裕，因为我们推进的新时代共同富裕，是真正全体人民的富裕，而西方发达国家谋求的富裕，是少数人的富裕。同样地，我们倡导的"扩大中等收入群体比重，增加低收入群收入，合理调节高收入，取缔非法收入，形成中间大、两头小的橄榄型

---

① 数据来源：根据历年《中国统计年鉴》整理而得。
② 《马克思恩格斯文集》（第 5 卷），人民出版社，2009，第 871 页。
③ 《马克思恩格斯文集》（第 5 卷），人民出版社，2009，第 822 页。
④ 托马斯·皮凯蒂：《21 世纪资本论》，巴曙松等译，中信出版社，2014，第 448 页。

分配结构"①，也同样具有中国特色。实际上，许多西方发达国家，早就形成了橄榄型分配结构，请问它们实现了缩小贫富差距、消除两极分化的共同富裕了吗？所以，它们的分配结构，是贫富差距巨大的"竖立橄榄型"分配结构。而我们推进的新时代共同富裕所要形成的"橄榄型结构"，才是真正为了全体人民且能够真正实现的"平放橄榄型"分配结构。第五，中国特色社会主义分配制度是真正保证分配的公平与效率的制度。由于按劳分配与多种分配方式并存，这就在利益获取的方式上给了全体人民公平选择的机会。一个人既可以通过公有制下的诚实劳动获得收入，也可以在多种经济成分背景下通过合法经营，凭借要素所有权获得收入。既可以通过初次分配获得收入，也可通过第二次甚至第三次分配获得收入；这个制度既保证了个人在各次分配中获取利益的合法性，以及具有法定的选择性和公平性，又调动了全体人民的积极性，从而具有极高的效率。中央财经委员会第十次会议提出的"构建初次分配、再分配、三次分配协调配套的基础性制度安排"，实际上就是在中国特色社会主义分配制度条件下的基础性制度安排。第六，中国特色社会主义分配制度保证了推动新时代共同富裕的稳定性和持续性。党的十九大报告指出，尽管中国特色社会主义进入了新时代，但中国处于社会主义初级阶段及仍然是世界上最大的发展中国家的国情长期不变，故而中国特色社会主义分配制度产生的作用也将是长期持续的，这就能保证全体人民实现共同富裕的利益诉求，在整个中国特色社会主义新时代都能得以满足，真正能在 2050 年使得"全体人民基本实现共同富裕"。

3. 社会主义市场经济体制保证新时代共同富裕中的高质量发展具有充满活力的生产力基础

坚持中国特色社会主义基本经济制度中的市场经济体制，能为高质量发展、推进新时代共同富裕提供生产力基础。

第一，中国特色社会主义市场经济体制促进了高质量发展从而提供了共同富裕的动力和活力。改革开放以来，中国特色社会主义市场体制逐步建立。通过这个体制，运用市场手段，激发了各类市场主体的活力，使经济资源充分科学地配置，调动了各方面的积极性，从而保证中国经济高速发展。例如，1979—2020 年，我国粮食产量平均年增速为 1.9%；主要工业的产量中，原煤产量年均增速 4.5%，原油产量年均增速 1.5%，发电量年均增速 8.5%，钢产量年均增速 8.7%，汽车产量年均增速 13.0%。而铁路营业里程年均增速 2.5%，公路里程年均增速 4.3%。全社会固定资产投资年均增速 19.0%，社会消费品零售总额年均增速 14.1%，货物进出口总额年均增速 17.6%②。中国特色社会主义市场体制提供的活力动力可见一斑。

第二，中国特色社会主义市场经济体制保证了高质量发展促进共同富裕的时空条件。中国经济高质量发展是促进新时代共同富裕的重要前提。所谓高质量发展，即在新发展理念指引下的发展。它要求经济不断从量到质的提升，要求不断优化升

---

① 习近平：《在中央财经委员会第 10 次会议上的讲话》，《人民日报》2021 年 8 月 17 日，第 1 版。

② 数据来源：根据历年《中国统计年鉴》整理而得。

级产业结构，要求发挥新兴产业、服务业及小微企业作用，要求加快制造业强国的建设。这些都需要社会物质资料的生产、流通、分配与消费的循环畅通，要求在当前百年未遇之大变局下，促进"国内大循环为主导，国际国内的双循环"，要求形成科学合理的国民经济的时空大布局。所以，只有坚持中国特色社会主义市场体制，才能够用大市场满足这些要求。

第三，中国特色社会主义市场经济体制保证了高质量发展的平衡性和充分性，从而有利于促进新时代的共同富裕。高质量发展的一个重要任务，是要从供给与需求两个方面，通过使生产组织网络化和智能化提高创新力，提高物质产品及精神产品的个性化、多样化、高品质化，满足人民群众日益增长的美好生活的需要。而实现途径则必须使高质量发展具有平衡性及充分性，即要解决"人民群众日益增长的美好生活需要和不平衡不充分发展之间的矛盾"①。中国特色社会主义市场体制，能够充分利用价值规律，通过市场机制使商品及要素在不同地区、不同企业、不同行业之间充分流动，使商品价值充分实现，从而在动态的市场运动中实现获取利益的均衡性及个体发展的充分性，从而实现新时代的共同富裕。

第四，中国特色社会主义市场经济体制保证了高质量发展适应当代高新技术现状的需要，以利于促进共同富裕。当前中国的高质量发展是在以人工智能、互联网、大数据为代表的高新技术背景下的发展，要凭借这些高新技术强化人与自然的作用，凭借这些高新技术形成的"人为自然"，扩张新型商业网络，拓展生产资源，开放虚实空间，精准流通节奏，以解决人民群众日益增长的美好生活与发展不平衡不充分的矛盾，从而动态地缩小地区间、行业间、企业间、个人间的差距，进而达到共同富裕的愿望。而只有中国特色社会主义市场体制，才能保证高质量发展适应高新技术的现状和要求。

三、中国特色社会主义基本经济制度提供新时代共同富裕的实现路径

目前学界对如何推进新时代共同富裕的问题上有很多看法、分歧很大，存在照搬西方理论及致富经验的倾向，甚至在许多方面深感茫然，这分歧主要表现在如何寻求推进新时代共同富裕的路径方面。笔者认为，只要坚持中国特色社会主义基本经济制度，推进新时代共同富裕的路径就是清晰的。

1. 确保在高质量发展中推进新时代共同富裕的社会基础条件

在高质量发展中推进共同富裕，实际上是通过科学合理的社会生产关系，利用以人工智能为代表的高新技术，优化协调各种资源及经济结构，提升发展效率及质量，解决发展的不平衡不充分矛盾的共同富裕。这就需要通过公有制为主体，形成大多数人能掌握运用的社会资本，使大多数人较平等较自由地从事高质量发展所需要的社会生产，形成新时代共同富裕的主要社会基础。同时，当前我国仍处于社会主义初级阶段，仍需要调动各方面的积极性，故而必须推动"多种所有制经济共

---

① 习近平：《决胜全面建成小康社会 夺取新时代中国特色社会主义伟大胜利——在中国共产党第十九次全国代表大会上的报告》，人民出版社，2017，第36页。

同发展"，形成生动活泼的经济运行状态，以适应初级阶段的不同层次的生产力，奠定共同富裕的社会基础。因此，在推进新时代共同富裕中，应做好下列工作：一是关于国家安全的领域如人工智能、互联网平台行业、种业等，必须由国家或集体控制，同时放开新技术、新产品、新行业的开发领域。二是关于民生的领域，如教育、医疗、公共设施及产品领域，必须由国家或集体控制。三是做大做强做优国有企业或集体企业，引导非公企业健康发展。四是支持非公企业进入生产或实体经济领域及开发领域，鼓励其进入小商品流通领域，坚持国有和集体经济主导大商品流通领域。五是做大做优做强国有金融企业，控制互联网金融，引导非公有金融，防范金融风险。六是对于关系就业领域的行业，倡导国家、集体、非公企业共同开发、发展，提倡公益性就业。七是形成"大混改"格局。充分利用以公有制为基础的制度及主导优势，引导各类企业逐步融合，形成公有经济有坚强控制力的、其他经济成分积极参与的社会资本体系及高质量发展体系。

2. 动态缩小地区、行业、个人的财产收入与机会差距

我国的高质量发展成果明显，奠定了较雄厚的新时代共同富裕的物质基础。然而，正如习近平总书记所指出的，"我国经济发展的蛋糕不断做大，但分配不公问题比较突出，收入差距、城乡区域公共服务水平差距较大。在共享改革发展成果上，无论是实际情况还是制度设计，都还有不完善的地方"①。因此，解决这些问题，意义十分重大。

第一，消除推进新时代共同富裕的各种片面认识及错误认识。应认识到推进新时代共同富裕具有时代性及过程性，是中国式现代化的伟大工程，是中国特色社会主义事业的伟大工程，因此必须实事求是地稳步推进。应认识到推进新时代共同富裕与西方国家的致富过程有本质不同。西方国家的现代化是无法使全体人民走向共同富裕的，故而不能照搬它们的理论与经验。应认识到，推进新时代共同富裕，既要"富裕"，又要"共同"，故而高质量发展不可或缺，通过分配方式建立中国式"橄榄型"分配结构，摒弃西方"橄榄型"分配结构也不可缺。要认识到推进新时代共同富裕的艰巨性及复杂性，必须摒弃急功近利、不切实际的做法。要认识到在推进新时代共同富裕时，尽管全体人民还有差别，但在不同时期、不同地区、不同行业却有共同条件，都可以动态地实现相同利益的"共同富裕"。

第二，坚持中国特色社会主义分配制度，形成有利于新时代共同富裕的规则与权利体系。新时代共同富裕首要的是体现全体人民获得物质与精神利益的权益的公平性及共同性，这就需要具备尽可能获得一致认同的社会利益衡量标杆，这就要依据"按劳分配为主体"的原则，让全体人民通过诚实劳动，通过高质量发展形成的高品质物质和精神产品的生产，分配与共享发展的"蛋糕"。当然，也要贯彻"多种分配方式并存"的原则，将要素所有者的积极性同样调动起来，通过增强经济发展的活力，加快利益"蛋糕"的形成，使尽可能多的人共同享受社会财富。因此，在制定相应分配规则时，要考虑多方面的因素，考虑全体人民的权益，不能偏废任何一部分人的权利，以构成真正有利于新时代共同富裕的规则体系及权利体系。

① 习近平：《习近平谈治国理政》（第2卷），外文出版社，2017，第200页。

第三，逐步调整现行收入分配格局，形成公平合理的全体人民的中国式"橄榄型"收入分配的利益增量结构。所谓中国式"橄榄型"收入分配的利益增量结构，有别于西方国家"竖立式橄榄型"的"扁平式橄榄型"结构，它的主要特点在于中间部分特别大、上下两端差距很小。由于收入是利益增量，故而这种中国式"橄榄型"结构的形成，有利于缩小正在形成的利益差距。这就要求我们在具体的做法上，限制国有企业领导人的高薪，合理正确地测算他们从事管理劳动的复杂程度，尊重劳动者的劳动力价值。因为从理论上讲，公有制条件下天然具有按劳分配的性质，不能错把公有资本当作私人资本来进行要素分配。同时，根据"多种分配方式并存"的原则，在科学合理测算要素的市场化或商品化价格之后，在扣除制度红利基础上，确定要素所有者的市场收益。特别要遏制资本无序扩张，遏制它们通过流通领域、金融领域及资本市场带来的高额垄断收益或市场化收益。

第四，坚持中国特色社会主义分配制度，促进新发展格局中各个环节的"公平与效率"的统一，实现在各个分配环节的共同富裕要素的积累。一般认为，社会财产的分配有一、二、三次分配等三个环节。我们认为不存在公平与效率谁优先的问题，在任何分配环节"公平与效率"都是并重的，都是要兼顾的。第二、三次分配不仅要有公平，而且要有效率。因为它们能长期、稳定地促进受益者的积极性，而等、靠、要毕竟是少数。第一次分配所谓"效率优先"能激发要素所有者的积极性的观点是不对的。按西方经济理论，劳动者也是"劳动要素"的所有者，故而"效率优先"是伪命题；按马克思主义经济学理论，劳动者的活劳动才创造新价值，故而即使"效率优先"的第一次分配，也应首先激发劳动者的积极性。所以，必须在新发展格局中的每一个分配环节，实现"公平与效率"的统一，正确测算劳动价值，并将其主要成果分配给劳动者，再通过宏观调节下的市场，转移一部分价值或成果给其他要素所有者。

第五，扩大促进新时代共同富裕的物质精神条件，真正解决人民群众美好生活需要与发展不平衡不充分的矛盾，实现新时代的共同富裕。在中国特色社会主义新时代，人们的富裕观不仅仅在于物质富裕，还有精神富裕。因此，理论界片面强调提高人民收入，使人们拥有更多物质条件是片面的。我们通过高质量发展，不仅要使全体人民拥有更多的收入转化的物质财富，还应该使其拥有更多的精神财富，这就需要温馨的氛围、良好的环境、愉悦的心情、可自由支配的时间来形成。这就需要贯彻"加班福利"和"8小时工作"制，引导资本的作用、防止其野蛮生长，做好恶性竞争环节治理、集体主义培育等方面的工作。

第六，逐步形成财富积累、资产存量的中国式"橄榄型"分配结构，从根本上消除促进共同富裕的代际障碍。中国式"橄榄式"分配结构不仅应在人们的收入或利益增量过程中运用，而且应在利益存量如人们的资产、财富的存量方面运用。理论上讲，中国要形成的"中间大、两头小"的分配格局与西方"中间大、两头小"的分配格局不仅在内涵上，甚至在形式上都是不相同的；现实上讲，中国的"中间大、两头小"的"橄榄型"分配格局是要消除西方"橄榄型"分配格局无法消除的巨大的贫富差距。所以，把中国式"橄榄型"分配格局运用在资产、财富存量方面，是消除共同富裕的代际障碍，从根本上阻止贫富分化过分严重的重要措施。在限制资本、资产、财富外流或外逃的基础上，采取诸如适时、适当、有条件地逐步开征遗产税和赠与税的方法是必要的。

第七，加快建设公益性、共享性的物质精神基础设施体系，促进人民群众的"共获、共享、共乐"，多方推进新时代共同富裕。新时代共同富裕应是当代中国"物质与精神富裕"基础上的"共获、共享、共乐"的共同体，为全体人民创造更多共享性、公益性的物质和精神基础设施体系就是十分必要的。因为这些基础设施体系更容易直接实现全体人民的"共获、共乐、共享"。故而伴随高质量的发展，公益性公园、娱乐疗养、度假场地、公共教育、公共食堂等应逐步增加，使新时代共同富裕的推进工作落在实处。

第八，建立动态的"共获、共乐、共享"机制，保证广大劳动者及要素所有者在新时代逐步动态消除差距，稳定推进新时代共同富裕。尽管我国已全面建成了小康社会，高质量发展也取得了重要成果，但仍要清醒地看到地区间、行业间、个人间的差距不是短期可以清除的。自然禀赋、发展快慢、社会各种因素的不确定性，都是造成这些差距的重要原因。因此，在整体大力促进高质量发展的生产力基础上，建立动态的"共获、共享、共乐"的机制是新时代共同富裕的必然选择。为使这种机制形成，需要做许多具体工作。例如，提倡企业用一部分利润开创公益事业，提倡不同地区、不同行业提供流动性、交流性服务等，这些都是可行的做法。

3. 促进市场活力形成实现共同富裕的动态性和稳定性

社会主义市场经济体制主要是通过新发展格局激发推进新时代共同富裕的动力和活力，加速新时代共同富裕路径的形成。

第一，社会主义市场经济体制使价值规律产生强烈的作用，保证高质量发展来推进新时代共同富裕的物质精神资料的价值形成及实现，以及非商品的市场化、商品化，从而创造庞大的供给与需求体系。新时代共同富裕的基点是解决人民群众美好生活与发展不平衡不充分的矛盾，这就要求通过高质量发展来形成庞大的供给与需求体系。如果没有市场体制，我们就不可能通过价值规律刺激生产者生产出更多更优的物质商品和精神商品，或无法实现这些商品的价值。特别在人民美好生活中还有许多需要商品化或市场化的非商品也根本无法形成，那么形成新时代共同富裕的物质条件将受到局限。因此，利用市场尽可能形成庞大的供给与需求体系是完全必需的。

第二，社会主义市场经济体制有助于中国特色社会主义所有制及分配关系在新时代共同富裕中产生作用。中国特色社会主义所有制与分配关系，要求"公有制为主体""按劳分配为主体"，但中国现实社会中存在"多种所有制经济共同发展"及"多种分配方式并存"的情况，我们只有通过市场体制的促进，使不同的经济成分通过适度竞争，通过不同分配方式的比较及互相补充，才可以尽可能使全体人民以各种方式获得和享受社会物质及精神成果。

第三，社会主义市场经济体制有助于推进新发展格局，推进新时代共同富裕的对内对外的发展路径的形成。在新发展理念指导下的高质量发展，不仅需要推进国内生产要素的运行，还需要推进国外生产要素的运行，以使得新时代共同富裕产生的供给与需求体系更为庞大、具有更大的实现空间，这只有坚持社会主义市场体制才能达到。

第四，社会主义市场经济体制提供了新时代共同富裕中全体人民美好生活需要的不同选择。人民群众对美好生活的需要，对于不同社会成员是完全不一样的。因此在当前条件下，要提供满足任何人的各种物质和精神需要是不可能的。市场体制提供了丰富多彩的产品、多种选择的机会、不同层次的愿景，而这些对于满足人们的不同需要而言是不可或缺的。

第五，社会主义市场经济体制确保中国特色社会主义的所有制及分配关系在新时代共同富裕中的路径优越性得以正常发挥。中国特色社会主义的所有制及分配关系，是中国现有情况下长期存在的基本关系。既然如此，充分发挥公有制及其他经济成分的作用，充分发挥按劳分配及多种分配方式的作用，在实现新时代共同富裕中格外重要。公有制与其他经济成分各展所能，充分发挥活力，按劳分配与多种分配方式共同发力，充分满足全体人民的利益诉求，这些优越性在市场经济中才能更好地展现。

第六，社会主义市场经济体制是实现动态消除地区、行业、城乡收入差距，实现新时代共同富裕的有效路径。如前文所述，自然禀赋、发展状况、区域社会条件乃至个人状况的差异，必然形成长期无法消除的地区、行业及个人在获取、共享财产收入及机会方面的差距。只有形成动态的"共获、共享、共乐"的机制，才能真正实现新时代的共同富裕。因此，新时代共同富裕需要的要素流动、条件互享、信息互通、利益互换等"共获、共享、共乐"机制的形成，只有通过市场经济体制的有效路径来实现。

共同富裕中国式现代化的理论与实践创新[*]

——基于党的二大精神解读

蒋南平　李艳春

一、引言

2022年10月16日，习近平总书记在党的二十大报告中指出："中国式现代化是全体人民共同富裕的现代化。共同富裕是中国特色社会主义的本质要求，也是一个长期的历史过程。我们坚持把实现人民对美好生活的向往作为现代化建设的出发点和落脚点，着力维护和促进社会公平正义，着力促进全体人民共同富裕，坚决防止两极分化。"① 可见，不同于西方两极分化的现代化，中国式现代化建立在全体人民共同富裕的基础上，体现了人与人之间平等的社会生产关系，反映了中国特色社会主义的本质。中国式现代化的根本目的是满足人民日益增长的美好生活需要、实现人民对美好生活的向往，而不是使少数人享受富足，没有全体人民的共同富裕就没有真正意义上的现代化。因此，共同富裕既是中国式现代化不可或缺的重要组成部分，也是中国式现代化的内在要求。党的二十大报告指出："从现在起，中国共产党的中心任务就是团结带领全国各族人民全面建成社会主义现代化强国、实现第二个百年奋斗目标，以中国式现代化全面推进中华民族伟大复兴。"② 从这一中心任务的完成来看，只有扎实推进共同富裕，才能按照全面建成社会主义现代化强国的两步走要求，在二〇三五年使"全体人民共同富裕取得更为明显的实质性进展"，"基本实现社会主义现代化"，才能在"本世纪中叶把我国建成富强民主文明和谐美丽的社会主义现代化强国"③。同时，党的二十大报告也为我们进一步推进共同富裕提出了重要的指引。"共同富裕是中国特色社会主义的本质要求"表明了中国要实现共同富裕就要毫不动摇坚持中国特色社会主义，在中国特色社会主义理论体系的指引下，走中国特色社会主义道路；共同富裕"是一个长期的历史过程"

　＊　本文选自《政治经济学评论》2023年第1期。本文系四川省社会科学规划项目"中国共产党创新发展马克思主义经济学的贡献"（SC21JD009）、国家社科基金项目"中国补充性货币监管研究"（16CJY067）之研究成果。

　①　习近平：《高举中国特色社会主义伟大旗帜 为全面建设社会主义现代化国家而团结奋斗》，《人民日报》2022年10月26日。

　②　习近平：《高举中国特色社会主义伟大旗帜 为全面建设社会主义现代化国家而团结奋斗》，《人民日报》2022年10月26日。

　③　习近平：《高举中国特色社会主义伟大旗帜 为全面建设社会主义现代化国家而团结奋斗》，《人民日报》2022年10月26日。

表明了共同富裕不能一蹴而就，而是要分阶段逐步推进；"坚持把实现人民对美好生活的向往作为现代化建设的出发点和落脚点"则提出了反映人民美好生活向往的经济、政治、文化、社会和生态等的多方面综合要求，表明共同富裕是"五位一体"总体布局意义上的共同富裕①。"维护和促进社会公平正义"以及"防止两极分化"表明了共同富裕是相对富裕，而不是所有人的绝对相同的富裕程度②，正如一些学者所言，共同富裕具有非同步性、非同等性、非剥夺性、非享受性等特征③。这些关键性指引为扎实推进共同富裕提供了方向和指南，共同富裕是生产力与生产关系的错综复杂的统一体，不但要做大"蛋糕"，还要把"蛋糕"分好，使所有人都能够得到较多的"蛋糕"④。在实践中，既需要处理好经济发展、所有制结构、市场经济、财富占有等与共同富裕的关系，同时还要解决好城乡不平衡、教育资源分布不平衡及地区发展不平衡等问题⑤。因此，紧跟中国式现代化步伐进一步扎实推进共同富裕，还需要在历史与逻辑统一中梳理共同富裕中国式现代化的理论基础，并总结中国推进共同富裕的理论突破与实践创新。只有这样才能在理论与实践的继往开来中持续推进共同富裕中国式现代化进程，建成社会主义现代化强国。

二、共同富裕中国式现代化的理论基础

马克思主义经典作家并未使用"共同富裕"这一词语，但共同富裕的思想已体现在其对社会发展规律的描述中，体现在对资本主义异化劳动、贫富差距的批判中⑥。马克思主义的共同富裕思想是对以往关于共同富裕的理论成果进行充分吸纳和升华凝括的产物，是人类思想史上的革命性变革和历史性飞跃⑦。马克思主义的共同富裕思想包含共同富裕的科学内涵、共同富裕的实现条件、共同富裕的实现途径等方面。

（一）马克思主义有关共同富裕科学内涵的理论

（1）关于共同富裕是所有人物质生活富裕的思想。马克思认为，"在新的社会制度中，社会生产力的发展将如此迅速，生产将以所有人的富裕为目的"⑧。这就是说代替资本主义社会的共产主义社会，是生产力极度发展、物质财富极度丰富的社会。正如列宁所说的，"新的、更好的社会里不应该有穷有富，大家都应该做工。共同劳动的成果不应该为一小撮富人享受，应该归全体劳动者享受"⑨，也就

---

① 张峰：《扎实推动共同富裕的政治经济学分析》，《求索》2022 年第 2 期。
② 邱海平：《共同富裕的科学内涵与实现途径》，《政治经济学评论》2016 年第 4 期。
③ 张占斌：《中国式现代化的共同富裕：内涵、理论与路径》，《当代世界与社会主义》2021 年第 6 期。
④ 乔榛：《实现共同富裕须处理好的几个关系》，《政治经济学评论》2022 年第 5 期。
⑤ 邱海平：《新时代推进共同富裕须处理好若干重大关系》，《人民论坛》2021 年第 28 期。
⑥ 韩喜平、王思然：《共同富裕：人类的追求与中国的实践》，《毛泽东邓小平理论研究》2022 年第 1 期。
⑦ 柯艺伟、张振：《论新时代共同富裕思想的理论渊源与核心要义》，《社会主义研究》2022 年第 4 期。
⑧ 《马克思恩格斯文集》（第 3 卷），人民出版社，1974，第 222 页。
⑨ 《列宁全集》（第 7 卷），人民出版社，1987，第 112 页。

是说富裕的物质财富应为所有人所共有，而不是少数人所有，共同富裕首先是物质财富的共同富裕。

（2）关于共同富裕是每个人闲暇时间富裕的思想。马克思在谈到资本创造可自由支配的时间与把这些可自由支配的时间变为剩余劳动的矛盾时指出，当这种矛盾的发展使得工人群众占有自己的剩余劳动时，"社会的个人的需要将成为必要劳动时间的尺度"，"社会生产力的发展将如此迅速，以致尽管生产将以所有的人富裕为目的，所有的人的可自由支配的时间还是会增加"①。因此，未来的富裕一方面是物质财富的富裕，另一方面则是所有的人的可自由支配的时间的增加。真正的富裕不是以"劳动时间作为财富的尺度"②，而应以人的自由支配的时间的增加为尺度。因为，如果人们以劳动时间作为财富的尺度，但由于使人们的所有时间都成为劳动的时间，使人们从属于劳动，这是贫穷而不是富裕。

（3）关于共同富裕是每个人体力和智力全面发展的身心富裕的思想。马克思指出"整个人类社会最终将走向生产力高度发展和人的自由全面发展的社会"③。因此，共同富裕还应包括"人的自由全面发展"的内涵。马克思恩格斯在《德意志意识形态》中生动地描绘了这种人的全面自由发展的景象："任何人都没有特殊的活动范围，而是可以在任何部门内发展"④，"今天干这事，明天干那事，上午打猎，下午捕鱼，傍晚从事畜牧，晚饭后从事批判"⑤。由此看来，共产主义社会的劳动过程不再是剥削过程，而是体力和智力全面发展的身心富裕过程和表现形式。

（4）关于共同富裕要求人与人在事实上具有平等富裕的地位的思想。马克思恩格斯对未来科学社会主义进行构想时指出，由于生产力的发展还不充分，我们首先进入的是共产主义的初级阶段，实行按劳分配制度。按劳分配相比于资本主义的分配方式有其平等性，"平等就在于以同一尺度——劳动——来计量"，"虽然有这种进步，但这个平等的权利总还是被限制在一个资产阶级的框框里"，不能保障人与人平等富裕的地位，例如一个劳动者的智力没有另一个劳动者高或者一个劳动者的家庭子女更多等情况，在按劳分配制度下，"提供的劳动相同、从而由社会消费基金中分得的份额相同的条件下，某一个人事实上所得到的比另一个人多些，也就比另一个人富些"⑥。在共产主义社会的高级阶段，劳动作为人的一种社会需要而存在，按需分配取代按劳分配，人与人之间能够实现社会关系事实上的平等，即"全体劳动者平等地享受物质文明成果和精神文明成果"⑦。

（5）关于共同富裕必然以人人享有优良生态环境的生态富裕为前提的思想。按照马克思主义的观点，资本理性与资本逻辑是在不断扩大再生产中追求尽可能多的剩余价值。为此，资本家阶级一方面忽视资源的有限性和生态环境的承载能力不

---

① 《马克思恩格斯文集》（第8卷），人民出版社，2009，第200页。
② 《马克思恩格斯文集》（第8卷），人民出版社，2009，第200页。
③ 王伟光：《社会主义通史》（第8卷），人民出版社，2011，第9页。
④ 《马克思恩格斯选集》（第1卷），人民出版社，2012，第115页。
⑤ 《马克思恩格斯选集》（第1卷），人民出版社，2012，第115页。
⑥ 《马克思恩格斯全集》（第25卷），人民出版社，2001，第19页。
⑦ 罗健：《习近平关于共同富裕重要论述探析》，《马克思主义研究》2022年第3期。

断扩大再生产，另一方面利用消费主义和金融自由主义诱导工人扩大消费范围、增加消费金额、鼓吹超前消费。但这种过度生产与过度消费，只能给资本主义经济带来短暂的繁荣，生产的无序扩张和有需求的消费能力不足之间的矛盾并不会因消费的过度异化和超前化而得到解决，反而衍生出新的生产的无序扩张与资源及环境承载力的有限性之间的矛盾。随着这种矛盾的加剧，资本主义生态危机终将爆发。未来科学社会主义社会摒弃了"控制自然"观，主张尊重自然规律，科学地进行人与自然的物质变换活动，并将人人享有良好的生态环境视为富裕生活的重要组成部分和重要前提。

（二）马克思主义有关共同富裕实现条件的理论

从共同富裕的实现条件来看，马克思恩格斯提出了无产阶级掌握国家政权、废除资本主义私有制和雇佣劳动制、社会化大生产基础上高度发达的社会生产力等共同富裕的实现条件思想。

（1）无产阶级掌握国家政权是实现共同富裕的政治前提。马克思指出，"随着大工业的发展，资产阶级首先生产的是它自身的掘墓人"①，这就意味着无产阶级将成为政治独立与平等的先锋力量。马克思也指出了无产阶级如果想要推翻资本主义，进入共产主义，首先必须用革命手段夺取原来由资产阶级掌握的国家政权，"工人革命的第一步就是使无产阶级上升为统治阶级，争得民主"②，然后运用手中的政治权力，以整体社会的名义来不断满足和实现广大无产阶级的利益诉求，完善社会中已经存在的政治、经济以及意识形态领域的各类规章制度，从而使得社会的发展从政治解放逐步走向整个社会的解放，最后到不再需要国家这个统治管理工具。

（2）废除资本主义私有制和雇佣劳动制是实现共同富裕的根本条件。恩格斯指出："至今的全部历史都是在阶级对立和阶级斗争中发展的；统治阶级和被统治阶级，剥削阶级和被剥削阶级是一直存在的；大多数人总是注定要从事艰苦的劳动而很少能得到享受。"③ 一些资产阶级经济学者虽然也看到了资本主义国家的贫富差距，但他们只是就分配而论分配，看不到生产条件对分配关系的决定作用，看不到贫富差距的根源是生产资料私有制和雇佣劳动制。与19世纪末20世纪初西方国家出现的改良主义和福利国家论不同，马克思主义所要实现的共同富裕的根本条件是废除私有制，因为"资产阶级生存和统治的根本条件，是财富在私人手里的积累，是资本的形成和增殖；资本的条件是雇佣劳动"④。

（3）社会化大生产基础上高度发达的生产力是共同富裕的经济条件。恩格斯在《共产主义原理》中指出："只要生产的规模还没有达到不仅可以满足所有人的需要，而且还有剩余产品去增加社会资本和进一步发展生产力，就总会有支配社会生产力的统治阶级和贫穷的被压迫阶级。"⑤ 因此，消灭剥削阶级、消除两极分化

① 《马克思恩格斯选集》（第1卷），人民出版社，2012，第314页。
② 《马克思恩格斯文集》（第2卷），人民出版社，2009，第52页
③ 《马克思恩格斯文集》（第3卷），人民出版社，2009，第459页。
④ 《马克思恩格斯文集》（第2卷），人民出版社，2009，第43页。
⑤ 《马克思恩格斯文集》（第1卷），人民出版社，2009，第684页。

需要高度发达的社会化大生产。只有实现社会化大生产，才能达到实现共同富裕的高度发达的生产力条件。正如恩格斯在《社会主义从空想到科学的发展》中所指出的，"通过社会化生产，不仅能保证一切社会成员有富足的和一天比一天充裕的物质生活，而且还可以保证他们的体力和智力获得充分的自由的发展和运用"①。这一方面说明共产主义社会的共同富裕不仅意味着生产力极为发达以至于每个人都能过富足的生活，还意味着人的体力、智力等的全面发展；另一方面也阐明了共同富裕的经济条件是社会化大生产基础上的高度发达的生产力。

（三）马克思主义有关共同富裕实现途径的理论

马克思主义经典作家认为，实现共同富裕的道路不是一帆风顺的，"这一革新的事业将不断地受到各种既得利益和阶级自私心理的抗拒，因而被延缓、被阻挠"②。无产阶级在共同富裕的实践过程中必须充分认识到实现共同富裕的长期性、艰巨性、开创性③，在无产阶级政党的领导下进行共产主义革命，逐步建立生产资料公有制，在发展生产力的过程中分阶段推进共同富裕。

（1）在无产阶级政党的领导下进行共产主义革命。由于资本主义制度本身的缺陷，资本主义越发展，贫富差距越大。只有共产主义才能"保证每个人的一切合理的需要在越来越大的程度上得到满足"④，"只有社会主义才可能广泛推行和真正支配根据科学原则进行的产品的社会生产和分配，以便使所有劳动者过最美好、最幸福的生活"⑤。"共产主义革命就是同传统的所有制关系实行最彻底的决裂"⑥。这种革命需要无产阶级政党的领导，因为只有"共产党人强调和坚持整个无产阶级共同的不分民族的利益"⑦。共产党领导下的无产阶级首先要掌握国家政权，然后"利用自己的政治统治，一步一步地夺取资产阶级的全部资本，把一切生产工具集中在国家即组织成为统治阶级的无产阶级手里"⑧。

（2）逐步建立生产资料公有制。生产资料私有制下，"财产的集中是一个规律"，"除非在此之前全面变革社会关系、使对立的利益融合、使私有制归于消灭"⑨。因此，只有建立社会主义公有制，才能从生产条件占有上的平等这个根源上保障收入分配的公平，从而避免两极分化，在生产、分配、交换和消费等全过程和各环节同时推进共同富裕。正如恩格斯所说，"我们的目的是要建立社会主义制度，这种制度将给所有的人提供健康而有益的工作，给所有的人提供充裕的物质生活和闲暇时间，给所有的人提供真正的充分的自由"⑩。

---

① 《马克思恩格斯文集》（第3卷），人民出版社，2009，第563-564页。

② 《马克思恩格斯选集》（第3卷），人民出版社，2012，第128页。

③ 蒋南平、蒋海曦：《推进新时代共同富裕必须坚持中国特色社会主义分配制度》，《改革与战略》2022年第2期。

④ 《马克思恩格斯文集》（第3卷），人民出版社，2009，第460页。

⑤ 《列宁全集》（第34卷），北京：人民出版社，1985，第356页。

⑥ 《马克思恩格斯选集》（第1卷），人民出版社，2012，第421页。

⑦ 《马克思恩格斯文集》（第2卷），人民出版社，2009，第44页。

⑧ 《马克思恩格斯文集》（第2卷），人民出版社，2009，第52页。

⑨ 《马克思恩格斯文集》（第1卷），人民出版社，2009，第83-84页。

⑩ 《马克思恩格斯全集》（第21卷），人民出版社，1965，第570页。

（3）在发展生产力的过程中分阶段推进共同富裕。"生产力的这种发展之所以是绝对必需的实际前提，还因为如果没有这种发展，那就只会有贫穷、极端贫困的普遍化。"① 由于共同富裕所要求的生产力发展水平远高于资本主义的生产力水平，但又"不能一下子就把现有的生产力扩大到为实行财产公有所必要的程度"②，马克思在《哥达纲领批判》中把共产主义社会划分为"共产主义社会第一阶段"和"共产主义社会高级阶段"两个阶段③。并且，事实上区分了两个阶段共同富裕的不同实现状况问题：第一阶段全体社会成员在收入和财富占有方面虽然有所差异，但绝不会出现两极分化的情况，在共产主义社会高级阶段，社会可以实现各尽所能、按需分配的原则④。

三、共同富裕中国式现代化的理论创新

马克思主义经典作家的"共同富裕"思想，在中国共产党100年来的艰苦奋斗中，进一步得到坚持、继承、创新与发展，成为推进共同富裕进而实现中国式现代化的指南，并在中国实践中得到进一步的检验，被证明是完全正确的。

（一）毛泽东共同富裕思想

毛泽东同志的共同富裕思想从下列方面作出了重要贡献。

1. 发展和创新了人民价值取向的观点

毛泽东认为共同富裕应使"所有一切人都富裕起来"⑤，他特别重视农业、农村和农民问题，强调"全党一定要重视农业"⑥，提出"城乡必须兼顾"⑦。毛泽东不仅提出"使农民能够逐步完全摆脱贫困的状况而取得共同富裕和普遍繁荣的生活"⑧ 的愿景，还指出要达到"穷的要富裕，所有农民都要富裕，并且富裕的程度要大大地超过现在的富裕农民"⑨ 的共同富裕状态，进一步指出"实行合作化"的共同富裕道路⑩。

2. 发展和创新了体力和智力全面发展的身心富裕理论

毛泽东认为"人是要有一点精神的"⑪，"既要过物质生活，还要过文化生活"⑫。因此，新中国成立后，"搞共产主义，第一个条件是产品要多，第二个条件

① 《马克思恩格斯文集》（第1卷），人民出版社，2009，第538页。
② 《马克思恩格斯文集》（第1卷），人民出版社，2009，第685页。
③ 《马克思恩格斯文集》（第3卷），人民出版社，2009，第435页。
④ 田超伟：《马克思恩格斯共同富裕思想及其当代价值》，《马克思主义研究》2022年第1期。
⑤ 中共中央文献研究室：《建国以来毛泽东文稿》（第7册），中央文献出版社，1992，第572页。
⑥ 《毛泽东文集》（第7卷），人民出版社，1999，第199页。
⑦ 《毛泽东选集》（第4卷），人民出版社，1991，第1426-1427页。
⑧ 中共中央文献研究室：《建国以来重要文献选编》（第4册），中央文献出版社，1993，第661-662页。
⑨ 中共中央文献研究室：《建国以来重要文献选编》（第7册），中央文献出版社，1993，第308页。
⑩ 《毛泽东文集》（第6卷），人民出版社，1999，第437页。
⑪ 《毛泽东文集》（第7卷），人民出版社，1999，第162页。
⑫ 《毛泽东年谱（1949—1976）》（第1卷），中央文献出版社，2013，第383页。

是精神要好，要共产主义精神"①，强调新中国要"进行大规模的经济建设和文化建设，扫除旧中国所留下来的贫困和愚昧，逐步地改善人民的物质生活和提高人民的文化生活"②。

3. 发展和创新了人人享有平等富裕地位的思想

毛泽东先后提出"供给部分和工资部分三七开"③、"厂长、副厂长的薪金要同工人差不多"④ 等主张。在三大改造完成后，毛泽东注意到"所有制改变以后，人们的平等关系，不会自然出现的"⑤，认为在公有制建立后，生产关系变革的主要内容就是调整人和人在生产中的直接的劳动关系和优化产品分配关系。

（二）邓小平共同富裕思想

邓小平同志共同富裕思想着重体现在下列理论体系中：

1. 系统的生产力理论

首先，邓小平一方面坚信社会主义"可以避免两极分化"⑥，另一方面明确了中国处在共产主义初级阶段的社会主义的初级阶段⑦，因此必须把发展生产力作为中心任务并坚持共同富裕原则⑧。他认为只有这样，才能"不断改善人民的物质文化生活"⑨，"逐步实现共同富裕"⑩。其次，指出发展生产力的动力是改革和广大人民的积极性⑪。改革可以扫除生产力发展的生产关系和上层建筑上的障碍，广大人民的积极参与则是实现共同富裕的主体动力。再次，指出发展生产力的重要手段是市场和科技，认为市场不存在"姓资"和"姓社"的问题，也可以用来发展社会主义社会生产力，指出"科技是第一生产力"。最后，提出发展生产力的形式应该多样化，以公有制为主体的同时，发展多种所有制经济。

2. "先富—共富"理论

邓小平认为，"一部分地区发展快一点，带动大部分地区，这是加速发展、达到共同富裕的捷径"⑫。"一部分人生活先好起来，就必然产生极大的示范力量，影响左邻右舍，带动其他地区、其他单位的人们向他们学习。这样，就会使整个国民经济不断地波浪式地向前发展，使全国各族人民都能比较快地富裕起来。"⑬ 在"先富—共富"的理念指导下，邓小平进一步提出"两个大局"的构想和共同富裕的"两步走"战略。需要注意的是，先富是手段和过程，共富才是目的和结果，邓小平指出："我

① 《毛泽东年谱（1949—1976）》（第3卷），中央文献出版社，2013，第426页。
② 《毛泽东文集》（第5卷），人民出版社，1996，第348页。
③ 《毛泽东年谱（1949—1976）》（第4卷），中央文献出版社，2013，第473页。
④ 《毛泽东传（1949—1976）》（下卷），中央文献出版社，2003，第1526页。
⑤ 《毛泽东年谱（1949—1976）》（第3卷），中央文献出版社，2013，第417页。
⑥ 《邓小平文选》（第3卷），人民出版社，1993，第149页。
⑦ 《邓小平文选》（第3卷），人民出版社，1993，第252页。
⑧ 《邓小平文选》（第3卷），人民出版社，1993，第254-255页。
⑨ 《邓小平文选》（第3卷），人民出版社，1993，第63页。
⑩ 《邓小平文选》（第3卷），人民出版社，1993，第357页。
⑪ 龚云：《论邓小平共同富裕理论》，《马克思主义研究》2012年第1期。
⑫ 《邓小平文选》（第3卷），人民出版社，1993，第166页。
⑬ 《邓小平文选》（第2卷），人民出版社，1994，第152页。

们允许一些地区、一些人先富起来，是为了最终达到共同富裕。"①

3. 小康社会理论

1979 年 12 月，邓小平会见日本首相大平正芳时，用"小康"表达了中国式现代化的基本内涵②，提出中国式的四个现代化不像西方的现代化的概念，而是"小康之家"，是相比于西方仍较为落后的现代化③。此后，邓小平曾在多个场合多次阐述小康社会理论。邓小平还制定了小康社会的数据标准和时间标准："翻两番，国民生产总值人均达到八百美元，就是到本世纪末在中国建立一个小康社会。"④在邓小平看来，小康社会是共同富裕的一个基础阶段，例如 1980 年年底，邓小平提出经过 20 年的时间，使我国达到小康水平，然后继续前进，逐步达到更高程度的现代化⑤；1985 年提出，"消灭贫穷的第一步是本世纪末达到小康水平，第二步是再用三五十年的时间，在经济上接近发达国家的水平，使人民生活比较富裕"⑥。

（三）江泽民共同富裕思想

江泽民同志的共同富裕思想凝聚在下列理论内容中：

1. "三个代表"重要思想

将共同富裕凝聚在"三个代表"重要思想中，阐明了共同富裕的人民价值取向、生产力基础和文化基础。"三个代表"重要思想阐明了中国共产党将带领人民实现的共同富裕的科学内涵是物质富裕和身心富裕（或精神富裕）。"始终代表中国先进生产力的发展要求"才能为实现共同富裕积累丰富的物质财富，"始终代表中国先进文化的前进方向"才能为生产力的发展提供精神动力和智力支持，才能使物质文明的发展始终沿着社会主义方向前进，避免两极分化。"始终代表中国最广大人民的根本利益"才能实现全体人民的"共同"富裕，而不是少数人的富裕。

2. 效率与公平相结合的理论

从中国处于社会主义初级阶段的基本国情出发，江泽民强调"效率优先、兼顾公平，有利于优化资源配置，促进经济发展，保持社会稳定"⑦。在效率优先兼顾公平的思想指导下，确立了社会主义市场经济体制的改革目标，主张调整和完善公有制为主体、多种所有制经济共同发展的所有制结构，指出"必须实行以按劳分配为主体，其他分配形式为补充的分配制度，既要克服平均主义，又要防止两极分化，逐步实现全体人民的共同富裕"⑧。在继承毛泽东、邓小平共同富裕思想的基础上，江泽民提出实现共同富裕的"新三步走"战略。随着东部沿海地区经济

① 《邓小平文选》（第 3 卷），人民出版社，1993，第 195 页。

② 黄蓉生：《中国共产党小康社会建设思想的发展进路、标识范畴及拓新价值》，《马克思主义研究》2022 年第 6 期。

③ 《邓小平文选》（第 2 卷），人民出版社，1994，第 237-238 页。

④ 《邓小平文选》（第 3 卷），人民出版社，1993，第 149 页。

⑤ 《邓小平文选》（第 2 卷），人民出版社，1994，第 356 页。

⑥ 《邓小平文选》（第 3 卷），人民出版社，1993，第 109 页。

⑦ 江泽民：《高举邓小平理论伟大旗帜，把建设有中国特色社会主义事业全面推向二十一世纪》，1997；中共中央文献研究室编：《改革开放三十年重要文献选编》（下），中央文献出版社，2008，第 889-919 页。

⑧ 《江泽民文选》（第 1 卷），人民出版社，2006，第 153 页。

的发展，东西方差距逐渐显露，江泽民进一步提出"加快东部沿海地区发展的同时，必须不失时机地加快中西部地区的发展"①，为缩小地区差距、实现共同富裕，以江泽民同志为核心的第三代中央领导集体提出西部大开发战略和东西对口扶贫等战略计划。

（四）胡锦涛共同富裕思想

胡锦涛同志的共同富裕思想体现在下列理论体系中：

1. 科学发展观

胡锦涛认为"全面发展、协调发展、可持续发展的科学发展观"②是"马克思关于发展的世界观和方法论的集中体现"③。科学发展观在结果上要求发展的速度、结构、质量、效益的统一与协调以及人口、资源与环境的协调，这就在过程上要求以经济建设为中心，以人民群众根本利益为出发点，以全面协调可持续为基本要求，以统筹兼顾为根本方法，在物质文明、政治文明、精神文明协调发展的基础上，促进社会全面进步和人的全面发展，在人与自然的和谐相处中实现可持续发展④。

2. 社会主义和谐社会建设理论

胡锦涛认为建设"全体人民各尽所能、各得其所而又和谐相处的社会"是我们党从全面建设小康社会、开创中国特色社会主义事业新局面出发提出的一项重大任务，体现了广大人民群众的根本利益⑤。胡锦涛指出了中国建设社会主义和谐社会的理论溯源是马克思、恩格斯、列宁对未来社会的构想⑥，基本内容是"民主法治、公平正义、诚信友爱、充满活力、安定有序、人与自然和谐相处"⑦，有利条件包括中国共产党领导的根本保证、从温饱到小康的物质基础、全体人民根本利益一致、民族凝聚力增强等方面⑧。"坚持效率和公平有机结合才能更好体现社会主义的本质"⑨，胡锦涛强调"初次分配和再分配都要处理好效率与公平的关系，再分配要更加注重公平"⑩，主张建立以权利公平、机会公平、规则公平、分配公平为主要内容的社会公平保障体系⑪。

（五）习近平共同富裕理论

习近平总书记的共同富裕理论，是中国特色社会主义理论的重要内容，是当代中国马克思主义的重要精华，在许多理论内容中得到了体现。

① 江泽民：《论有中国特色社会主义（专题摘编）》，中央文献出版社，2002，第177页。
② 《胡锦涛文选》（第2卷），人民出版社，2016，第104页。
③ 《胡锦涛文选》（第2卷），人民出版社，2016，第622页。
④ 《胡锦涛文选》（第2卷），人民出版社，2016，第104页。
⑤ 《胡锦涛文选》（第2卷），人民出版社，2016，第274页。
⑥ 《胡锦涛文选》（第2卷），人民出版社，2016，第280-281页。
⑦ 《胡锦涛文选》（第2卷），人民出版社，2016，第285页。
⑧ 《胡锦涛文选》（第2卷），人民出版社，2016，第278-279页。
⑨ 《十七大以来重要文献选编》，中央文献出版社，2009，第804页。
⑩ 《十七大以来重要文献选编》（中），中央文献出版社，2011，第485页。
⑪ 《胡锦涛文选》（第2卷），人民出版社，2016，第291页。

1. 新发展阶段理论

习近平总书记认为"我国正处于并将长期处于社会主义初级阶段，我们不能做超越阶段的事情"①，但是自党的十八以来，中国特色社会主义进入了新时代②，中华民族迎来了"从站起来、富起来到强起来的伟大飞跃"③，在全面建成小康社会、打赢脱贫攻坚战的基础上，中国进入了全面建设社会主义现代化国家、向第二个百年奋斗目标进军的新阶段④。在新发展阶段，更要深刻认识"社会主要矛盾的变化，增强解决发展不平衡不充分问题的系统性"⑤，逐步"分阶段促进共同富裕"⑥，并确立了共同富裕的"路线图"和"时间表"⑦，指出到2035年基本实现社会主义现代化，"人的全面发展、全体人民共同富裕取得更为明显的实质性进展"⑧；到本世纪中叶建成富强民主文明和谐美丽的社会主义现代化强国，"全体人民共同富裕基本实现"⑨。

2. 新发展理念

习近平总书记基于复杂的经济形势提出了新发展理念。新发展理念要求"不再简单以国内生产总值增长率论英雄"，要求"坚持以人民为中心的发展思想"，按照"创新、协调、绿色、开放、共享"的理念分别解决"发展动力问题""不平衡问题""人与自然和谐问题""内外联动问题""社会公平正义问题"⑩。以人民为中心的发展思想体现了"我们追求的发展是造福人民的发展，我们追求的富裕是全体人民共同富裕"⑪创新发展理念表明了科技自立自强的坚强决心。协调发展理念可以更好地"支持革命老区、民族地区、边疆地区、贫困地区加快发展"，"不断缩小地区发展差距"⑫；可以"促进公共资源向基层延伸、向农村覆盖、向弱势群体倾斜"⑬，有助于"形成以工促农、以城带乡、工农互惠、城乡一体的工农城乡关系，不断缩小城乡发展差距"⑭。绿色发展理念可以更好地指导社会主义现

① 《十八大以来重要文献选编》（下），中央文献出版社，2018，第169页。

② 刘长明、周明珠：《共同富裕思想探源》，《当代经济研究》2020年第5期。

③ 习近平：《论把握新发展阶段、贯彻新发展理念、构建新发展格局》，中央文献出版社，2021，第7页。

④ 习近平：《论把握新发展阶段、贯彻新发展理念、构建新发展格局》，中央文献出版社，2021，第5页。

⑤ 习近平：《论把握新发展阶段、贯彻新发展理念、构建新发展格局》，中央文献出版社，2021，第3页。

⑥ 习近平：《在高质量发展中促进共同富裕统筹做好重大金融风险防范化解工作》，《人民日报》2021年8月18日。

⑦ 罗健：《习近平关于共同富裕重要论述探析》，《马克思主义研究》2022年第3期。

⑧ 习近平：《高举中国特色社会主义伟大旗帜 为全面建设社会主义现代化国家而团结奋斗》，《人民日报》2022年10月26日。

⑨ 《十九大以来重要文献选编》（上），中央文献出版社，2019，第20页。

⑩ 习近平：《论把握新发展阶段、贯彻新发展理念、构建新发展格局》，中央文献出版社，2021，第476-477页。

⑪ 《习近平关于社会主义社会建设论述摘编》，中央文献出版社，2017，第35页。

⑫ 《习近平谈治国理政》（第2卷），外文出版社，2017，第206-207页。

⑬ 《习近平关于社会主义社会建设论述摘编》，中央文献出版社，2017，第5页。

⑭ 《习近平谈治国理政》（第2卷），外文出版社，2017，第207页。

代化美丽强国建设。开放发展理念有助于在构建以国内大循环为主体、国内国际双循环相互促进的新发展格局基础上，实现高水平开放。共享发展理念有助于"消除贫困、改善民生、实现共同富裕"①。

3. 高质量发展理论

中国特色社会主义进入新时代后，我国经济发展由高速增长阶段转向高质量发展阶段。习近平总书记认为高质量发展是中国式现代化的本质要求②，是解决"不平衡不充分的发展"中"不充分"这一矛盾的主要方面的要求③，提升发展的质量和效益才能更好地"满足人民多方面日益增长的需要"④，在"在高质量发展中促进共同富裕"⑤。习近平总书记给出了高质量发展的科学内涵："高质量发展，就是能够很好满足人民日益增长的美好生活需要的发展，是体现新发展理念的发展，是创新成为第一动力、协调成为内生特点、绿色成为普遍形态、开放成为必由之路、共享成为根本目的的发展。"⑥ 习近平总书记还从供给和需求的角度、投入产出的角度、分配的角度和宏观经济循环的角度提出了高质量发展的结果状态⑦。

四、共同富裕中国式现代化的实践创新

如前所述，马克思主义共同富裕思想阐明了共同富裕的科学内涵、实现条件和实现途径，但实际上只有中国共产党才能结合本国国情，在进行理论创新的基础上真正实践马克思主义的共同富裕思想，中国共产党第一次在人类社会历史上真正推进了共同富裕的实现进程。

（一）1921—1949 年：为实现共同富裕创造政治前提

不同于西方的阶级调和的国家观，马克思主义认为国家是统治阶级的国家，代表着统治阶级的利益，因此只有无产阶级掌握国家政权，才能实现最广大的无产阶级的共同富裕。在半殖民地半封建社会的时代背景下，中国要实现共同富裕，首先要谋求民族独立和人民解放，推翻压在人民头上的帝国主义、封建主义、官僚资本主义"三座大山"。因此，以毛泽东同志为核心的第一代中央领导集体选择了"农村包围城市、武装夺取政权"的新民主主义革命道路。为调动农民的积极性，首先要解决农民的富裕问题，农民富裕是共同富裕的前提。在总结实践经验的基础

---

① 习近平：《谋划好"十三五"时期扶贫开发工作 确保农村贫困人口到 2020 年如期脱贫》，《人民日报》2015 年 6 月 20 日。

② 习近平：《高举中国特色社会主义伟大旗帜 为全面建设社会主义现代化国家而团结奋斗》，《人民日报》2022 年 10 月 26 日。

③ 谢富胜：《如何理解中国特色社会主义新时代社会主要矛盾的转化》，《教学与研究》2018 年第 9 期。

④ 《习近平谈治国理政》（第 3 卷），外文出版社，2020，第 133 页。

⑤ 习近平：《在高质量发展中促进共同富裕 统筹做好重大金融风险防范化解工作》，《人民日报》2021 年 8 月 18 日。

⑥ 习近平：《论把握新发展阶段、贯彻新发展理念、构建新发展格局》，中央文献出版社，2021，第 215 页。

⑦ 习近平：《论把握新发展阶段、贯彻新发展理念、构建新发展格局》，中央文献出版社，2021，第 215-216 页。

上，毛泽东认识到，"组织农民走集体化道路是解决农民共同富裕问题的唯一途径"①。为帮助广大农民摆脱贫困，在土地革命、抗日战争和解放战争期间，我党进行了一系列旨在"为人民谋幸福"的土地改革措施，在当时特殊的时代背景下极大地改善了广大贫苦农民的生活状况，坚定了广大农民对实现共同富裕的信心。经过28年的艰苦的革命斗争，中国共产党带领人民分别取得了土地革命、抗日战争、解放战争的胜利，完成了新民主主义革命，建立了新中国，将国家主权和政权牢牢掌握在无产阶级手里，人民民主代替封建专制和剥削压迫，为实现全体人民共同富裕提供了政治前提和社会环境保障。从1921年到1949年，中国共产党带领中国人民推翻了压在人民头上的"三座大山"，赢得新民主主义革命的胜利，无产阶级掌握了国家政权，人民成了国家真正的主人，为实现共同富裕创造了政治前提。

（二）1950—1977年：为实现共同富裕创造制度基础

马克思主义认为，生产条件决定分配关系。生产资料公有制是社会主义与资本主义的最大区别，只有在公有制的条件下所实现的富裕才可能是全体人民的共同富裕，而不是少数资本家或特权阶级的富裕。新中国成立后，中国共产党开始带领中国人民进行社会主义革命，在生产力极不发达的背景下，深入和广泛地开展"一化三改"运动。到1956年年底，完成了对农业、手工业和资本主义工商业私有制的改造，建立了社会主义基本制度，走上了社会主义道路，完成了社会主义革命。中国共产党带领中国人民没有经过资本主义的充分发展而走上了社会主义道路，这是将马克思主义基本原理同中国实际相结合的伟大创新，为实现共同富裕提供了制度基础，进一步奠定了根本政治前提。毛泽东认为社会主义可以实现富裕，但"这个富，是共同的富，这个强，是共同的强"②。1956年9月，中国共产党第八次全国代表大会提出了全面建设社会主义的任务，但由于对社会主义的思想准备不足、实践经验缺乏等，在取得了一些成就的同时，也遭遇了严重挫折。在尚未解决温饱问题和极度贫困的背景下，要推进共同富裕中国式现代化，邓小平认为"富裕"的生产力问题的解决应优先于"共同"的生产关系问题的解决，反对平均主义分配思想，提倡以按劳分配激发广大人民的积极性，并指出这种按劳分配"要有差别，但差别不能太大"③。1978年9月，邓小平在天津考察时首次明确提出"先让一部分人富裕起来"的观点④，进一步表明了发展生产力的迫切性和优先性。从1950年到1977年，中国共产党带领中国人民完成了社会主义革命，建立了社会主义制度，为实现共同富裕中国式现代化提供了制度基础、进一步奠定了政治前提，在总结社会主义建设经验的基础上，正确调整了"先富"与"共富"的次序问题。

（三）1978—1992年：为共同富裕开辟中国特色社会主义道路

党的十一届三中全会决定把党的工作重心转移到社会主义现代化建设上来，以经济建设为中心制定了一系列路线、方针和政策，从此，我国进入了社会主义现代

---

① 顾龙生：《毛泽东经济年谱》，中共中央党校出版社，1993，第324页。
② 《毛泽东文集》（第6卷），人民出版社，1999，第495页。
③ 张爱茹：《邓小平"先富"、"共富"思想的历史考察》，《党的文献》2005年第6期。
④ 《邓小平年谱（1975—1997）》（上卷），中央文献出版社，2004，第383页。

化建设新时期，开启了社会主义建设、改革和开放的新局面。党的十一届三中全会以来，中国共产党在"什么是社会主义、怎样建设社会主义"的实践探索中，为共同富裕开辟了中国特色社会主义道路。在推进农村共同富裕的实践探索中，逐步实行了有中国特色的家庭联产承包责任制，极大地解放了农村生产力，1982年9月1日，邓小平在中国共产党第十二次全国代表大会上的开幕词中指出，"把马克思主义的普遍真理同我国的具体实际结合起来，走自己的道路，建设有中国特色的社会主义，这就是我们总结长期历史经验得出的基本结论"①。1987年10月25日，中国共产党第十三次全国代表大会提出并系统阐述了有中国特色的社会主义初级阶段理论，指出社会主义初级阶段是"我国在生产力落后、商品经济不发达条件下建设社会主义必然要经历的特定阶段"②。社会主义初级阶段论断及其基本路线为今后相当长时期内探索共同富裕的战略和政策提供了现实根据。1992年，邓小平在"南方谈话"中指出，"计划和市场都是经济手段。社会主义的本质，是解放生产力，发展生产力。消灭剥削，消除两极分化，最终达到共同富裕"③，避免了市场与计划的"姓资""姓社"误区，进一步解放和发展了生产力。在"先富—共富"理论指导下，邓小平鼓励东南沿海地区优先开放和发展。为进一步利用市场经济发展生产力。1992年10月12日，中国共产党第十四次全国代表大会明确了建立社会主义市场经济体制的改革目标。社会主义市场经济既是对中国特色社会主义道路的进一步开辟，又是对社会主义国家推进共同富裕的一般性实践创新，适用于一切社会主义国家。从1978年到1992年，中国共产党带领中国人民，不断开辟和拓宽有中国特色的社会主义道路，中国特色社会主义成为时代的号角。在中国特色社会主义道路上，人民的温饱问题基本解决，经济建设成绩显著，人民生活和综合国力均显著提升，共同富裕中国式现代化建设取得举世瞩目的成就。

（四）1993—2012年：为共同富裕进一步铺平道路及提供条件

2002年11月，在以江泽民同志为核心的党的第三代中央领导集体的领导下，中国共产党第十六次全国代表大会将"三个代表"重要思想作为推进共同富裕中国式现代化的指导思想。"三个代表"涵盖了最广大人民的根本利益、生产力、先进文化三个范畴，体现了中国共产党在实践中，以人民的根本利益为宗旨，从物质、精神两个方面努力推进共同富裕中国式现代化。此后，在"三个代表"重要思想的指导下，中国共产党经受住了各种内外部风险的考验，继续全面推进改革开放，进行了完善社会主义市场经济体制、深化机构改革等实践探索。面对我国人口众多、人均资源相对短缺、生态环境保护任务艰巨的情况，1996年7月16日，江泽民在第四次全国环境保护会议上指出，"在社会主义现代化建设中，必须把贯彻实施可持续发展战略始终作为一件大事来抓"④。在对改革开放后二十多年的实践经验进行总结的基础上，以胡锦涛同志为总书记的党中央围绕"实现什么样的发

① 《邓小平文选》（第3卷），人民出版社，1993，第3页。
② 赵紫阳：《沿着有中国特色的社会主义道路前进》，中共中央文献研究室编：《改革开放三十年重要文献选编》（上），2008，第471、504页。
③ 《邓小平文选》（第3卷），人民出版社，1993，第373页。
④ 《江泽民文选》（第1卷），人民出版社，2006，第532页。

展、怎样发展"，提出树立和落实科学发展观，主张建设社会主义和谐社会。此后，我党在准确把握科学发展观的深刻内涵基础上，深入开展中国式共同富裕实践，推动物质文明、政治文明、精神文明协调发展，在发展的基础上促进社会进步、促进人的全面发展和人与自然和谐，推动全面小康社会和社会主义和谐社会建设。2007 年 10 月，中国共产党第十七次全国代表大会提出，"初次分配和再分配都要处理好效率和公平的关系，再分配更加注重公平"①，促进了分配格局的合理化；党的十七大还提出按照形成主体功能区的要求，"重大项目布局要充分考虑支持中西部发展，鼓励东部地区带动和帮助中西部地区发展"②，促进了区域的协调发展。2012 年 11 月 8 日，中国共产党第十八次全国代表大会首次提出全面建成小康社会宏伟目标，指出在新的历史条件下夺取中国特色社会主义新胜利，必须坚持走共同富裕道路，并首次将生态文明建设纳入中国特色"五位一体"总体布局。1993—2012 年，我国经济平稳快速发展，改革开放和全面小康建设取得重大成就，人民生活显著改善，民主法治建设和文化建设取得新进步，社会大局稳定，创新型国家建设成效显著，综合国力和国际地位显著提升，共同富裕中国式现代化实践不断向前迈进。

（五）2013 年至今：在新时代的高质量发展中推进共同富裕

党的十八大以来，中国共产党带领中国人民围绕"两个一百年"奋斗目标和中华民族伟大复兴中国梦，在中国特色社会主义道路上，统筹推进"五位一体"总体布局和"四个全面"战略布局，共同富裕中国式现代化取得了历史性成就，中国特色社会主义进入了新时代。结合新的主要矛盾和时代条件，中国共产党带领人民扎实推进共同富裕。2013 年 11 月，党的十八届三中全会提出了 336 项重大改革措施，中国特色社会主义制度不断完善。在实践探索中，共同富裕中国式现代化的时间路线图逐渐清晰，2017 年 10 月 18 日，党的十九大报告指出，到 2035 年"全体人民共同富裕迈出坚实步伐"，到本世纪中叶"全体人民共同富裕基本实现"③。

2021 年 6 月 10 日，《中共中央 国务院关于支持浙江高质量发展建设共同富裕示范区的意见》发布，以浙江为试点，探索在高质量发展中推进共同富裕，建设共同富裕示范区。2021 年 7 月，在打赢脱贫攻坚战的基础上，习近平总书记宣布全面建成了小康社会，开启了全面建设社会主义现代化国家新征程。2021 年 8 月 17 日，在中央财经委员会第十次会议上，习近平总书记指出"共同富裕是社会主义的本质要求，是中国式现代化的重要特征，要坚持以人民为中心的发展思想，在高质量发展中促进共同富裕"，表明继全面建成小康社会后的共同富裕是高质量发展基础上的共同富裕，"要坚持循序渐进，对共同富裕的长期性、艰巨性、复杂性

① 《胡锦涛文选》（第 2 卷），人民出版社，2016，第 643 页。
② 《胡锦涛文选》（第 2 卷），人民出版社，2016，第 632 页。
③ 习近平：《决胜全面建成小康社会 夺取新时代中国特色社会主义伟大胜利》，《人民日报》2017 年 10 月 28 日。

有充分估计，鼓励各地因地制宜探索有效路径，总结经验，逐步推开"①。此外，中央财经委员会第十次会议还将"三次分配"提升到国家战略体系层面，确立了初次分配、再分配和三次分配相协调的中国特色社会主义分配机制。2022年10月16日，中国共产党第二十次全国代表大会进一步详细阐述了新发展阶段如何扎实推进共同富裕中国式现代化，指出要"着力解决好人民群众急难愁盼问题，健全基本公共服务体系，提高公共服务水平，增强均衡性和可及性，扎实推进共同富裕"②。从2013年至今，中国共产党带领人民立足新发展阶段，贯彻新发展理念，构建新发展格局，围绕"什么是中国特色社会主义、怎样建设中国特色社会主义""什么是社会主义现代化强国、怎样建设社会主义现代化强国"扎实推进共同富裕。在此期间，中国摆脱了绝对贫困，全面建成了小康社会，推进了国家治理体系和治理能力现代化，推进了人类命运共同体构建，"五位一体"总体布局建设取得了新成效，共同富裕中国式现代化再创辉煌。

五、结论与启示

共同富裕中国式现代化理论是对马克思主义共同富裕理论的继承与发展，是对共同富裕中国式现代化实践的总结与概括。共同富裕中国式现代化实践是对马克思主义共同富裕理论的检验与突破，同时也是对共同富裕中国式现代化理论的检验。正是在对共同富裕中国式现代化的理论与实践创新过程中，在社会主义初级阶段这一总依据下，中国形成了中国特色社会主义理论体系这一行动指南，形成了中国特色社会主义制度这一根本保证，形成了中国特色社会主义道路这一实现途径，三者统一于中国共产党领导全体人民进行的共同富裕中国式现代化实践中，不断创造共同富裕的物质与精神等条件，不断改善共同富裕的环境，成果不断积累。但我们也应注意到，中国正面临中华民族伟大复兴战略全局和世界百年未有之大变局，国际形势波诡云谲，要在2035年基本实现共同富裕中国式现代化和2050年实现共同富裕中国式现代化强国还是一项艰巨的任务，必须在中国共产党的领导下，坚持以人民为中心的发展思想，在高质量发展中继续解放和发展生产力，在构建新发展格局和"一带一路"建设中推进高水平开放，在和谐社会建设中维护社会公平和正义，在坚持基本经济制度中缩小收入分配差距。自中国共产党成立以来，1921—1949年我们取得新民主主义革命胜利，夺取了国家政权，为实现共同富裕创造了政治前提；1950—1977年在完成三大改造的基础上，我们建立和完善了社会主义制度，为实现共同富裕创造了制度基础；1978—1992年，我们以经济建设为中心，实行改革开放，为共同富裕开辟了中国特色社会主义道路；1993—2012年，在坚持改革开放中，我们以"三个代表"重要思想和科学发展观为指导，促进科学发展与

---

① 习近平：《在高质量发展中促进共同富裕 统筹做好重大金融风险防范化解工作》，《人民日报》2021年8月18日。

② 习近平：《在高质量发展中促进共同富裕 统筹做好重大金融风险防范化解工作》，《人民日报》2021年8月18日。

和谐社会建设，为共同富裕进一步铺平了道路、提供了条件；2013 年至今，我们在新时代以新发展理念为指引，打赢了脱贫攻坚战、全面建成了小康社会，推进了现代化经济体系建设，在新时代的高质量发展中不断迈向共同富裕。我们坚信，2035 年共同富裕中国式现代化的阶段性目标一定会实现，2050 年共同富裕中国式现代化一定会实现。

实现农村农民共同富裕的重要抓手

盖凯程

习近平总书记在全国脱贫攻坚总结表彰大会上指出，要走中国特色社会主义乡村振兴道路，持续缩小城乡区域发展差距，让低收入人口和欠发达地区共享发展成果，在现代化进程中不掉队、赶上来。2021年8月，中央财经委员会第十次会议围绕"促进农村农民共同富裕"作出具体要求和部署。这是党站在"两个一百年"奋斗目标的历史交汇点，适应我国社会主要矛盾变化带来的新特征新要求，迈向促进农村农民共同富裕的重大战略抉择。厘清这一顶层设计与国家战略的政策内涵，具有重要的理论与现实意义。

一、乡村振兴旨在促进农村农民共同富裕

共同富裕是社会主义的本质要求，是中国式现代化的重要特征。党的十八大以来，党中央把逐步实现全体人民共同富裕摆在更加重要的位置。新发展理念中的共享发展理念，意在通向共同富裕的实践中畅通多向度、多层次、多元化的经济增长路径，协调不同阶层、区域、群体间资源禀赋差异，形成更具普惠性、包容性、持续性的发展模式。而缩小城乡差距是实现全体人民共同富裕的关键一环。农村群体独有的离散式空间分布、脆弱化产业基础、潜在性返贫风险特征，加之传统扶贫政策的边际减贫递减效应，我们亟须建立更可持续的长效机制，构建防范绝对贫困、治理相对贫困、消除多维贫困的政策体系，夯实国民财富增长和经济利益增进在城市与乡村合理分享和平等受益的根基。这就需要通过全面实施乡村振兴战略，加快形成工农互促、城乡互补、协调发展、共同繁荣的新型工农城乡关系。可见，乡村振兴战略的理论意蕴是在共享逻辑下由绝对贫困向相对贫困的治理跃迁，其政策指向是在城市与乡村融合发展中培育农村农民自生性能力，其目标导向是在高质量发展中渐次促成和实现农村农民共同富裕。

二、重构城乡土地利益关系助力乡村振兴

乡村振兴战略的核心要义，在于以城乡融合发展破除城乡间的制度性壁垒，打通各类资源要素在城乡间自由流动通道，广泛聚合市场与政府、城市与乡村、"先富"与"后富"力量，构筑城乡协调与融合发展的共生共促共荣格局。然而，我国在城市化进程中，乡村经济社会发展在受益于城市经济增长辐射红利的同时，却又受限于城乡二元体制束缚而相对迟滞。其中，最典型的表现是，城乡土地要素市

场发展的不平衡及其引致的市场进入不平等、土地权利二元和增值收益分配不公问题，成为制约乡村振兴的最大障碍。

中国土地制度是一个包含土地所有制、土地权利体系和土地管理制度等在内的多层次架构，城乡土地市场结构和农地非农化的土地利益关系皆在这一体系框架下生成和演化。在既有制度约束和政策空间内，城市建设用地随着城市化发展而日趋紧张，以及农村集体建设土地的低效闲置，共同刻画出城乡土地市场二元分割的结构性特征。"农地非经征用不得入市"的制度要求和交易机制，将这一分割的市场体系以征地方式联结起来，使得地方政府掌握了农地非农化进程中土地增值收益和级差地租的分配权，进而催生了城乡土地资源配置和利用以及利益分配机制的非均衡态势。

为了解决城市建设用地紧张的难题，寻求城乡建设用地配置的新路径，催生出以增减挂钩为政策工具、以城乡建设用地指标置换为内容、以宅基地退出为关键、以土地发展权空间转移为内涵属性的农地使用权交易机制。这一制度有助于提高土地资源配置和利用效率，促进农民土地增值收益分享，但其落脚点却始于农村集体建设用地而终于城市新增建设用地。依托增减挂钩政策工具而形成的空间漂移交易市场，其本质仍内嵌在传统征地模式之中，农地非农化的增值收益仍被地方政府掌控，用以支撑和推动城市经济社会发展。基于这一土地权利架构而生成的"土地—财政—金融"城市化模型和地方增长导向发展逻辑，既推动了城市经济的快速发展，也在一定程度上拉大了城乡发展差距。土地增值收益分配和利益关系的失衡，不利于农民平等参与分享工业化、城市化带来的土地增值红利，影响了农民土地财产权利的实现渠道。城市建设用地指标的限制、传统征地模式的难以为继，以及农村集体土地资产价值的不断显化，客观上要求构建同地同价同权的城乡一体土地市场，进而重塑城乡土地利益关系，解除制约乡村振兴的关键性障碍。

三、保障好集体所有制下的农民财产权益

随着我国进入新发展阶段，我国土地制度约束条件发生深刻改变，中国特色社会主义乡村振兴道路对重塑城乡土地利益提出了新要求。"农村土地征收、集体经营性建设用地入市和宅基地制度改革"所牵引的土地制度变迁和政策变化，逐步从板块式、碎片化特征向联动化、一体化方向转变。作为社会主义公有制的重要组成部分，土地公有制体现了中国土地基本制度安排在其历史向度和整体维度上的系统性、稳定性和持续性。"土地公有制性质不改变、耕地红线不突破、农民利益不受损"三重约束条件，牢牢规定着中国土地制度变革和城乡经济社会形态演进的性质特征、行动边界和演绎方向，是农村农民共同富裕最坚实的基本经济制度保障。

农村土地制度改革的核心主线是产权制度改革，旨在寻找一种更有效率的产权制度安排，在国家、集体、个人等不同利益主体之间构筑起相对平等的财产权利关系，将农民（集体）塑造为平等参与市场活动的微观财产权利主体。改革之初，我国通过"两权分离"，借助"交够国家的，留够集体的，剩下的都是自己的"这

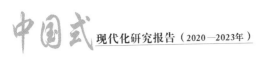

一结构，赋予了农民主体以一定范围的土地财产权。其后，农地制度调整以所有权、承包权和经营权"三权分置"为特征，以土地（要素）权利的市场化配置为内涵，不断推动着农地产权结构的变迁，农民主体土地财产权利边界不断扩大。党的十八届三中全会开启集体建设用地与国有土地同等入市、同价同权的改革，中国农民土地财产权的赋予和构建随之进入以"三块地"（承包经营地、宅基地、集体经营性建设用地）、"一块产"（农村集体资产）为内容的更高阶段。

因此，新一轮农村土地制度改革应以马克思的所有制思想与财产权理论为指导，以赋予农民土地财产权和农民财产权主体地位、实现农民土地财产权益为核心，有效保障集体所有制前提下的农民财产权益。一是在制度层面上，着力推进农村集体产权制度改革，探索农村集体所有制有效实行形式。推动城乡土地产权逐渐朝着产权权属更加清晰、产权结构更加多元、产权权能更加完备的方向发展。二是在体制层面上，着力健全城乡各类土地市场融合机制，构建一体化的交易机制、价税体系、分配机制，提升城乡各类建设用地的市场化资源配置效率，有机整合城乡土地市场。三是在机制层面上，建立兼顾不同群体利益的土地利益协调机制，厘清土地市场上的政府与市场边界，协调区域间的土地利益关系，明晰农村集体和农民个体之间的利益边界，构建完善兼顾国家、集体和个人的土地增值收益分配机制和利益平衡机制。唯有借助产权制度、市场体制和利益平衡机制，有效重塑我国城乡土地利益关系，才有助于扎实推进农村农民共同富裕。

坚持马克思主义中国化，
构建高水平社会主义市场经济体制

盖凯程

习近平总书记建党百年重要讲话指出，中国共产党为什么能，中国特色社会主义为什么好，归根到底是因为马克思主义行。这一论断立足于党的历史经验、艰辛历程和辉煌成就，阐释了中国共产党领导的历史必然性、马克思主义中国化创新理论的真理性、中国特色社会主义道路的正确性，阐明了马克思主义中国化这一重大命题的历史逻辑、理论逻辑与实践逻辑。作为马克思主义中国化百年历程的重要组成部分，在社会主义条件下发展市场经济，是我们党推动解放和发展生产力的一个伟大创举。将社会主义与市场经济有机结合是我国独特的制度优势，也是中国经济奇迹的关键，彰显了马克思主义中国化创新理论的实践伟力。

马克思对自由市场经济运行的总体性分析，揭示出私有制和社会分工所引致的劳动私人性与社会性矛盾，在资本主义制度环境下演化为生产资料资本占有和生产高度社会化，继而具体化为生产与消费、微观与宏观之间的对抗冲突。在生产力与生产关系矛盾运动过程中，在剩余价值规律支配下，这一内在张力的"随机性涨落"导致了资本主义经济"危机→萧条→复苏→高涨→危机"周期性的恶性循环。这一现象在生产与资本国际化以及经济金融化过程中从实体经济向虚拟经济领域蔓延，从局部范围向全球范围外溢，从非同频性向同频性转化，呈现出世界性金融危机新特征，但资本社会生产协调发展自觉实现的制度性缺失引致危机的发生机理并未超越马克思关于危机的理论逻辑边界。

生产社会化与资本私有制的非兼容性，以及历史向度"生产大型化集中化"和现实维度"生产小型化分散化"生产社会化二重性，使得商品生产与交换内生于初级阶段的规定性，内置了"真正能够驾驭市场机能的是社会主义而非资本主义社会制度"这一关键性命题。社会主义市场经济理论与实践是一个不断探索、不断深化、不断丰富的过程。党的十一届三中全会开启了社会主义引入商品、货币和市场关系的改革取向。邓小平南方谈话提出"计划多一点还是市场多一点，不是社会主义与资本主义的本质区别"，摆脱了市场姓"资"姓"社"的理论窠臼。之后，党的十四大提出建立社会主义市场经济体制的目标，其后围绕从更大程度、更广范围发挥市场在资源配置中的基础性作用，不断推动构建社会主义市场经济体制。进入新时代，党的十八届三中全会提出了"使市场在资源配置中起决定性作用和更好发挥政府作用"的重大理论观点，从而迈出了构建高水平社会主义市场经济体制的新步伐。

中国特色社会主义最本质的特征是坚持中国共产党领导。社会主义市场经济的核心要义是将党的领导贯通经济体制改革全过程，在推动所有制与产权改革、市场机制培育以及两者之间的融合中生成新的制度和体制优势：坚持以公有制为主体、多种所有制经济共同发展，公有和非公经济在协同与竞争中互构同生，在"国进民进"中互利共赢；坚持以按劳分配为主、多种分配方式并存，效率与公平正和相促而非零和博弈，先富对后富正向涓滴而非负向涓滴；坚持有效市场、有为政府，弥合了国家主体战略意图和微观主体行为利益目标函数的非一致性，规避了自由市场的负外部性及其衍生的市场缺陷。这种超越公与私、效率与公平、政府与市场二元对立的"党的领导—生产制度—分配制度—运行体制"四位一体的体制架构，从根本上规定了"以人民为中心"的发展路径和"共同富裕"的价值取向。其独特品质在于既凸显了公有制的优越性和市场配置资源的高效性，又消解了传统公有制和自由市场的痼疾，广泛聚合公有和非公力量，广泛聚合先富与后富群体，广泛聚合国家主体和市场主体，从而不断释放出生产力发展的巨大潜能。

社会主义与市场机制结合这一经济学世界性难题的破题，将中国经济社会形态演变紧紧植根于马克思主义中国化的大逻辑之中。经过实践检验，行之有效的社会主义市场运行体制经验业已上升到制度这个根本性层面加以遵循，从而对经济制度体系形成更具稳定性支撑，对社会生产方式形成更具长期性影响，对发展共享逻辑形成更具约束性规定。新时代坚持发展社会主义市场经济这一中国特色社会主义政治经济学重大原则，就必须继续在社会主义基本制度与市场经济的结合上下功夫，把两方面优势都发挥好，就必须加快混合所有制改革这一关键性制度创新，就必须既尊重价值规律也遵从共享规律，迈出深化社会主义市场经济理论和实践逻辑的新步伐，加快构建完善市场机制有效、微观主体有活力、宏观调控有度的高水平社会主义市场经济体制。

所有制、涓滴效应与共享发展：
一个政治经济学分析

盖凯程　周永昇

在经济思想演绎过程中，增长与贫困、发展与公平始终是经济学关注的重要命题。传统涓滴理论认为，增长是和谐无破坏性的，发展是渐进、连续和累积的过程，经济秩序通过市场自动平衡机制从利益冲突和利己行为驱动中被缔造出来，并将惠及所有收入群体，进而实现经济增长的自动减贫效应和收入差距的自动收敛，最终达到经济发展成果由全社会成员共享的目标。这一理论逻辑的本质性缺陷在于其剥离了构成一个社会经济制度本质特征的最核心因素——生产资料所有制，从而弱化了涓滴效应的逻辑内洽性和现实解释力。基于此，我们从马克思所有制和分配理论出发，深入社会生产关系和利益结构层面探讨涓滴效应的实现机制，拓展涓滴理论的制度内涵和分析框架，以之为解题工具来释解涓滴发展在不同社会生产关系和社会制度下的实质和特征。

一、文献考证：发展经济学的视角

随着发展经济学的兴起，"涓滴"概念被纳入其分析框架并逐步演化出一套独立的、具有强烈政策实践色彩的发展理论体系。"涓滴"作为一个"描述财富从富人向穷人垂直流动现象"的概念，最早见于尼赫鲁（Nehru）一篇关于"霍布森—列宁"帝国主义理论的文献："对印度和其他国家的剥削给英国带来了巨大的财富，以致其中的一部分涓滴到工人阶级并且提升了他们的生活水平。"[1] 二战后，聚焦于满足独立后的殖民地和附属国谋求经济快速发展的需要，"涓滴"被用以阐述发展中国家经济增长与不平等的关系，并影响各国经济发展政策的制定。在这一理论框架里，国民生产总值增长被假定为一个中性目标，在发展被启动之后，"一旦将其放到高速公路上，其涓滴和扩散几乎是自动的"[2]。穷人将"从整体经济增长或者使富人受益的政策中受益"[3]，或者说"从国民生产总值和人均收入的总体

---

① Jawaharlal Nehru, "Whither India?", reprinted in India's Freedom, *Unwin Books*, (London: Allen & Unwin Press, 1962)

② Nugent J and Yotopoulos P, "What Has Orthodox Development Economics Learned from RecentExperience?", *World Development*, no. 6 (1979): 541-554.

③ Grant J, "Accelerating Progress through Social Justice", *International Development Review*, 14 (1972): 2-9.

增长中获得快速收益"①。其时的涓滴发展理论更强调资本积累与工业化对后发国家经济"起飞"的重要性，减贫与公平分配被视作"增长的附属物"②，因而"增强国家经济健康和有实力的领域"而非"刺激赤贫地区的增长"③ 成为政策优先项，但不排斥政府"周密的经济政策"④ 介入以期实现经济均衡发展和社会公平正义。之后随着新自由主义的兴起，平等和再分配不再被视为促进经济稳定增长的重要因素，而是严重障碍，不平等是经济奇迹的必要特征⑤。新古典"均衡增长"核心理念被牢牢楔入涓滴理论之中⑥，并被赋予了更具一般意义的经济理论形式。①不平等与经济增长。发展是由不平等产生的激励措施所引发的，并由联结富人和穷人的市场机制推动，不平等的报酬会刺激人们投入更多的人力和物力促进经济增长。②不平等与穷人收入水平。存在实际收入差异和贫困威胁的社会具有更强的激励结构，经济增长将更加迅速，这一经济逻辑必将改善底层穷人的处境。③经济增长与穷人经济地位。经济繁荣能够提振一切，即使社会上最贫困的阶层也将从不断发展的经济浪潮中受益⑦。由此引申出来的政策含义是：保持经济增长和涓滴自动性至关重要，市场"涓滴"优于政府"转移"，政府应通过为富人减税增加私营部门就业机会而非扩大转移支付规模或扩大社会福利计划的形式来改善底层贫民经济状况，倾向于富人而非穷人的经济政策更有利于社会福利增加。

涓滴效应赖以实现的"平衡机制"被归结为要素禀赋结构变化及其市场性作用力量。在刘易斯（Lewis）模型中，发展必然是一个不平等的过程，因为发展往往不会在一个经济体的各部分同时展开。但随着剩余劳动力从传统农业部门向现代城市部门转移，农业人口边际劳动生产率提高，城市部门边际劳动生产率降低，劳动力迁移最终将在市场机制下收敛于均衡收入水平，经济二元性本身会随之消失⑧。在阿吉翁和博尔顿（Aghion&Bolton）的增长与不平等模型中，财富从富人到穷人的涓滴机制是通过资本市场的借贷行为发生的：在资本积累足够多的条件下，

① Todaro M, *Economic Development in the Third World* (London and New York: Longman Press, 1977), p. 439.

② Nugent J and Yotopoulos P, "What Has Orthodox Development Economics Learned from Recent Experience?", *World Development*, vol. 7, no. 6 (1979): 541-554.

③ Viner J, "The Economics of Development", in Agarwala A. and Singh S., (eds.), The Economics of Underdevelopment (London, Mass: Oxford University Press, 1958), pp. 14-15.

④ 艾伯特·赫希曼：《经济发展战略》，曹征海等译，经济科学出版社，1991，第172页。

⑤ Walter Korpi, "Eurosclerosis and the Sclerosis of Objectivity: On the Role of Values among Economic Policy Experts", *The Economic Journal*, vol. 106, no. 439 (1996): 1727-1746.

⑥ Debraj Ray, "Uneven Growth: A Framework for Research in Development Economics", *The Journal of Economic Perspectives*, vol. 24, no. 3 (2010): 45-60.

⑦ Olli Kangas, "Economic Growth Inequality, and the Economic Position of the Poorin 1985—1995: An International Perspective", *International Journal of Health Services*, vol. 32, no. 2 (2002): 213-227; Rawls J, A Theory of Justice (Oxford: Oxford University Press, 1972): 203-216; Schmidtz D, "Taking Responsibility", in Schmidtz, D. and Goodin, R. E., (eds.), Social Welfare and Individual Responsibility (Cambridge, Mass: Cambridge University Press, 1998) pp. 3-36; Friedman Benjamin, The Moral Consequences of Economic Growth, New York: Knopf Press, 2005, pp. 32-35.

⑧ Lewis W, "Economic Development with Unlimited Supplies of Labor", Manchester School of Economic and Social Studies, vol. 22 (1954): 139-191.

富人增加的任何财富积累都会导致利率降低，这使贫困家庭能以更低的成本获取信贷资金进行物质资本或人力资本投资从而摆脱贫困①。对于没有任何资本积累的穷人，霍奇（Hodge）认为涓滴机制因工作机会增加而触发：有利的经济条件会使雇主倾向于雇用更多的工人，而较贫穷家庭会比中等收入者更受益于扩大的就业机会。这是因为后者可以放弃更多的市场工作转而享受更多的休闲时间，而穷人由于长期失业或就业不足，有经济动力来更好地利用工作机会，进而改善自己的就业前景和提高工资水平②。舒尔茨（Schultz）则从资本和劳动回报的角度提出，快速的经济增长会通过提高劳动与资金成本来压低利润，从而缩小工人与资本家之间的经济差距，即繁荣能对收入产生均等化影响③。赫希曼（Hirchman）另辟蹊径，将"涓滴"范式扩展至区域发展视域，认为先进地区的繁荣会通过优化要素流动和投资、消费流向实现向落后或贫困地区的涓滴：①先富地区吸收贫困地区的劳动力可以缓解后者的就业压力；②在互补情况下，先富地区向贫困地区购买商品和投资的增加，会给后者带来发展的机会；③先富地区的先进技术、管理方式、思想观念、价值观念和行为方式等经济和社会方面的进步因素向贫困地区的涓滴，将对后者的经济和社会进步产生多方面的推动作用④。

涓滴效应从概念提出、理论嬗变到政策实践过程一直伴随来自理论和经验两个层面的质疑。

在理论层面，纽金特和约托普洛斯（Nugent&Yotopoulos）指出，人力资本的异质性、资本积累的自我选择性、技术变革的蔓延性以及国际贸易的垄断性都可能导致一个两极分化进程，而不是发展的纵向涓滴或者横向扩散⑤。德布拉吉·雷（Debraj Ray）从人类需求的非同质性与资源转移的高成本性出发，认为涓滴在二元经济中行不通⑥。松山喜纪（Kiminori Matsuyama）则从不完全信贷市场出发，认为市场经济存在着内生不平等，即富裕家庭的高财富部分归因于贫困家庭的存在，贫富鸿沟永远不会消失⑦。此外，涓滴效应还受到一系列外部条件的制约，包括技术收益特征、经济制度环境、自然禀赋条件等，当这些因素负向地影响穷人的经济行为时会导致"泥团效应"，使得经济增长收益无法涓滴到穷人那里。

在经验层面，格林伍德和霍尔特（Greenwood&Holt）通过分析美国长历史分配

① Philippe Aghion and Patrick Bolton, "A Theory of Trickle-down Growth and Development", *The Review of Economic Studies*, vol. 64, no. 2 (1997), pp. 151-172.

② Hodge Robert, "Towarda Theory of Racial Differences in Employment", *Social Forces*, vol. 52 (1973), pp. 16-31.

③ Schultz Paul, "Secular Trends and Cyclical Behavior of Income Distribution in the United States: 1944-1965", in Lee Soltow, (ed.), Six Papers on the Size Distribution of Wealth and Income (New York, Mass: Columbia University Press, 1969), pp. 75-106.

④ 艾伯特·赫希曼：《经济发展战略》，曹征海等译，经济科学出版社，1991，第170-171页。

⑤ Nugent J and Yotopoulos P, "What Has Orthodox Development Economics Learned from Recent Experience?", *World Development*, vol. 7, no. 6 (1979), pp. 541-554.

⑥ Debraj Ray, "Uneven Growth: A Frame work for Research in Development Economics", *The Journal of Economic Perspectives*, vol. 24, no. 3 (2010), pp. 45-60.

⑦ Kiminori Matsuyama, "Endogenous Inequality", *The Review of Economic Studies*, vol. 67, no. 4 (2000), pp. 743-759.

数据指出，涓滴效应在1950年到1970年中期是有效的，但自1980年开始，美国的不平等程度迅速加深，并产生了"负向涓滴效应"[①]。朱迪思·特里亚斯（Judith Treas）的时间序列分析也表明，与宏观经济扩张的涓滴机制相比，美国公共转移支付是减少不平等现象的更有效机制[②]。奥利·坎加斯（Olli Kangas）则利用21个OECD国家1985—1995年经济发展与收入分配数据对涓滴效应进行了全面实证，无论是静态横截面分析还是动态历时性分析都表明，在不平等和经济增长之间没有稳健而显著的正向相关性，不平等的增长并不会增加穷人的绝对经济福利，总体经济繁荣是穷人高收入的必要而非充分条件[③]。

综观既有研究，无论涓滴效应的赞成者还是质疑者，都将资本和劳动等视作嵌于经济主体禀赋特质中的纯技术性生产要素，沿着市场中性、政府中性的假设，将经济增长过程中的贫困变动效应归因于涓滴市场效应或政策效应的动态累积。理论分歧是，是否存在市场不完善、制度不健全等外生因素的影响以及发展的非均衡特性制约，进而是否需要政府法律或社会政策介入以推动实现均衡增长。其理论盲区在于，市场机制缘何在不同历史阶段、不同国家地区存在着迥异的涓滴效果？若将其归因于政府的正向或逆向干预，那么政府行为取向如福利政策和税收结构缘何又呈现明显的异质性？若将政府行为异质性归因于不同利益集团政治博弈的产物，那么政治不平等与经济不平等是单向因果关系还是循环累积因果相互作用的关系？这就需要我们从政治经济学的原理和方法出发，深入社会生产关系的本质规定性层面，探寻涓滴发展的制度内涵、理论特征和经验逻辑。

二、涓滴效应的实现机制：所有制

传统涓滴发展理论以"增长—普惠"二维框架审视经济发展过程中的贫困变动效应和收入分配问题，其背后是市场"无形之手万能"的观念范式在宏观经济增长理论中的拓展和运用，核心原理则是自由市场机制不仅是经济增长的动力源，也是发展成果惠及普罗大众的扩散器。因循这一思想脉络，一国贫富差距主要受制于增长停滞和经济发展水平低下，随着经济的起飞和市场体系的完善，收入不平等和贫困问题会自动改善。这一过程中，诸多国家意识到贫困的消弭、不平等的改善单靠市场力量驱动的宏观经济扩张无法自动实现，继而转向旨在改善全社会财富占有分布和财富积累结构、纠正收入分配不公平和调节收入差距的干预政策，寄望依靠政府力量来疏通增长的涓滴渠道，却始终无法改变社会财富在各阶层间的分布不均等化及其引致的社会结构断裂化等制度性特质，这反过来又抑制了其经济可持续增长和减贫能力。

① Greenwood Daphne and Richard Holt, "Growth, Inequality and Negative Trickle Down", *Journal of Economic Issues*, vol. 44, no. 2 (2010), pp. 403-410.

② JudithTreas, "Trickle Downor Transfers? Postwar Determinants of Family Income Inequality", *American Sociological Review*, vol. 48, no. 4 (1983), pp. 546-559.

③ Olli Kangas, "Economic Growth Inequality, and the Economic Position of the Poorin1985-1995: An International Perspective", *International Journal of Health Services*, vol. 32, no. 2 (2002), pp. 213-227.

　　辩证地看，经济增长是实现减贫和收入均等化的前提和必要条件，但增长并不意味着会自然导致减贫效应和收入均等化的理想结果状态。从市场角度看，对于不完善的市场体系如拉美国家等，市场机制的失灵和市场秩序的紊乱往往使得低收入者根本无从公平地参与和获取增长利益。而对于发达的市场体系如欧美国家，市场机制天然的"汰劣奖优"属性以及资本积累的规模效应和财富集聚效应也"并不必然带来公平的收入分配"①；从政府角度看，经济政策是"偏向于富人还是偏向于穷人对经济增长利益的流向具有明显的导向作用"②，政策取向不同会产生负向或正向的涓滴减贫和不平等状况改善的作用。揭开市场中性或政府中性的面纱，探究其背后隐藏的特定社会生产关系内在含义和社会利益结构特征，有助于我们透过涓滴效应的异质性特征，发现其在不同经济体中阻滞或畅通的内在逻辑和作用机制。

　　马克思考证了资本主义处于经济衰落、发展增进和繁荣状态时工人的地位，认为发展增进的经济体是"对工人唯一有利的状态"③，并剖析了这一状态下经济发展成果向工人阶级涓滴的通道：在财富发展增进的社会状态中，"发财欲望"④ 会促使"资本家之间展开竞争"，导致"对工人的需求超过了工人的供给"⑤，这有利于提高工人的工资水平。随着社会生产力的快速发展，工人的福利待遇也会相应提高，工人得到的"享受"随之增长，进而缓和无产阶级绝对贫困化的程度。但是，这一自上而下的涓滴通道是狭窄而短暂的。马克思指出，工资的提高是以牺牲工人的精神和肉体为代价的，本质上并未改变其经济地位，"即使在对工人最有利的社会状态中，工人的结局也必然是劳动过度和早死，沦为机器，沦为资本的奴隶（资本的积累危害着工人），发生新的竞争以及一部分工人饿死或行乞"⑥。

　　在资本主义生产过程中，"一切生产剩余价值的方法同时就是积累的方法，而积累的每一次扩大又反过来成为发展这些方法的手段"⑦。随着资本积累增进和资本有机构成提高，经济增长成果自下而上地负向涓滴、社会财富以资本形式愈益向资产阶级手中集中，无产阶级在社会财富中的分配份额反而不断下降，"工人的相对贫困化，即他们在社会收入中所得份额的减少更为明显。工人在财富迅速增长的资本主义社会中的比重愈来愈小，因为百万富翁的财富增加得愈来愈快了"⑧。在"资本主义积累的绝对的、一般的规律"的作用下，富人财富积累和穷人（相对或绝对的）贫困积累并行不悖，经济发展成果分享对劳资双方来说是截然相反的："在一极是财富的积累，同时在另一极，即在把自己的产品作为资本来生产的阶级方面，是贫苦、劳动折磨、受奴役、无知、粗野和道德堕落的积累"⑨。这一典型

①　保罗·萨尔缪森、威廉·诺德豪斯：《经济学》，萧琛等译，人民邮电出版社，2008，第33页。
②　李石新、奉湘梅、郭丹：《经济增长的贫困变动效应：文献综述》，《当代经济研究》2008年第2期。
③　《马克思恩格斯文集》（第1卷），人民出版社，2009，第119页。
④　《马克思恩格斯全集》（第3卷），人民出版社，2002，第229页。
⑤　《马克思恩格斯文集》（第1卷），人民出版社，2009，第119页。
⑥　《马克思恩格斯文集》（第1卷），人民出版社，2009，第121页。
⑦　《马克思恩格斯文集》（第5卷），人民出版社，2009，第743页。
⑧　《列宁全集》（第22卷），人民出版社，2017，第240页。
⑨　《马克思恩格斯文集》（第5卷），人民出版社，2009，第743-744页。

的"负向涓滴"随着"社会的财富即执行职能的资本越大"以及经济"增长的规模和能力越大"而产生越强的"正反馈"固化效应①，其最终结果是"不管工人的报酬高低如何，工人的状况必然随着资本的积累而恶化"②。

无产阶级贫困化是财产所有权不平等和收入分配不均的直接后果。分配关系由一定社会历史条件和社会制度空间下的所有制基础以及人们在生产过程中的地位和关系决定。"分配关系本质上和生产关系是同一的，是生产关系的反面。"③ 作为分配的产品即消费资料的分配取决于生产条件的分配，"消费资料的任何一种分配，都不过是生产条件本身分配的结果；而生产条件的分配，则表现生产方式本身的性质"④。这里"生产条件的分配"意指生产资料最高支配权在社会各阶级之间的分布状况，即生产资料所有制。正是这种对生产资料的占有状况决定了生产方式的性质以及人们在生产组织过程中所处的地位，进而决定了产品的分配结构和分配形式。"分配关系和分配方式只是表现为生产要素的背面。……分配的结构完全决定于生产的结构，分配本身就是生产的产物，不仅就对象说是如此，而且就形式说也是如此。就对象说，能分配的只是生产的成果，就形式说，参与生产的一定形式决定分配的特定形式，决定参与分配的形式"⑤。

生产资料归谁所有刻画了一个社会经济制度的本质特征，界定了归属明确的生产资料最高支配权，阻隔（或纵容）一部分人利用这一权利支配和占有另一部人的劳动过程和成果，协调（或加剧）各种利益主体的矛盾和冲突，引导各类经济主体在经济活动中的行为秩序，以"普照之光"形塑着社会的整体分配关系和分配规则，继而决定了涓滴效应在不同经济体中阻滞或畅通的异质性特征。生产对分配和贫困的决定性影响正是基于生产资料占有关系这一关键性因素。所有制关系既规定着生产的性质和目的，也规定着分配的规则和形式，进而反映了不同生产方式的价值取向，因而是关系经济发展成果能否真正实现正向涓滴和共享发展的核心机制。以所有制作为涓滴效应实现与否的核心机制，科学地揭示了经济增长、收入分配与消除贫困三者之间的内在关系：经济增长和不平等改善同步会产生持续减贫效应；若经济增长伴随着不平等恶化，则减贫效应会被弱化乃至逆转；在"所有制—生产—分配—涓滴"逻辑链条中，生产关系性质决定分配关系性质继而决定涓滴的实质，生产方式决定分配方式继而制约涓滴的流向（量），构成了马克思主义涓滴发展理论的核心原理。

三、涓滴效应的西方实践：证伪与祛魅

在马克思涓滴发展理论范式下，资本占有权及其衍生的"资本强权"分配规则成为阻碍经济增长正向涓滴的内在阻力机制，继而决定了涓滴的资本主义性质。

---

① 《马克思恩格斯文集》（第5卷），人民出版社，2009，第742页。
② 《马克思恩格斯文集》（第5卷），人民出版社，2009，第743页。
③ 《马克思恩格斯选集》（第2卷），人民出版社，1995，第581页。
④ 《马克思恩格斯文集》（第3卷），人民出版社，2009，第436页。
⑤ 《马克思恩格斯文集》（第8卷），人民出版社，2009，第19页。

在历史和现实的双重视野下，在理论与实践的双重逻辑下，不难证明：绝大多数资本主义国家"预期的'涓滴'并未发生"①。无论是欧美发达国家还是拉美发展中国家，工业化和现代化成果非但未能自动实现自上而下的涓滴，反而在经济发展过程中不断引发"负向涓滴"和"马太效应"，进而导致收入分配和财富分布失衡，产生"富裕中的贫困"或"贫困中的富裕"问题②。

以美国为代表的西方发达国家基本经济制度的核心是以私有制为基础的自由市场经济制度，信奉"不平等有利于经济增长"的涓滴经济学，其经济增长的逻辑、社会财富分布和收入分配状况正是以此为基础而延展出来的。近百年（1929—2019 年）间，美国经济保持了相对稳定的增长，按 2012 年不变美元价格计算，经济总量增长了 16.19 倍，年均增长率达 3.3%（见图 1）。

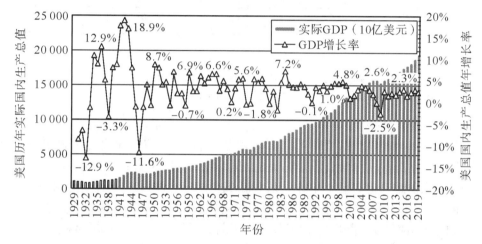

图 1 美国历年实际国内生产总值（左轴）及其年增长率（右轴）

资料来源：Federal Reserve Economic Data（按 2012 年不变美元价格），https://fred.stlouisfed.org。

然而，水涨未必船高，过度迷信自由竞争优胜劣汰的市场效率，被扭曲的市场激励不是引向创造新财富而是引向攫取别人的财富，经济"分裂"地增长而非"聚合"地增长，从而堵塞了发展成果向穷人涓滴的渠道。"虽然增长的引擎一直在强劲运行，但增长的附属物要么未能发挥作用，要么被不平衡的力量系统地抵消，让发展向上而不是向下涓滴。"③ 半个多世纪以来，美国贫困人口数量长期保持在 3 000 万以上，年均贫困发生率 13.67%。特别是金融危机迄今，中产阶层萎缩并向下流动导致贫困发生率迅速攀升，贫困人口数量年均 4 000 万以上，"深度贫困"④ 人口达 2 000 万以上。2010 年更以 15.1% 的贫困率和高达 4 600 万贫困人

① Adelman I, Morris C and Robinson S, "Policies for Equitable Growth", *World Development*, vol. 4, no. 7 (1976), pp. 561–582.

② Nugent J and Yotopoulos P, "What Has Orthodox Development Economics Learned from Recent Experience?", *World Development*, vol. 7, no. 6 (1979), pp. 541–55

③ Nugent J and Yotopoulos P, "WhatHasOrthodoxDevelopmentEconomicsLearnedfromRecentEx‐perience?", *World Development*, vol. 7, no. 6 (1979), pp. 541–554.

④ 该标准为收入在贫困线 50% 以下。

口创下二战后最高纪录（见图2）。

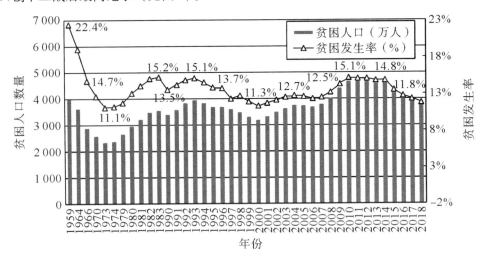

图2　美国历年贫困人口数量（左轴）与贫困发生率（右轴）

资料来源：The United States Census Bureau & Bureau of Labor Statistics，https：//www.census.gov/，
https：//www.bls.gov/。

作为"涓滴经济学的反面"，资本私有财产制度下特有的以维护资本利益为核心的国民财富分配机制导致了劳资双方在国民收入分配比例上的失衡，分配结构失衡长期积累的结果是不平等滥觞，反过来又对经济运行周期产生冲击并制约着涓滴效应的实现，"绝大多数美国人根本就没有从国家的经济增长中获益"①。在其财产关系和分配结构演进过程中，就其横切面而言，居民财富占有总规模和人均规模、财产权主客体数量范围均呈增长态势，并阶段性地发生了贫富矛盾缓和、中产阶层崛起现象，基尼系数走向呈倒"U"形趋势，造成了橄榄型社会的假象。但若将历史镜头拉长观察：财富占有不均化和收入分配畸形化以及由此所衍生出来的社会阶层断裂化始终构成为美国经济社会发展纵切面的轴心线。

从收入分配份额来看，1929年大萧条前美国1%和0.1%的最富有人群所拥有收入占比分别高达24%和12%；二战后一段时间，政府的干预调节使得1%和0.1%的最富有人群所拥有收入占比分别相对稳定在10%和4%左右；20世纪80年代私有化浪潮使得1%和0.1%的最富有人群所拥有收入占比重新急剧上升，并在2007年前后重新达到24%和13%（见图3）。

---

① 当不平等程度较低、各阶层收入均增长时，则经济增长相对更快，反之亦然。美国二战后30年（1951—1980年）和之后30年（1981—2011年）两者年均增长率之比为3.6%：2.8%。见Federal Reserve Economic Data，https://fred.stlouisfed.org。

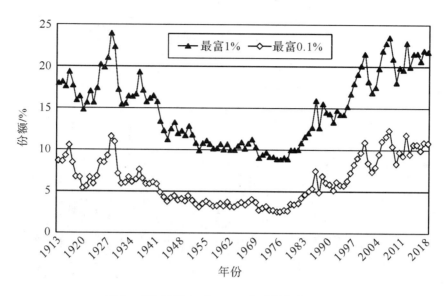

图 3　美国最富 1% 和 0.1% 人群所占收入份额

资料来源：Thomas Piketty and Emmanuel Saez，"Income Inequality in the United States，1913—1998"，*Quarterly Journa lof Economics*，vol. 118，no. 1（2003），pp. 1–39。1998 年之后的新近数据公布于 Saez 教授的学术主页，http：//eml.berkeley.edu/~szez/。

从财富拥有份额来看，1929 年美国最富有的 1% 家庭拥有全社会财富的近一半。20 世纪 70 年代中期至今，在总的社会财富分布增减趋势上，底部 99% 的美国家庭拥有社会总财富占比不断下降，而上端 1% 的家庭则不断趋于上升（见图 4）。金融危机前后，"若以所拥有的财富而论，这 1% 人口所控制比例达 40%"[1]。特别在 2009—2010 年的复苏期，美国新增财富中的 93% 被 1% 的最富有者收入囊中[2]。

这种财富分布和收入分配的非均等性呈典型稳态效应和不可逆特征，且"财富不平等远远超过收入逐年变动所体现的差异"[3]。与收入不平等仅反映某一时点的经济情况不同，财富不平等更清晰地反映了美国社会不同阶层在获取资源方面的差异性和稳健性。在这一过程中，当意识到收入分配不均和贫富鸿沟会损害经济长期增长能力和侵蚀社会政治结构稳定基础时，非市场性力量如法律或社会政策就会介入其中，但其节制资本、调节差距的边际调整始终限定在资本私有制所规定的约束边界之内。资本自始至终要求维持自己的核心统治地位，再分配的逆向调节作用最终被消解殆尽。"再分配一直都在，但几乎都是从社会中底层转移到了最上层，即上层 1% 群体。"[4]

---

① 约瑟夫·E. 斯蒂格利茨：《1% 的民有、民享、民治》，《环球时报》2011 年 10 月 18 日。

② Anthony Atkinson，Thomas Piketty，and Emmanuel Saez， "Top Incomes in the Long Run of History"，*Journal of Economic Literature*，vol. 49，no. 1（2011），pp. 3–71.

③ 约瑟夫·E. 斯蒂格利茨：《不平等的代价》，张子源译，机械工业出版社，2013，第 4 页。

④ 约瑟夫·E. 斯蒂格利茨：《不平等的代价》，张子源译，机械工业出版社，2013，第 269 页。

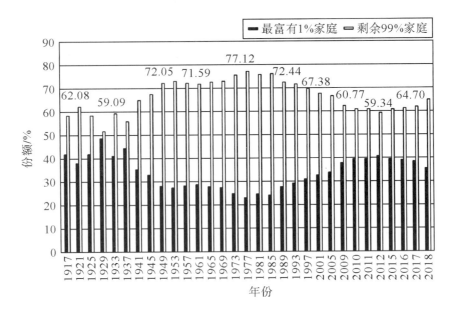

图 4　美国最富 1% 家庭和剩余 99% 家庭拥有财富份额

资料来源：1917—2016 年数据摘自 Gabriel Zucman， "Global Wealth Inequality"，*Annual Review of Economics*，vol. 11（2019），pp. 109-138；2017、2018 年数据摘自 Credit Suisse，Global Wealth Databook，https://www.credit-suisse.com。

新兴市场国家在发展进程中，同样由于过分迷信私有制经济和自由市场模式而陷入贫困、失业和不平等"锁定"的"中等收入陷阱"中。在私有化改革浪潮中，所有制结构、分配制度的急遽变化及其调节机制的失效造成了收入分配结构的严重畸形，正常的社会财富分布和分配机制的缺失，撕裂了社会群体，加剧了贫富对立，生产资料和资本过分向少数人集中，内化为加剧社会整体利益结构分化的主力，导致了拉美社会高贫困发生率和高失业率长期化现象①。

资本主义社会贫困、失业和不平等问题根源于资本主义制度本身，社会生产成果全民共享缺乏自觉实现的制度基础。生产的物质条件"以资本和地产的形式掌握在非劳动者手中，而人民大众所有的只是生产的人身条件，即劳动力"②，劳动者与生产资料相分离使得资本与劳动之间看似平等的契约关系，实则是占有与被占有的关系："在雇佣劳动制度的基础上要求平等的或仅仅是公平的报酬，就犹如在奴隶制的基础上要求自由一样。"③ 在"1%的人所有、1%的人治理、1%的人享用"的社会经济关系和治理结构下面，资本占有规律支配的"资本至上"分配原则和"资本雇佣劳动"的发展逻辑割裂了社会发展成果共享机制，资本收益率长期高于经济增长率，贫困的收入增长改善弹性弱于贫困的收入分配改善弹性，收入不平等的贫困效应反过来弱化和消解了经济增长的减贫效应和社会发展的共享趋向。

---

① 1980 年代以来，拉美地区贫困人口比例常年保持在 40% 以上，超过 2 亿人生活在贫困线以下，1990 年贫困发生率最高达 48.3%。

② 《马克思恩格斯文集》（第 3 卷），人民出版社，2009，第 436 页。

③ 《马克思恩格斯全集》（第 21 卷），人民出版社，2003，第 189 页。

四、涓滴效应的中国实践：三个维度

改革之初，基于社会主义初级阶段国情特性，以"让一部分人、一部分地区先富起来，以带动和帮助落后的地区"为方法论，以"共同富裕"为价值取向的次序性、梯度性、渐进性发展成为一种合宜制度设计。"让一部分人、地区先富起来"充分动员起不同要素所有者创造财富的积极性，为经济快速增长注入强大动力的同时也产生了不同阶层、区域与群体间发展成果分配不均和利益分享不足的问题。"发展成果由人民共享"的共享发展理念意在共富实践中进一步畅通多向度、多层次、多元化的增长涓滴渠道，协调不同阶层、区域、群体间资源禀赋差异，使各种要素所有者在自由组合、平等协作的共建过程中实现成果共享，推动形成更具包容性、益贫性、可持续性的发展模式，从而在共同富裕道路上"迈进新阶段"①。

（一）阶层维度

在"让一部分人先富起来"的发展实践中，中国突破了传统工农两分的均质性社会结构，逐渐形成了多元化的财产主体、多样性的财产客体和差异化的阶层分化体系。由于生产要素所有权主体在经济活动中的地位和关系不同，以及市场经济下资本运动的固有逻辑，加之禀赋效应与自我能力差异等因素，不同阶层利益主体在利益联结同时也必然产生差别化甚至对立的利益诉求。单纯依靠市场提供的激励并无法保证先富阶层自愿、自觉、自动带动后富阶层实现共同富裕。

与内生于私有制的劳资矛盾不可调和的巨大张力不同，公有制为主体的所有制结构安排具有"公平最大化、不平等最小化"的根本性约束力②，从根本上形塑了各种所有制经济在要素上平等使用、市场上平等竞争和法律上平等保护的利益分享格局。企业主阶层和工薪阶层、市民阶层和农民工阶层、专业技术人员和普通劳动者等不同利益主体保持了相对一致的利益函数，各种所有制经济、各要素所有者、各阶层利益主体在极具包容性的社会主义市场经济体制形态和结构体系内共生互构、互促互融，利益整合和通约性取得了最大公约数。"两个毫不动摇"的制度原则在不断夯实所有制主体结构稳定性的同时，也从根本上矫正和约束着分配关系演化和分配格局调整的航标、路向和边界，成为国民财富增长和经济利益增进在社会各阶层间合理分享和平等受益的坚实屏障。

把"公有制为主体、多种所有制经济共同发展，按劳分配为主体、多种分配方式并存，社会主义市场经济体制"一体纳入基本经济制度，生产关系、分配制度、运行体制"三位一体"，更进一步厘清了"产权—分配—交换"以及"国家—劳动—资本"等重大理论和实践逻辑关系，对经济制度体系形成更具稳定性的支撑，对社会生产方式形成更具长期性的影响，对发展共享逻辑形成更具约束性的遵循。依托这一制度架构的"体制机制设计可塑性和主动作为空间"③，坚持生产与

---

① 范从来：《探索中国特色社会主义共同富裕道路》，《经济研究》2017 年第 5 期。

② 侯惠勤：《论"共同富裕"》，《思想理论教育导刊》2012 年第 1 期。

③ 贾康：《共同富裕与全面小康：考察及前瞻》，《学习与探索》2020 年第 4 期。

分配的统一、效率与公平的统一。从总体收入差距来看，基尼系数在 2008 年达到 0.491 的峰值后波动下降，整体呈现倒"U"曲线形态；从城乡收入差距来看，城乡居民可支配收入比值在 2009 年达到 3.33 极大值后开始持续下降，2019 年降至 2.64，10 年间下降幅度超过 20%（见图 5）。从劳动报酬看，劳动报酬份额占比在金融危机前后经历了由降而升的"V"形走势。从代际流动性来看，中国代际收入弹性系数（IGE）自 2004 年的 0.404 下降到 2015 年的 0.266（见图 6）[1]，远低于同期美国的 0.47（女性）或 0.52（男性）[2]。中等收入者数量已从世纪之初的占 10% 快速攀升至接近 30%，形成了世界最大规模的中产阶层群体，中等收入人数超过 4 亿。不同于资本主导型国家的流动性枯竭与阶层固化的非可逆特征，在基础性制度的规范和导引下，中国社会不同阶层间始终保持了上下流动通道的畅通[3]，高收入阶层向下涓滴、低收入者阶层向上跃迁，在共享发展实践维度不断趋向共同富裕目标。

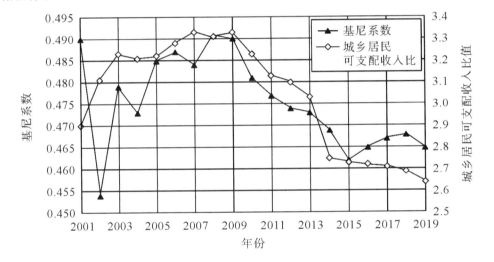

图 5　中国基尼系数（左轴）与城乡居民可支配收入比值（右轴）（2001—2019 年）

资料来源：2001—2017 年中国基尼系数来源于中国国家统计局，2018、2019 年数据来源于国家统计局住户调查办公室《中国住户调查主要数据》；2001—2019 年城乡居民可支配收入比值来源于中国国家统计局。

---

[1]　杨沫、王岩：《中国居民代际收入流动性的变化趋势及影响机制研究》，《管理世界》2020 年第 3 期。

[2]　数据来源于 Pew Research Center，https://www.pewtrusts.org/en/research-and-analysis/reports/2015/07/economic-mobility-in-the-united-states。

[3]　房改之后，以房产为代表的私有财产一度成为社会阶层分化的催化剂。"房住不炒"政策意在引导其向"消费资料"属性回归，疏通被堵塞的涓滴通道。

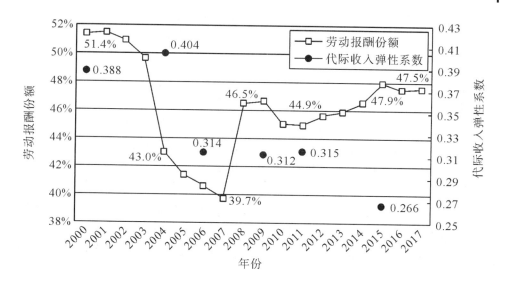

图6　中国劳动报酬份额（左轴）与代际收入弹性系数（右轴）（2000—2017年）

资料来源：劳动报酬份额＝劳动者报酬/收入法国内生产总值，其中收入法国内生产总值与劳动者报酬是由各省、自治区、直辖市数值加总得来，数据来源于中国国家统计局；代际收入弹性系数由杨沫等学者采用CHNS数据核算得来。参见杨沫、王岩：《中国居民代际收入流动性的变化趋势及影响机制研究》，《管理世界》2020年第3期。

（二）区域维度

"让一部分地区先富起来"的非均衡优先发展战略打破了传统区域经济低水平均衡状态。通过在东部沿海地区率先打造增长极，以"先富地区带动后富地区"引导区域经济按次序开发和整体经济梯度化推移，推动实现区域协调发展。实践中，东部地区依托自身政策、区位、产业优势，充分利用国内国外两个市场，虹吸全国人力、土地、资源优势并深度嵌入全球价值链分工体系，成为带动中国整体经济高速发展的区域增长极。中西部地区发展在受益于东部经济增长辐射效应的同时受限于市场导向的梯度推移与空间外溢的边际衰减规律而相对迟滞[①]中国经济发展水平空间分异性的区域间收敛取决于能否在非均衡区域格局中构建起区域协调发展的涓滴机制。

不同于私有制基础上的点轴式单向发展"飞地经济"[②]模式和联邦制下的地方分治和利益分割治理体系，以公有制为主体的经济模式从生产关系性质层面规范与引导着社会生产和利益分配在个体与集体、局部与整体、短期与长期之间的辩证关系，国家政策的制定以人民整体利益而非一地一域的局部利益为考量，全国一盘棋，以东部、中部、西部、东北四大板块为基础，不断将沿海开放、西部开发、中

---

①　覃成林、杨霞：《先富地区带动了其他地区共同富裕吗——基于空间外溢效应的分析》，《中国工业经济》2017年第10期。

②　如阿根廷、巴西、印度等国先后建立起了本国的经济发展增长极，但这些增长极在融入国际价值链分工体系过程中都逐渐割断了与国内其他地区的经济联系，成为孤立的经济发展飞地，不仅未能带动本国其他地区发展，反而固化加深了自身二元经济结构。

部崛起、东北振兴等区域发展策略上升为国家战略意志，从国家整体利益和总体战略层面推动生产力发展空间合理布局与统筹区域经济增长动态平衡，不断破除地区间市场障碍和政策壁垒，使之内洽和服从于全体人民共同富裕的价值目标之中。

为实现区域间经济关系从"极化"向"涓滴"的转化，我们通过建立纵向统筹、横向协调、互赢共享的大区域协调发展政策统筹机制，以国家重大区域发展战略为牵引，增强东、中、西部，发达与欠发达，陆地与海洋区域经济的联动性、协同性、整体性，破解区域开发的碎片化、洼地化和边缘化倾向的难题；通过区域市场一体化等制度环境优化促进区域间要素自由流动，提升后发地区转移承接能力，破解资源要素在发达地区"循环累积，聚而不涓"的局面，引导产业布局按比较优势在不同经济空间梯度推移；通过建立健全区域互助合作机制、区际利益补偿机制、公共服务均等化机制，有效遏制区域分化，规范区域发展次序，破除区域间利益藩篱①，逐步推动发达地区与落后地区、沿海和内陆、东部与西部等区域间的良性竞争、融通互促和共享发展。

以"区域政策统筹+市场空间外溢+区际利益共享"为框架的"反梯度、跨越式"涓滴机制，有效遏阻了区域发展不平衡不充分问题。从地区生产总值来看，西部地区经济增长速度自2006年首超东部以来，中西部经济增速已经连续十二年领先东部，东西部生产总值差距在2005年达到峰值后持续缩小，二者比值在2005—2019年下降了24%（见图7）；从地区居民收入来看，东部和西部农村居民人均可支配收入比从2006年开始连续13年下降，同样减少了近24%，尤其是东西部城乡居民人均可支配收入比，从2013年1.70下降到了2019年的1.64②。此外，从2008年十九省市对口援建汶川地震受灾县市，到2020年十九省市对口支援湖北应对新冠疫情，不论是政治体制、动员机制还是道德伦理、价值目标，无不体现了区域间涓滴效应与社会主义共享发展的高度相融性③。

---

① 《中共中央国务院关于建立更加有效的区域协调发展新机制的意见》，《人民日报》2018年11月30日。

② 根据国家统计局《中国住户调查主要数据》，从2013年到2019年，中国东部地区和西部地区居民人均可支配收入比值分别为1.699 7、1.688 0、1.673 2、1.665 4、1.659 9、1.654 7、1.644 3。

③ 中国在地区间建立起了包括产业技术帮扶、人才医疗援助、基础设施援建和公共服务改善等在内的系统化、全方位横向对口支援体系，不仅仅救灾救难，对于精准扶贫等推进"先富地区带动后富地区"的共富实践同样发挥了重要作用。

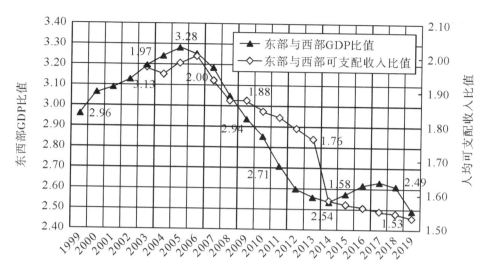

图7 东西部 GDP 比值（左轴）和人均可支配收入比值（右轴）（1999—2019 年）
资料来源：中国国家统计局。

（三）群体维度

区别于资本主义社会贫困治理的制度性扭曲和约束，中国贫困问题主要受限于生产力发展水平。在改革进程中，我们始终将经济增长的纵向涓滴与横向扩散作为贫困治理的核心动力机制，通过不断优化分配关系，致力于将贫困消弭于经济发展过程中，探索出一条富含自身制度特质的减贫之路。但剩余贫困人口特有的空间分布离散化、致贫因素复杂性、贫困类型多样化的特征，加之传统普惠式扶贫的边际脱贫效应下降，以及经济增速下降引致的减贫效应持续衰减，使之成为全面小康和共富实践的最大短板。短板的补齐，亟须为这一特殊边际经济主体装置更加精准畅通的涓滴发展机制。

与基于一般社会架构主要提供公共物品的减贫路径不同，中国特色社会主义减贫道路始终强调执政党在贫困治理中一以贯之的主体性作用[①]。在公有制主体结构夯实的坚实执政基础上，执政党以其代表最广大人民群众的根本利益指向、建构和引领国家现代化发展的政治凝聚力，以及调节和矫正社会利益分配的资源调配力，广泛动员体制内和体制外力量，广泛聚合公有和非公资产，广泛发挥政府与市场作用，在共享与发展的议程中重置公平与效率优先性议题，在外援与内源的融合中培育贫困地区自生性能力，在政治治理和经济治理的互动中超越科层治理技术理性的限制，不断将脱贫攻坚提升为"凝聚共识的国家战略和大众动员的社会行动"[②]。基于共同富裕价值追求和贫困治理现实诉求，因时因势而定的精准扶贫方略，搭建起新时期脱贫攻坚的四梁八柱，科学回应了"扶持谁、谁来扶、怎么扶"的命题，从而进一步开拓了马克思反贫困与涓滴发展理论的先行场域。

中国依托社会主义政党和国家所具有的扶贫主体动员的全面性与广泛性、治理

① 张俊良、刘巳筠、段成荣：《习近平"精准扶贫"理论研究》，《经济学家》2020 年第 2 期。
② 李小云、杨程雪：《脱贫攻坚：后革命时代的另类革命实践》，《文化纵横》2020 年第 6 期。

体系的动态性与灵活性以及资源投入的精准性与高效性，建立起针对特殊边际贫困群体的定向涓滴机制，有效地增强了经济增长的益贫性，极大地降低了贫困规模与贫困程度。我国在1978—2012年的贫困发生率降低了90%，贫困人口数量累计减少6.7亿，成为全球首个实现联合国千年发展减贫目标的国家[1]。党的十八大以来，贫困人口从2013年的9 899万人减少到2019年的551万人，贫困发生率由10.2%下降至0.6%，年均减贫人数达1 000万以上（图8）。全国832个贫困县农民人均可支配收入由2013年的6 079元增加到2019年的11 567元，年均增长9.7%；建档立卡贫困户人均纯收入由2015年的3 416元增加到2019年的9 808元，年均增幅30.2%，远高于同期全国人均可支配收入增长速度。截至2020年2月底，全国832个贫困县中已有601个宣布摘帽，179个正在进行退出验收，区域性整体贫困基本得到解决[2]，绝对贫困问题即将随着全面建成小康社会而彻底消弭。

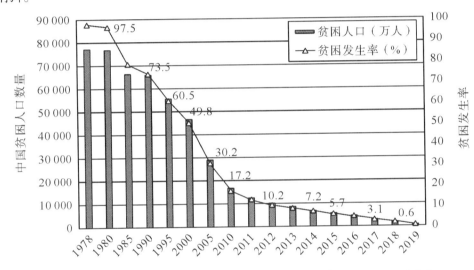

图8 中国贫困人口数量（左轴）与贫困发生率（右轴）（1978—2019年）
资料来源：《中国统计年鉴》（依据2010年贫困标准）。

五、结语

观察与比较不同社会制度条件下的发展与公平问题须将其置于历史性时空视域下进行辩证考察。资本主义私有财产制度及其衍生出来的分配关系成为社会财富分布不均、收入分配不公和社会阶层断裂的"制度之锁"，资本强权及其决定的分配规则成为阻滞经济增长涓滴和发展共享的内置阻力机制。公有制经济及其衍生出来的按劳分配制度是实现国民财富增长和利益增进共享的"制度之钥"，保证了经济利益在各阶层、各区域、各群体的涓滴与扩散以及发展成果的全民共享，进而在增

① 习近平：《携手消除贫困促进共同发展》，《人民日报》2015年10月17日。
② 习近平：《在决战决胜脱贫攻坚座谈会上的讲话》，《人民日报》2020年3月7日。

长与分配、发展与公平的良性互动与共轭循环中渐次趋向共富目标。涓滴效应从阶层、区域、群体三个维度完整勾勒出了马克思主义涓滴发展理论的中国实践场域。中国式涓滴发展的理论逻辑、实践逻辑和历史逻辑必将随着时间的推移，展现出更加强大的逻辑力量。

涓滴效应在不同经济体中阻滞或畅通的内在逻辑是由所有制性质所规定的"发展为了谁"的问题。资本社会生产方式遵从"发展为了资本"的核心逻辑，决定了其无论生产力如何发展都无法改变工人阶级的经济地位，并不断导致"富者愈富，穷者愈穷"的负向涓滴效应。唯有公有制遵从的"发展为了人民"的发展逻辑方能从根本上保证社会主义生产的正向涓滴和发展成果的全民共享。"发展为了人民"和"发展为了资本"是两种截然不同的涓滴发展路径：一种是从公有制出发，一种是从私有制出发；一种是自上而下的正向涓滴，一种是自下而上的负向涓滴；一种终将导向共同富裕，一种则必然导向两极分化。

公有制为主体的财产制度具有自我修复收入差距裂痕和构筑国民财富与利益共享基础的制度性功能。转型期发生的收入差距迅速拉大现象不构成质疑这一"制度优越性"命题的充分证据①。但在经济转型深水期，全面改革尚未完全到位导致的体制机制性缺损，使得公有制这一制度性功能并不必然自动实现。在某些公有制经济领域，甚至非但没有发挥其收敛不平等和正向涓滴效应，反而对改善收入差距和社会不公起到了"逆向调节"的负面作用，如国有资产流失、垄断、寻租等。这有赖于全面深化改革中，坚持公有财产和私人财产都不可侵犯的原则，坚持做大做优做强国有企业，防止国有资产流失，规范公权力及其行为，遏阻以权力、垄断获取扭曲性报酬，制约权力寻租、化公为私，等等。

---

① 不可否认，经济转型期，特别是进入 21 世纪后，我国出现了收入分配差距迅速拉大的现象，基尼系数甚至一度超过了一些发达资本主义国家。

中国共产党百年来
对世界市场的探索及其理论创新[*]

杨慧玲　易恩文

一、引言

2021年11月8—11日，党的十九届六中全会召开，系统、全面地总结了建党以来的重大成就和历史经验。《中国共产党第十九届中央委员会第六次全体会议公报》（以下简称《公报》）提出，中国共产党带领中华民族"仅用几十年时间就走完发达国家几百年走过的工业化历程，创造了经济快速发展和社会长期稳定两大奇迹"，[①] 实践证明，中国与世界市场的互动是中国式现代化道路上必不可少的元素，融入世界市场是中国发展必经之途。科学的理论指导是成功实践的基础，党领导中国在改革开放中实现工业化和现代化，离不开党对世界市场的科学认识。值此世界百年未有之大变局与中华民族伟大复兴的历史交汇点，总结党关于世界市场的马克思主义中国化创新理论及其对中国开放发展的指导作用，对于党领导全国人民，团结一致应对国内外复杂严峻挑战，推动扩大高水平对外开放，促进构建新发展格局具有重要意义。

本文结合全会精神，聚焦于马克思主义世界市场理论的中国化，阐述党的贡献及其意义。全会公报分四个历史时期，分别按照"主要任务—理论创新—伟大成就"三层逻辑总结党领导全国人民在社会主义革命和建设过程中的丰功伟绩[②]。基于此，本文具体安排如下：第一部分为引言；第二部分概括总结经典的马克思主义世界市场理论，作为全文的理论出发点；第三部分阐述中国共产党在三次理论飞跃中，对马克思主义世界市场理论的创新成果；第四部分，讨论党的世界市场理论对于促进形成世界市场与我国经济高质量发展之间的良性互动、以高水平对外开放推进我国现代化建设的重要指导作用。

---

[*]　本文选自《当代经济研究》2022年第7期。

[①]　《中国共产党第十九届中央委员会第六次全体会议公报》，新华网，http://www.xinhuanet.com/2021-11/11/c_1128055386.htm.访问日期：2022年3月1日

[②]　张克：《读懂六中全会公报的六大核心要义》天熹策论，2021. https://mp.weixin.qq.com/s/DMfYysnRSsf0PujvSgbPHA.

二、马克思主义的世界市场理论：立场、观点与方法的辩证统一

中国共产党关于世界市场的思想、观点来源于马克思主义经典作家对世界市场的论述。"世界市场"包含在马克思原本制定的经济学著作"六册计划"之中，而且《资本论》等马克思最终完成的著述也证明，世界市场理论是马克思主义政治经济学的重要议题。马克思主义整体性研究之一，就是从马克思主义立场、观点和方法辩证统一的角度来阐述，遵循这一规则，首先对马克思主义的世界市场理论进行总结概括，以便把握中国共产党在这一理论领域的创新基础及其所贯彻的马克思主义方法论原则①。

1. 马克思主义立场的形成："方法—观点—立场"的认识论逻辑

遵循辩证唯物主义和历史唯物主义方法论，马克思基于对资本主义生产过程的考察，揭示了资本主义生产关系的剥削性质及其根源，并进一步指出只有消灭私有制，使最广大劳动人民摆脱压迫和剥削，才是解放和发展生产力、实现社会公平和正义的根本途径。可见，马克思主义的无产阶级立场，是确立在无产阶级革命斗争代表了历史前进方向这一科学论断基础之上的；因此，马克思主义也成为指导无产阶级斗争的理论武器。

2. 马克思主义世界市场理论的基本观点

从无产阶级整体生存和发展利益出发，聚焦民族国家与世界市场之间的互动对资产阶级与无产阶级关系产生的影响，落脚于对全世界无产阶级前途命运的关注与思考，由此提出国际斗争的主张，这构成马克思主义关于世界市场的基本思想脉络，而整个理论建立在资本积累规律之上。

马克思认为，资本积累一方面构成科技进步和生产力发展的巨大动力，"资产阶级在它的不到一百年的阶级统治中所创造的生产力，比过去一切时代创造的全部生产力还要多，还要大"②；另一方面也使剩余价值生产与实现之间的矛盾不断累积演绎，最终促使资本运动越出国界而形成世界市场，同时必然伴随资本主义生产方式的蔓延及资本主义基本矛盾的全球扩散，"世界市场危机必须看做是资产阶级经济一切矛盾的现实的综合和暴力方式的平衡。"③

马克思主义经典理论围绕着资本主义世界市场，形成了以下主要观点：第一，开拓世界市场是发达资本主义国家缓解其内部价值生产与实现矛盾、维持资本积累的有效途径；第二，世界市场是发达国家转移发展中国家经济剩余的中介；第三，国际价值转移进一步引起发展中国家对发达国家的经济依附，其实质是资产阶级对无产阶级的国际剥削，根源在于资本主义世界体系的不平衡发展；第四，发展中国家摆脱依附的现实途径是顺应社会生产发展规律，主动融入世界市场，促进生产力发展。

① 余斌，程恩富：《论马克思主义立场、观点和方法的辩证统一》《马克思主义研究》，2013 年第 12 期。
② 《马克思恩格斯全集》（第 34 卷），人民出版社，2008。
③ 《马克思恩格斯全集：第 1 卷》，人民出版社，2012。

综上所述，资本主义生产力-生产关系的矛盾运动在国际范围的演绎决定了世界市场的形成与发展，生产力进步及两大阶级斗争博弈构成民族国家与世界市场互动的实质内容，也使不同国家与世界市场的关系呈现出整体性趋势之上的阶段性特征。而面对国际斗争，"共产党人同其他无产阶级政党不同的地方只是：一方面，在无产者不同的民族的斗争中，共产党人强调和坚持整个无产阶级共同的不分民族的利益；另一方面，在无产阶级和资产阶级的斗争所经历的各个发展阶段上，共产党人始终代表整个运动的利益。"①

三、中国共产党对马克思主义世界市场理论的守正创新

作为无产阶级革命政党和社会主义国家的执政党，中国共产党始终坚持马克思主义的立场、观点和方法，并结合中国革命与建设实践之要求，不断产生新观点，推动马克思主义世界市场理论的创新与发展。

1. "人民至上"是党的世界市场思想的根本出发点

马克思主义的中国化，首先是马克思主义立场与中国社会历史现实的结合。中国共产党在领导中国革命与建设的实践中，不仅坚持马克思主义的普遍真理，而且将马克思主义的立场具体化为无产阶级立场、人民立场和民族立场的有机统一。正是从"人民立场"出发，党形成了对世界市场的基本观点。

其一，中国共产党的"人民立场"是同其阶级立场相统一的人民立场②。唯物史观认为，人民群众是历史的创造者，是真正的英雄。中国共产党结合中华民族革命斗争的社会历史条件，进一步丰富了无产阶级根本立场的具体内涵，党不仅是"中国工人阶级的先锋队"，还是"中国人民的先锋队"，正如毛泽东所说，"我们是站在无产阶级的和人民大众的立场"，是"为了全党与全国人民的利益，这就是我们的出发点"③。时代变化而初心不改，习近平总书记再次强调："人民立场是中国共产党的根本政治立场，是马克思主义政党区别于其他政党的显著标志。"④

中国是落后国家这一曾经的现实决定了维护人民利益的根本途径只能是解放和发展生产力，促进中国经济发展，提高人民生活水平。在领导中国社会主义革命建设过程中，党始终"坚持全心全意为人民服务的根本宗旨，坚持党的群众路线"，因此获得了广大人民的衷心拥护。

其二，党的民族立场与阶级立场相统一。中国共产党被催生于中华民族反帝反封建的历史大潮之中，党领导的中国社会主义建设不可能脱离资本主义世界体系这一历史维度。上述两个前提决定了，党的阶级立场并不是超历史和超民族的抽象概念，中国共产党"从成立那一天起，就是中国工人阶级的先锋队，同时是中国人

---

① 《马克思恩格斯全集：第34卷》，人民出版社，2008。
② 本刊记者：《坚持人民立场和阶级立场的统一——访清华大学冯虞章教授》，《马克思主义研究》2018年第7期。
③ 《毛泽东选集》（第3卷），人民出版社，2006。
④ 《习近平谈治国理政》第2卷，外文出版社，2017。

民和中华民族的先锋队，肩负着实现中华民族伟大复兴的庄严使命。"① 只有摆脱国际剥削与压迫才能维护中华民族的根本利益，这一信念鞭策着党领导中国人民谋求民族独立与解放、寻求国家发展与民族复兴。习近平总书记在党的十九大报告中强调："中国共产党人的初心和使命，就是为中国人民谋幸福，为中华民族谋复兴。"②

其三，党的人民立场与民族立场相辅相成。近代以来中华民族深受帝国主义、殖民主义侵害，这样的历史决定了中国人民根本利益的实现，离不开对中华民族整体权益的维护，提高人民福利的目标必然与"实现中华民族伟大复兴"的历史使命紧密相连。正如全会总结的，"中国共产党自一九二一年成立以来，始终把为中国人民谋幸福、为中华民族谋复兴作为自己的初心使命，始终坚持共产主义理想和社会主义信念。"③

正是立足于中国人民和中华民族的根本利益，党用"两个市场、两种资源"概括对世界市场的基本看法——发挥主动性和创造性，使一切有利于国民经济发展和民族复兴的要素"为我所用"；将世界市场作为有效利用一切先进生产要素、满足人民日益增长的物质文化生活需要的重要途径。

2. 历史、辩证地分析资本主义世界市场及其对落后国家发展的作用

中国共产党根据中国发展过程中所面临的现实矛盾，自觉地把世界市场纳入生产力-生产关系、经济基础-上层建筑辩证逻辑之中进行历史主义的分析，发展了世界市场是落后国家发展生产力的重要途径这一马克思主义的观点，并为进一步推动世界市场为我所用的开放实践提供了理论准备。

第一，基于马克思对资本主义历史进步性的分析肯定世界市场的积极作用。中国共产党遵循马克思对资本主义生产方式的科学论述，认为世界市场加速了落后国家的现代化进程。早在新民主主义革命时期，毛泽东就指出，"外国资本主义的侵入不仅对中国封建经济的基础起了解体的作用，同时又给中国资本主义生产的发展造成了某些客观的条件和可能"④，这是中国共产党对世界资本主义推动中国生产力变革的积极性做出的符合唯物史观的判断，也奠定了党的对外开放思想基础；新中国成立后，党清醒地认识到生产力的现代化是巩固社会主义生产关系的物质基础，而以重工业为核心的工业化生产体系代表了资本主义现代化发展的成就。只不过当时遭受西方封锁，我国只能选择以苏联为首的社会主义阵营的技术援助推动优先发展重工业的国家工业化战略，实际上成为党的对外开放实践之发端；20 世纪70 年代末，以邓小平同志为核心的党的第二代中央领导集体重新确立"以经济建设为中心"的指导思想，强调"发展经济，不开放是很难搞起来的"⑤，这样的认识决定了之后中国参与世界市场、融入全球化的总基调，也是党在不断变化的国内

---

① 《江泽民文选》第 3 卷，人民出版社，2006。
② 《习近平谈治国理政》第 3 卷，外文出版社，2020。
③ 《中共中央关于党的百年奋斗重大成就和历史经验的决议》《人民日报》，2021 年 11 月 17 日。
④ 《毛泽东选集》第 2 卷，人民出版社，2008 年。
⑤ 《邓小平文选》第 3 卷，人民出版社，2006 年。

国际环境中始终坚持对外开放的理论指南。

第二，基于落后民族国家参与世界市场所面临的经济依附风险，提出独立自主、自力更生的反依附斗争原则。首先，世界市场是资本主义生产方式扩张的产物，受国际垄断资本支配，落后的民族国家参与世界市场，意味着不自觉地被纳入国际垄断资本的掠夺性积累体系，因此不可避免地面临着在经济上依附于发达资本主义国家、甚至沦为其政治附庸的风险。早在抗日战争时期，毛泽东就深刻剖析"帝国主义列强侵入中国的目的，绝不是要把封建的中国变成资本主义的中国，而是要中国变成它们的半殖民地和殖民地。"① 对国际剥削性质的深刻认识，为党的反依附斗争提供了理论依据。其次，根据国内、国际经济互动的矛盾变化，辩证地坚持"独立自主、自力更生"的反依附原则。马克思主义立场天然地决定了党在领导中国参与国际合作与竞争过程中，既要积极利用国际资源发展生产力，又要坚决反对帝国主义的经济、政治控制。新中国成立之初，面对帝国主义的封锁，毛泽东多次强调要坚持"独立自主、自力更生，敢于走前人没有走过的路。"② 同时，针对当时缺乏经济建设经验，一切照抄苏联的情况，毛泽东在总结我国"一五"计划经验时强调要坚持"自力更生为主，争取外援为辅，破除迷信，独立自主地干工业、干农业、干技术革命"③；改革开放之初，美苏超级大国搞霸权主义和强权政治，邓小平强调"中国的事情要按照中国的情况来办"，"要依靠中国人自己的力量来办"④；20世纪90年代，美国推出"华盛顿共识"支配新一轮全球化，江泽民敏锐地指出，"经济全球化，是由发达国家首先推动起来的，而且他们在其中一直起着主导作用。因此，目前的这种经济全球化，一方面是社会生产力和科学技术发展的表现，一方面又是资本主义生产方式和资本主义市场经济在全球范围内的延伸"⑤，并据此进一步判断世界经济体系的不平衡发展趋势，"一边是北方发达国家财富不断积累，一边是南方发展中国家贫困不断加剧"⑥；2001年加入世贸组织后，中国经济在与世界市场的合作助力下迎来高速增长，但同时，我国经济对外依存度也超过了很多发达国家，形成潜在经济安全风险。面对这样的矛盾，胡锦涛同志强调"越是对外开放，越是国际竞争激烈，越是要坚持独立自主、自力更生，越是要把推进事业发展的基点放在依靠自己的力量上"⑦。

历史进入21世纪第二个十年，国际金融危机余波未平，美国为了应对失衡积累的后果，开始实施"再平衡"战略，发起"制造业回归"、贸易保护等为内容的"逆全球化"风潮。外需下降使我国结构性产能过剩压力增加，技术短板凸显。在这种情况下，习近平总书记重申"坚持独立自主，就要坚持中国的事情必须由中国人自己作主张、自己来处理……跟在他人后面……不是必然遭遇失败，就是必然

① 《毛泽东选集》（第2卷），人民出版社，2008，第628页。
② 《邓小平文选》（第3卷），人民出版社，2006年。
③ 中共中央文献研究室：《毛泽东年谱：1949—1976》（第3卷），中央文献出版社，2013，第370页。
④ 《邓小平文选》（第3卷），人民出版社，2006。
⑤ 《江泽民文选》，人民出版社，2006。
⑥ 《邓小平文选》（第3卷），人民出版社，2006。
⑦ 《胡锦涛文选》（第2卷），人民出版社，2016。

成为他人的附庸"①；2018 年伊始，美国从中兴通讯、华为等企业入手打压中国高科技发展，习近平总书记提出中华民族奋斗的基点在于自力更生，攀登世界科技高峰的必由之路是自主创新，所有企业都要朝这个方向努力奋斗；2019 年年末暴发的新冠疫情，加剧了资本主义世界体系的矛盾，美国为首的西方帝国主义祭出单边主义、孤立主义，采取技术围堵、"断链"、"断供"等威胁手段加紧对华遏制。在中国参与世界市场的路径发生剧烈变化的时刻，习近平总书记强调，"要大力提升自主创新能力，尽快突破关键核心技术。这是关系我国发展全局的重大问题，也是形成以国内大循环为主体的关键"②，他还强调，"我们必须坚定不移走自主创新道路，坚定信心、埋头苦干，突破关键核心技术，努力在关键领域实现自主可控，保障产业链供应链安全，增强我国科技应对国际风险挑战的能力。"③

中国共产党基于对发达资本主义国家主导的世界市场掠夺属性的分析，结合中国革命和实践的现实要求，提出并坚持独立自主、自力更生的原则；同时，密切结合各个历史时期我国与世界市场互动中的主要矛盾，坚持在有效发挥世界市场对国内经济的推动作用过程中灵活地贯彻反依附原则。

3. 把互利共赢的人类命运共同体理念作为世界市场发展的落脚点

中国共产党是马克思主义的政党，反对剥削与压迫，追求"每个人的自由发展"，这决定了党不仅仅只维护本国、本民族的利益，也尊重其他民族和国家。中国共产党从全球、全人类发展利益这一国际主义理念出发，坚持以平等互利的原则在世界市场上参与合作与竞争。新时代，党结合中国与世界互动的历史实践，进一步将平等互利原则升华为"互利共赢"的人类命运共同体理念。

早在 1945 年，毛泽东就提出"在彻底打倒日本侵略者，保持世界和平，互相尊重国家独立和平等地位，互相增进国家和人民的利益及友谊这些基础之上，同各国建立并巩固邦交，解决一切相互关系问题"④。改革开放之后，邓小平洞悉均衡发展对于世界市场的意义，"发达国家的资本要找出路，贸易要找出路，市场要找出路"，如果"南方得不到适当的发展，北方的资本和商品出路就有限得很"，因此，"世界市场的扩大"不仅不能"只在发达国家中间兜圈子"，发达国家反而必须"帮助发展中国家"解决其发展问题⑤；虽然中国的经济实力在改革开放中由弱渐强，但"平等互利"始终是党参与世界市场的基本立场：江泽民指出"开展国际交往，应该坚持平等互利、共同发展"⑥；胡锦涛强调，"我们坚定维护国家和人民根本利益，同时也充分尊重他国和他国人民利益，不把本国利益凌驾于他国利益之上，努力寻求同各方利益汇合点，同所有国家平等相待、互利合作，求同存异、

① 《习近平谈治国理政》（第 1 卷），外文出版社，2014，第 29 页。
② 《习近平重要讲话单行本》（2020 年合订本），人民出版社，2021，第 76 页。
③ 《习近平主持中央政治局第二十四次集体学习并讲话》，2020，http://www.gov.cn/xinwen/2020-10/17/content_5552011.htm.访问日期：2022 年 3 月 1 日。
④ 《毛泽东选集》（第 3 卷），人民出版社，2006。
⑤ 《邓小平文选》（第 3 卷），人民出版社，2006。
⑥ 《江泽民文选》（第 2 卷），人民出版社，2006。

共同发展"①。

进入新时代，中国综合国力显著提升，成为全球化的重要推动者，大国责任进一步凸显，也更有能力通过世界市场为全球发展作贡献。习近平总书记提出"实现中国梦，不仅造福中国人民，而且造福世界人民"②。值得一提的是，面对全球发展失衡带来的风险与挑战，中国共产党不但没有倒向狭隘的民族主义，反而顺应世界发展趋势，在平等互利基础上进一步提出，"我们要继承和弘扬联合国宪章的宗旨和原则，构建以合作共赢为核心的新型国际关系，打造人类命运共同体"。人类命运共同体理念，是我党所秉持的平等互利的国际交往原则在新时代的升华，它包含了政治、经济、外交、文化等新型国际关系塑造的多维度。从经济关系角度，则诠释为通过"政策沟通、设施联通、贸易畅通、资金融通、民心相通"，在世界市场上实现共赢共享③。因此，人类命运共同体理念也是新时代马克思主义世界市场理论中国化结晶的有机构成，彰显了我党作为无产阶级政党，"坚持胸怀天下、坚持开拓创新"的崇高境界，"互利共赢"成为新时代党领导中国参与世界市场的指导思想。

4. 社会主义国家参与世界市场的理论探索与创新

与其他落后国家相比，社会主义国家融入世界市场的过程具有其独特性：生产资料公有制的经济基础及上层建筑的"人民属性"，使社会主义国家一方面与资本主义世界体系之间天然产生"排异"，因而可能在世界市场上遭遇排挤；另一方面也赋予社会主义国家强大的反体系力量④，使社会主义国家在国际竞争与合作中实现自主发展。因此，实现社会主义国家与资本主义世界市场接轨，关键在于理论创新的魄力与智慧，而中国共产党完成了这一历史使命。

首先，社会主义与市场经济兼容的理论创新为社会主义国家融入世界市场奠定了思想基础。根据经典的马克思主义理论及世界上第一个社会主义国家苏联的实践，社会主义实施的是计划经济，与市场机制似乎存在着冲突，而世界市场，不仅是资本主义性质的，同时也是按照市场机制运行的。因此，中国经济融入世界市场，首先要证明市场经济体制也是社会主义发展经济的手段途径，而并非资本主义的专利。

第一，中国共产党从解放和发展生产力这一社会主义的本质要求出发，从理论上打通了社会主义与市场经济的阻隔。邓小平指出，"社会主义与市场经济不存在根本矛盾把计划经济和市场经济结合起来，就更能解放生产力，加速经济发展。"⑤这一创造性观点为中国社会主义市场经济发展道路奠定了理论基础。

第二，计划和市场不是社会主义与资本主义的本质区别。针对改革开放之初关于经济特区姓"资"姓"社"问题的争论，邓小平1992年"南方谈话"强调

① 《胡锦涛文选》（第2卷），人民出版社，2016。
② 《习近平谈治国理政》第1卷，外文出版社，2014，第56页。
③ 《习近平新时代中国特色社会主义思想学习问答》，学习出版社，2021，第405页。
④ Wallerstein：Profiting without Produetion：How Finance Exploit Us All，Cambridge：Political Economy of Financialization，2013），p.70.
⑤ 《邓小平文选》第3卷，人民出版社，2006。

"计划多一点还是市场多一点，不是社会主义与资本主义的本质区别。计划经济不等于社会主义，资本主义也有计划；市场经济不等于资本主义，社会主义也有市场。计划和市场都是经济手段。"① 这一论断既从思想上明确了中国经济体制改革的方向，也为中国参与世界市场做好了思想铺垫。

其次，不断深化对社会主义市场经济运动规律的认识，为指导中国有效参与世界市场做好理论准备。中国共产党认为，社会主义市场经济是在坚持公有制和按劳分配的主体地位，确保社会主义方向和性质前提之下，有效发挥市场的资源配置效率，更好发挥政府作用。这一认识是在党不断总结几十年改革实践的过程中逐渐成熟的——江泽民于中共十四大明确提出"经济体制改革的目标，是在坚持公有制和按劳分配为主体、其他经济成分和分配方式为补充的基础上，建立和完善社会主义市场经济体制"，同时强调"使市场在社会主义国家宏观调控下对资源配置起基础性作用"②；经过十多年的发展，我国社会主义市场经济体制初步建立，针对政府"越位""缺位"问题，胡锦涛指出"要深化社会主义市场经济规律的认识，从制度上更好发挥市场在资源配置中的基础性作用，形成有利于科学发展的宏观调控体系。"③ 党的十八大以后，面对市场体系不完善、政府干预过多和监管不到位等问题，习近平总书记强调"理论和实践都证明，市场配置资源是最有效率的形式。市场决定资源配置是市场经济的一般规律，市场经济本质上就是市场决定资源配置的经济。"④ 在党的十九大提出要使市场在资源配置中起决定性作用，更好发挥政府作用的基础之上，习近平总书记进一步明确"更好发挥政府作用，不是要更多发挥政府作用，而是要在保证市场发挥决定性作用的前提下，管好那些市场管不了或者管不好的事情。"⑤ 正是从思想上厘清了社会主义与市场经济的关系，我国的渐进式市场化改革才得以推进，并且随着我党社会主义市场经济理论认识的不断成熟，从而指导建立日益完善的社会主义市场经济体制，实际上为中国经济融入世界市场创造了越来越有利的制度条件。"坚持社会主义市场经济改革方向，使市场在资源配置中起决定性作用和更好发挥政府作用，这是我们党在理论和实践上的又一重大推进。"⑥ 同时，也是探讨社会主义国家参与世界市场的题中应有之义。

最后，形成党的世界市场理论。党结合中国对外开放的历史实践，提出"两个市场两种资源"，创造性地中国化了马克思主义的世界市场理论：

第一，世界市场是落后国家进行产品、要素配置的重要平台。市场是配置资源的最有效形式，借助世界市场促进国内市场运行效率提高的具体途径包括：通过国际贸易进行商品和服务交换；通过"引进来走出去"参与国际直接投资，进行资本和技术交换；通过金融双向开放在国际进行金融资源配置。

第二，世界市场是深化分工的有效途径。分工深化是提升效率的根本，分工与

① 《邓小平文选》（第3卷），人民出版社，2006，第370页。
② 《江泽民文选》（第1卷），人民出版社，2006，第219、226页。
③ 《胡锦涛文选》（第2卷），人民出版社，2014。
④ 《习近平谈治国理政》（第1卷），外文出版社，2014。
⑤ 《习近平新时代中国特色社会主义思想三十讲》，学习出版社，2018。
⑥ 《习近平谈治国理政》（第1卷），外文出版社，2014，第95页。

技术进步、市场规模之间相互促进。在国内市场处于培育、完善的条件下，从供给侧引进现代化生产方式，从需求侧为国内产品打开世界销路，即利用比较优势融入世界分工体系，推动构建现代化产业链和供应链；在国际分工演进遇到技术、市场瓶颈的条件下，转而从需求侧提高内需，从供给侧促进自主创新，刺激国内产业链的升级、衍生，实现国内分工的深化，由此形成国内大循环。进而，以超大规模市场及更高质量、更具韧性的产业链、供应链吸引更加优质的国际产业，即凭借竞争优势推动全球分工，形成国内、国际相互促进的双循环。

第三，中国作为发展中的社会主义国家，不仅要融入和适应世界市场体系及其运行规则，还需根据世界市场变化，主动应对规则、积极参与甚至引领世界市场治理，包括提出有利于平衡发展的国际合作与竞争的新理念，制定修订国际投资与贸易规则，实施自由贸易区提升战略、构建面向全球的高标准自由贸易区网络等。总之，在市场化、法治化和国际化原则下，实现国内国际营商环境趋同化。

第四，世界市场助推社会主义市场经济体制的形成和完善。世界市场是按照成熟的市场机制运行的，与世界市场接轨首先就要接受市场化的体制和机制，从制度、法律及规则等领域入手创造国内外市场融合的条件，这本身就是社会主义市场经济体制改革及其深化的过程。

第五，发挥社会主义的制度优势，摆脱世界市场的失衡积累逻辑，有效保障国家发展利益与安全利益。胡锦涛指出，"国家利益最主要的就是发展利益和安全利益。这两者是有机统一的，发展是安全的基础，安全是发展的保障。"[①] 人类社会目前仍处于资本主义世界体系这个历史阶段，因此一切后发国家都不得不面临发展与安全的矛盾：要寻求发展，就必须融入世界市场体系，而世界市场是国际资本主义主导的。因此，难以避免带来国家经济安全风险：其一，世界市场上的竞争遵循比较优势原则，这决定了落后国家只有凭借低成本劳动力、原材料、能源等中、低端要素才能参与国际分工；其二，世界市场的运行受资本积累规律支配，发达国家凭借资本和技术优势而占据支配地位，这决定了世界市场是围绕着国际垄断资本的利益运行的。这两大规律相互作用，使落后国家产生路径依赖，难以产生竞争优势，甚至落入"中等收入陷阱"，成为西方经济附庸。

与其他发展中国家根本不同的是，中国共产党坚持社会主义道路，为中国在追求发展利益的过程中维护国家安全利益奠定了制度基础。习近平总书记说，"制度优势是一个国家的最大优势，制度竞争是国家间最根本的竞争"[②]。只有依靠公有制的社会主义经济基础，党才能领导"以人民为中心"的发展，这是国民经济行稳致远的根本保证：一方面集中优势资源优先发展关系国家前途命运和人民长远利益的核心领域，从根本上摆脱世界市场的失衡积累逻辑；另一方面依靠社会主义制度优势，更好发挥政府作用，着力提高宏观调控和科学管理水平，有效对冲诸如国际金融危机等外部冲击。

综上所述，中国共产党关于世界市场的思想和观点，贯穿百年来党领导中国革

---

① 《胡锦涛文选》（第 2 卷），人民出版社，2016，第 509 页。
② 《习近平谈治国理政》（第 3 卷），外文出版社，2020，第 119 页。

命和建设的伟大历史进程，并随着毛泽东思想、中国特色社会主义理论体系和习近平新时代中国特色社会主义思想的递进发展而不断创新，因而是我党三次重大理论飞跃具体而微的体现。党以马克思辩证唯物主义方法论为根本指导，把中国革命和建设放置于资本主义世界体系这一人类社会发展的客观历史视野中，围绕中国实现工业化和现代化的历史目标，根据国内和国际两个范围内生产力与生产关系矛盾运动的演进，及其所决定的中国与世界政治经济关系的变化，审时度势变革上层建筑调整生产关系，以有效利用支配世界市场的资本积累规律解放和发展生产力，不断提高中华民族的国际地位。正是上述逻辑成就了党对马克思世界市场理论的发展，党关于世界市场的理论结晶，并指导中国参与世界市场实现工业化发展。

四、以党的世界市场理论为指导推动形成高水平对外开放新格局

中国共产党对马克思主义世界市场理论的创新成就，从一个侧面展示了马克思主义的强大生命力。在全面建设社会主义现代化国家、向第二个百年奋斗目标进军的新征程上，从中总结并汲取宝贵经验，把握新的历史时期世界资本主义的演进趋势，准确判断我国在世界市场上的地位，主动调整战略参与国际竞争与合作，对于推动我国高水平对外开放、争取国际竞争优势至关重要。

第一，坚持党的领导，在扩大对外开放中坚持社会主义方向，巩固好、发展好中国经济。改革开放使我国日益融入世界市场，但是，一切以国际垄断资本利益为中心的世界市场运动逻辑，无法避免失衡恶果，进而反过来侵蚀社会主义经济的健康有序运行。因此，只有坚持党对对外开放工作的领导，才能使世界市场发挥对"以人民为中心"的社会主义发展道路的积极作用，并从根本上克服资本主义生产的固有矛盾，保持中国经济可持续发展。

第二，发扬开拓创新精神，推动世界市场平衡发展。逆全球化泛起的原因是全球发展的失衡，因此，中国在引领全球化的过程中，一是通过多种渠道和方式，促进与东盟、非洲等不发达市场的多边贸易关系，通过完善对外援助体制机制、搭建共同发展项目平台等，促进发展中国家经济快速崛起；二是根据西方发达经济体的内部诉求结构，发挥中国超大规模市场的吸引力，积极推动多边合作，缓冲、破解对华"断链""断供"威胁；三是利用中国的产能优势，提供更多全球公共产品，在共商共建共享的原则下促进不同国家之间的互联互通，为世界经济平衡发展提供物质基础；四是创新与发达经济体的交流模式，一方面主动参与发达经济体市场竞争，另一方面积极引进发达经济体高技术高质量的直接投资，推动我国经济高质量发展。

第三，遵循党的发展与安全有机统一思想，确保国家经济安全。从实体经济领域看，世界经济正处于数字化转型阶段。一方面，分工趋于扁平化，生产过程日益碎片化，形成了价值链梯度转移的分工演进模式，由此强化了发达国家对高附加值环节的控制，最终加大了发展中国家被"锁定"在产业链中、低端的可能性，后者最终落入"中等收入陷阱"便是上述逻辑发生的现实后果，这方面拉美国家依照新自由主义模式参与世界市场的教训是深刻的；另一方面，数据成为关键生产要

素，数据安全关乎国家的经济安全。因此，我国要做好三方面工作：一是加强国内产业链、供应链韧性，提高应对世界市场竞争形势变化的能力；二是加强国内自主创新能力，提升我国在全球产业链、价值链的地位；三是加强数据信息管控，防止企业在参与国际经济合作与竞争过程中，一味为了资本利益而不顾数据安全，对国民经济产生威胁和损害。从虚拟经济领域看，金融是国民经济的血液，与国际金融接轨是社会主义市场经济发展的必然要求。但是，以美国为首的发达国家经济金融化，加上美元的准世界货币地位，往往使发展中国家的货币政策陷于被动，发生"依附性金融化"，进一步引起这些国家的金融动荡，"美元作为准世界货币，是过去四十年全球金融化扩张的非常重要的发展。但是，美元的世界作用存在矛盾和不稳定性，不仅影响价值的国际转移，而且引导资本从穷国流向富国。"[1] 首先，基于美元的准世界货币属性，很多国家的货币与美元挂钩，其汇率受美元供给变动影响，一方面这些国家的净出口随本国货币对美元汇率的变化而反方向变动；另一方面，美元霸权及金融垄断很容易诱使发展中国家跟随美国金融自由化的节奏——美元汇率变动导致这些国家短期投机资金的快速进出，极易给金融制度尚不健全的发展中国家造成严重金融冲击。这是东南亚金融危机发生的重要原因[2]。其次，国际金融垄断资本控制着世界银行、国际货币基金组织等国际金融机构，利用发展中国家对发达市场的贸易依赖及资金短缺的弱点趁火打劫实施债务掠夺。20世纪80年代拉美债务危机便与发达国家的金融垄断密切相关[3]。鉴于上述原因，我国在金融开放的过程中，要设立防火墙，防止国际金融资本投机威胁我国金融安全。

第四，发扬党的伟大斗争精神，维护中华民族根本利益。面对以美国为首的国际帝国主义的"围追堵截"，中国不可能放弃原则一味妥协退让。因为中国融入世界市场的目的是实现中华民族的伟大复兴，而不是沦为西方资本的附庸。党的历史经验证明，在世界市场上与国际垄断资本主义进行有理有节的斗争，才能维护中国的根本利益。在尊重世界贸易规则前提下，凭借我国的经济实力，推动重塑全球经济治理体系，打破世界市场上的各种霸权行径，是包括中国在内的发展中国家寻求民族经济复兴必由之路。

① Costas Lapavitsas. *Profiting without Producing*：*How Finance Exploit Us All*，（Brooklyn：Political Economy of Financialization，2013），p. 70.

② 庞中英：《东南亚金融危机的成因、教训与影响》，《国际问题研究》，1998年第1期。

③ 余文健：《拉美债务危机：成因与对策》，《求是学刊》，1992年第2期。

中国式现代化的理论内涵

韩文龙

中国式现代化，是在中国特色社会主义革命、建设、改革和发展实践中，在中国共产党领导下全体中国人民共同努力，通过不断解放和发展社会生产力，实现经济、政治、社会、文化和生态等领域从不发达阶段向发达阶段转变的崭新过程。中国式现代化是适合中国具体国情的现代化道路，它既遵循了各国现代化过程的基本规律，又具有社会主义特质和中国特色。

中国共产党是中国式现代化的坚强领导力量。中国共产党的领导是中国特色社会主义最本质的特征。党政军民学，东西南北中，党是领导一切的。从新中国成立之初的"四个现代化"到改革开放以后提出的"小康社会"，从全面建成小康社会到全面建设社会主义现代化国家新征程，中国共产党人为民族谋复兴、为人民谋幸福的初心和使命始终不变。

人口规模巨大是中国式现代化的基础特征。目前，中国依然是发展中国家，人口众多是我国的基本国情。习近平总书记指出，人口问题始终是我国面临的全局性、长期性、战略性问题。中国式现代化就是在人口众多的现实国情中探索和实践的。巨大的人口规模，既为我国实现现代化发展提供充足的劳动力基础，也使得中国在推进工业现代化、农业现代化、国防现代化、科学技术现代化等过程中面临着较大的压力和挑战。正是在中国共产党的坚强领导下和全国各族人民的共同奋斗中，我们将人口数量众多变成推动中国式现代化的动力优势。

实现全体人民共同富裕是中国式现代化的重要目标。共同富裕是社会主义的本质要求，是中国式现代化的重要特征。实现全体人民共同富裕，遵循的是人民利益至上原则，它凸显了中国式现代化新道路的社会主义方向，为人类实现现代化注入了新内涵，为构建人类命运共同体贡献了中国经验和中国方案。同时，中国式现代化新道路为实现全体人民共同富裕提供了价值理念、领导力量、基本经济制度、物质财富和精神财富等多个方面的重要保障。

物质文明和精神文明相互协调是中国式现代化的重要要求。人类社会的发展，既需要物质财富也需要精神财富。只有物质财富和精神财富都丰裕起来，才能为促进共同富裕和实现人的自由全面发展提供坚实的基础。只有实现物质文明和精神文明的协调发展，才能实现社会的健康可持续发展。

人与自然和谐共生是中国式现代化的重要特征。一些发达国家在现代化过程中走了一条"先污染后治理"的现代化之路。中国式现代化更加强调人与自然的和谐共生。尤其是党的十八大以来，以习近平同志为核心的党中央提出了新发展理念，更加强调绿色发展。"绿水青山就是金山银山"，只有贯彻绿色发展理念，才能实现人与自然的和谐相处，才能实现可持续发展。

走和平发展道路是中国式现代化的重要特色。一些西方发达国家的现代化进程是伴随着战争、殖民统治、抢劫和掠夺等方式实现的，是建立在其他国家和民族被奴役和被压迫基础上的。中国式现代化是在和平基础上，通过坚持自力更生逐渐实现的。中国走的是和平发展之路，中国的发展为世界政治和经济等的稳定作出了重要贡献，同时中国也是世界和平与发展的坚定维护者。

中国式现代化是人类文明的新形态。追求现代化是人类社会不断发展的价值目标。在各国现代化过程中呈现出不同的道路和模式。二战以后，以美国和欧洲国家等西方国家为代表的现代化模式，成为发展中国家学习和效仿的榜样。但是，一些发展中国家在模仿西方的现代化模式后，陷入"贫困陷阱"或"中等收入陷阱"。中国式现代化是中国共产党领导的，在社会主义制度基础上不断探索的新型现代化之路。中国式现代化不仅要求高质量发展、全过程人民民主、实现物质文明和精神文明协调发展、推动共同富裕等，还要求推动人与自然的和谐共生，推动构建人类命运共同体。中国式现代化，既有对内的发展要求，又有对外的价值追求，是不同于传统西方国家现代化模式的新模式，创造了发展中国家谋求发展、实现现代化的新道路。中国式现代化的示范效应，为推动广大发展中国家谋求现代化新道路和实现人类的共同利益和共同价值，提供了中国方案、中国经验和中国智慧。

中国式现代化需要分阶段推进和实现。建成中国特色社会主义现代化强国不是一蹴而就的，需要按照总的战略安排一步一步实现。到2035年，我国基本实现社会主义现代化，使得国家的总体经济实力、科技实力和综合国力等大幅度上升，人均GDP达到中等发达国家水平。在此基础上，再经过15年左右发展，到本世纪中叶把我国建设成为综合国力和国际影响力领先的社会主义现代化强国。

中国式现代化的实现需要依靠不懈奋斗和顽强斗争。建设社会主义现代化国家，不是轻轻松松就能实现的，它需要在中国共产党的坚强领导下，发挥社会主义制度优势，发挥奋斗精神，全国各族人民共同努力才能实现；需要发扬斗争精神，在风云变幻的国际大舞台上用智慧和勇气谋求中国人民的正当权利和利益才能实现。

在中国式现代化新征程中
促进农民农村共同富裕[*]

韩文龙　唐　湘

党的二十大报告明确提出，"现阶段，中国共产党的中心任务就是团结带领全国各族人民全面建成社会主义现代化强国、实现第二个百年奋斗目标，以中国式现代化全面推进中华民族伟大复兴"，而"中国式现代化，是全体人民共同富裕的现代化"[1]。当前，促进共同富裕最艰巨、最繁重的任务在农村。2021 年 8 月 17 日，习近平总书记主持召开中央财经委员会第十次会议时特别强调要"促进农民农村共同富裕"[2]。在中国式现代化新征程中，即新发展阶段，如何促进农民农村共同富裕，不仅关系到实现全体人民的共同富裕问题，而且关系到全面建设社会主义现代化强国问题。因此，研究和阐释新发展阶段促进农民农村共同富裕的理论内涵和实现路径具有重要的理论意义和现实意义。

一、促进农民农村共同富裕的理论内涵

2020 年全面建成小康社会取得了伟大的发展成就，历史性地消除了绝对贫困问题，极大地推动了农民收入的增加与农村经济的增长，促进了我国农民农村共同富裕迈上了新台阶。新发展阶段，促进农民农村共同富裕是实现全体中国人民共同富裕的重要内容；农民农村共同富裕也被赋予了新内涵，值得深入研究和阐释。

（一）农民农村共同富裕是实现农村农业农民现代化的重要特征

实现现代化与共同富裕两者之间具有辩证统一的关系。中国式现代化新道路为实现全体人民的共同富裕提供价值理念、领导力量、基本经济制度、物质财富和精神财富等多个方面的重要保障。同时，实现全体中国人民的共同富裕是中国式现代化新道路的应有之义。

具体到"三农"领域而言，我们在审视中国特色现代化进程时不能忽视乡村

＊　本文选自《兰州大学学报（社会科学版）》2023 年第 1 期。本文为教育部重大攻关项目"实体经济发展与中国特色社会主义政治经济学"（17DZJ011）；国家社会科学基金后期资助项目"数字经济的政治经济学研究"（20FJLB006）的阶段性研究成果。
①　《高举中国特色社会主义伟大旗帜为全面建设社会主义现代化国家而团结奋斗》，《人民日报》，2022 年 10 月 17 日。
②　习近平：《扎实推动共同富裕》，《求是》2021 年第 20 期。

的重要地位，更不能忽视农村、农业和农民的现代化问题①。农村现代化是包含政治、经济、文化、社会和生态文明的"五位一体"的现代化，是要让农业、农村、农民和国家一道实现现代化②。在大力推动农村农民农业的现代化过程中，农村政治文明不断发展，物质经济稳定增长，文化建设蓬勃发展，社会治理完善安全，生态环境持续美丽是实现农村共享发展成果、提高农村共同富裕水平的重要基础；同时，农村共同富裕本身是农村现代化得以充分发展的重要特征。新发展阶段，只有协同推进农村农业农民现代化，才能补齐中国特色现代化的短板；同时，只有实现农民农村的共同富裕才能真正实现全体中国人民的共同富裕。从马克思主义的辩证统一观点来看，农村农业农民现代化的发展成果本身是促进农民农村共同富裕的社会财富基础，同时实现农民农村的共同富裕也可以凸显出农村农业农民现代化的发展水平。因此，农村农业农民现代化是实现农民农村共同富裕的关键举措，促进农民农村共同富裕是实现农村农业农民现代化的重要特征。

（二）农民农村共同富裕的范围是全体农村居民

改革开放初期，为了打破计划经济时期形成的"大锅饭"平均主义，邓小平同志提出了"一部分地区、一部分人可以先富起来，带动和帮助其他地区、其他的人，逐步达到共同富裕"的著名论断③，为当时打破僵化的分配机制起到了积极的指导作用。经过改革开放40多年的发展，我国城乡居民的收入水平大幅度提高，但是总体来看收入差距仍然较大，衡量收入差距的基尼系数近些年一直处于0.4的国际警戒线以上。现阶段，收入分配领域开始坚持兼顾效率与公平原则，更加重视共享发展和促进共同富裕。

新发展阶段要实现农民农村的共同富裕，就必须重新认识共同富裕的范围问题。农民农村共同富裕不是一部分人和一部分地区的富裕，而是全体农村居民的共同富裕，必须有效处理好发展与共享的关系、先富与后富的关系、效率与公平的关系，使得全体农民公平地共享经济发展成果。当前，在一些地区，城乡之间、不同地区农村之间、农村内部不同群体之间，由于资源禀赋、社会环境、政策背景、代际传递，以及个人能力差异等多种因素的影响，农村居民难以享受同等的发展条件、获得较好的收入，导致收入差距问题突出。收入差距过大有悖于农民农村共同富裕的基本原则，也不利于经济社会的高质量发展。农民农村共同富裕是在大力发展农村社会生产力基础上，实现社会物质财富由全体农村劳动者共同创造和共同享有的发展过程和分配过程。促进实现农民农村共同富裕必须始终坚持农民的主体地位，坚持富裕为了农民、富裕依靠农民。因此，应该进一步解放和发展农村社会生产力，以乡村振兴为引领，在帮助农民群众增强致富本领、创造致富机会、畅通向上流动通道的同时，使得发展成果更多更公平惠及全体农民。同时，要通过制度性安排，鼓励"先富带动后富"和地区之间的横向帮扶等，不断促进全体农村居民的富裕。

① 王露璐：《中国式现代化进程中的乡村振兴与伦理重建》，《中国社会科学》2021年第12期。
② 陈锡文：《实施乡村振兴战略，推进农业农村现代化》，《中国农业大学学报（社会科学版）》2018年第35卷第1期。
③ 《邓小平文选》第3卷，人民出版社，1993，第149页。

（三）农民农村共同富裕的内容包括物质财富和精神财富

农民农村共同富裕是推进农村居民的全面发展，既包括物质生活，也包括精神生活。物质生活的富裕是实现共同富裕的基础，起到决定性作用，但其并不能涵盖共同富裕的全部内容。精神生活的富裕是人民更高品质生活质量的体现，是人们的价值追求与共同富裕的重要组成部分，是决定人们幸福感的重要因素。实现农民农村共同富裕的内容不仅包括物质生活富裕，还包括精神生活富裕。

一方面，物质生活富裕是人们基本的富裕要求，是实现精神生活富裕的必要条件。物质基础决定上层建筑，"仓廪实则知礼节"，人们的物质生活需要得到满足，精神生活才能得到极大的发展与充裕。另一方面，精神生活富裕代表了人们更高层次的追求，在物质生活需要得到满足之后，人们的需要呈现出更多元化的特点，这与当前社会主要矛盾的转变保持一致，而这种不断实现更高层次的追求、实现精神生活富裕的过程也就是推动实现人的全面发展和社会文明进步的过程，更是体现了共同富裕的内核所在。因此，新时代的农民农村共同富裕要坚持物质生活和精神生活的共同发展，要两条腿走路，实现平衡健康推进全体人民的共同富裕。

（四）农民农村共同富裕的实现具有阶段性特征

我国仍处于社会主义初级阶段的基本国情长期不会变，这决定了共同富裕的实现不是一蹴而就的，而是长期的过程，需要分阶段推进。农民农村共同富裕作为共同富裕的重要组成部分，其实现过程也根据其时代背景的差异而呈现出阶段性的特征。新中国成立以来，我国不断探索推进实现农民农村共同富裕，在不同历史阶段呈现出不同的阶段性特征。1953年12月，中共中央通过的《关于发展农业生产合作社的决议》确定了党在农村工作中的最根本的任务，即"使农民能够逐步完全摆脱贫困的状况而取得共同富裕和普遍繁荣的生活"[①]。对于实现农民农村的共同富裕，以毛泽东同志为核心的党的第一代中央领导集体，明确提出要走社会主义道路，推动实现所有农民都要富裕，其重点关注了社会主义制度对于实现农民农村共同富裕的重要引领作用，并解决了全体农民的温饱问题。改革开放时期，邓小平同志强调要以先富带动后富，最终达到共同富裕，并指出"社会主义的目的就是要全国人民共同富裕，不是两极分化"[②]。该阶段农村地区通过实施家庭联产承包责任制等激发农村劳动者生产积极性的方式实现了产出的增长与经济的发展，推动全体农民逐渐迈入了总体小康社会。进入新时代，以习近平同志为核心的党中央坚持以人民为中心的发展思想，深入落实和贯彻新发展理念，扎实推进精准扶贫和精准脱贫工作机制，将开放式扶贫和救助式扶贫方式有效结合起来，落实"六个精准"和"五个一批"扶贫政策和实践路径，在贫困治理方面取得了举世瞩目的伟大成就[③]。2020年，现行标准下我国的相对贫困人口实现了全部脱贫。2012年以来，我国每年减贫规模均在1 000万人以上，农村贫困人口减少了9 000多万，脱贫攻

[①] 《生产资料所有制的社会主义改造和国民经济第一个五年计划时期》，载《中共党史参考资料（八）》，人民出版社，1980，第11页。

[②] 张小平：《中共十一届三中全会以来大事记》，人民出版社，1998，第167页。

[③] 韩文龙、周文：《马克思的贫困治理理论及其中国化的历程与基本经验，《政治经济学评论》，2022年第13卷第1期。

坚完成后有一亿左右人口脱贫、832 个贫困县全部摘帽，区域性整体贫困得到解决①。打赢脱贫攻坚战也标志着我国全面建成了小康社会。全面建成小康社会不仅使得部分农民摆脱贫困，过上了小康生活，而且为进一步推动实现农民农村的共同富裕奠定了坚实基础。

现阶段，城乡之间、农村不同群体之间，以及不同地区农村之间的差距较大是实现农民农村共同富裕面临的主要挑战。如何解决农村发展不充分、城乡发展不平衡问题是当前积极应对社会主要矛盾转变，促进农民农村共同富裕必须思考的问题。因此，立足新发展阶段的时代背景，历史性地解决这些问题，仍然需要按照建设现代化国家新征程既定的阶段性目标稳步推进，在 2035 年基本实现共同富裕，在 2050 年实现全体人民的共同富裕。

（五）促进农民农村共同富裕的前提是农业农村高质量发展

共同富裕的实现需要建立在社会财富极大丰富基础之上。马克思明确指出"一切生产力即物质生产力和精神生产力"②。只有通过发展物质生产力和精神生产力，才能为实现共同富裕创造出丰富的物质财富和精神财富。进入新时代，高质量发展是创造更多社会财富的主动力。在"三农"领域，推动农业农村高质量发展有利于增加农业农村新的经济增长动力，推动农村经济持续健康发展，增加农民收入，夯实农民农村共同富裕的物质基础。同时，推动农业农村高质量发展是农村经济持续增长的动力支撑，是建设美丽乡村的必然要求，更是遵循经济规律发展的现实表现。农业农村高质量发展带来的经济成果的增长、基础设施建设的完善、农民收入的增加、农村生活环境的改善以及农民生活品质的提升等各方面的综合发展，共同构成了农民农村共同富裕的实现前提。

二、促进农民农村共同富裕的基础条件与制约因素

2020 年，中国在打赢脱贫攻坚战和全面建成小康社会以后，开始迈向了全面开启建设社会主义现代化国家的新征程。新发展阶段，我国已经具备了促进农民农村共同富裕的政治、经济、社会、文化和生态等基础性条件，但是也面临着农业农村现代化水平低、城乡发展不平衡不充分等诸多制约因素。

（一）促进农民农村共同富裕的基础条件

1. 政治条件

农民农村共同富裕的推动需要以强力有效的制度安排与政策方针作为保障。一方面，社会主义制度及其制度体系安排构成了实现农民农村共同富裕的基本政治制度基础。我国是社会主义制度，共同富裕是社会主义的本质要求。为实现农民农村的共同富裕，就必须在中国共产党的坚强领导下，走中国特色社会主义农村发展道路，坚持农村集体所有制和基层民主制度，不断完善党和国家关于农村建设的治理体系和提高治理效能。

---

① 习近平：《在全国脱贫攻坚总结表彰大会上的讲话》，《人民日报》2021 年 2 月 26 日，第 2 版。
② 《马克思恩格斯全集》，第四十六卷：上，人民出版社，1979，第 173 页。

党的十八大以来，以党建为统领，逐渐形成了乡村良好的政治生态。首先，党对农村工作的集中统一领导在乡村治理体系中处于核心地位，并形成了组织化和体系化的实现机制。其次，将党的领导、村民自治和社会服务有机结合起来，形成了较为完整的农村基础组织体系。再次，通过法治、德治有机结合，提升了农村治理的整体效能。通过农村法治建设，农村居民的整体法律意识逐渐增强；通过德治建设，乡村乡风逐渐清朗，美德逐渐得到了弘扬。随着乡村治理方式逐渐多样化和治理水平的提高，一些地方的农村集体经济得到了较快发展，农村的现代化水平不断提高。党的领导是实现农民农村共同富裕的政治保证，良好的社会生态为实现农民农村的共同富裕奠定了坚实的政治基础。

2. 经济条件

农村生产力的发展是农民农村共同富裕的实现前提和必要条件，促进农民农村共同富裕的过程中，推动农业农村现代化，实现物质财富的极大丰富是其中关键所在。

党的十八大以来，围绕推动实现农业农村现代化的总目标，党和国家采取了一系列的财政、金融、产业和收入分配政策等推动解决"三农"问题。党的十九大报告提出了乡村振兴战略，要求从宏观层面助推乡村经济建设，并且把发展乡村产业定位为乡村振兴的关键，极大地体现了党和国家对于发展农村生产力的重视。近年来，国家通过推进农地和宅基地"三权"分置等农村产权制度改革、农业经营体制改革、农村要素市场改革和收入分配制度改革，不断释放改革红利和制度红利，大力促进农村生产力的发展，显著提高了农村居民的收入水平等。从农业总产值来看，2021 年第一产业增加值为 83 086 亿元，比上年增长 7.1%[①]，达到了历史的新高。从农村居民的收入和支出情况来看，2021 年农村居民的人均可支配收入达到了 18 931 元，比上年增长 10.5%，人均消费支出为 15 916 元，增长 16.1%，保持了良好的增长势头。农民收入的增加和消费水平的提高，标志着农村居民生活水平与生活质量的提高。农村生产力的发展创造了越来越丰富的社会财富，提高了农村居民的收入水平和生活水平，为扎实促进农民农村的共同富裕奠定了良好的经济基础。

3. 文化条件

共同富裕不仅要实现物质生活的富裕，还要实现精神生活的富裕。其中，文化建设既是促进物质文明建设的必要条件，也是实现精神富裕的重要基础。改革开放以来，我国高度重视文化建设，通过市场化、法治化、专业化等方式不断促进教育、体育、文化、卫生等各项事业的快速发展。党的十八大以来，以习近平同志为核心的党中央提出了"五位一体"的总体布局，其中包括文化建设。经过多年的系统性建设和高质量发展，目前中国正在由文化大国向文化强国迈进。

新发展阶段，文化建设将为促进农民农村的共同富裕发挥重要作用。其一，实现共同富裕是中华民族与中国人民一直以来的美好向往，是党和国家多年来的实践目标与价值追求。"不患寡而患不均""美美与共，天下大同"等传统表达都体现

[①] 数据来源：《中华人民共和国 2021 年国民经济和社会发展统计公报》。

出对共同富裕的追求与向往，新时代共同富裕思想创造性继承与发展了中华优秀传统文化，体现出相似的价值追求。社会整体对于共同富裕的向往为实现农民农村共同富裕汇聚了强大精神力量，有利于形成社会共识以推动共建现代化宏图，共享经济发展成果，实现农民农村共同富裕。其二，社会主义核心价值观有利于加强促进农民农村共同富裕的价值引导。社会主义核心价值观作为与我国生产力发展相适应的价值体系，是社会共识的凝结，对于推动社会实践具有重要的引领作用。在社会主义核心价值观的引领下，全社会成员共同参与到经济社会发展建设中来，形成推动共同富裕的强大社会共识，从而为农民农村共同富裕的实现提供了坚实的精神基础与动力保障。这种实现共同富裕的社会共识与美好向往极大地推动农村居民自觉主动参与到共同富裕建设中来，由全体农民共同劳动、共同创造，共享农村经济与社会发展成果，实现以共识推动共建共享，从而促进实现农民农村共同富裕。

4. 社会条件

社会和谐稳定是实现农民农村共同富裕的基本前提，以人民为中心的发展理念是推动农民农村共同富裕的根本遵循。农村和谐社会是社会主义和谐社会的重要组成部分，没有农村的和谐，就不可能有城乡的和谐，更不可能有中国的和谐。所以，构建社会主义和谐社会，必须让农村成为和谐有序的社会、稳定发展的社会和健康繁荣的社会，和谐有序的农村社会是农民农村共同富裕的重要表现形式。构建农村和谐社会的关键举措是加强农村民生福利建设。民生福利得以保障一方面可以直接通过加强农村基础设施建设为农民农村共同富裕保驾护航，另一方面，公共服务体系的完善、医疗教育水平等的提高也能充分激发农民参与共同富裕建设的积极性和主动性，发挥农民的主体地位，从而进一步推动农民农村共同富裕的实现。当前我国农村的基础设施建设和民生福利建设得到了显著改善，互联网接入率大幅提高，生活污水处理与卫生厕所普及得到迅速发展，农村医疗、教育、就业以及养老等得到持续发展与稳定进步，这些民生福利的改善与社会保障的健全为进一步推进农民农村共同富裕提供了坚实的社会基础。

5. 生态条件

当前社会对于经济发展的追求从高速增长转变为高质量增长，社会整体环保意识增强，对于生态环境的保护意识也越发强烈。党的十八大将生态文明建设纳入"五位一体"战略布局，乡村振兴战略进一步强调了生态文明建设的重要性，习近平总书记提出的"绿水青山就是金山银山"等[1]，都深刻体现了社会对于生态文明建设的高度重视。生态文明建设对于改善农村生活环境，提高农民生活质量具有显著的推动作用。

生态文明的进步是实现农民农村共同富裕的重要组成部分，良好的生态环境是提高农民生活质量、实现农民精神生活富裕的重要体现。随着第一个百年奋斗目标的完成，农民收入大幅增长，农民所要求的不再是简单的温饱，一个良好的生态发展环境是提升其幸福感、满足其多样化需求的重要保障，也是推动实现农民农村共同富裕的必由之路。当前农村生态环境得到了显著的改善，一方面生活垃圾、生活

---

[1]《习近平谈治国理政》（第二卷），外文出版社，2017，第393页。

污水等处理有效，显著改善了农村居民生活环境；另一方面，生态基础设施建设正在逐步完善，在能源系统、农田水利、交通物流与信息基础等各个方面的设施建设，都积极推行清洁健康、绿色发展。农村生态环境建设的改善从经济发展方面为实现农业农村的可持续发展提供基础保障，从生活环境方面推动农民实现生态宜居的目标，二者都极大地推动了农民农村共同富裕的实现。

（二）促进农民农村共同富裕的制约因素

新中国成立以来，我国农村发展先后经历了解决温饱、总体小康、全面小康等发展历程，为新发展阶段扎实推动共同富裕奠定了良好的基础。但是，从现代化视角来看，现阶段实现农民农村的共同富裕还面临着一些制约因素，只有破除这些制约因素，才能高质量推动农民农村共同富裕的实现。

1. 农业农村现代化水平相对较低和高质量发展不足

农业农村现代化是实现农民农村共同富裕的物质保障与强力支撑。然而当前我国农业农村现代化水平不高，高质量发展水平较低，难以对农民农村共同富裕起到强大的拉动作用。

从农业农村现代化的角度来看，首先，我国现在部分农村地区仍是小规模、半机械化的农业生产方式，这种分散化的、粗放的生产难以形成规模效应，农业生产效率低、产出不足等极大限制了农业现代化的发展。其次，农村农业产业结构不合理、产业体系不健全现象使得农业资源难以得到充分利用，农产品附加值低，难以创造足够的价值支撑实现农民农村共同富裕。最后，农业农村的现代化发展还缺乏足够的动力支撑。农村要素市场面临农村资源资产盘活不足的问题，涉农贷款抵押困难，资金难以进入农村市场。同时城乡要素资源流动不足，受到城市"虹吸"效应的影响，乡村资本与人才向城市集中，农业农村现代化发展后劲不足。

习近平总书记指出"农村现代化既包括'物'的现代化，也包括'人'的现代化，还包括乡村治理体系和治理能力的现代化"[①]。在农村，"人"的现代化是指农民的现代化。从农民现代化的角度来看，农民的现代化是推进农业农村现代化的重要依托，是实现农民农村共同富裕的重要目标和抓手。但我国当前的农民现代化水平不高，极大地限制了农民农村共同富裕的发展。一方面，农民现代化需要人口与劳动力素质的提升，但当前农民受教育水平较低，农村人口与劳动力素质提升难度大。具体而言，城乡之间的发展差距使得大量农村青壮年劳动力外流，农村留守以老弱妇残为主，难以提高劳动力素质适应发展需求。另一方面，农民现代化要求农民所享受的公共服务与生活水平有所提高，然而当前我国农民所享受到的公共服务资源不足，乡村居民生活品质改善不足，多样化需求难以得到满足，阻碍农民农村共同富裕的实现。

2. 城乡之间不平衡发展的矛盾比较突出

新中国成立以来，我国的城乡关系一直在"分离"与"融合"中徘徊。新时代，我国城乡关系进入了融合阶段，并逐渐形成了"工农互促""城乡互补""全面融合"的新型城乡关系。在肯定成绩的同时，必须承认，与城市的高速发展相

---

① 《习近平谈治国理政》（第二卷），外文出版社，2017，第258页。

比，农村的发展相对滞后，城乡之间不平衡发展的矛盾比较突出。

首先，城乡之间的产业发展差距问题比较突出。城乡之间由于政策影响、地理环境、人口特征以及资源禀赋等多层次的原因造成了长期以来的城乡割据状况。城乡在产业方面的发展差距问题成为社会主要矛盾的重要表现形式之一，影响着农民农村共同富裕的实现。从产业来看，我国城乡之间要素资源配置不均衡，资本、劳动力、技术等都流向了利润率更高的二、三产业，以农业为主的农村产业体系较为落后，发展效率低下，发展质量不高，加之城乡产业结构趋同、发展脱节、互动不足等问题，使得城乡之间难以实现产业与资源优势的互补，直接导致了农村产业发展相对滞后。

其次，城乡之间的收入差距比较突出。城乡居民收入差距过大的问题是社会主要矛盾的重要体现。以人均可支配收入作比较，城乡居民之间的差距仍然较大。1978 年我国城乡居民人均可支配收入分别是 332 元和 165 元，两者的比值约为 2.0，2021 年我国城乡居民人均可支配收入分别 47 412 元和 18 931 元，两者的比值约为 2.5[①]。产业发展不平衡、资源要素分布不均以及城乡二元经济结构等都是导致城乡收入差距的直接原因。近年来，随着国家政策的干预和农村经济的发展，中国城乡居民人均可支配收入差距问题明显改善，但总体而言，城乡收入差距较大的问题仍是阻碍实现农民农村共同富裕的关键因素。

再次，城乡之间差异化的基础设施建设和基本公共服务的差距影响着农民幸福感的提升。近几年，在党和国家的不断推动下，我国农村在水、电、气、路、房等方面的基础设施建设得到极大发展，然而在信息化、数字化等新型基础设施建设方面还存在很大的不足，与城市地区建设水平差异显著。从基本公共服务来看，农村的教育、医疗、失业保障以及养老等民生福利建设显著弱于城市，城乡基础教育资源配置失衡，乡村教师、医生等人才缺口严重，农村农民养老保障水平还比较低，农民生活品质难以得到显著提升等现状，制约着农民农村共同富裕水平的提升。

3. 脱贫人口返贫风险仍然存在和相对贫困问题亟待解决

2020 年我国全面建成了小康社会，农村人口实现全面脱贫。这种脱贫是由政府政策主导拉动实现的，其效果显著，起效快，但同时伴随着较大的返贫风险，一旦出现重大意外或是缺乏后续的政策保障，就可能出现规模性返贫现象。究其原因主要包括以下几个方面。其一，我国部分地区脱贫人口收入水平不高，就业不稳定，应对风险的能力差，一旦出现意外事故或是疾病等事件导致收入的下降或者支出的增加，都可能使之快速返贫。其二，部分脱贫人口发展能力弱，"扶贫""扶志""扶智"尚未实现同步，脱贫人口内生发展动力不足，能力素质跟不上，使得部分脱贫人口对政策性帮扶依赖性过强，脱贫效果难以持续。其三，脱贫攻坚的主要举措是发展扶贫产业，但是扶贫产业的发展也存在一系列问题，影响脱贫效果，具有返贫风险。对于老少边穷等地区，由于地理位置等的限制，其受到经济中心的辐射作用较小，对经济的拉动作用不大；同时，部分脱贫地区受到环境约束的影响，资源开发受限，经济与产业发展也受限。除此之外，部分地区扶贫产业可持续

---

① 数据来源：历年统计年鉴和统计公报等。

发展能力不强，其扶贫产业出现了项目同质化现象，导致产品生产过剩，市场接受程度不高，配套服务体系不完善，持续发展能力不强等一系列问题。其产业发展能力较弱，对就业的带动能力不强，推动农民农村收入增长的作用不大，难以有效促进农民农村共同富裕的实现。

在解决绝对贫困问题以后，相对贫困问题的解决难度较大。相对贫困是指在一个社会中，单纯依靠个人或家庭可以获取维持其对食物基本生存的需要，但是并不能有效满足现行条件下其对教育、医疗、住房和社会保障等其他基本生活需要，以及其获得发展机会和能力的缺失等状态。相对贫困具有多维特征，包括收入低和支出不够，以及存在物质贫困和精神贫困的双贫困问题，即其处于社会困境之下难以满足教育、卫生等基本能力需要的社会排斥感①。按照相对贫困的多维标准来衡量，在中国处于相对贫困的人口基数较大，解决相对贫困的任务仍然艰巨。导致相对贫困的原因比较复杂，包括制度、政策、产业、文化和社会方面等多种因素。因此，解决相对贫困涉及制度支持、经济发展、收入分配、公共服务和社会保障等多个领域，需要协同推进和打持久战。

4. 城乡二元体制有待破除

中国城乡二元体制是以城乡二元的户籍制度为基础形成的包括土地、资本、劳动力等要素市场、商品市场、基础设施和基本公共服务等城乡二元的体制机制。中国城乡二元体制的形成，既有历史原因，也有现实原因。历史原因包括计划经济时代实行的"以农补工"等政策来支持重工业发展导致农村农业部门的发展受到抑制，改革开放以后坚持了城乡二元体制和继续实施了有差别的工农业和城乡发展政策。这些政策导致工业和农业之间、城市和农村之间、城市居民和农村居民之间出现了较大的发展差距。近些年来，党和国家为解决城乡发展不平衡问题采取了一系列措施，不断破除城乡二元户籍制度为核心的制度藩篱，引导社会发展资源流向农村，使得城乡融合发展取得了一定的成效，但是发展差距大的问题依旧显著，以户籍制度为核心的城乡二元分割体制影响深远，成为阻碍实现农民农村共同富裕的重要因素。

城乡二元体制根本来说是因为城乡之间生产要素循环流动不足，形成其根本上的发展差异。具体而言，主要表现在"人、财、地"三个方面。"人"主要指的是劳动力，城乡户籍制度的差异是基础，城乡户籍一元化改革进度缓慢，使得农民工无法落户城市也难以享受到与市民同等的住房、医疗、教育和就业等多方面的公共服务待遇，人才与劳动力资源形成向城市的单向流动。"财"是指资金，同样也表现出乡村流向城市的特点。我国农民或农民工在工作获得收入之后，往往将其进行储蓄，银行再将收到的存款放贷到城市进行使用，所以资金流向是从农村进入城市。农民往往因为信用信息不足、抵押贷款物不够等难以获得金融资金支持，使得资金要素产生割裂，难以充分在农村发挥作用，进一步加大城乡差距。"地"指的是土地，农村居民虽然拥有土地，但从事农业难以带来高收入，又很难将土地转化

---

① 张传洲：《相对贫困的内涵、测度及其治理对策》，《西北民族大学学报（哲学社会科学版）》2020年第2期。

为现金流的信用品，从而形成财产性收入，同时土地的流转与抵押贷款能力不足，未能充分利用土地资源实现增收，不能有效起到推动农村经济发展和农民增收的作用。城乡二元体制的制度性障碍尚未完全消除，城乡发展的差距仍然较大，是制约实现农民农村共同富裕的重要因素。

三、扎实推进农民农村共同富裕的实现路径

新发展阶段，扎实促进农民农村共同富裕，需要解决好富裕和共享两个方面的问题。富裕就是要通过不断解放和发展农村社会生产力，促进农业农村农民的现代化；共享就是要通过共享发展和包容性发展，以及调整相关制度，不断提高农村居民的收入水平，形成橄榄型收入结构等。具体来讲，新发展阶段扎实推进农民农村共同富裕需要把握好五大实现路径。

（一）以乡村振兴战略为统领推进农业农村现代化

党的十九大报告提出要"实施乡村振兴战略"，并强调"要坚持农业农村优先发展，按照产业兴旺、生态宜居、乡风文明、治理有效、生活富裕的总要求，建立健全城乡融合发展体制机制和政策体系，加快推进农业农村现代化"[1]。实施乡村振兴战略是新时代党中央为解决"三农"问题做出的重大战略部署，也是推进农业农村现代化和促进农民农村共同富裕的重大战略举措。

要着力于推动实现农民农村共同富裕，需要在坚持农村基本经济制度基础上，以乡村振兴战略为引领，推进农业农村现代化，走中国特色社会主义乡村振兴道路。乡村振兴战略是实现农民农村共同富裕的推动力量，农业农村农民现代化是实现农民农村共同富裕的物质基础与现实表现。

具体来讲，以乡村振兴战略为统领推进农业农村现代化需要把握四个方面。一是坚持中国共产党的领导和农村集体所有制。习近平总书记指出"要把好乡村振兴战略的政治方向，坚持农村土地集体所有制性质，发展新型集体经济，走共同富裕道路"[2]。党的领导是推进乡村振兴的重要政治保证。同时，只有坚持农村集体所有制，才能使得农业农村现代化道路不偏离社会主义方向。新发展阶段，要在加强党对"三农"工作的集中统一领导下，坚持农村集体所有制不动摇，不断壮大农村集体经济，为促进农民农村的共同富裕提供重要保障。二是推进农业现代化。实现由传统的小农经济向现代农业的转变。新发展阶段，推动农业现代化的重点在于推动农业生产方式的现代化，需要把握三个转变：推动农业生产方式主要依靠劳动力和资本要素为主的传统农业生产方式向主要依靠人才、资本、技术等要素为主的现代农业生产方式转变；推动农业经营方式由传统的以家庭为单位的经营方式向以农户、种粮大户、家庭农场、合作社和农业企业等多元主体参与经营的方式转变；推动农业产业发展由传统农林牧渔业转向现代农业、制造业和服务业相互结

---

① 习近平：《决胜全面建成小康社会夺取新时代中国特色社会主义伟大胜利——在中国共产党第十九次全国代表大会上的报告》，人民出版社，2017，第32页。

② 《习近平谈治国理政》（第三卷），外文出版社，2020，第261页。

合的融合发展。三是推动农村现代化。积极开展乡村建设，加强农业农村基础设施建设，提高农民所享受的公共服务水平，实现城乡均等的公共服务与民生福利保障以提升农村居民生活品质与生活质量，推动实现农民农村共同富裕。为此，需要激发乡村多种功能价值，吸引人才留驻，畅通城乡之间人才资源的流动渠道，吸引城市高素质人才进入，共建美丽乡村。四是推动农民现代化。农民现代化是指乡村居民生活品质的现代化以及顺应现代化要求的农村人口和劳动力素质的提高①。要实现农民现代化，要着力于提高农村人口以及劳动力素质。通过政府与社会力量相结合，加强对于农村劳动力的就业培训，增强农民自身发展能力，实现就业机会增长，从而可持续地保障农民农村共同富裕的实现。

（二）推进城乡融合发展战略解决城乡发展不平衡问题

马克思指出，"城乡关系一改变，整个社会关系也跟着改变"②。城乡关系的改变必然会对城乡经济社会发展形成实质性和结构性的影响。促进城乡融合发展是实现农民农村共同富裕的必由之路，着力解决城乡之间发展不平衡问题是适应于社会主要矛盾转变的必然选择。

促进城乡融合发展，需要把握产业融合、收入增加、基础设施互联互通和基本公共服务均等化四个关键方面。一是促进城乡产业融合发展。积极推动农村产业结构调整升级，以提高农业生产效率。同时，需要推动实现城乡产业发展互补互促，增强城乡产业关联度，实现城乡产业融合发展，积极发挥城市产业对农村产业的带动作用，发挥城乡各自资源优势，实现协调发展，统筹发展。二是促进农村居民的收入可持续增长。要增加农民收入，对于留在农村的农民来说，需要大力支持发展非农产业和农业现代化，提高农业生产率和收益率，增加农民工资性收入。除此之外建立健全普惠性机制，增加对低收入群体的财政补贴力度，拓宽农村居民增收的渠道，实现多角度多层次的农民增收。另外，要积极保障农民工获得公平的工作机会与就业保障，畅通农民与市民之间的转换渠道，在平衡劳动力资源的同时，实现这部分人群的增收。三是促进城乡基础设施的互联互通。以乡村振兴战略为统领，加大农村道路、水利、通讯和管网基础设施的建设力度，补齐关系到农业产业化、农村现代化和农民生活便利化的基础设施短板。同时加快实施城乡统一的规划体系，尽快实现城乡之间的交通、物流、互联网等多方面的互联互通，为建设城乡统一大市场和提高农村居民的生活水平提供基本的设施保障。四是促进城乡基本公共服务均等化。政府要加大对农村医疗、教育、养老、失业保障等多方面的投入，适当调整公共资源倾斜到农村，加大财政支出力度，鼓励人才进乡，着力解决城乡教育医疗资源缺失的问题。同时，要构建与之配套的体制机制，提高医护人员、教育人员的待遇，加强完善农村居民养老保险政策与失业保障安排，以完善的社会保障体系建设确保农民农村共同富裕的顺利实现。

（三）巩固脱贫攻坚成果和构建解决相对贫困的长效机制

新发展阶段，对于贫困的治理，一方面巩固脱贫攻坚成果，有效防范化解返贫

---

① 姜长云、李俊茹：《关于农业农村现代化内涵、外延的思考》，《学术界》2021年第5期。

② 《马克思恩格斯文集》（第一卷），人民出版社，2009，第618页。

致贫风险，防止规模性返贫，是推动实现农民农村共同富裕必须守住的底线任务。另一方面，实现脱贫攻坚与乡村振兴的有效衔接，以进一步解决相对贫困问题，是实现发展成果农民共享，促进农民农村共同富裕的必由之路。

巩固脱贫攻坚成果，防范出现规模性返贫。首先，要保持现有帮扶力度，实现帮扶政策总体稳定，同时对脱贫人口进行检测，保障其基本生活需求，防止由于帮扶突然减弱出现的返贫现象。其次，要重点化解风险，建立完善的社会保障体系，构建新型农村保险，使政策性保险与商业性保险相结合，以抵御风险发生可能带来的损失和返贫，同时加强失业保障体系建设，补齐公共服务短板。最后，要培育脱贫人口和农村居民的内生发展动力与发展能力，将"扶贫""扶志""扶智"结合起来，协同发展。对此，要着力提升农民受教育水平，加强人力资本建设，保证其有足够发展的能力，实现持续脱贫。另外，也要加强职业能力教育，鼓励农村居民靠自己的能力实现脱贫致富，从内生角度为农民农村共同富裕提供动力支撑。

实现脱贫攻坚与乡村振兴战略的有效衔接，进一步解决相对贫困问题。一是要做好制度设计，建立健全衡量相对贫困的指标体系、监测机制、预警机制和帮扶机制等，将脱贫不稳定的农户和收入刚达到绝对贫困线以上的贫困边缘户等纳入重点监测和帮扶范围，同时要做好贫困边缘人群的"两不愁三保障"工作。二是构建长效的扶贫机制，保持政策的稳定性，在防止大规模返贫基础上，平稳过渡到乡村振兴建设过程中来。以乡村振兴战略为统领，通过推动农业农村农民的现代化，来解决相对贫困问题。三是要创新协同扶贫模式，推动产业扶贫向产业振兴过渡，实现产业平稳健康发展。对此，要加强长期产业规划建设，将以往扶贫产业做优做大，并根据当地特色资源优势与社会环境，有针对性地、因地制宜地规划产业发展。同时要放宽信贷资金要求，推动农村资产抵押贷款信用物的拓展，实现资金、人才、技术等要素城乡流动顺畅，推动农村产业发展，以此拉动农村就业增加和农民收入增长，实现农民农村共同富裕。四是要调整农村生产生活方式，加强新基建等设施建设，构建公平的公共服务体系，鼓励农民积极向城镇的现代化生活方式靠拢，为实现生态宜居的生活环境提供保障，促进农民农村共同富裕。

（四）破除城乡二元体制充分释放农村生产要素的活力

劳动力、资本和土地等生产要素是创造社会财富的重要力量。只有通过制度改革和创新，充分激活农村的劳动力、资本和土地等生产要素，才能释放出农村生产力发展的巨大潜力来。新发展阶段，破除城乡二元体制的制度藩篱是激发农村生产要素活力、大力发展农村社会生产力的关键举措。

从"人"的角度，要深化户籍制度改革。短期要加快推动农民工进城落户政策，畅通农民与市民身份的转化渠道，保障农民工合法权益；长期来看，要建立城乡统一的户籍登记制度，剥离户籍内并含的各种权利和福利，取消城乡居民的身份差别，实现公民身份和权利的平等。

从"资本"的角度，要加快推动资本要素流入农村，积极发展数字普惠金融，从政策层面引导资金流向；从技术层面，使得金融机构降本增利；从信用层面，构建新型信用体系，将消费等多种信息进行转化综合评估农民信用水平。除此之外，也要结合土地管理制度的改革，推动农村资产抵押转化，实现"三块地"有序流转，增强农村吸纳社会资本的能力。

从"地"的角度，要深化农村"三块地"，即集体经营性建设用地、农村承包地和宅基地的改革，加快推动土地流转和市场化改革，从而以提升农民的财产性收入。一方面，以法律形式明确规定土地使用权的归属，使集体经营建设用地按照与国有土地同地同权同价的方式进行流转，以充分增加农村居民收入。另一方面，要深化承包地的所有权、承包权和使用权的"三权"分置改革，以及宅基地的所有权、资格权和使用权的"三权"分置改革。探索放活承包地和宅基地的"使用权"的实现机制，以及承包地和宅基地退出的补偿机制，盘活农村土地资源，充分增加农民财产性收入，以缓解城乡收入差距，推动实现农民农村共同富裕。总的来讲，对于农村土地而言，需要新一轮的"换权赋能"，让农民获得一定的土地财产权，既要增加农民的经营性收入，又要增加其土地财产性收入。

（五）以收入分配制度改革逐渐促成橄榄型分配结构

当前，城乡居民之间、农村居民内部和不同地区农村之间的收入差距较大。改革开放以来，我国城乡居民的收入水平实现了大幅度提高，但是城乡居民之间、农村居民内部、不同地区的农村居民之间的收入差距较大，严重阻碍了农民农村共同富裕的实现。立足新发展阶段，需要通过不断改革和完善收入分配制度来进一步缩小收入差距，逐渐形成橄榄型的收入分配结构。

缩小收入差距和形成橄榄型收入结构，需要重点关注四个方面的问题。

1. 通过推动农业农村现代化和高质量发展，不断扩大中等收入群体比例

从北欧等发达国家的经验来看，橄榄型收入分配结构形成的前提是高质量的发展，以及有效的收入分配差距调节制度。高质量的发展，就是通过经济可持续发展不断提高人均 GDP，有效的收入差距调节制度就是通过包容性发展和共享发展让劳动者公平地获得可观的收入。对于中国农村居民而言，只有通过大力推动农业农村现代化和农民的市民化，才能不断增加农村居民的收入和形成橄榄型的收入结构。

2. 通过生产力的均衡发展来解决不同地区居民之间和城乡居民之间的收入差距问题

从本质上来讲，不同地区居民之间和城乡居民之间的收入差距是由发展不平衡不充分导致的。实现生产力在东中西部、城乡之间的均衡布局才是解决不平衡不充分发展的关键。因此，需要通过国家规划、产业转移、地区帮扶等方式不断缩小地区之间的发展差距，通过"工农互促""以城带乡""乡村振兴"等实现城乡融合发展。

3. 调整国民收入分配格局，形成国家、企业和居民家庭三部门合理的收入占比结构

我国宏观的国民收入分配结构中，存在着居民家庭部门的收入份额占比相对较低的问题，需要通过宏观收入分配制度改革，适当降低政府部门和企业部门收入份额占比，增加居民家庭部门的收入分配占比。只有将居民家庭部门的收入占比保持在合理比例，才有可能让劳动者，尤其是农村居民获得更多的收入，才有利于不断扩大消费，进而促进经济健康可持续增长。

4. 建立健全收入分配的基础性制度体系

收入分配的基础性制度体系主要包括初次分配、再分配和三次分配。初次分配中充分发挥市场的决定性作用，倡导发挥多劳多得的分配理念，鼓励全体农村劳动者自觉主动参与经济建设，实现共建共享。再分配更加注重公平，通过税收等方式调节过高收入，加大对农民农村和贫困群体的转移支付力度，社会保障政策要向农村中低收入群体进行适当倾斜，不断缩小收入差距。三次分配要充分发挥社会力量，在自愿原则基础上，鼓励和支持高收入群体、企业和普通人群等，通过民间捐赠、慈善事业、志愿行动等方式，参与农村的济困扶弱、民生事业、公共福利、教育医疗等事业发展。

人口结构变化、城镇化刘易斯转折与区域人口流动趋势[*]

——从整体到分区的统计分析

吴　垠

世界各国城镇化的发展，一般都经历了人口、劳动、就业变化与城镇化发展交互影响的过程。不同的是，发达国家在资源禀赋较好和生产力水平较高的背景下，较为"轻松"地跨越了"马尔萨斯陷阱"，其人口过渡和经济增长、城镇化发展呈现良性发展趋势；而大多数发展中国家，由于经济发展落后、资源禀赋欠佳，面对同样的城镇化发展的人口及劳动就业结构变化时，要经历一长段人口过渡和城镇化发展的"刘易斯转折"阶段。中国作为发展中的人口大国，不仅与发达国家没有国情的可比性，就是与发展中国家相比，也存在许多城镇化发展的特殊背景。单纯从定性的角度分析，显然无法准确刻画这一阶段城镇化发展面临的主要问题，本文从整体和区域两个角度以定量的方式阐述人口结构、人口流动趋势和中国城镇化在刘易斯转折期面临的各种约束条件及其变化。

一、中国人口的结构性变化与城镇化

（一）影响中国人口结构变化与城镇化的基本统计指标

从比较直观的角度切入中国人口结构性变化与城镇化相互关系的分析，一些直观的指标是必须给予关注的。我们认为，从人口增长率变化、人口过渡的结构以及人均收入的角度展开分析，能够抓住问题的核心。

1. 中国的人口增长率：速度与转折

自 1949 年新中国成立后，除开一些特殊时期（如 1959—1962 年），中国的人口自然增长率（出生率-死亡率），总体上呈现倒"U"形状态（参见图 1）；具体而言，人口自然增长率从 1949 年到 1958 年，维持在 16‰~24.79‰，中位数是 20‰；从 1962 年到 1973 年，人口自然增长率维持在 20.89‰~33.33‰，中位数达

* 本文选自《政治经济学评论》2020 年第 5 期。感谢西南财经大学经济学院"双一流"建设项目"新时代中国特色社会主义政治经济学理论与实践"、2014 年国家社科基金青年项目"我国新型城镇化道路的理论、模式与政策研究"（项目编号：14CJY023，主持人：吴垠）、四川省教育厅 2013 年四川高校科研创新团队"四川特色的区域新型工业化城镇化道路"项目的支持，以及国家留学基金委 2015 年青年骨干教师出国研修项目（项目号：〔2015〕3036 号）的资助。如无特别说明，文中金额数据以人民币计量。

到 27.11‰，这个增长值基本上是 1949 年以后从每十年移动平均数的人口自然增长率指标的峰值了；此后，从 1974 年到 1997 年，中国的人口自然增长率开始一路下降，人口自然增长率维持在 10.06‰~17.48‰，中位数是 13.77‰，相比整个 20世纪 60 年代，中国的人口自然增长率已经开始"自主"下调，平均数达 13.34‰的人口自然增长率下调的原因主要来自人口出生率的下调（因为从 1974 年到 1997年，人口死亡率大体上维持在 6‰~7‰），这说明自 20 世纪 70 年代中国政府大规模在城乡开展的计划生育政策开始发挥效力；从 1998 年到 2018 年，中国的人口自然增长率进入一个新的下降阶段，人口自然增长率维持在 4.87‰~9.14‰，中位数为 7.005‰。此时，人口自然增长率再也没有超过 1%，这是中国人口总体控制方面的了不起的成就。表 1 给出了 1949 年以来六次人口普查的相关数据。

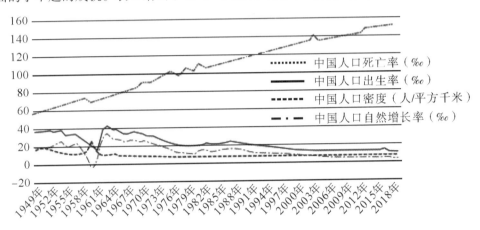

图 1　中国人口总体变化趋势

资料来源：作者根据《中国经济与社会发展统计数据库》年度数据计算，http://tongji.cnki.net/kns55/Dig/dig.aspx。

表 1　中国历次人口普查主要指标

指标	年份					
	第一次 1953 年	第二次 1964 年	第三次 1982 年	第四次 1990 年	第五次 2000 年	第六次 2010 年
人口/万人	59 435	69 458	100 818	113 368	126 583	133 972
总和生育率/%	—	—	2.614	2.295	1.218	1.181
男性/万人	30 799	35 652	51 944	58 495	65 355	68 658
女性/万人	28 636	33 806	48 874	54 873	61 228	65 287
汉族/%	54 728 (92.08)	65 456 (94.24)	94 088 (93.32)	104 248 (91.96)	115 940 (91.59)	122 593 (91.51)
少数民族/%	4 707 (7.92)	4 002 (5.76)	6 730 (6.68)	9 120 (8.04)	10 643 (8.41)	11 379 (8.49)

表1（续）

指标	年份					
	第一次 1953 年	第二次 1964 年	第三次 1982 年	第四次 1990 年	第五次 2000 年	第六次 2010 年
城镇人口/万人	7 726	12 710	21 082	29 971	45 844	66 558
乡村人口/万人	50 534	56 748	79 736	83 397	80 739	67 415

资料来源：国家统计局：《五次全国人口普查人口基本情况》，载《中国统计年鉴 2001》，北京：中国统计出版社，2001 年；并根据国家统计局《第五次人口普查公报》（国家国家统计局网站，http://www.stats.gov.cn/tjsj/tjgb/rkpcgb/qgrkpcgb/200203/t20020331_30314.html）数据修正。

从以上的人口总体经验角度判断，自新中国成立以来，中国的人口过渡并不是按照人口学理论的"'高出生率、高死亡率'→'高出生率、低死亡率'→'低出生率、低死亡率'"三阶段假说渐次展开的。1949 年以来，除开个别特殊时期，中国的人口死亡率迅速得到控制，人口过渡基本上与人口出生率控制直接相关。这个国情，不仅与西方发达国家完全不同，就连与我们发展阶段和人口规模相近的印度相比，也有很大的不一样：印度的死亡率直到 1991—2000 年才控制在 9‰[1]。也就是说，新中国是一个出生率具有决定性作用的人口大国。

因此，中国的城镇化需要破解的难题是低死亡率背景下，人口增长的"城市偏向"控制问题——这个问题要在人口增长率倒"U"形曲线条件下，通过代际人口计划生育控制和人口结构调整来通盘考虑：如果以 20 年作为一代人的成长期，那么从 1949 年算起，到 2019 年我国正好经历 3 代半的人口成长期，其中 1949—1969 年、1969—1989 年这两代人，基本上是人口存量增加最快的两代人；其人口控制的难度非常大，这一时期城镇化受到户籍制度的控制，人口城镇化率上升相对缓慢；而人口城镇化的压力，基本释放给了 1989—2019 年的这 30 年（参见图 2）。

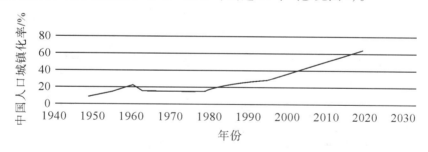

图 2　1949—2019 年中国人口城镇化率变动趋势

资料来源：国家统计局：《2019 年中国统计年鉴》，北京：中国统计出版社，2019。

特别值得注意的是，2001 年以后，中国的人口城镇化率提升速度非常快，从 2001 年的 37.7%迅速增加到 2014 年的 54.77%[2]，年均增长率达到 1.31%；而这恰

---

① 速水佑次郎、神门善久：《发展经济学：从贫困到富裕》，社会科学文献出版社，2009，第 61 页。
② 数据来源：国家统计局：2014 年中国城镇化率达到 54.77%。《国家统计局：2014 年中国城镇化率达到 54.77%》，人民网，http://politics.people.com.cn/n/2015/0120/c70731-26417968.html。

恰是中国城镇化“刘易斯转折”出现的年份；从这一时期（2001—2014年）来看，中国人口出生率维持在11‰~13‰，而中国人口的死亡率维持在6‰~7‰，也就是说，人口净增长率大概在5‰左右，人口城镇化率增加较快是2001年之前人口积累的结果：这个现象使得真正进城务工的人口实际上是来自2001年之前20~30年人口增长率维持在15‰以上的因素；换句话说，从2014年再往后推20~30年，中国的人口城镇化趋势必将放缓，因为它受到最近十年5‰人口自然增长率的限制；而这十余年间逐渐出现的城镇化“刘易斯转折”，即劳动人口由绝对无限供给到相对结构性短缺，正好是上述两阶段的过渡。中国城镇化如何应对这一转折，不仅在理论上，而且在实际数据中也能体现出其重要性来。

2. 中国人口的密度变化：不断上升

不论中国的人口增长率如何放缓，中国人口密度的上涨趋势从1949年以后就从未有过下降，呈现持续不断的上升趋势。1949年时，中国人口密度不过每平方千米57.4人，但是到1978年改革开放时，人口密度就已经超过每平方千米100人，达到102人/平方千米；到2012年，增长到141人/平方千米。也就是说，尽管人口总量已经得到有效控制，但是中国人口密度上升的趋势依然成为城镇化所必须应对的主要问题。注意，上述人口密度是包括农村、城市等有效国土面积的平均人口密度，表现为上升状态，那么，具体到城镇人口密度，一个简单的推断只能是城市和城镇人口密度上升速度更快。

我们将中国人口密度、城市人口密度、城镇人口比重、县城人口密度、建制镇人口密度等指标放在一起考察，可以看到以下一些更有意思的现象（由于统计数据的缺失，我们只考察1980—2018年的情况，参见图3）。

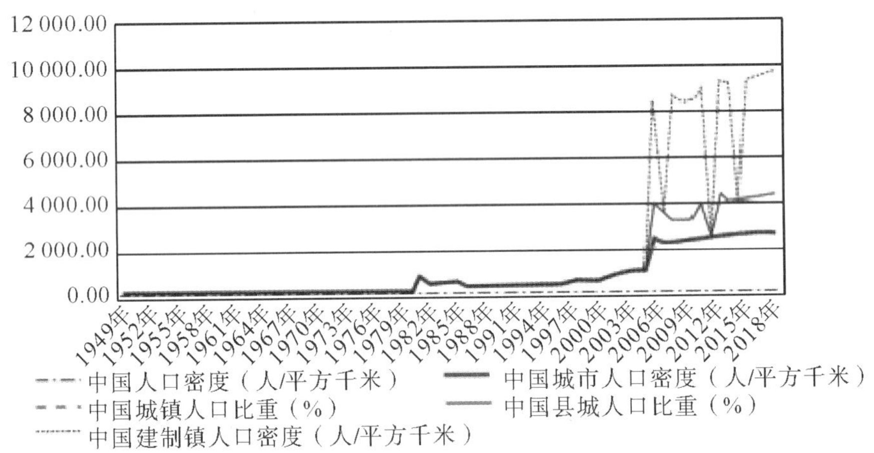

图3　中国人口密度趋势

资料来源：根据《中国经济与社会发展统计数据库》年度数据计算得出，http://tongji.cnki.net/kns55/Dig/dig.aspx。

（1）中国城市人口密度在1980—2000年基本上不超过500人/平方千米，相比全国同一时期的均值110人/平方千米而言，此时的城市人口密度是全国平均值的5倍，反过来说，1980—2000年，城市化的承载能力只是非城市化地区的5倍；而

2000 年以后，城市化地区的人口密度骤然增加，从 2001 年 588 人/平方千米上升到 2013 年 2 362 人/平方千米，这 12 年左右时间城市人口密度年均增加 147.8 人/平方千米，这个速度相当于每年把 1.4 倍左右的非城市化地区（与 1980—2000 年相比）变为城市化地区。

（2）比较惊人的是，2001—2005 年，城镇人口密度虽然较之前上升比较快，但是总体上上升幅度变动并不剧烈，2001 到 2005 年城镇人口密度分别是 588、754、847、865、870 人/平方千米，而从 2006 年开始到 2013 年，城镇人口密度"瞬间飙升"，分别达到 2 238.2、2 104、2 080、2 147、2 209、2 228、2 307、2 362 人/平方千米。如果考虑这一时期全国人口密度均值水平在 140 人/平方千米的话，那么，城镇化地区的承载能力相当于非城镇化地区的 15 倍以上，换言之，2006 年之后中国城镇化提速水平已经是 1980—2000 年的 3 倍以上，人口大规模地涌入城镇化地区就是城镇化刘易斯转折的重要表现，也是我们关注的焦点。

（3）由于只有 2006 年以后县城和建制镇的数据，我们尚不能精确地看出人口流入、流出情况的变化；这也说明，为应对刘易斯转折，中国的县及县以下城镇化的相关统计数据库建设需要进一步完善。

3. 人口抚养比负担较重

从 1953 年到 2013 年，中国人口总抚养比（15 岁以下青年人或 64 周岁以上老年人/15~64 岁成年人）的比例总体上呈下降趋势，从 1953 年的 68.6% 下降到 2015 年的 37%，2016 到 2019 年略有回升（参见图4）；但是，考虑到中国人口抚养的城乡差别因素，现阶段 35% 左右的抚养比仍带来相当沉重的抚养压力：因为中国青少年人口出生率体现为农村高于城市，这使得农村负担抚养的成年人口除了务农收入外，必须获取其他收入以实现对 0~14 岁人口的抚养，这就意味着，进城务工是必然趋势；也就是说，中国城镇化的刘易斯转折除了劳动力迁移过程中的供求结构问题外，还蕴含了城镇化能否实现对非劳动能力——特别是农村 0~14 岁青少年人口的抚养资源"供给"问题，这个供给是通过对进城务工的农业人口支付工资和其他社会保障加以实现的。可以说，中国的城镇化确实承载了许多看不见的成本。

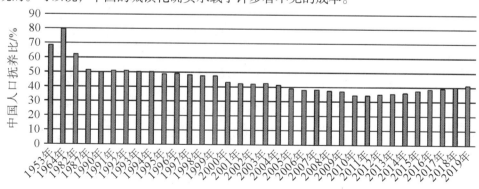

图 4　中国人口总抚养比变化趋势

资料来源：作者根据《中国经济与社会发展统计数据库》年度数据计算，http://tongji.cnki.net/kns55/Dig/dig.aspx.

　　具体从中国各年龄段人口分布数据变化趋势来看（见图5），15~64岁人口和0~14岁人口从1953年到2019年发展趋势总体上呈"敞口"状态，但是，其末期已经出现15~64岁成年劳动力人口不再上升，而0~14岁"抚养"人口趋于相对平稳的状态；特别是从2010年开始，这个趋势非常显著：2010—2013年（见表2），0~14岁人口稳定在2.2亿人左右，而15~64岁人口稳定在10亿人左右，人口抚养比稳定在22.2%左右。

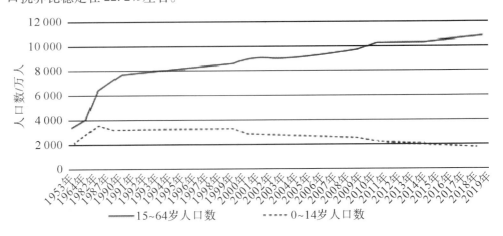

图5　中国各年龄段人口变化趋势

资料来源：根据《中国经济与社会发展统计数据库》年度数据计算得出，http://tongji.cnki.net/kns55/Dig/dig.aspx。

表2　中国2010—2019年各年龄段人口变化趋势和青少年抚养比

年份	A（0~14岁人口）/万人	B（15~64岁人口）/万人	A/B（抚养比）/%
2010	22 259	99 938	22.27
2011	22 164	100 283	22.10
2012	22 287	100 403	22.19
2013	22 329	100 582	22.20
2014	22 558	100 469	22.45
2015	22 681	100 347	22.60
2016	22 696	110 874	20.47
2017	23 348	115 356	20.24
2018	23 523	117 674	19.99
2019	24 977	97 425	25.64

资料来源：根据《中国经济与社会发展统计数据库》年度数据计算得出，http://tongji.cnki.net/kns55/Dig/dig.aspx。

　　根据赵立华的研究[①]，我们把中国的抚养比（图6）同美国（图7）、日本（图

────────────

① 赵立华：《中国人口抚养比上升对劳动者报酬的影响研究》，博士学位论文，辽宁大学，2011年。

8)、印度（图 9）、俄罗斯（图 10）等国家略加横向比较。

日本的青少年人口抚养比自 2000 年至 2030 年将持续下降，其中，2000 年日本的青少年抚养比为 21.37%，2005—2008 年分别为 20.69%、20.73%、20.82%、20.67%，2030 年预计为 16.53%（参见表 3）；同日本相比，中国的青少年人口抚养比水平并不高，但是，考虑到日本社会城乡一体化问题早已解决，并且其总体上养老保障体系相对完善，故中国从现在到 2030 年的抚养比难点是老年抚养比和农村地区的青少年抚养比偏高的问题。

表 3 日本人口发展趋势

指标	年份					
	2000	2005	2006	2007	2008	2030
人口水平/千人	126 925.8	12 778	127 769.5	127 770.8	127 567.9	115 223.7
人口增长率/%	0.189	0.063	0.001	0.001	—	-0.732
总和生育率/%	1.36	1.26	1.32	1.34	1.37	—
15 岁以下人口比例/%	14.58	13.76	13.64	13.53	13.34	9.68
65 岁以上人口比例/%	17.37	20.16	20.82	21.49	22.11	31.82

资料来源：赵立华：《中国人口抚养比上升对劳动者报酬的影响研究》，博士学位论文，辽宁大学，2011 年。

美国的青少年抚养比自 2000 年以来就超过 30%，其人口总抚养比更是超过 50%，再加上自次贷危机以来的高失业率现状，可以说，他们面临的"抚养"问题比中国更严重。但是，美国并没有因此而降低各个行业的就业标准和城乡流动政策，如果青少年或中青年没有接受良好的教育或就业技能培训，市场筛选的结果就是让这些人失业，从而成为"被抚养"的人口。这意味着，美国让市场自动解决人口抚养比例升高的问题，让马尔萨斯所论述的人口危机和经济危机循环受市场控制。这种做法，对中国这样的人口超级大国来讲没有多少借鉴意义。因为，基础人口和人均收入水平的基础国情差异实在太大了。

印度与中国的人口规模与发展阶段最为相似，从 1960 年以来也经历了倒"U"形人口抚养比变化趋势，只是其达到人口抚养比数据顶峰的年份非常快，在 1965—1968 年就已达到人口抚养比的顶峰，约 81%，之后便持续下降，到 2015 年已经接近 52%。应该说，考虑到印度人口规模也是超过 10 亿人口，其所面临的持续的人口抚养压力在 21 世纪前 30 年是远远大于中国的。换句话说，当中国已经跨越"刘易斯转折"迎来城镇化的更新的发展阶段时，印度可能还在为解决青壮年人口过多且就业岗位不足而发愁；当然，反过来讲，印度的青壮年人口红利可能还会在更长的时间段提供给印度以发展制造业的人力基础，MADEININDIA 将来 20 年极有可能替代 MADEINCHINA，印度有望成为世界工厂。这将给曾经在制造业领域称雄世界的中国带来思考：如何找到城镇化刘易斯转折后的发展红利？中国在人口抚养比压力下降的同时也面临着人口红利消减的不利情况，这是需要未雨绸缪的。

俄罗斯的人口抚养比变化呈现波浪形趋势，但是大体上还是满足倒"U"的趋势。在1994—1995年，俄罗斯达到1960年以来抚养比的一个峰值水平，约52%。而1975—1978年和2009—2011年则成为俄罗斯的两个抚养比的"谷底"，尤其又以2009—2011年抚养比下降到约39%最为明显。但总体上，俄罗斯的人口抚养比水平在进入21世纪以来持续高于中国，这说明，在人口红利利用上，俄罗斯的潜力主要来自不采用计划生育政策来保证一定时期的人口增长率，而中国从1979年开始就实施了持续30多年的计划生育政策，恰恰使近30余年来的抚养比持续下降，相较于俄罗斯的人口红利利用水平，中国在未来20~30年可能会出现相当程度的差异。这需要从人口结构和城镇化政策上及时做出调整。

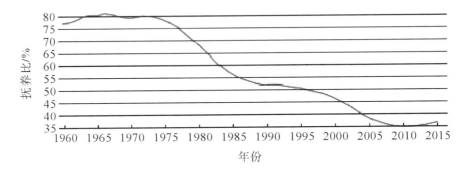

图6 1960—2015年中国人口抚养比

资料来源：世界银行数据库，http://data.worldbank.org/indicator/SP.POP.DPND? end = 2015&locations = US&start = 1960&view = chart。

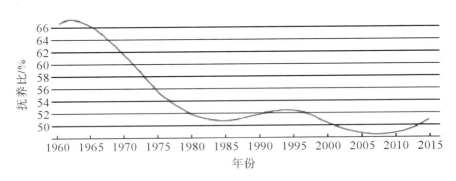

图7 1960—2015年美国人口抚养比

资料来源：世界银行数据库，http://data.worldbank.org/indicator/SP.POP.DPND? end = 2015&locations = US&start = 1960&view = chart。

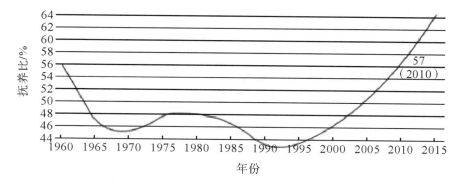

图 8 1960—2015 年日本人口抚养比

资料来源：世界银行数据库，http://data.worldbank.org/indicator/SP.POP.DPND? end = 2015&locations = US&start = 1960&view = chart。

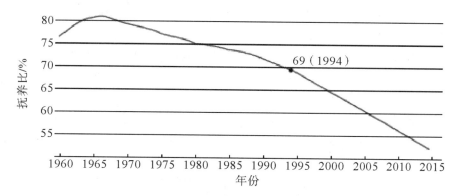

图 9 1960—2015 年印度人口抚养比

资料来源：世界银行数据库，http://data.worldbank.org/indicator/SP.POP.DPND? end = 2015&locations = US&start = 1960&view = chart。

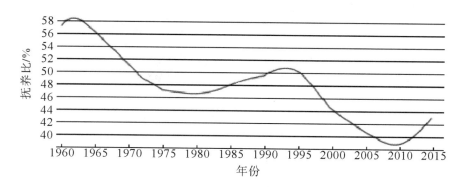

图 10 1960—2015 年俄罗斯人口抚养比

资料来源：世界银行数据库，http://data.worldbank.org/indicator/SP.POP.DPND? end = 2015&locations = US&start = 1960&view = chart。

（二）影响中国人口结构变化与城镇化的分区域结构性统计指标

1. 城、市、县、乡人口规模变化：农村人口的减少和县（市）人口的增加

马歇尔曾分析城市化和城市生活，"差不多在一切国家（的城市化过程）中，都是不断地向城市迁移（人口）"，并且"工业向郊外迁移，甚至向新的田园都市迁移，以寻找和招用强壮工人的运动，似乎没有任何缓慢的迹象"[①]。马歇尔的观点，引申出城乡发展过程中的人口结构性、区域性变化问题，特别是经济聚集能力不同的城、市、县、乡会在这个城市化进程中扮演怎样的角色的问题。

从 2004 年起，中国城镇化的"刘易斯转折"初现端倪。那么，中国的城、市、县、乡人口规模变化是否也会如马歇尔所预测的那样呈现人口向城市化地区迁移造成的相应结果呢？通过对图 11~图 13 的数据进行分析可知，中国城区人口和市区人口自 2004 年至 2011 年其实保持相对稳定的缓慢增长，城区人口由 2004 年的 34 147.4 万人增加到 2011 年的 35 425.6 万人，年均增长 182.6 万人，年均增长率（相对 2004 年）为 5.34‰；市区人口由 2006 年（2004—2005 年数据缺失）的 64 719 万人增加到 2011 年的 66 123.01 万人，年均增长 280.8 万人，增长率（相对 2006 年）为 4.34‰。2014—2019 年的城、市、县、乡人口增长态势基本维持在同一水平。

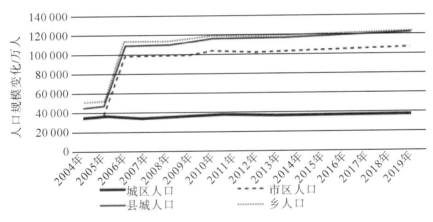

图 11　中国城、市、县、乡人口规模变化趋势（2004—2019）

资料来源：根据中国经济与社会发展统计数据库年度数据计算得出，http://tongji.cnki.net/kns55/Dig/dig.aspx。

[①]　马歇尔：《经济学原理》（上），北京：商务印书馆，1964 年，第 241-242 页。

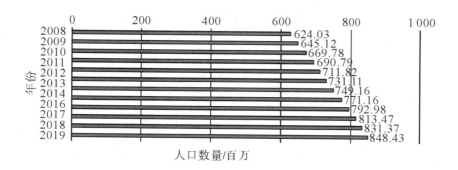

图 12　2008—2019 年中国城镇人口变化趋势

资料来源：中国产业信息网，http://www.chyxx.com/industry/202005/866720.html。

相比城、市人口增长相对平稳的态势，县人口的增加和乡人口的减少呈现加速趋势，其中，县人口从 2004 年的 9 641 万人，增加到 2011 年的 12 946.17 万人，年均增长 472.17 万人，年均增长率为 48.97‰。显然，县的人口增速规模是城市的 9~12 倍，这是一个特别值得引起注意的现象；而乡的人口规模，2004 年为 5 300 万人，到 2010 年减少为 3 200 万人（2011 年数据缺失），年均减少 350 万人，年均减速 66.03‰。

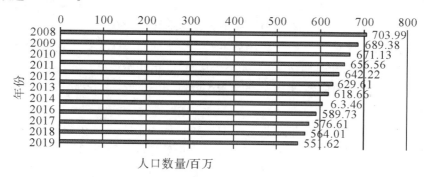

图 13　2008—2019 年中国农村人口变化趋势

资料来源：中国产业信息网，http://www.chyxx.com/industry/202005/866720.html。

显而易见，靠近农村的乡人口减少，是由于这些人口进入了县、市、城中，其中，进入县的人口远远大于进入城和市的人口。从经济学或地理学上解释，可能是由于县的距离近、生活成本更低；另外，县或县级市（区）的房价相对低于地级以上城市市区的房价，也是人口流动的主要影响因素。

那么，中国城镇化的刘易斯转折，在行政建制上的焦点问题，除了那些众所周知的大城市和计划单列市外，更重要的恐怕就是如何解决进入县的人口的膨胀及其相关保障问题①。

---

①　从中国历史上看，秦始皇采用郡县制来治理庞大的秦帝国，虽然治理时代距今久远，但是在看重县这一建制上，还是有其合理性的。当然秦帝国的县所涵盖的地理范围可能大于今天的县，但是其行政级别的层数相对少，故而在县这一级别上，更能体现中央集权制国家的治理思路贯彻到基层。

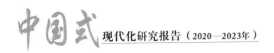

2. 农业、非农业人口以及三次产业从业人口的比重变化：转折的表现

关注中国城镇化刘易斯转折的结构性指标的第二个视角，是从农业、非农业人口比重的结构性变化以及农村贫困人口数量变化的角度加以考察。经济学家缪尔达尔曾指出，"为经济发展长期努力的结果成败取决于农业部门"[1]。城镇化不可能撇开农村单独前行，更不可能无视农村生产力和生产关系的相对变化带来的各种影响。

事实上，长期的城市发展偏向可能会促成对农业的两种影响：一是，使农业人口顺利转移到大城市的工业部门，同时，工业技术、工业资本反哺农业部门，农业部门。生产效率提高，形成农业工业化的高效率农业发展模式，例如欧、美、日等发达资本主义国家的农业现代化模式。二是，城镇化发展确实也吸引农村的劳动力流入城市，但是这种吸引只是导致人口迁移却解决不了进城农业人口的就业问题，所以，一方面城市拥挤和贫困因人口涌入而越加严重，同时，城市工业部门发展步伐沉重，没有办法把技术和资本更好地反哺农业，造成农村虽然人口流出，但另一方面，在农村，形成农业的生产效率依然低下、农业收入无法增长的恶性循环。

具体到中国而言，农业和非农业人口数，以及农村人口贫困的状况可以佐证上述理论上的判断。中国的农业人口从1949年开始，就从4.47亿人逐年上升，达到峰值阶段大概在2000年左右，为9.42亿人；从2002年到2013年，农业人口逐年下降，到2013年，农业人口已经降至8.76亿。也就是说，2000年之后的十余年时间已经有约6 600万人从农业中转移出去，年均转移约600万人。

与农业人口呈倒"U"形变化趋势不同，中国的非农业人口呈现持续上升趋势（1961—1964年的特殊时期除外）；如果也从2000年开始观察，非农业人口从2000年的3.24亿人迅速增加到2013年的4.9亿人，总增加约1.66亿人，年均增加1 278万人。

显然，从2000年后，非农业人口增加数目比农业人口减少数目的2倍还多，照此趋势发展下去，非农业人口一定会在未来十数年的时间里超过农业人口。值得注意的是，这里的非农业人口并不一定都是在非农业的部门里正式就业的人口，也就是说从农业中转移出来的人口未必都能在非农业部门找到就业岗位。非农业人口数增加，不一定是非农业就业人口数增加；农业人口减少，也不代表留在农业的人口就获得了稳定的农业收入。

这个时期发展城镇化的目的，就是既要解决非农人口的就业问题，即吸纳劳动力；又要让留在农业和农村的人口摆脱贫穷。这个时候，中国城镇化的转折意义就出现了：第一，劳动力能不能充分吸纳，决定城镇化本身的质量和农业人口转移的效果；第二，城镇化质量同时也影响农村人口是否能实现全面脱贫以及针对特定区域的精准脱贫，因为城镇化发展质量越好，非农人口在城镇就业越稳定，则城镇的消费需求就持续增长、升级，这有利于城镇把工业产品拿来换取农村的农产品，这个交换规模越大，越有利于农业改善生产效率和生产规模，最终能够提高农村的收入水平。事实上，自1978年以来的统计数据显示（改革开放前数据缺失，部分改

---

① 转引自托达罗：《发展经济学》，机械工业出版社，2012，第270页。

革开放后数据缺失），中国农村贫困人口呈大体下降趋势，即从 1978 年约 2.5 亿贫困人口，减少到 2010 年约 2 688 万人（见图 14）。但是 2011 年农村贫困人口突然骤增至 1.22 亿人，由于尚未找到其他数据佐证，姑且不将《中国经济与社会发展统计数据库》2011 年度农村贫困人口当作农业人口返贫的依据；但是，如果真的出现这种情况，那么问题绝对不是只出在农村，城镇化也应该同时检讨相应的发展质量，会不会是城镇无法吸纳就业，导致非农业人口返回农业促成的。这一点需要更进一步的实证分析。

如果从中国三次产业从业人口的比重变化趋势来看（见图 15），农业人口的减少和工业、服务业人口的增加的缺口，在 2000 年以后迅速缩小。其中，第一产业即农业从业人口从 2000 年的 50% 迅速下降到 2013 年的 31.4%，下跌近 19.6 个百分点；而第三产业服务业的从业人口从 2000 年的 27.5% 上涨至 2013 年的 38.5%，净增 11 个百分点；而第二产业工业的从业人口增加较为平缓，从 2000 年的 22.5% 上升到 2013 年的 30.1%，总共上升 7.6 个百分点。

可以看出，农业人口比重的下降在 2010—2011 年呈现比重"反转"：服务业从业人口比重首次超过农业，而工业人口比重也可能在未来（从数据截止的 2013 年算起）的 5 年内和农业从业人口比重形成反转。也就是说，2000 年以后的这十几年，是中国人口地区迁移、不同产业人口从业格局剧烈变动的时期，这个时期的城镇化客观上承载着调整人口区域布局和产业布局的功能，这就是数据带给城镇化刘易斯转折期的提示。

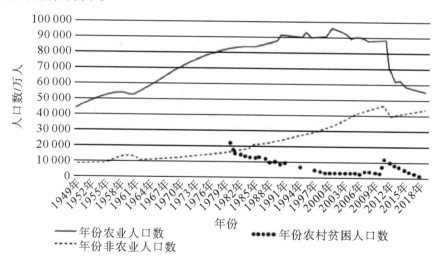

图 14 中国农业、非农业及农村贫困人口规模变化趋势（1949—2018）

资料来源：根据《中国经济与社会发展统计数据库》年度数据计算，http://tongji.cnki.net/kns55/Dig/dig.aspx。

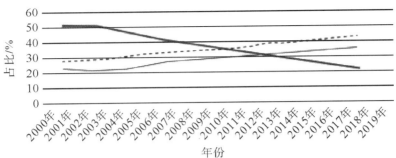

图 15　中国 2000—2019 年三次产业就业人员比重及变化趋势

资料来源：中宏产业数据库，http://mcin.macrochina.com.cn/。

3. 不同人口规模城镇的人口变化趋势

（1）地级市人口规模变动：总体趋势呈现"大城市化"

通过 CEIC（香港环亚经济数据）中国数据库的数据我们发现，从改革开放以来的中国地级市辖区人口总数的规模指标来看，呈现明显的分野趋势：人口 50 万以上的地级市，数量逐渐增多，而人口 50 万以下的地级市，数量急剧减少。在这个趋势当中，人口处于 100 万~200 万、200 万~400 万的城市数量增加最为明显，这种增长表现出一个可持续性，这种规模人口的城市一直增长到 2013 年；而 50 万~100 万人口的城市到 2013 年开始减少，但是减少幅度较小。

但是，中国人口在 50 万以下的城市，基本上从改革开放开始到现在就逐年快速下降，说明中小城镇发展战略在中国至少是得不到实证数据支持的。这背后的原因，主要是人口从农村、中小城镇向大中城市的迁移造成的。

不少研究认为，中国城镇化的"刘易斯转折"只反映城市和农村之间的关系，其实从图 16 的数据可以看出，中小城镇的发展一样受到大城市巨大引力作用的影响，并逐渐消失。就连地级市这种行政级别的城市，也基本都跨入了百万人口以上的规模，"大城市化"的趋势相当明显。

根据王小鲁的统计（见表 4），中国在 1998—2008 年，20 万以下和 20 万~50 万的中小城市的人口，基本也是呈现下降趋势，这个趋势和我们的研究的数据基本吻合。

而且从图 16 可以看出，2008 年后，50 万人口以下的中小城市下降的速度更加剧烈。这种趋势有两种可能的解释。

表 4　不同规模的地级及以上城市数量变化

年份	200 万以上/个	100 万~200 万/个	50 万~100 万/个	20 万~50 万/个	20 万以下/个	合计
1998	20	61	77	61	4	223
2008	41	81	110	51	4	287
2008/1998/%	205	133	143	84	100	129

资料来源：王小鲁：《中国城市化路径与城市规模的经济学分析》，《经济研究》2010 年第 10 期。

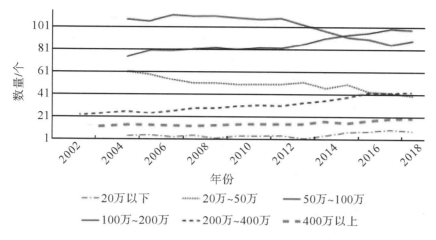

图16 中国地级市 2002—2018 年按人口数量分级

资料来源：CEIC 数据库。

其一，中国地方政府通过户籍制度、人才引进政策、住房政策等有意识引导城市人口规模达到其所需要的目标，其中，50 万以下人口规模、行政级别达到地级的城市可能是不受欢迎的，地方政府无论如何也要把低于 50 万人口的地级市"塑造为" 50 万以上，最好是百万人口以上规模的城市，这样的人口规模才能匹配"地级"的行政级别，城市经济聚集效应才能达标。这种城市发展规划设计，一方面出于地方政府发展城市的政绩需求，另一方面出于地方政府之间的竞争需求。总之，做大城市、形成城市经济的规模效应应该是地方政府主动或被动的必然选择，各个城市"抢人"的趋势将越来越激烈。

第二，如果中国的城市规模是市场经济因素决定的；那么，这种 50 万以下人口规模的中小城市的迅速减少，是不是说，中国不适宜于发展中小城市？"市场化有引导中小城市人口向大中城市聚集的内在动力"，反过来考虑，市场经济不应该受制于城市的行政建制，如果市场受城市的行政建制约束，这还叫市场起决定性作用吗？因此，这个结论显然从这里直接得出有笼统的嫌疑，是否应该发展中小城市，还应分地区具体分析。

为了使分析更深入，我们按区域选取部分中国的地级（及以上行政级别）市，看看其人口规模变化的横向比较有什么特点，再对本节的分析做出结论。

（2）东北地区的地级城市人口变动分析

先来看看东北的一些地级市人口规模变化。首先，辽宁、吉林、黑龙江的省会城市沈阳、长春、哈尔滨的人口增长保持连续状态，分别在 2012 年达到约 725 万人、762 万人、987 万人的水平，之后保持在相应水准的是沈阳和长春，哈尔滨略有下降（见图 17）。

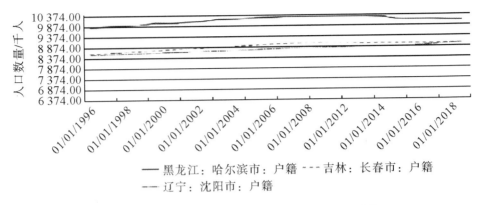

图17　1996—2018年东北省会城市人口数量变化趋势
资料来源：CEIC数据库。

　　但是，东北省会以下地级以上的城市人口基本呈现减少趋势，但是再怎么减少，人口在百万以上的地级市还是东北主要地级市的主流。我们以辽宁省的地级市为例来管窥东北地区城市人口的具体变化情况①（见图18）。从辽宁省的主要地级市人口规模变化可以看出，还没有一个城市是少于百万人口的，人口最少的盘锦市，人口在2008年以来也保持在125万~130万人；而人口最多的大连市，到2014年人口已经超过590万人。

　　从辽宁各个地级市人口规模变化的角度来看，除了大连市自1996年以来保持持续的人口增长态势外，其他地级市在不同时期均经历了人口下降，特别是相当数量的地级市在2008—2010年遇到了人口增长的拐点，开始不同程度地出现人口减少趋势。这个趋势说明，地理环境优越的地级市如大连，有继续迈向更多人口空间的潜力；而缺乏地理优势的传统地级市，在经历了一段时间的人口增长之后（在辽宁，这个拐点大概出现在2005—2010年），相当一部分地级市人口开始呈现下降趋势。这些离开地级市的人口去哪里了？这个问题可能有至少两种情况：一是这些人口到发展水平更高、环境更好的省内城市，如沈阳、大连；二是这些人口离开辽宁甚至离开东北，南下到沿海经济发达地区去。当然，这些都是理论上的猜测，需要结合后文对其他各个片区的人口变化进行分析。总的说来，除了辽宁的地级市外，吉林、黑龙江的地级市也呈现类似的人口发展趋势：省会城市人口持续增长，其他地级市呈现倒"U"形曲线，并且，除了黑龙江的七台河市2014年人口92万人左右之外，其他东北地区的非省会地级市人口基本都是百万以上的规模。

---

　　①　由于地级市数量相对较多，放在一个图里很难直接区分，故以多图形式展现，后同。

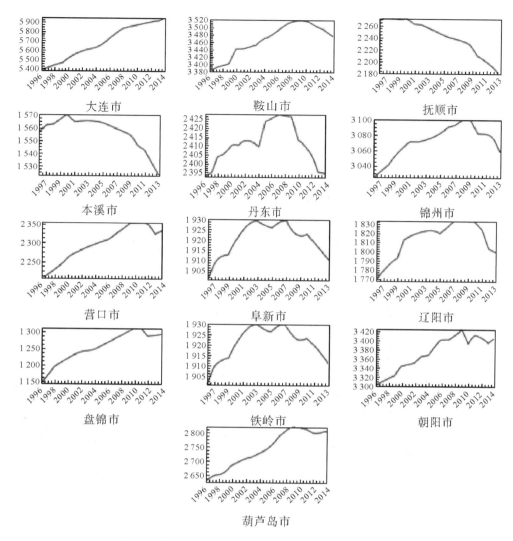

图18 东北地级市人口数量变化趋势（单位：千人）

资料来源：CEIC 数据库。

另外见诸报端的一则案例也可从侧面说明东北人口外流的现实：

位于黑、吉、内蒙古三省区交汇处的齐齐哈尔是我国重要的老工业基地，也是商品粮、畜牧业基地。包括第一机床厂、第二机床厂、一重、车辆厂等在内的"七大厂"造就这座老工业城市的辉煌，如今只有一重和车辆厂效益尚可。一重的员工的工资从2010年开始不断下降，现在拿到手的不到1 000元。不少工人及其子女纷纷选择南下，去天津或者干脆去深圳找工作。

根据齐齐哈尔市统计局数据，按户籍人口统计，2014年齐齐哈尔市共迁入48 075人，迁出85 854人，净迁出37 779人。对比2013年统计数据，齐齐哈尔市户籍人口净流出数量为25 381人，流出速度呈加快趋势。

不仅是齐齐哈尔，整个东北地区都是大量人口流出。根据2010年全国第六次人口普查数据，辽宁、吉林和黑龙江3省共流出人口400余万，减去流入的人口，东北地区人口净流出 180 万。2000 年全国第五次人口普查时，东北地区人口净流入 36 万。

越来越多的迹象表明，东北人口在加速减少，其人口生育率甚至低于日本，这已严重影响到其经济复苏，东北人口危机的警报已经拉响①。

虽然其地级市人口规模还维持在几十万到百万，但是绝对不可小觑这一东北人口发展变化的整体趋势带来的影响。

（3）华北地区地级市人口规模变动分析

对华北地区的地级市人口规模变化的分析，包括北京市、天津市、河北省、山西省、内蒙古自治区（中部）。鉴于北京、天津作为直辖市的特殊情况，我们只对其整体人口变化做一趋势分析，不再细分直辖市内各区。其中，我们还将重点分析河北、山西、内蒙古自治区的人口规模变化（见图 19）。

华北地区的地级市人口变化趋势，因为有了北京、天津这两个直辖市的聚集而显得略有不同。北京、天津的人口近年来分别突破 2 000 万人和 1 500 万人的水平，并且呈现持续上涨态势。这固然有全国各地人口涌向北京、天津的"政治经济"聚集原因，但是，更为重要的是，北京、天津对华北周边省、自治区人口的"近距离吸引"，带来更大数量难以统计的流动人口。

不过，由于近年来华北地区高速公路、铁路建设加速，这种聚集效应有所减弱，这从河北、山西部分地级市人口呈现 U 形转折的趋势中可以看出，京、津、冀、晋协同发展的趋势非常明显。换句话说，传统意义上认为北京、天津的发展阻碍了周边省、区、市发展的看法值得商榷；本文推测，由于交通一体化、高铁化、高速化的改善，北京、天津和周边省市区的关系不再是单纯的资源要素"集聚"和"供给"关系，而是一种双向协同发展关系。但是，如果不能进一步明确北京的首都功能，以及天津紧邻北京又是直辖市的相关功能，华北地区各个城市未来的发展趋势还很难判断。雄安新区的设立在这个地带的"新区人口效应"在未来时间段也有待观察。

---

① 李新玲、张莹、吕博雄：《东北未富先老人口加速减少生育率已低于日本》，《中国青年报》2015 年 7 月。

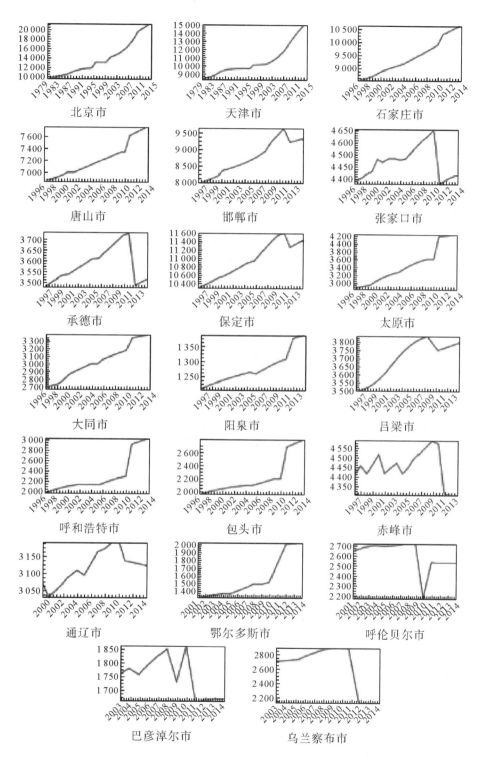

图19　华北代表性地级及以上城市人口变化趋势（单位：千人）

资料来源：CEIC 数据库。

华北地区较为例外的是内蒙古自治区。内蒙古自治区的情况很特殊，除了呼和浩特、包头、鄂尔多斯市呈现人口增加外，通辽、呼伦贝尔、乌兰察布、巴彦淖尔市均呈现人口衰减的现象①。一段时间以来，曾有关于鄂尔多斯出现"鬼城"的报道，实际上，鄂尔多斯人口近年来稳定在200万人以上，并呈现增长态势，这个和它接近呼和浩特和包头的地理位置有关系。相反，距离呼和浩特和包头更远的赤峰（尽管它更靠近北京，但没有直接的行政隶属关系）、巴彦淖尔、呼伦贝尔、乌兰察布、通辽等市2010年以来纷纷出现人口下降态势，这和内蒙古整体的经济发展不平衡有关系。而且从民族地区的角度来讲，后文将要分析的西南、西北等少数民族地区的人口呈现稳定增长态势，而内蒙古的上述地级市基本上属于蒙古族同胞的聚集区，这种人口减少趋势值得引起足够的注意。

（4）华东地区的地级市人口变动分析

华东地区省市较多（上海、江苏、浙江、安徽、福建、江西、山东），但类型比较统一，即沿海沿边，有开放优势、经济相对发达。按照理论分析，即人口流动倾向高收入、环境优的东南沿海地区，相应地，这些省、直辖市下面的经济发展水平更高、环境更好的地级市，应该也呈现人口增长的态势。仔细考察沪、苏、浙、皖、闽、赣、鲁这华东7个省（直辖市），其中沪、浙、闽和苏南地区由于更靠东南，属于华东经济最活跃之处；苏北地区、皖、赣属于相对靠内陆一点，发展相对滞后；而山东靠近北方，尽管也靠海，但是省内整体经济发展也呈现梯度差异。由此，我们先以江苏为突破口，来考察苏南、苏北两类地区地级城市人口变化，它在相当程度上反映了华东前两类地区的人口变化趋势。

首先，来看看苏南地区的地级及以上城市代表——南京、镇江、苏州、无锡、常州的人口规模变化（见图20）。

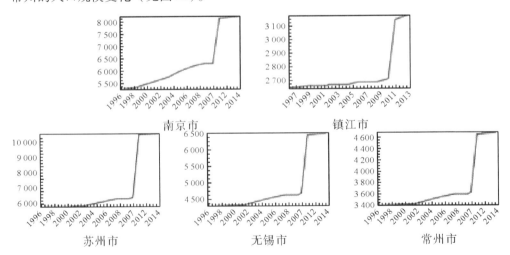

图20　苏南地区五市人口数量变化趋势（单位：千人）

资料来源：CEIC数据库。

---

① 在地理规划上，内蒙古自治区东部五盟市（呼伦贝尔市、通辽市、赤峰市、兴安盟、锡林郭勒盟）往往又被视为东北地区，这一地区近年来的人口也呈现减少趋势。

苏南五市的人口数量发展趋势图惊人地相似。无论是作为江苏省会城市的南京，还是苏南的镇江、苏州、无锡、常州，均在 2010 年前后出现了人口的迅速增加，而从 1996 年到 2010 年，这几个市的人口增加都是平缓的；但到 2010 之后，这个人口增速表现为：南京在 2010—2012 年人口增加近 180 万（增幅达 29%），镇江从 2009 年到 2011 年增加近 40 万（增幅达 14.8%），苏州从 2010 年到 2012 年增加近 350 万（增幅达 53.8%），无锡从 2010 年到 2012 年增加近 190 万（增幅达 41.3%），常州从 2010 年到 2012 年增加近 100 万（增幅达 27.8%）。苏南五市的人口增速，让人震惊，当地人口城镇化速度在 2010 年后的一到两年内上升如此迅猛，与东北地区在 2010 年后地级市人口开始下降形成鲜明对比。虽然我们不能就此得出结论认为苏南地区的新增城镇化人口来自东北，但是外来人口的注入是苏南地区城镇化在 2010 年前后加速的根本原因。

在苏北地区，地级市主要有徐州、连云港、宿迁、淮安、盐城①。其人口规模变化参见图 21。

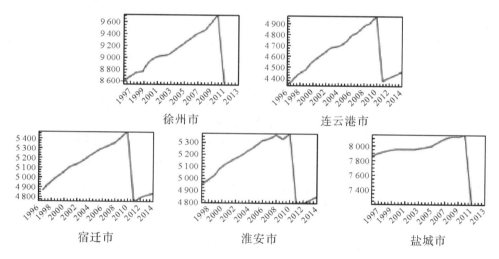

图 21　苏北地区五市人口数量变化趋势（单位：千人）
资料来源：CEIC 数据库。

从图 21 中可以看出，苏北地区的人口变化趋势与苏南地区"惊人"地相反。其典型趋势是"拐点"特征明显，徐州、连云港、宿迁、淮安、盐城五市在经历了从 20 世纪 90 年代中期以来的人口增长后，在 2010 年前后纷纷出现人口的迅速下降。2010 年基本成为近十余年来苏北地区地级城市人口增长的最大值，也是显著的拐点。例如，徐州在 2010—2011 年下降约 100 万人，连云港市在 2010—2011 年下降约 50 万人，宿迁市在 2010—2011 年下降约 60 万人，淮安市在 2010—2011 年下降约 50 万人，盐城市在 2010—2011 年下降约 80 万人。苏北地区的地级市在 2010 年前后人口锐减（这种锐减是人口向外迁移造成的）的原因，理论界大体有

① 为了更好地制定经济发展政策，原先广泛意义上的苏北现阶段被一分为二，官方表述的苏北包括江苏省北部的徐州、连云港、宿迁、淮安、盐城 5 个省辖市，而扬州、泰州、南通即原先苏北地区的沿江三市则被定义为苏中地区。

以下几种解释。①苏北地区产业结构趋同。尽管赵峰、姜德波的研究认为苏北地区的产业结构趋同属于合意性趋同，没有阻碍地区经济发展[1]，但是，产业结构趋同会造成就业结构趋同，特别是就业的"边际递减"效应，因此，苏北地区人口外流的产业结构因素是原因之一。②储东涛认为，苏北地区陷入了"贫困的恶性循环"的制度发展瓶颈[2]。由此出发，我们认为，苏北地区的人口外流和这一地区长期以来制约经济发展的产权、行政等制度相关，由此带来的经济发展的贫困和裹足不前导致人口外流。③陈新明认为，经济发展不平衡是苏北地区长期落后的根源。这种落后包括人才、资金、信息、决策支持、交通、通信以及各种软环境的差距，造成"苏北地区包括徐州、连云港、淮安、宿迁、盐城五个地级市，面积5.3万平方千米，约占江苏全省总面积的52%，人口3 300万，约占江苏省的44.5%，而相比之下人均GDP和人均财政收入却只有全省平均水平的54%和35%"[3]，这种经济发展的不平衡势必导致省内经济发展机会和资源分配的不平等，人口从苏北地区迁移的潜在动力始终存在。④薛庆根认为资金投入差异、对外开放程度以及城市化水平差异是苏北地区发展相对落后的主要原因，其中，城市化水平偏低本身也是人口外流的结果[4]。

我们关心的是，为什么2010年形成一个苏南苏北地区地级市人口发展的拐点？如果单纯从已有学者的分析出发，各种原因导致的苏北地区经济发展滞后应该不是短期现象，为什么2010年之前苏北地区没有大规模的人口迁移出现？这种人口迁移的变化，在华东地区是不是一种整体上的趋势，即，华东经济发展相对滞后的内陆区域城市人口从2010年开始"用脚投票"迁移至华东乃至中国其他经济更加发达的区域？如果结论成立，那么，华东地区内部实际上也存在着相当程度的经济发展不平衡。联想到前面我们对东北地区地级市人口规模变动的分析，2009—2010年的拐点时段特征在东北和华东发展相对滞后区域的地级市极度近似。

为验证我们的推断，下面再以浙江、安徽、江西、福建、山东的部分发达或欠发达地级市为例，再次审视华东地区的人口迁移规律（见图22）。

如图22所示，华东皖、赣、闽、鲁等省区，凡是在地域上不靠海、不属于省会城市和产业大市的地级市，有相当部分在2009—2011年前后出现了人口规模的下降。浙江由于整体经济形势趋好，相对多数的浙江地级市人口在2009—2011年前后呈现上升趋势。这是除上海外，华东地区地级市人口增长比率最高的省区。华东六省一直辖市的人口规模变化，隐隐蕴含着中国经济最发达区域城市化发展的隐忧：纵使中国经济的发达地区，其内部的发展不平衡也是极为显著的，这会带来人口迁移的不平衡，并导致发达区域内部的城市发展不协调。一些发达区域的地级市人口近些年快接近千万规模，如浙江温州等地，而一些偏内陆、外向型经济和产业

① 赵峰、姜德波：《产业结构趋同的合意性与区域经济发展——以苏北地区为例》，《财贸经济》2011年第4期。
② 储东涛：《奋力冲破苏北地区的"贫穷恶性循环"》，《现代经济探讨》2001年第5期。
③ 陈新明：《加快苏北地区经济发展促进江苏区域经济协调发展》，《南通工学院学报》（社会科学版）2004年第3期。
④ 薛庆根：《江苏省苏南、苏中、苏北地区差距透视》，《新疆农垦经济》2005年第12期。

经济滞后的地级市，人口维持在 200 万~300 万，甚至还有不断缩小的趋势。人口过剩与人口短缺的双重矛盾不可避免地会在这些城市化区域出现。至于更大范围内的城市人口变化趋势，待我们分析完华南、西南、华中、西北等区域后，再做出对比性的结论。

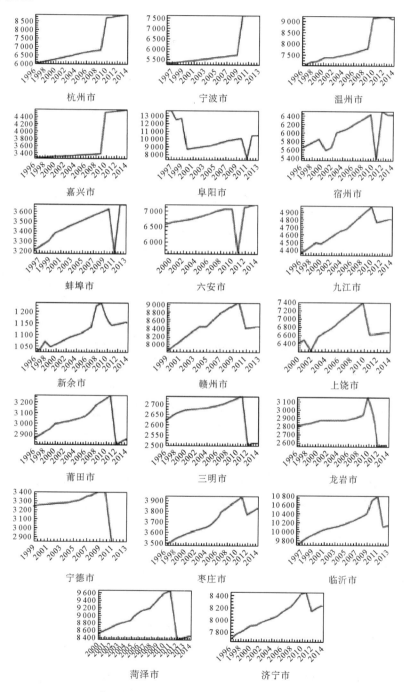

图22 浙、皖、赣、闽、鲁等华东省区部分地级市人口数量变化趋势（单位：千人）
资料来源：CEIC 数据库。

（5）华南地区的地级城市人口变动分析

华南地区属于中国七大地理分区之一。按照现在较为通行的口径，包括广东省、广西壮族自治区、海南省、香港特别行政区及澳门特别行政区①。鉴于港、澳地区的特殊性，我们这部分主要分析广东、广西和海南的地级市人口变动情况，这基本可以说明华南城市化地区人口迁移的主要趋势。

我们首先来看看广东的情况（见图23）。

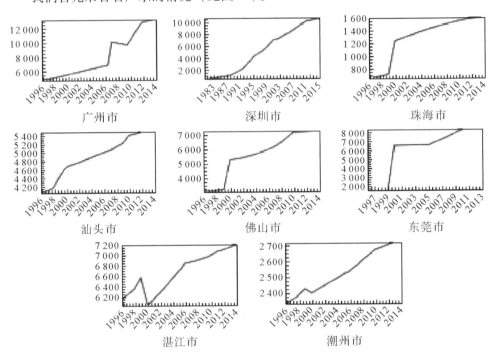

图23 广东部分地级市人口数量变化趋势（单位：千人）

资料来源：CEIC 数据库。

广东是华南地区开放时间最早、开放程度最深的省份，它的人口规模变化不仅对华南地区的经济发展模式产生影响，而且也对中国的经济发展模式具有某些引领性的作用。近些年，一些新闻媒体纷纷报道，广东地区也出现了"民工荒"，例如《羊城晚报》报道，"目前广东面临劳动力结构性短缺。全省共有近200万人的招工缺口，缺工比率约10%。由于招工不理想，不少工厂开工不足，甚至不敢多接订单，'钱送上门，没口袋装'。少数产业关联度不强的企业，已经在考虑将生产基地迁移到内地省份。而广东农村富余劳动力却普遍面临'就业难'。在城市化进程中，约有500万农村劳动力急需转移就业。欠发达地区，尤其是人口密集的粤东地区，失业问题严重"②。但是，这类新闻报道缺乏对广东人口实际规模变化的深

---

① 早期的教科书中，将华南的范围定义为：广东、广西、贵州、云南、海南和香港、澳门，1945年抗日战争胜利后再进一步把台湾地区加入其中，合称"华南六省"，而民间的"华南地区"则有多种说法，广义自然地理上的华南地区还包括福建中南部及台湾地区。

② 蒋铮等：《广东劳动力供求关系严重错位》，《羊城晚报》2015年1月24日。

入数据分析，只是从面上得出的一些结论。根据笔者的分析，广东的地级（含）以上城市中，近十年只有2~3个在2005—2008年前后有过短暂的人口减少，其他时间主要地级市人口规模均在增长。从绝对数量上讲，广东适龄劳动人口的规模也应该增加，不可能出现人口绝对数下降的"民工荒"。广东的一些企业如果招不到工，很大的因素可能并非就业人口下降，而可能要从工资水平和企业的工人技能要求角度出发加以分析。接下来，我们再看看广西和海南的情况。

广西和海南的情况与广东近似，其地级以上城市，近十年来人口基本处于增长态势，如图24所示。无论是经济发展水平和开发水平较高的南宁、桂林、北海、海口、三亚等市，还是曾经属于革命老区的百色等，人口总体上呈现上升态势，而贺州、来宾、河池三市2010年前后人口有短暂的下降，继而也恢复上涨态势。因此，总体来看，华南地区呈现较为稳定的人口增加态势。

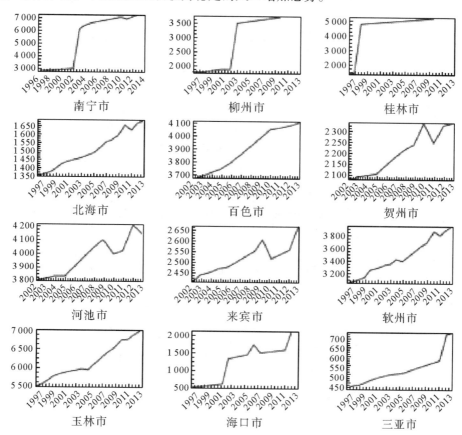

图24 广西和海南部分地级市人口数量变化趋势（单位：千人）

资料来源：CEIC数据库。

至于港、澳地区，近年来因与内地人口交流频繁，其人口也呈增加趋势，见图25。

综上，华南地区由于开发、开放程度深，再加上近年来国家对内地和港澳之间通行的政策管理相对宽松，旅游、探亲、商贸流的主力进出门户是华南地区邻近的

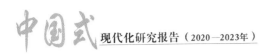

广东、广西、海南等省，这间接促成华南地区包括香港、澳门特别行政区持续不断的人口流入态势。所以，一些新闻报道中关于华南地区出现"劳工荒"问题，实质上可能是这些地区开发开放程度提升后，对劳动力素质要求提升的必然结果。

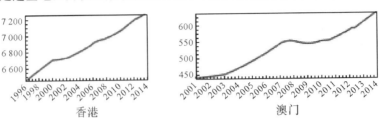

图25 香港和澳门特别行政区的人口数量变化趋势（单位：千人）

资料来源：CEIC数据库。

（6）华中地区地级市人口规模变动趋势

华中地区包括河南、湖北、湖南三省。这三省位于我国中部黄河中下游和长江中游地区，地处华北、华东、西北、西南与华南之间，在这地域区间，京九铁路、京广铁路、焦柳铁路纵贯南北，陇海铁路、宁西铁路、浙赣铁路、湘黔铁路以及徐新高速铁路、沪汉蓉高速铁路、沪昆高速铁路与万里长江横贯东西，具有全国东西、南北四境过渡的要冲和水陆交通枢纽的优势，起着承东启西、连南望北的重要作用。华中地区的土地面积有56万多平方千米，约占全国土地总面积的5.9%。农业发达，轻重工业基础雄厚，水陆交通便利，是全国经济较发达的地区，是中国工农业的心脏和交通中心。但是，内陆地区的开放发展较之沿海沿边地区缓慢的现实，会不会造成人口外流呢？现在，我们以其主要城市（地级以上）的人口规模是如何变动的为例加以说明。

首先看看河南，众所周知，河南是中国的人口大省、粮食大省，地处中原腹地，地理位置十分重要。其人口规模变化呈现这样的特征：除郑州人口保持明显的增长态势外，绝大多数河南的地级市2011—2013年都出现了人口规模增加趋势的衰减。具体见图26。

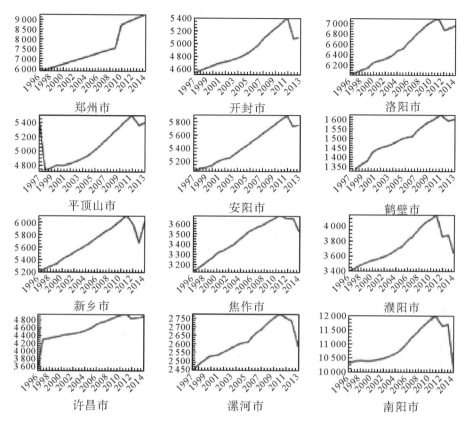

图26　河南省部分地级市人口数量变化趋势（单位：千人）

资料来源：CEIC数据库。

其次，看看湖北、湖南的情况（见图27）。

两湖的情况比较复杂，但是大体上遵循首位城市（省会城市武汉、长沙）人口平缓增长，而其他城市人口有增长趋势，但是2010年前后出现震荡的情况。这说明，离开行政级别的资源控制和集聚（河南、湖南、湖北）的非省会地级市，近年来人口呈现波折、下降的趋势。这种趋势从城市经济学的角度讲有两个因素：第一，城市规模依然具有吸引劳动力的能力，只是这种能力在华中地区需要一定行政资源的加持，如省会城市或国家级开发区（长株潭），等等；第二，华中地区良好的交通条件（四通八达）和靠近沿海沿边发达地区的区位优势决定了人口流动频繁和人口外流是华中地区人口变化和城市发展的"常态"。但是，华中地区城市化和人口规模变化，真正值得关注的问题不是人口流出或流入（人口流动是用脚投票，这不是城市化能控制的）；真问题是，大规模的"流动人口"对城市化形成冲击，应该如何治理。因此，华中的城市规模、基础设施、住房设施的建设要考虑"候鸟型"人口的城市化模式，便于流动人口的迁徙，城镇化模式应该有"柔性"和"弹性"，这样既便于人口流动，也有利于对接与华中接壤的其他区域的城镇化模式有一个缓冲和过渡区域。

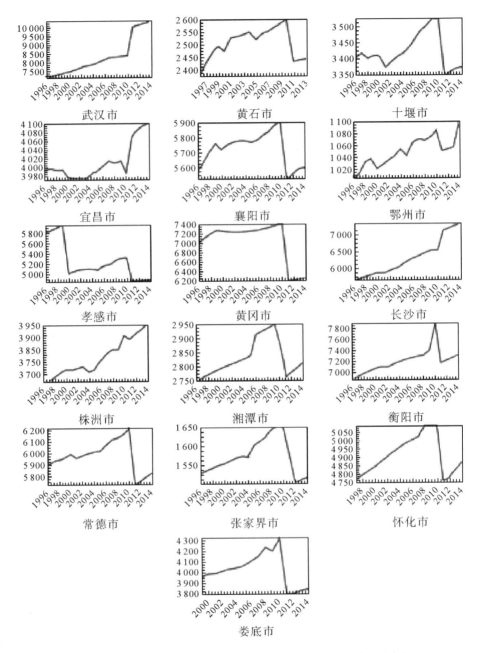

图27 湖南、湖北部分地级市人口数量变化趋势（单位：千人）

资料来源：CEIC 数据库。

（7）西南地区地级市人口规模变动趋势（见图28）

西南地区，包括重庆、四川、云南、贵州、西藏。长期形成的一个判断是，由于西南地区经济发展相对滞后，故其人口基本呈现外流趋势，但是由于其人口基数大，这种外流在多大程度上影响到了当地的城镇化趋势和模式，这是需要从近年来西部各省市区的人口规模变动数据加以说明的。我们以重庆、四川、云南、贵州、西藏的各个地级市或等同于地级市的区域作为分析对象，做简要说明。

西南地区各省市区地级市人口变化的数据证明，西南地区并未出现大规模的人口下降趋势。如果说四川、重庆的部分地级市（区）还有少数存在一定的人口规模波折现象，那么，云南、贵州、西藏的主要地级以上城市均呈现人口规模增加趋势。但是，以上的地级市选择显然未能完全概括西南地区人口变化的全况，因为，云、贵、川、藏的部分地区还有相当部分的少数民族自治州（县），这些地方的人口变化可能更值得做一番数据分析。

从云、贵、川、藏的少数民族区域来看，除少数地区如贵州黔东南苗族侗族自治州、黔南的布依族苗族自治州外，多数民族地区的人口呈增加态势。这种趋势和我们分析西南地区主要地级市的人口规模变化趋势是一致的：尽管整体上经济发展不及东部地区，但是西南地区特有的生态环境、人文风情和近年来地方政府对经济增长和就业的重视，使得西南地区的人口虽有外流但是保持了既定规模的增长态势。这也打破了我们观念中认为的西部人口一定会外流至东南沿海发达地区打工的惯性思路。按照目前全国各地出台近乎"抢人"一般的优惠落户政策、就业政策、住房政策的做法，西部地区尤其是其少数民族地区要珍视所在地人口愿意"留土留乡"的这份厚重的乡土情结，在城镇化服务于人的发展性需求方面做好供给侧结构性改革，把西南地区特色城镇化的优势凸显出来，避免人口外流造成难以估量的发展障碍。

（8）西北地区地级市人口规模变动趋势

西北地区，包括陕西、甘肃、青海、宁夏回族自治区及新疆维吾尔自治区。长期以来，这些省、区受地理环境影响，人口主要集中在环境适宜的城市周围，可以说，西北地区城镇人口规模变化基本上就是西北整体人口变化的缩影。让我们逐一看看，西北三省两自治区地级以上城市人口规模的变化的趋势。

我们发现，西北地区的地级城市人口变化趋势呈两极分化状态。得到资源保障和发展空间的省会城市（如西安、兰州、银川、西宁、乌鲁木齐）和旅游型城市（如嘉峪关市、酒泉市）、交通枢纽型城市（宝鸡市）等，人口呈现持续增长态势；而受到资源限制的其他西北地级市人口，近年来呈现人口规模的下降趋势，比较有代表性的是甘肃的张掖市、定西市和新疆的克拉玛依市等（水资源缺乏）。因此，西北地区的城镇化格局基本依靠的还是自然生态资源的改善，否则一些地级市的人口将来还会出现外流。

与西南地区近似，西北地区也是少数民族聚居较多的地区，因此需要对其少数民族的城镇化区域人口规模变动做统计分析，这样才能涵盖西北地区人口变化的"新常态"。

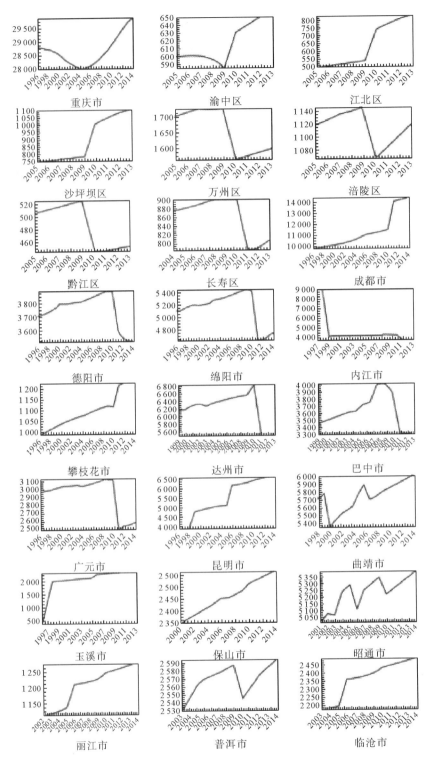

图28　云、贵、川、藏、渝部分地级市（区）人口数量变化趋势（单位：千人）
资料来源：CEIC 数据库。

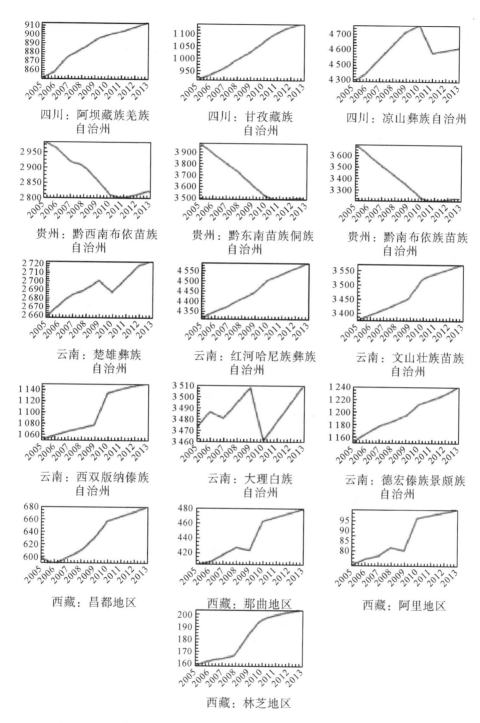

图29　云、贵、川、藏部分民族地区人口数量变化趋势（单位：千人）

资料来源：CEIC 数据库。

西北地区三省两自治区的城镇化发展不能忽略少数民族地区（市、州、县）的发展态势。虽然西北地区自然条件相对艰苦，但是少数民族自治州的人口规模发

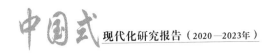

展态势相对平稳——一直处于较为稳定的增长态势。换句话说，促成人口流动的因素未必是理论上所设想的自然条件差异、收入差异和城镇化水平差异。如果从上述差异出发，岂不是西北地区特别是一些发展相对滞后地区的人口都要外流了？从相关数据来看，情况并非如此（见图30）。

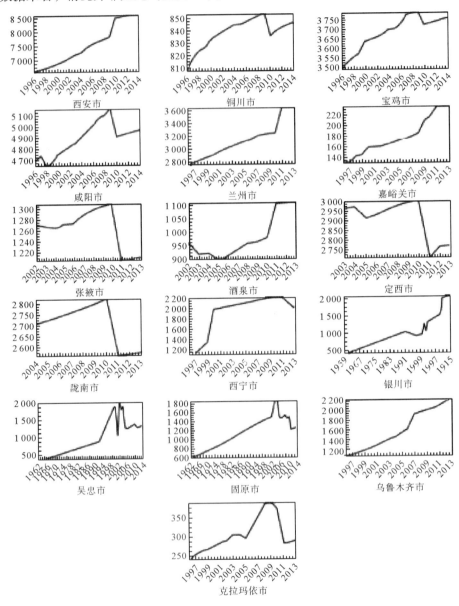

图30　西北地区部分地级市人口数量变化趋势（单位：千人）

资料来源：CEIC 数据库。

西北地区特别是西北少数民族地区人口增加态势的动力，可能和当地的宗教习俗高度相关，这和宗教型城镇化模式对凝聚人口的作用情况类似（见图31）。需要提醒读者注意的是，人口增长态势的背后，万不可忽略的是当地城镇化对宗教型人口的社会包容模式建设，换言之，也许自然条件差异、收入差异和城镇化水平差异短期内并不是这些民族地区、偏远地区城镇化人口外流的必然动力，但是这些差距不能长期不变甚至扩大；考虑到民族地区的城镇化特质，在务实改善民生的同时，要加大特色民族性城镇化模式建设，以造就更多的特色型、旅游型城市，带动这些民族性城镇化地区的经济发展，最终形成既有宗教地域特色，又能涵盖城镇人口生存发展的西北城镇化模式。

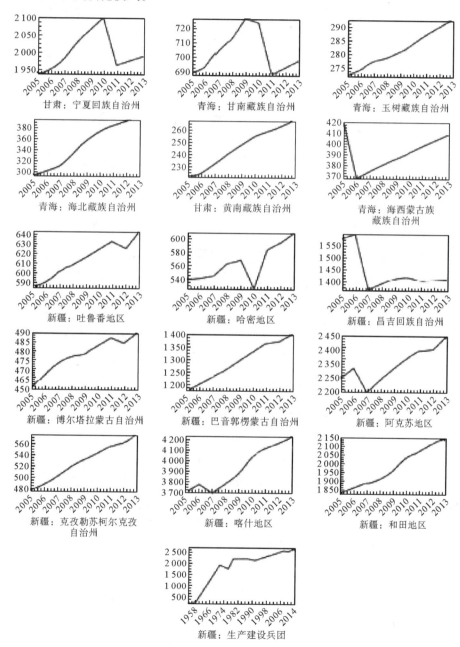

图31　西北地区部分少数民族地区人口数量变化趋势（单位：千人）

资料来源：CEIC 数据库。

二、工资的城乡差异及其趋同

关注城乡"刘易斯转折"的结构性变化的另一种数据统计口径，是从人口分区域的工资水平来深入分析，因为工资结构的变化，决定着劳动力成本的变化，更决定着劳动力迁移的动力和方向等决定性因素。从区域的角度看，首要的工资成本问题应该围绕城乡收入差距展开。其次，则可以从地理分区的角度来剖析近年来中国各地劳动力成本变化的趋势，以寻求不同的城镇化模式。

（一）城乡收入差距需要以"一体化"方式加以解决吗？

在应对城镇化的"刘易斯转折"的经济理论中，长期以来有这样一种观点，即应当缩小城乡收入差距，甚至在未来某一天，城乡收入的决定方式应当一体化，并体现无差别。这当然是一种理想化的设计，但是，如果从数据和现实的角度进行深入思考，一体化设想可能有值得商榷之处。

首先，从城镇的角度来看，主要的国有、集体部门人口和农民工外出打工收入这几类工资性收入的统计比较，年均工资数据参见图32①。

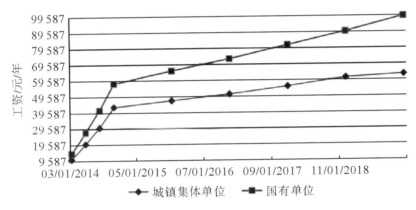

图 32　城镇地区国有部门、集体部门员工工资水平差距（单位：元/年）
资料来源：CEIC 数据库。

据 CEIC 和中国国家统计局网站公布的数据，从 1978 年至 2013 年，城镇国有部门职工人均货币工资收入从 644 元/年增加到 52 657 元/年，增长了 80 倍还多；而城镇集体部门的职工人均工资则从 506 元每年增加到 38 905 元，增长了 75.89 倍；这种增长趋势基本符合中国国民收入的所有制区别，如表 5 所示。而农村居民进城务工人员的人均打工工资收入长期徘徊在 5 000 元/年以下。从这个数据看，如果说城镇集体部门和国有部门职工工资水平属于可比较的范畴的话，那么，农民工外出打工工资收入基本上就是望"国营"和"集体"部门兴叹。

---

① 农民工工资是月收入，没有直接反映在图中，由 CEIC 数据库农民工打工月收入推算得出。

表5　城镇单位就业人员平均工资和指数

年份	平均货币工资/元				平均实际工资上涨指数
	合计	国有单位	城镇集体单位	其他单位	
1978	615	644	506	—	106.0
1979	668	705	542	—	106.6
1980	762	803	623	—	106.1
1985	1 148	1 213	967	1 436	105.3
1990	2 140	2 284	1 681	2 987	109.2
1995	5 348	5 553	3 934	7 728	101.8
2000	9 333	9 441	6 241	11 238	111.3
2001	10 834	11 045	6 851	12 437	115.3
2002	12 373	12 701	7 636	13 486	115.4
2003	13 969	14 538	8 627	14 843	111.9
2004	15 920	16 445	9 723	16 519	110.3
2005	18 200	18 798	11 176	18 362	112.5
2006	20 856	21 706	12 866	21 004	112.9
2007	24 721	26 100	15 444	24 271	113.4
2008	28 898	30 287	18 103	28 552	110.7
2009	32 244	34 130	20 607	31 350	112.6
2010	36 539	38 359	24 010	35 801	109.8
2011	41 799	43 483	28 791	41 323	108.6
2012	46 769	48 537	33 784	46 360	109.0
2013	51 483	52 657	38 905	51 453	107.3
2014	49 969	56 339	57 178	36 390	-2.9
2015	62 029	65 296	46 607	50 733	110.1
2016	67 569	72 538	50 527	53 455	108.9

注：1. 1994年以前为职工平均工资及指数。

2. 1995—2008年的城镇单位就业人员平均工资为原来的城镇单位就业人员的平均劳动报酬。

资料来源：《中国统计年鉴》各年相关数据。

也就是说，农村居民纯收入在改革开放过程中增长幅度和整体水平仍旧远远落后于城市和城镇化地区国有、集体部门的工资收入水平。从图33中我们看到，《中国经济与社会发展统计数据库》所统计的农村居民家庭人均工资性收入，在改革开放以后很长一段时间里是家庭总收入中的重要构成，但直到2012年，也才仅为3 447.46元人民币。这和城镇化地区国有部门职工达到52 657元的年均工资收入（2013年数据）相比，约为其的6.54%；相比集体部门职工达到38 905元的年均工资收入（2013年数据），约为其的8.86%。

从收入增长速度看，农村居民人均总收入从1978年的151.8元增加到2012年的10 990.67元，增长约71倍；农村居民工资性收入从1978年的88.26元增加到2012年的3 447.46元，也只增加了38倍。这两项数据（收入存量和增量）都明显少于城镇化地区的国有和集体部门的职工工资收入增长水平。

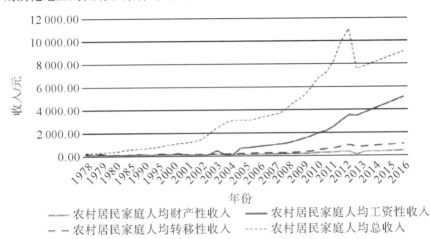

图33　改革开放以来农村居民家庭人均总收入、财产性收入、工资性收入和转移性收入情况
资料来源：《中国经济与社会发展统计数据库》。

如果考虑到前述农村居民进城打工工资收入长期低于5 000元/年的现实，工资性收入的继续增加问题看来不是短期可以解决的。这里面的原因相当复杂，但市场上的主要表现是：第一，进城务工人员源源不断，就业市场充分竞争，不可能有大幅度提高工资的市场行为出现；第二，城镇企业对务工人员的要求越来越高的现实与进城务工人员人力资本储备不足的矛盾越来越尖锐，工资供求的结构性矛盾非常明显。显然，既然几十年的改革开放并没有解决这个问题，那么未来在较短的时间内要依靠提高农村居民务工工资收入水平来达到城乡收入差距缩小的目标，也是不现实的。

从农村居民人均总收入从1978年到2012年增长约76倍看，这一速度并不算低。因此，肯定是某种超过工资性收入的其他收入增长态势，拉高了农村居民总收入的增长。从《中国经济与社会发展统计数据库》的数据和图33看，这个拉高因素既不是农村居民的财产性收入，也不是转移性收入；唯一的可能是农村居民的务农收入或农村副业经营性收入较之以往有大幅的提高。但是，务农收入和农村副业收入很大程度上有靠天吃饭或禀赋约束的限制，不可能存在全国一盘棋地实现务农收入和农业副业经营的大规模推广模式。

所以，现实数据所展示出的严峻问题是：城乡收入差距的主要因素可能不是农村居民某类收入增长速度慢了，而是整体上呈现出农村居民收入增长的颓势；这就不可避免地会带来农村人口的外流——因为尽管城市打工的平均收入长期徘徊在5 000元左右，但是城镇化地区毕竟还有托达罗（Todaro）所说的好的预期存在，只是，现阶段连这种预期也逐渐弱化了，城镇化岂能忽视刘易斯早已说过的这种转折现象？中国短期内不可能达到城乡劳动力市场统一商品化定价（城乡劳动力同工同酬）的阶段，是不可回避的现实。

从更深一步的角度来思考城乡收入差距引发的劳动力迁移对城镇化的影响，还可以从价格因素加以考虑。

让我们先来看看城镇和农村居民主要商品消费价格指数的差异（见图34、图35）。我们以2000年为基年（消费价格指数计为100），选取城市和农村居民的租房消费、自有住房消费（城市数据缺失）、市区公共交通消费、城市间交通消费、耐用消费品消费、教育消费、个人服务消费、大米消费价格指数作为比较参数，来考察城乡差距的现实情况。粗看起来，城市和农村居民消费价格指数总体上保持平稳，但是，除了城市居民租房价格指数和个人服务消费价格指数整体上高于农村外，其他指数在所考察的多数年份中，城市均低于农村。要知道，虽然城乡消费价格指数的基数年都是2000年，价格指数均设定为100，但是，这个100是城市、农村各自基年指数的评价标准。换句话说，2000年城市的某项指数100换算成现实价格和农村的同一指数换算成现实价格是不尽相同的。在这样的条件下，农村居民的主要消费价格指数上涨程度均高于城市居民的消费价格指数，这意味着农村居民的实际收入（按购买力平价标准测算）更低了。

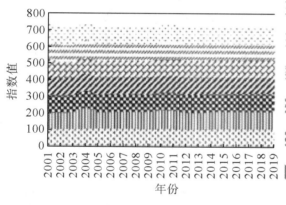

图34　2001年以来城镇居民主要消费价格指数概览（2000年＝100）

资料来源：《中国经济与社会发展统计数据库》。

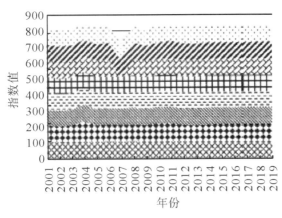

图35　2001年以来农村居民主要消费价格指数概览（2000年=100）

资料来源：《中国经济与社会发展统计数据库》。

有趣的是，城市居民租房消费和个人服务消费指数高于农村居民的情况，恰恰说明城乡消费结构的"代差"。因为诸如大米消费（代表基本生活消费的"吃"的方面）、公共交通消费（城市间或市区内）、教育消费、耐用品消费价格指数等，城乡商品一体化的速度接近一致，原因何在？笔者认为，这是城乡人口迁移速度加快，以及交通费用、商品物流成本大大降低所致——城里人可以享受到的优质普通商品、耐用品、教育消费等，农村居民通过城乡交通通勤和商品"下乡"均能享受到。但是，住房、租房、城市个人服务类商品由于特殊的成本和消费模式，不可能复制到农村，故这类消费价格指数始终存在城市高于农村的情况。这是在城市中获得相对高收入的人群所必须付出或"忍耐"的成本。

进一步需要解决的问题是，既然城乡居民收入水平差距明显、消费结构存在代差，那么，农村居民什么时候才能实现长期可以支付得起城市居民所"忍耐"的诸如城市租房、城市个人服务消费等价格指数，以便实现"城乡一体化"？在笔者看来，这个问题有两种解决方式。

第一种方式是彻底改变农村居民的收入结构，实现城乡居民收入水平在购买力评价上的收敛。

第二种方式是容忍城乡收入差异，但是这种差异是以城乡居住环境的代价作为补偿的。

对于第一种方式，这些年中国主要围绕增加农民的财产性收入和转移支付性收入来力图达到增加农村居民整体收入水平的目标。但是，误区在于，我们把农村居民财产性收入增加直接等价于农民土地财产收入增加，于是，一次性赎买土地使用权或承包经营权以增加农民收入的种种方式就出现了。事实证明，这种方式只能短期增加城郊接合部农民的收入[①]；而现阶段确实很难找到增加除土地以外多样化的

---

① 贺雪峰：《地权的逻辑——中国农村土地制度向何处去》，中国政法大学出版社，2010；贺雪峰：《地权的逻辑Ⅱ——地权变革的真相与谬误》，东方出版社，2013。

农民财产性收入的有效渠道。对于转移支付而言，短期内就更不可能实现对农民增收有贡献了，因为现阶段的转移支付基本上属于"撒花椒面"——尽管国家"强农惠农"的投入力度大是事实，但是农业人口众多的现实，使得转移支付只是针对务农居民的一点务农的生产性激励（或价格保护），至多保证农业生产或农产品不亏损，这和实现农民致富的目标还有很大的距离。

因此，本文更认同第二种方式，即容忍城乡收入差异，但是这种收入差异要以城乡生产生活环境和质量的"逆向差异"加以抵消。这个过程比单纯寻求城乡居民收入均等化更有意义。

第一，把城市、农村收入和生产生活环境、质量统一起来考虑劳动力城乡迁移问题，在有步骤地提高农村居民收入水平时，有效改善城市和农村的生产、生活环境——城市高收入可能会承担城市生产生活的高成本和部分难以克服的城市病（拥堵、空气质量偏差等），农村相对低收入却可以规避城市的种种"城市病"弊端。

第二，让市场在城乡人口迁移过程中起决定性作用，让农村居民、城市居民自由选择在城市或农村工作、生活的地点以及通勤的方式方法，等等。

第三，把城乡收入和生产、生活环境质量差异纳入动态调整体系，及时平衡因为客观的收入差异而带来的实质意义上的城乡差距。

第四，纠偏片面追求农村城镇化的"工业城市化"模式。一段时间以来，我国的城镇化过度追求"城乡一体化"，特别是一些地区片面地把"城乡一体化"理解为"农村城镇化、农业工业化、农民工人化"，结果是城市不断向农村蔓延，而农村的自然生态环境不断被"工业化"改造甚至破坏。

"城乡有别"本来是自然历史规律。"一体化"应该是从发展意义上讲城乡发展趋势一致——城市农村互补、共进、交融，而不是人为地把"城乡同质化"当作城乡一体化的目标。本文的统计分析发现，不仅仅收入水平城乡难以"一体化"，城市和农村在其他的很多方面既无必要也不应该"整齐划一"。下面我们将从分区域的角度深入阐述中国劳动力价格的差异以及其在城镇化"刘易斯转折期"的具体表现。

（二）中国分区域的劳动力价格统计分析

为分析方便，我们仍旧按照东北、华北、华东、华南、华中、西南、西北七大区域的模式对各地区劳动力价格水平加以分析。

1. 东北地区劳动力价格水平和劳动力价格指数统计

我们以辽宁、吉林、黑龙江为例来分析东北地区劳动力的价格变化。从城镇非私营单位（国有或集体部门职工）平均工资的绝对值来看，各年度大体呈现辽宁平均工资水平>吉林平均工资水平>黑龙江平均工资水平（见图36）。表面上看，似乎东北地区地理纬度越低的省份，其城镇在职非私营职工工资收入越高，气候条件似乎是决定东北地区工资水平的一个重要变量——气候越是相对宜人，可能更有利于当地的经济发展，从而带来更高的工资水平。但是，就平均工资的绝对值来讲，东北地区在全国排名是偏低的，从20世纪80年代年均2 000元的水平，经过30年的发展，现在的辽宁、吉林、黑龙江城镇非私营单位在岗职工年均工资水平也仅仅为44 000~46 000元（图36）。

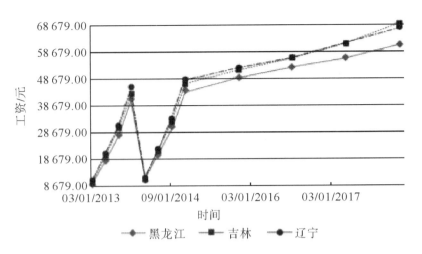

图36 2013年以来东北地区（辽、吉、黑）城镇非私营部门年平均工资变化趋势
资料来源：CEIC数据库。

从城镇非私营部门平均工资指数（以1992年党的十四大市场化改革起步年份为基期指数100）来看（图37），东北地区实际的工资增长速度只是在1994—1995年和2007—2008年增速较快，其他时间增速都较缓，并且，整体上看，东北地区自1992年后，工资指数总体上呈现增长疲软态势（见图37）。这也是东北地区人口外流的一个根源。因为，这个数据针对的还是东北的在岗职工（相当部分属于企事业单位在编员工），他们的工资尚且增速缓慢，更遑论那些不属于国有或集体单位的体制外、编制外的就业者了。

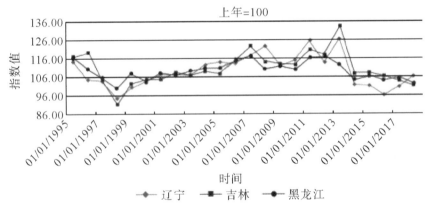

图37 1995年以来东北地区（辽、吉、黑）城镇非私营部门年平均工资指数变化趋势
资料来源：CEIC数据库。

2. 华北地区劳动力价格水平和劳动力价格指数统计

由于数据缺失，我们只能观察到华北地区的北京市、天津市、河北省、山西省、内蒙古自治区（中部）的城镇非私营部门平均工资2003—2013年的数据。但是，我们仍旧可以凭借这些数据掌握华北地区劳动力价格水平的变化趋势。

从图38中可以看出，华北地区的劳动力价格水平呈现三个档次：第一档次是北京市，其城镇非私营部门平均工资水平差不多高于同一年份第二档次的天津1/5，高于第三档次的河北省、山西省、内蒙古自治区 1/2。这种劳动力价格的梯度分布，在华北地区表现出城市政治和经济地位所具有的决定性作用。

首先，尽管同为直辖市，天津的城镇非私营部门年平均工资水平就要低于北京一个档次，这种差距，将会在一定程度上限制天津的城镇化进程——两个直辖市现阶段通勤时间由于城际高铁的贯通已经降到 1 个小时以内（将来还会更短），通勤成本（单边）的火车票价已经控制在 54.5 元（二等座）人民币的较低水平。天津的劳动力向北京集聚的现实动力是非常强的。只是由于北京更高的生活成本迫使劳动力在天津和北京两个直辖市之间有相应的权衡，所以京津两地工资差异 1/5 是可以接受的。

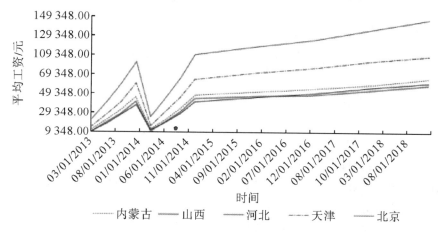

图38　2013 年以来华北地区城镇非私营部门年平均工资变化趋势

资料来源：CEIC 数据库各年数据。

其次，处于第三工资档次的河北、山西和内蒙古自治区（中部）的工资水平和工资增长比之京津两地就缓慢许多。从 2003 到 2013 年这三个地区的城镇非私营部门年平均工资水平仅仅只是从年均 15 000 元左右增加到年均 45 000—50 000 元的水平。表面上看，似乎工资增长了 3 倍多，但是由于基数小，所以河北、山西和内蒙古自治区（中部）的劳动力可能会持续外流，特别是流向与之紧邻的京津两地。

从劳动力价格指数角度看（见图39），华北地区在 2007—2008 年前后，城镇非私营部门年平均工资指数增长最快，也就是说，近 10 年来华北地区城镇非私营部门年平均工资指数总体上呈现倒 U 形趋势，这种情况一方面可能是华北地区主要企事业单位就业岗位饱和导致职工工资上涨趋势减缓；另一方面，是城市化的成本有可能随着华北地区交通基础设施和公共服务水平的改善而下降，因此工资增速减缓也在情理之中。总体来讲，由于有特大型城市北京、天津的存在，华北地区（特别是京津冀地区）成为北方人口流入的一个主要区域，这是京津冀城镇化协同发展面临的一种机遇，当然也是一种挑战。

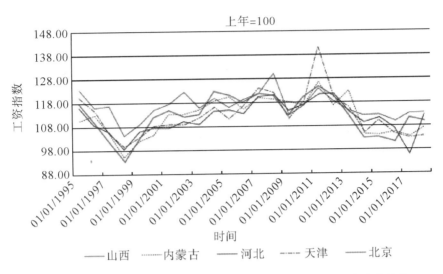

图 39   1995—2017 年华北地区城镇非私营部门年平均工资指数变化趋势
资料来源：CEIC 数据库各年数据。

3. 华东地区劳动力价格水平和劳动力价格指数统计

华东地区省市较多（上海、江苏、浙江、安徽、福建、江西、山东），是中国经济发展的核心区域，同样呈现和华北地区类似的劳动力价格梯度差异。让我们通过统计数据进行分析（图40~图41）。

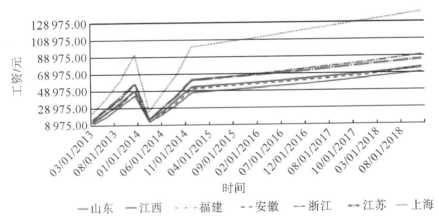

图 40   2013—2018 年华东地区城镇非私营部门年平均工资变化趋势
资料来源：CEIC 数据库各年数据。

显然，华东地区内部的经济发展不平衡造成其劳动力工资水平呈现梯度差异。

（1）从时间序列的城镇非私营部门年平均工资水平来看，1993 年是一个分水岭，在 1993 年以前，华东地区劳动力平均工资水平差异很小，但是从 1993 年开始，差距逐渐拉大。考虑到华东地区是中国改革开放的重点地区，所以市场化在华东地区的铺开确实造成了华东地区内部的收入差距问题，即使是人们常说的"长三角"，其经济发展水平差异带来的劳动工资差异也是明显的。

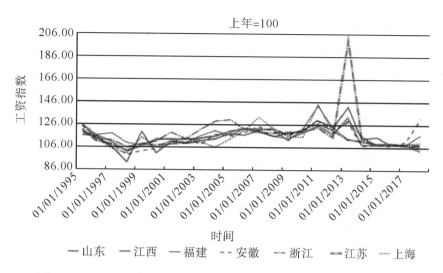

图41　1995—2017年华东地区城镇非私营部门年平均工资指数变化趋势
资料来源：CEIC数据库各年数据。

（2）这种城镇非私营部门年平均工资水平差距呈现出四个梯度：第一梯次是直辖市上海，其城镇非私营部门年平均工资从1993年年均5 000元的水平迅速上涨到2013年超过100 000元的水平，这在华东地区是首屈一指的；第二梯次是浙江和福建两省，从1993年后，它们的城镇非私营部门年平均工资水平和增速大体排在第二位，到2013年前后，达到年均55 000—60 000元的水平；第三梯次是山东、江苏、安徽三省，其城镇非私营部门年平均工资2013年达到45 000—50 000元的水平；第四梯次是江西，其城镇非私营部门年平均工资2013年达到35 000—40 000元的水平。总体而言，华东地区因为长三角经济发展的巨大牵引作用，这一地区的劳动力工资水平呈现稳步上升态势；上海的一枝独秀除了其直辖市的政治经济地位外，还和华东地区高质量人口资源迅速聚集到上海有关系；但是，华东地区也出现了像苏北地区、赣南、赣西等地区等劳动力工资水平相对"拖后腿"的区域。

（3）工资水平的差异和长三角一体化的发展趋势带来劳动力的快速流动。虽然华东地区的劳动力工资呈现梯次差异，但是，由于整体发展呈现城镇化的"集团"优势，即华东一市六省的城镇化水平和企业发展格局在市场化改革年代形成快速协同趋势，这一区域范围内的劳动力不再是单纯地趋向上海、南京、杭州、厦门、济南、福州这样的大都市流动，一些次级区域中心如苏州、温州、青岛、无锡、宁波等也分流了劳动力大军——华东城市群多中心的格局已经形成。这对应对劳动力的结构性短缺有好处：城市群既分散了劳动力流动取向，又分担了不同劳动力适应城镇化的成本，较好的交通设施能够及时弥补华东地区城镇化进程中的劳动力结构性短缺问题。可以说，城市群的整体协同发展是华东地区的重要比较优势，它确实有利于缓解劳动力结构性短缺和劳动力成本上升的矛盾。

另外，从华东地区城镇非私营部门年平均工资指数变化趋势来看（从1993年起），呈现"L"形的稳定增长态势。1993—1995年，华东地区主要省市的劳动力平均工资增长指数达到近 20 多年来的极值水平（超过 1992 年基年指数 100 近 40%，达到 140）；在此之后呈现稳定态势，维持在 106～125。这也充分说明，由于华东地区城镇化的集团发展优势，地区间的劳动力流动更加平稳，劳动力工资水平的提高更趋于市场化主导，地区间的工资增速趋于平衡。换句话说，劳动力寻求城市间工资增速"套利"的机会越来越少，劳动力的择业、就业观因为华东城市群的集团发展优势逐渐趋于理性。

4. 华南地区劳动力价格水平和劳动力价格指数统计

华南地区包括广东省、广西壮族自治区、海南省、香港特别行政区及澳门特别行政区。由于港澳地区的特殊性，我们仅分析广东、广西、海南三地的劳动力价格水平和价格指数变化（见图 42）。

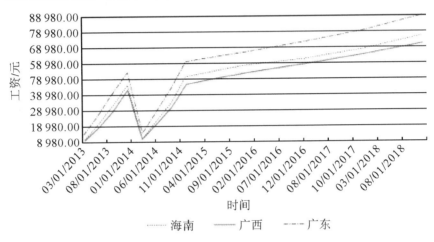

图 42 华南地区（广东、广西、海南）城镇非私营部门年平均工资变化趋势
资料来源：CEIC 数据库各年数据。

从图 43 可以看出，广东、广西和海南组成的华南地区，呈现为两个档次的劳动力工资水平。广东显然是这一区域劳动力工资水平的执牛耳者，从 20 世纪 90 年代中期以来，广东的城镇非私营部门年平均工资水平就逐渐拉开了和海南及广西的差距。

举例来讲，1995 年，广东城镇非私营部门年平均工资水平已经超过 10 000 元，而同期的广西只有不到 6 000 元，而海南则不到 4 500 元；2013—2014 年，广东的城镇非私营部门年平均工资水平已经超过 50 000 元，而同期的广西和海南只有 40 000 元左右。可见，广东在几十年的改革开放过程中，是华南地区经济增长的火车头，它可以提供高于同一地区近 1/5 的平均工资水平。

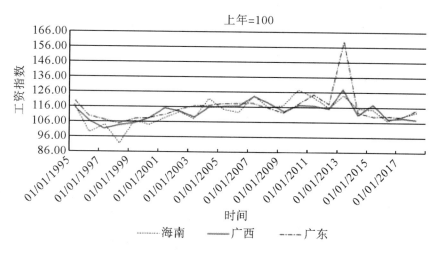

上年=100

图43 华南地区（广东、广西、海南）城镇非私营部门年平均工资指数变化趋势
资料来源：CEIC 数据库各年数据。

但是，这背后又和广东长期以来获得的政策优惠有关，如果抛开这些政策优惠，广东能否继续保持相对高工资水平，现在看来还有相当的不确定性。首先，沿海地区产业升级的浪潮在广东亦不例外，劳动力维持高工资的必然要求是劳动力的劳动质量和水平达到新产业的基本要求，但是，这非常困难。因为，来广东打工的劳动力相当部分来自内地，他们适应产业升级换代是比较困难的，而且近年来广东的产业升级使得生产车间的自动化程度提高，传统工人需求量也在下降。其次，广东省内部也存在区域发展不平衡，珠三角地区是广东经济增长和城镇化水平最高的地区，但是，广东其他地区和珠三角的广州、深圳、佛山相比就有一定差距，维持劳动力的高工资水平显然不能只靠珠三角，广东北部相对落后地区的城镇化发展和经济增长潜力才真正折射出华南地区的"短板"。

海南和广西尽管比广东落后，但是由于其起点更低，所以城镇化发展和劳动力工资水平的协调相对更有回旋余地。毕竟，这两地20世纪90年代中期的劳动力工资最多只达到广东一半的水平，而现阶段只比广东低1/5。而海南和广西劳动力的城镇化生产生活的平均成本显然比广东地区低，也就是说，同为华南地区，广西、海南不仅有利于劳动力就地就业，同时还能承接了一部分无法在广东特别是珠三角就业的劳动力。这个时候，从分担人口红利的角度来看，华南地区这种双层区域结构（广东—广西、海南）是比较稳固的，非常有利于城镇化创新模式的展开。因此，相当一段时间在广东出现的"民工荒"现象，应当是华南地区城镇化模式和产业政策调整的机遇——劳动力既没必要，也不可能都涌向广东的发达地区，其他气候和地理位置相近的区域也是劳动力可以选择的地域。

从工资增长指数角度看，华南的广东、广西、海南和华东地区近似，呈现"L"形工资指数增长变化态势，在经历了1993—1994年的工资快速上涨，以及1996—1997年经济紧缩造成的工资下滑后，华南地区的工资增长呈现稳定态势，特别是2000年以后，工资指数增长保持在108~120。这对劳动力的稳定就业是有极大吸引力的。

现在需要深入考虑的是，华南地区私营部门的工资水平和工资指数变化。因为，作为中国改革开放的前沿阵地之一，华南地区城镇化真正崛起的依托还不是只依靠城镇非私营部门，其私营部门的工资水平往往更能代表这一地区的劳动力使用情况。根据数据库资料，我们得出广东、广西、海南的城镇私营部门劳动力工资水平（由于数据缺失，只能查询2009年以来的工资水平），见图44。

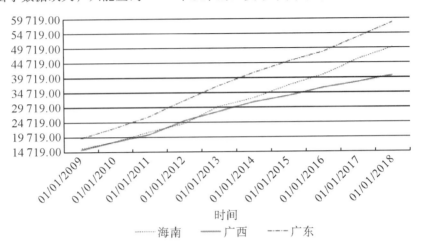

图44　华南地区（广东、广西、海南）城镇私营部门年平均工资变化趋势
资料来源：CEIC数据库各年数据。

从图44中可以看出，广东的私营部门工资水平依然是华南地区最高的，广东的私营企业2009年年均工资水平达到20 000元，高于同期的海南和广西近4 000元；到了2013年，广东的私营部门年均工资水平达到36 000元，高于同期的海南近6 000元，高于广西近8 000元。这种私营部门的劳动力工资差距，折射出的是经济发展水平的差距。

按照发展经济学的理论，6 000—8 000元人民币的工资差距（按1∶6的美元人民币汇率计算）已经超过1 000美元，这1 000美元的人均工资差距就是经济发展的一个数量级或台阶的差异；从外溢效应角度讲，海南、广西等地应该充分享受到广东改革开放政策的红利溢出，但是这种代差仍旧不可避免地形成了。这对发展城镇化特别不利：相比城镇非私营部门的工资差距可能是地区财政实力（传统上，国有集体部门往往被视为吃财政饭）存在差距而言，华南地区私营部门工资水平差距真实地代表着地区经济活力的差距，劳动力流动除了考虑Tordaro所述的预期工资外，经济环境和地区经济活力也是重要的指标。

另外，从城镇非私营部门和私营部门工资差距的角度，我们还可以看出华南地区劳动力所面临的所有制歧视问题，见表6。

表6 华南地区非私营—私营部门工资差距 单位：元

区域	年份				
	2009	2010	2011	2012	2013
广东（非私营—私营部门工资差距）	16 000	21 000	20 000	19 000	18 000
广西（非私营—私营部门工资差距）	10 000	14 000	18 000	16 000	12 000
海南（非私营—私营部门工资差距）	12 000	13 000	14 000	14 000	10 000

注：取自当年平均工资差距。

资料来源：CEIC 数据库各年数据。

从数据显示的区域角度看，2009 年以来华南地区非私营—私营部门的工资差距最大的是广东，广西次之，海南差距最小。这种工资的差距表明了城镇化的国有、集体部门在分配领域的强势，并且这种强势和经济活力高度相关。广东的经济活力在区域内最强，其劳动力收入面临的所有制歧视也最大，这个趋势如果一直存在并扩大，则非常不利于劳动力在不同类型的所有制企业间流动。因为劳动力的理性预期都把就业目标投向城镇的非私营部门，结果只会使这些部门一再提高雇佣标准（高筑门槛），以保持它的工资优势。换句话说，华南地区城镇非私营部门就业增量的变化不会因为存在所有制之间的工资差距就瞬间放开，因此，城镇非私营部门的劳动力结构性过剩就会变成持续性的问题，反过来讲，城镇私营部门的劳动力因为工资低会选择"用脚投票"涌向同一地区的非私营部门，这样一来，私营部门就会面临持续的"民工荒"。这就是沿海地区劳动力结构性过剩或短缺的"刘易斯转折"。

从数据显示的时间角度看，广东、广西、海南自 2009 年以来的城镇非私营—私营部门的工资差距整体上呈现倒"U"形变化趋势，这些地区的不同所有制企业劳动力工资差距大概在 2011—2012 年达到峰值，其后开始缩小。由于数据可得性有限，尚不能判断这种缩小趋势是不是长期工资差距缩小趋势的开始。但如果有效改善不同所有制劳动力面临的歧视性待遇和工资结构，逐渐缩小不同所有制企业劳动力的收入差距，对劳动力的合理流动无疑是最有效的激励。

5. 华中地区劳动力价格水平和劳动力价格指数统计

华中地区包括河南、湖北、湖南三省。如前所述，这是中国南北交通枢纽之地，城镇化与快速的人口流动相互影响。但是，这一地区的工资水平变化显然不可能和劳动力流动速度一样变动迅速，试看以下数据（见图45、图46）。

与东北、华北、华东、华南地区城镇非私营部门年平均工资呈现阶梯型差异不同，华中地区的劳动力平均工资大体处于同一水平、同步调上升态势。例如，2012年以后河南省的劳动力平均工资水平略有下降，但总体趋势仍旧保持和湖南、湖北一致。这种同步上升态势，一方面和这一地区三个省区的经济发展水平相关，另一方面也和这一地区人口流动迅速相关。

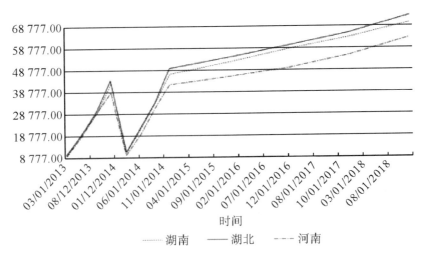

图45 华中地区城镇非私营部门年平均工资变化趋势（单位：元）
资料来源：CEIC 数据库各年数据。

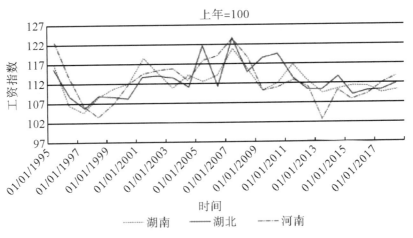

图46 华中地区城镇非私营部门年平均工资指数变化趋势
资料来源：CEIC 数据库各年数据。

　　快速的人口流动使得华中地区省区间的工资趋于均等，这可能是某种流动性的劳动力地区间工资平衡模式。如果说这一地区没有出现像华东、华南地区那样较为明显的地区间工资差距；那么，它的区域城镇化模式就不可能形成区域次中心带动区域欠发达中心的梯度城镇化模式（也可以理解为区域范围的中心—外围模式），即河南、湖南、湖北没有城镇化的领军地区。这时，城镇化的协同发展、互补发展对华中地区来讲显得尤为重要，可以选择基于交通基础设施互联互通的某种城市群模式来作为华中地区三省寻求城镇化模式协同的载体，实现华中城市群的崛起目标。

　　从工资增长指数角度看，华中的河南、湖北、湖南地区和华东、华南地区近似，呈现"L"形工资指数变化态势；但是，从 2009 年以后，这三个省的工资指数增长有明显的下滑，特别是河南省。这对该省的劳动力蓄积和就地转移劳动力是非常不利的。同时，对华中地区而言，某个省的工资指数呈现下降态势，将破坏劳动力流动的区域动态平衡，以至于会干扰到这一地区城市群齐头并进的发展态势，这是需要注意的华中城市群"刘易斯转折"点。

6. 西南地区劳动力价格水平和劳动力价格指数统计

西南地区，包括重庆、四川、云南、贵州、西藏。但是其劳动力工资水平横向比较目前尚缺乏系统分析，试看图47。

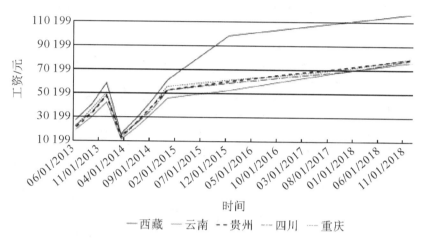

图47　西南地区城镇非私营部门年平均工资变化趋势

资料来源：CEIC 数据库各年数据。

从城镇非私营部门年平均工资变化趋势看，西南地区以 2007 年为界限，分为两个阶段，几种梯次。在 2007 年以前，西藏的工资水平是一个梯次，重庆、四川、云南、贵州是第二梯次；但是在 2007 年以后，西藏依然保持较高的工资水平，四川、重庆、贵州次之，第二梯次中的云南工资水平逐渐落后，成为第三梯次。虽然西藏的工资水平依然高于西南其他省市，但是这种差距呈现倒"U"形发展趋势，2007—2009 年之间这个工资差距最大，2007 年之前和 2009 年之后，西藏和西南其他省市的工资差距开始缩小。这是城镇非私营部门的工资表现，意味着尽管国家财政对西藏地区仍旧保持较高支持，但是由于西南其他省市经济崛起，这个差距会缩小。

从工资指数波动的角度看，重庆、四川、云南、贵州的劳动力工资指数增长平缓，呈现"L"形态势，但西藏的工资指数呈现不稳定波动态势，一些年份的工资指数上涨非常快，如 1996—1997 年以及 2006—2008 年，但是其他年份其工资指数增长可能处于低水平增长态势。这说明，单靠财政支撑的工资指数增长存在很大的不确定性（西藏是典型），如果地区的工资指数有经济增长作为支撑，情况则将稳定得多。

对西南地区进行更深入的劳动力工资水平分析，需要注意两个特殊的方面。

第一，从西南地区城镇私营部门年平均工资变化情况出发，可以对上述分析做出重要补充证明。试看图48、图49，尽管只有 2009 年以后的数据，但西藏地区的私营部门仍旧发展滞后，基本上无法在经济生活中占有基本的分量；而重庆、贵州、四川、云南的私营部门工资水平在 2009 年以后呈现三级态势，重庆居第一，贵州、四川次之，云南排在第三档。这也基本符合这些年西南地区经济增长活力的区域分布梯次差异。应该说，作为直辖市的重庆确实很好地利用了国家的政策优势，经济增长强劲，其私营部门工资水平列西南地区首位；而云、贵、川则总体上需要挖掘自身的增长潜力，才能更好地实现工资增长与经济增长速度赶上重庆。而西藏地区则有必要改变靠政策和财政吃饭的格局，在国家相关政策允许的情况下，发展私营经济，以实现西南地区工资水平和经济发展水平的一个区域同步性（政策同步性由于藏区的特殊自然地理民族环境问题，短期内不可能实现）。

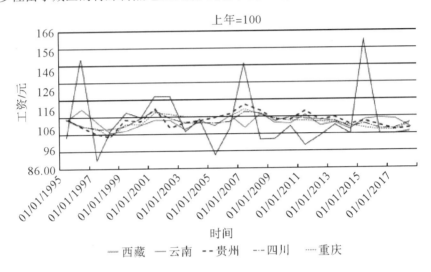

图 48 西南地区城镇非私营部门年平均工资指数变化趋势

资料来源：CEIC 数据库各年数据。

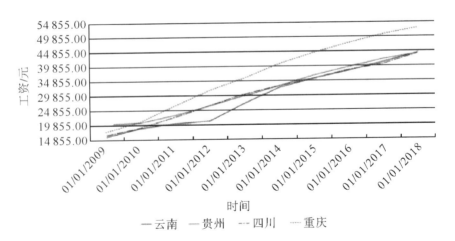

图 49 西南地区城镇私营部门年平均工资变化趋势（单位：元）

资料来源：CEIC 数据库各年数据。

第二，对西南地区民族区域的劳动力工资水平的分析，我们选取了四川、贵州、云南、西藏的民族地区年平均工资水平加以分析。其中，四川的民族地区包括阿坝藏族羌族自治州、甘孜藏族自治州、凉山彝族自治州；贵州的民族地区包括铜仁地区、黔西南布依族苗族自治州、毕节地区、黔东南苗族侗族自治州、黔南布依族苗族自治州；云南的少数民族地区包括楚雄彝族自治州、红河哈尼族彝族自治州、文山壮族苗族自治州、西双版纳傣族自治州、大理白族自治州、德宏傣族景颇族自治州、怒江傈僳族自治州、迪庆藏族自治州；西藏民族地区包括昌都地区、山南地区、日喀则地区、那曲地区、阿里地区、林芝地区。我们按照这一顺序将西南地区民族地区平均工资水平作为城镇化特殊模式的补充分析，具体见图50、图51、图52、图53。

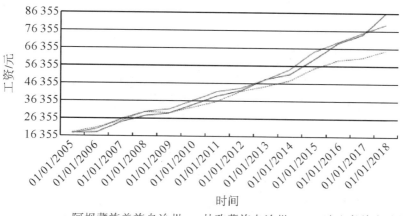

图50 四川民族地区年平均工资变化趋势（单位：元）

资料来源：CEIC 数据库各年数据。

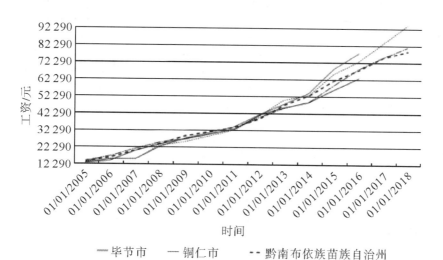

图51 贵州民族地区年平均工资变化趋势（单位：元）

资料来源：CEIC 数据库各年数据。

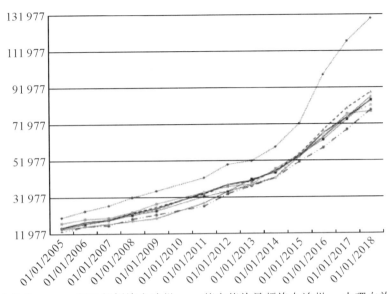

图 52　云南民族地区年平均工资变化趋势（单位：元）

资料来源：CEIC 数据库各年数据。

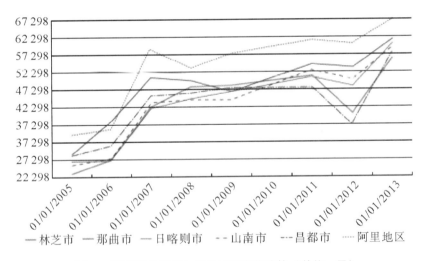

图 53　西藏民族地区年平均工资变化趋势（单位：元）

资料来源：CEIC 数据库各年数据。

　　从年平均工资的绝对数值来讲，云、贵、川、藏四地的工资水平除西藏略高外，其他差异并不大；但是从工资上涨趋势看，四川和贵州的民族地区年平均工资水平属于协同上涨，各民族地区的工资差异在不同时期并不大，而且上涨趋势也是比较平滑的；而云南和西藏则呈现梯次和波动的特点：以 2013 年为例，云南楚雄彝族自治州的工资水平已经达到 51 977 元/年，但是该省的迪庆藏族自治州同期则为 38 000 元/年，年收入差距近 12 000 元；而西藏，2013 年，阿里地区工资水平高达 66 000 元/年，而同一时期的昌都、山南、林芝等地的工资水平接近 55 000 元/年，与阿里地区的工资水平差距 11 000 元。而且西藏的民族地区工资波动幅度特别大，这说明西藏民族地区工资水平的稳定性尚待加强。

7. 西北地区劳动力价格水平和劳动力价格指数统计

西北地区，包括陕西、甘肃、青海、宁夏及新疆维吾尔自治区。从其城镇地区非私营部门劳动力工资收入的角度看，呈现齐头并进趋势，唯一让人感到意外的是甘肃省的城镇非私营部门工资水平在 2009 年以后开始出现下降趋势。但就工资整体水平而言，西北地区城镇非私营部门的劳动力工资水平总体上和华中地区近似，到 2013 年，它的年工资维持在 44 000—50 000 元的水平。从工资增长指数的角度看，西北地区也呈现"L"形工资指数增长变化态势，略有不同的是，在 2001 年和 2007 年出现了两个工资增长指数的小高点（工资增长指数超过 120%）；另外，2007 年以后，工资增长指数开始出现下滑、疲软态势，这也和西北地区经济增长的"新常态"——经济增长减速高度相关（见图 54、图 55）。

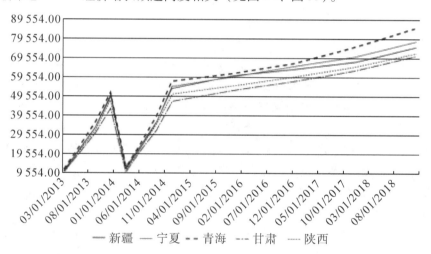

图 54　西北地区城镇非私营部门年平均工资变化趋势（单位：元）

资料来源：CEIC 数据库各年数据。

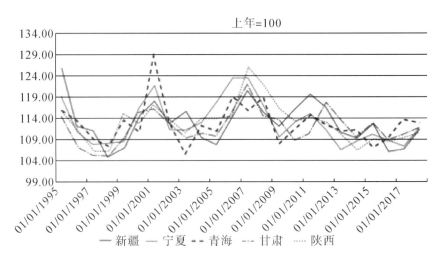

图 55　西北地区城镇非私营部门年平均工资指数变化趋势

资料来源：CEIC 数据库各年数据。

2009 年以后，这三个省的工资增长指数有明显的下滑，特别是陕西省和宁夏回族自治区。这对该省（区）的劳动力蓄积和就地转移劳动力是非常不利的，同时也不利于民族地区的民生改善。考虑到西北地区依旧是中国少数民族聚集区，也是民族特色经济发展带，特别是近年来又承担了"一带一路"城镇化发展的重要任务，考察这一地区民族区域的劳动力工资水平变化，显得更为重要。我们主要考察西北三大民族区域：①甘肃：临夏回族自治州和甘南藏族自治州；②青海：海东地区、海北藏族自治州、黄南藏族自治州、海南藏族自治州、果洛藏族自治州、玉树藏族自治州、海西蒙古族藏族自治州；③新疆：吐鲁番地区、哈密地区、昌吉回族自治州、博尔塔拉蒙古自治州、巴音郭楞蒙古自治州、阿克苏地区、克孜勒苏柯尔克孜自治州、喀什地区、和田地区、伊犁哈萨克自治州、塔城地区、阿勒泰地区、生产建设兵团，如图 56~图 58 所示。

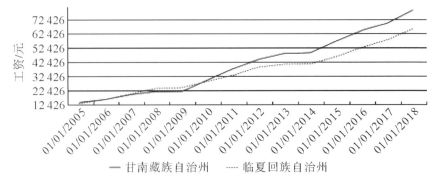

图 56　甘肃民族地区年平均工资变化趋势

资料来源：CEIC 数据库各年数据。

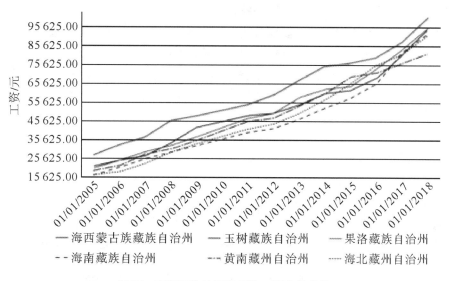

图 57　青海民族地区年平均工资变化趋势

资料来源：CEIC 数据库各年数据。

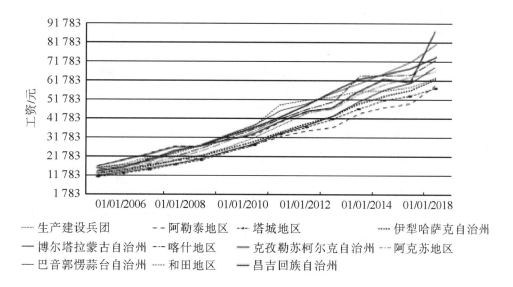

图 58　新疆民族地区年平均工资变化趋势

纵观西北民族地区的劳动力平均工资水平，最高的有两个民族地区：第一是海西蒙古族藏族自治州，达到 64 000 元人民币/年；第二是，新疆的吐鲁番地区，达到 56 000 元/年。而工资水平最低的几个民族自治州（工资低于 40 000 元/年）基本集中在新疆，包括新疆博尔塔拉蒙古自治州、伊犁哈萨克自治州、塔城地区、阿勒泰地区（2013 年平均工资约 36 000 元水平）。这说明，西北民族地区民生改善的重点指向新疆的偏远民族地区。提升其工资水平，有赖于两种务实政策的推广：一是"一带一路"倡议的政策优势必须和新疆民族地区的劳动力收入水平挂钩，不能只是纸面上的政策，而无法实现沿线民族地区经济发展、人民收入水平提升的现实要求；二是必须结合民族地区的特色旅游资源、自然资源、民族风情文化等特色因素，实施不同于内地的城镇化模式——有条件集中的，可以考虑集中发展一批民族区域性城镇化中心；没有条件集中的，考虑采取分散化、郊区化的民族城镇化模式，实现"一带一路"倡议在西北陕、甘、宁、青、新落地的城镇化品牌模式。这样，才可以就地吸纳民族地区的劳动力就业，并吸引全国乃至全球的游客和劳动力资源进入这些地区，实现人口不外流及收入增长的目标。

三、结论与展望

从整体到分区域的中国城镇化刘易斯转折统计分析表明，中国城镇化的核心问题是结构性的，是深入到各个省、自治区、直辖市下面的各个地级、县级或相关层级的城镇的。人口红利在整体层面上的疲软，延展到各个具体的地级、县级等城镇的时候，就会变成某种意义上的城镇化结构性矛盾。这其中，又以各个区域欠发达的城镇表现最为突出。人口红利消失在地级、县级规模城镇出现的标志性现象或引导因素是由刘易斯转折引发的人口外流（人口净流出）。尽管我们尚不能确切地说人口到底流向了具体哪个省、哪个区、哪个市等，但经济发达的区域和区域中心城市无疑是聚集这些外流人口的核心地带。这种发展趋势和转折模式，可能在未来10~20年会使中国某些城镇的高生产率劳动人口被"抽空"，中国城镇化的"刘易斯转折"将可能变成"刘易斯陷阱"，这是今天我们关注和研究这个问题从统计分析层面得出的一种可能性。毫无疑问，人口外流的区域将成为中国经济结构调整和人口变化的瓶颈区，人口的大规模净流出将导致这些地区缺乏可持续发展和高质量发展的依托，其内生发展动力也会受到损害。本文以定量的方式阐述中国城镇化在"刘易斯转折"期面临的各种约束条件及其变化，意在将一些容易隐藏和忽略的城镇化人口流动命题以直观的方式展现出来，特别是从分区域角度将中国七大区域的劳动力规模和价格（工资）方面的变化同近年来中国城镇化所经历的"刘易斯转折"结合起来，凸显城镇化"刘易斯转折"时期中国所面临的经济事实，以此为中国各区域以及总体人口控制政策决策提供参考。

国企混改路径创新：
从中长期实现共同富裕[*]

吴　垠　　徐得恒

共同富裕是社会主义的本质要求，是中国式现代化的重要特征。共同富裕是全体人民的富裕，是人民群众物质生活和精神生活都富裕。要坚持以人民为中心的发展思想，在高质量发展中促进共同富裕。当前，我国已进入新发展阶段，为更好满足人民日益增长的美好生活需要，必须把逐步实现全体人民共同富裕摆在更加重要位置。推进共同富裕离不开党的领导和中国特色社会主义道路，"国有企业是中国特色社会主义的重要物质基础和政治基础，是我们党执政兴国的重要支柱和依靠力量"[1]，在承担政策性职能（负担）、保障就业、促进公平、兜底民生等方面有着不可替代的作用。促进共同富裕就要稳步推进国有企业混合所有制改革，做强做优做大国有企业。

国有企业混合所有制改革既是推动国有经济高质量发展的重要保障，也是党对国企改革的重大战略部署。1997 年党的十五大报告提出，"公有制经济不仅包括国有经济和集体经济，还包括混合所有制经济中的国有成分和集体成分"，首次论述了混合所有制经济与公有制经济的关系。2003 年党的十六届三中全会通过的《中共中央关于完善社会主义市场经济体制若干问题的决定》指出，"大力发展国有资本、集体资本和非公有资本等参股的混合所有制经济"。2013 年党的十八届三中全会通过的《中共中央关于全面深化改革若干重大问题的决定》给予混合所有制经济全新的价值定位，提出"国有资本、集体资本、非公有资本等交叉持股、相互融合的混合所有制经济，是基本经济制度的重要实现形式，有利于国有资本放大功能、保值增值、提高竞争力，有利于各种所有制资本取长补短、相互促进、共同发展"，这一论断成为中国特色社会主义政治经济学的新突破[2]，开启了国企混合所有制改革的全新篇章。2017 年党的十九大报告指出，培育具有全球竞争力的世界

＊　本文选自《重庆工商大学学报（社会科学版）》。本文为国家社会科学基金重大项目（22ZDA108）"新发展阶段生产发展、生活富裕、生态良好的中国特色文明发展道路研究"；国家社会科学基金项目（22CFX037）"新发展阶段资本规范健康发展的经济法保障研究"；2022 年度四川省留学人员科技活动项目择优资助重点项目"数字货币创新设计支持进阶版四川美好生活消费与防范化解重大金融风险研究"；西南财经大学金融科技国际联合实验室重点项目（FIC2022C0012）"中国城市数字金融指数、数字金融资源配置、数字人民币应用与防风险研究——从整体到成渝地区双城经济圈"；四川省金融学会 2021 年度重点课题的阶段性研究成果。

①　习近平：《国家中长期经济社会发展战略若干重大问题》，《求是》2020 年第 21 期。
②　洪银兴：《十八大以来需要进一步研究的几个政治经济学重大理论问题》，《南京大学学报（哲学·人文科学·社会科学）》2016 年 53 卷第 2 期。

一流企业，需要持续深化国企改革，大力发展混合所有制经济。2020年中央深改委审定的《国企改革三年行动方案（2020—2022年）》更为具体地提出，要积极稳妥地推进混合所有制改革，"支持和鼓励国有企业集团对相对控股的混合所有制企业实施更加市场化的差异化管控"，要以混合所有制改革为抓手，在产业链、供应链上，使国有企业与民营企业、中小企业不断深化合作，形成相互融合、共同发展的局面。

三年来，广大国有企业认真贯彻落实党中央、国务院相关决策部署，取得了一系列优异成果，切实推动国企改革发生了全局性、根本性、转折性变化，如国资布局得到进一步优化调整、国企核心竞争力持续提升，2020—2022年，中央企业在战略性新兴产业领域年均投资增速超20%；中国特色现代企业制度完善定型，央地各级3.8万户国企实现董事会应建尽建，其中外部董事占多数的比例达到99.9%；国资监管大格局加快构建，全国省级经营性国资集中统一监管比例已达99%……当前，国企改革三年行动已见成效，各主要任务目标已相继完成，为开展下一轮国有企业改革深化行动打下了坚实的基础。2023年2月，习近平总书记对"深化国资国企改革""谋划新一轮深化国有企业改革行动方案"[①] 作出了重大的战略性部署。未来，国有企业在全面贯彻党的二十大精神、扎实推动改革举措落实落地的同时，如何确保混合所有制改革、国企高质量发展与更好肩负促进共同富裕使命三者有机融合，成为当前亟须思考的问题。

国企改革取得了令人瞩目的优异成绩，但距预设的改革目标尚存一定距离，习近平总书记指出，"经过多年改革，国有企业总体上已经同市场经济相融合。同时，国有企业也积累了一些问题、存在一些弊端，需要进一步推进改革。"[②] 具体来说，现有文献认为当前国企混改在以下三个方面存在不足：

首先，混改不当可能给企业创新带来负面影响。国企民营化，一方面通过增加关联交易、减少投资等途径弱化混改后企业的创新活动[③]，另一方面通过强化经理人短视、降低政府科研补贴等方式制约企业创新能力的提升[④]。同时，余明桂等[⑤]从信贷资金配给视角提出，国企民营化还会影响融资约束进而制约企业开展创新活动。此外，蔡锐和赵静静[⑥]认为，混改引入的机构投资者可能受短期行为动机、持股比例低、商业关联等因素的影响，对地方竞争性国有企业的创新活动产生抑制作

① 习近平：《当前经济工作的几个重大问题》，《求是》2023年第4期。

② 习近平《习近平谈治国理政》（第一卷），外文出版社，2014年。

③ 钟昀珈、张晨宇、陈德球：《国企民营化与企业创新效率：促进还是抑制？》《财经研究》2016年42卷第7期。

④ 熊家财、唐丹云：《国企民营化改制会影响企业创新吗？——来自渐进双重差分模型的经验证据》《宏观质量研究》2020年第8卷第3期。

⑤ 余明桂、钟慧洁、范蕊：《民营化、融资约束与企业创新——来自中国工业企业的证据》，《金融研究》2019年第4期。

⑥ 蔡锐、赵静静：《机构投资者参与竞争性国企混改对企业创新的影响》，《经济与管理》2021年第35卷第6期。

用。刘宁和张洪烈[①]提出，民企逆向混改引入的国有控股股东，可能会降低民营企业家在创新上的自觉、自信，干扰民企自主、独立进行创新管理，从而阻碍逆向混改企业提升双元创新能力。

其次，混改存在诱发国有资产流失的风险。卫兴华和何召鹏[②]提出，应审慎推进分类改革，清晰界定混改后哪些企业适合由国有资本控股、哪些适合由国有资本参股，否则将成为引发新一轮国有资产流失的导火索。郑有贵[③]认为，一些地方政府出于利益考量，在实施混改时将国有资产"一卖了之"转让给民营企业，实际上是把混合所有制改革当作私有化机会。黄速建[④]、毛新述[⑤]认为防范国有资产流失的配套政策、规则措施还不够成熟、完善，使得国有资产流失的风险成为悬在国企与审批部门头上的"达摩克利斯之剑"。担心决策失误需承担责任而"不愿混"[⑥]，是现阶段制约国企混改持续深化的瓶颈之一。对于混改过程中的资产定价问题。李红娟[⑦]提出，国企在整体上市、并购重组过程中的资产定价机制存在诸多不足，如评估观念落后、定价方法不科学等。少数通过弄虚作假、高值低估等手段引发国有资产流失的情形还存在于当前混改过程中[⑧]。产生公有产权在交易中往往被低估、私有产权在交易中往往被高估的根本原因就是，"公有资产交易的参与者对公有资产没有自身财产利益关系"[⑨]。

最后，混改后企业内部治理机制尚需完善。当前，国有企业治理结构不健全，"内部人控制问题"频繁发生[⑩]。黄速建[⑪]、蔡贵龙等[⑫]认为，缺乏规范透明的公司治理体系以及非国有股东占股份额不足，使得非公资本在混改企业中的话语权缺失，从而削弱非公资本监督、制约国企内部人的控制力、影响力。此外，国有资本与民营资本在发展目标、决策倾向等方面的差异，也是导致企业治理机制融合困难

① 刘宁、张洪烈：《宜控还是宜参？国有股权与民营企业双元创新：逆向混改视角》《科技进步与对策》2022年第39卷第18期。

② 卫兴华、何召鹏：《从理论和实践的结合上弄清和搞好混合所有制经济》，《经济理论与经济管理》2015年第1期。

③ 郑有贵：《坚持共享发展和国有资本放大功能是国有企业改革的基本方向》，《毛泽东邓小平理论研究》2016年第5期。

④ 黄速建：《中国国有企业混合所有制改革研究》，《经济管理》2014年第36第7期。

⑤ 毛新述：《国有企业混合所有制改革：现状与理论探讨》，《北京工商大学学报（社会科学版）》2020年第35卷第3期。

⑥ 何瑛、杨琳：《改革开放以来国有企业混合所有制改革：历程、成效与展望》，《管理世界》2021年第37卷第7期。

⑦ 李红娟：《国企混合所有制改革难点及对策》，《宏观经济管理》2017年第10期。

⑧ 胡叶琳、黄速建，施怡：《论更高水平的国有企业混合所有制改革》，《山东大学学报（哲学社会科学版）》2023年第1期。

⑨ 洪银兴、桂林：《公平竞争背景下国有资本做强做优做大路径——马克思资本和市场理论的应用》，《中国工业经济》2021年第1期。

⑩ 杨瑞龙：《新时代深化国有企业改革的战略取向——对习近平总书记关于国有企业改革重要论述的研究》，《改革》2022年第6期。

⑪ 黄速建：《中国国有企业混合所有制改革研究》，《经济管理》2014第36卷第7期。

⑫ 蔡贵龙、柳建华、马新啸：《非国有股东治理与国企高管薪酬激励》，《管理世界》2018第34卷第5期。

的原因之一①。未来，进一步完善混合所有制企业内部的公司治理机制，需理顺国资监管机构、外部投资者、国有资本出资人、董事会、监事会、经理层和党组织间的权利、义务与责任关系划分②③。

关于国企为什么肩负着促进共同富裕的使命，现有研究主要集中在以下三个方面：

一从所有制视角出发：简新华④指出，非公有制经济的存在既有促进社会主义经济繁荣的积极作用，也有与社会主义的本质相悖、不利于实现社会主义最终目标的消极因素，非公有制自身不能消除两极分化、消灭剥削，达到共同富裕。吴宣恭认为国家所有制坚持共同所有，不搞财产的分散化和量化到人，保证劳动者权利的平等和地位的稳定，封堵了劳动人民中间发生分化的路径，使劳动者不会由于特殊事故失去自己的财产权利，也排除了少数人多占产权份额并借此获取别人的劳动所得，持久保证共同富裕⑤。杨新铭和杜江（2021）提出，社会主义国家中无论是公有制经济还是非公有制经济，只要能够促进社会生产力提高，就可认为是具有社会主义性质的经济组织形式。因此，单纯从产权形式来划分社会主义本质特征显然是片面的，要促进不同所有制经济共同发展，促进经济整体效率不断提升，进而缩小收入差距实现共同富裕⑥。李娟伟和任保平（2022）认为社会主义的根本任务就是发展生产力、实现共同富裕，而国有企业作为社会主义公有制的具体实现形式，是否促进生产力的发展不仅关系国有企业自身的存续，也将直接决定我国社会主义发展与共同富裕实现的物质基础⑦。周文和唐教成（2022）认为因为国有企业是全民所有制企业，生产资料归全体人民共有，真正体现社会主义公有制的人民性质，而且国有企业作为全民所有制生产关系的具体实现形式，能够为促进全体人民共同富裕带来实质效果，所以扎实推进共同富裕需要将国有企业做强做优做大⑧。何召鹏（2022）认为当前社会生产力的整体发展水平已经达到现代化社会分工程度，因此在处理国有经济与民营经济关系时，必须坚持公有制为主体，国有经济必须发挥主导作用，否则不利于生产力的发展和解放，也无法最终实现共同富裕⑨。

二从职能定位视角出发：田应奎和李伟艺（2021）认为，国有企业在就业保

① 柳学信、曹晓芳：《混合所有制改革态势及其取向观察》，《改革》2019年第1期。

② 杨红英、童露：《论混合所有制改革下的国有企业公司治理》，《宏观经济研究》2015年第1期。

③ 苏继成、刘现伟：《党的十八大以来国企混合所有制改革：成效、难点及对策》，《经济体制改革》2022年第6期。

④ 简新华：《改革以来社会主义所有制结构理论的发展》，《学术月刊》2000年第3期。

⑤ 吴宣恭：《正确认识和处理国家所有制中的集体性产权》，《当代经济研究》2021年第5期。

⑥ 杨新铭、杜江：《所有制结构调整的演进逻辑、现实基础与政策取向》，《政治经济学评论》2021年第12卷第5期。

⑦ 李娟伟、任保平：《新中国成立以来国有企业改革的历史阶段、理论逻辑及政策启示——基于马克思主义政治经济学视角》，《当代经济研究》2022年第4期。

⑧ 周文、唐教成：《共同富裕的经济制度逻辑论纲》，《福建论坛（人文社会科学版）》2022年第5期。

⑨ 何召鹏：《"国民共进"的政治经济学分析》，《政治经济学评论》2022年第13卷第2期。

障、共同富裕、贫困治理等方面具有极其重要的民生地位与作用①。丁帅（2021）从国企利润共享视角出发，提出国有企业利润分配是财政调节和再分配的有效手段，更是发展成果由全民共享和促进全体人民共同富裕的重要实现形式②。李庆喜和李志强认为国有企业特别是公益类国有企业一直是社会公共产品的主要提供者，为政府促进基本公共服务均等化和公共资源共享承担托底任务，没有国有企业的默默付出，实现共同富裕就是一句空话③。马新啸等在构建回归模型探究国企混改对慈善捐赠行为影响中发现，国有企业不仅承担着经济目标，还承担着政治与社会目标，其在承担社会责任、应对突发事件以及实现共同富裕的过程中需要发挥重要作用④。国务院国资委党委理论学习中心组提出，"实践证明，国有企业是维护人民共同利益的重要力量，是促进全体人民共同富裕的重要保障。新的征程上，我们必须把企业改革发展同满足人民对美好生活的需要紧密结合起来，在增进民生福祉上更好发挥基础性、公益性、保障性的重要作用，有力促进共同富裕取得更为明显的实质性进展。"⑤

三从收入分配视角出发：朱安东等认为国有企业在初次分配环节上更加重视劳动者创造的价值；国有企业巨额的税收贡献在二次分配环节上极大地增加了国家财政收入，提高了国家进行二次分配的能力，由此可见，国企是建设现代化经济体系中实现共同富裕的关键力量⑥。姬旭辉认为当前在以国有企业为主要代表的公有制经济中实行按劳分配，在私营企业和外资企业中实行按生产要素所有权分配，相比较而言按劳分配比按生产要素所有权分配带来的收入差距更小、更加公平⑦。朱富强认为社会主义国家之所以要掌控庞大的国有企业或国有经济，主要目的在于缓和、矫正市场马太效应带来的收入分配两极化问题，从而促进全体人民共同富裕和社会平等⑧。刘震和刘溪通过实证研究发现，混合所有制改革以来，在国有企业员工绝对收入提高的同时，企业内部管理人员和员工相对收入差距持续扩大⑨。彭斌和庞欣认为公有制经济的主体地位决定了按劳分配在多种分配方式中的主体地位，

① 田应奎、李伟艺：《新时代国有企业改革发展的理论基础和根本遵循》，《理论视野》2021年第12期。
② 丁帅：《新时代国有企业利润分配制度改革的问题及路径》，《经济体制改革》2021年第1期。
③ 李庆喜、李志强：《做强做优做大国有企业是实现公共利益的经济基础》，《毛泽东邓小平理论研究》2022年第2期。
④ 马新啸、汤泰劼、胡珺：《国有企业混合所有制改革与慈善捐赠行为优化》《当代财经》，2022年第2期。
⑤ 国务院国资委党委理论学习中心组.《为实现中华民族伟大复兴提供坚实物质基础》，《人民日报》2021年10月26日。
⑥ 朱安东、孙洁民、王天翼：《我国国有企业在现代化经济体系建设中的作用》，《经济纵横》2020年第12期。
⑦ 姬旭辉：《新时代加强党对国有企业领导的理论逻辑与实践路径》，《理论视野》2020年第7期。
⑧ 朱富强：《建党百年论国有企业的发展路向——混合所有制改革的学理性拷问》，《财经问题研究》2021年第9期。
⑨ 刘震、刘溪：《混合所有制改革对国有企业管理人员和员工收入差距的影响研究》，《学习与探索》2021年5期。

有利于逐步推进共同富裕①。邱宝林按照能否通过分配实现共享的判断标准提出，国有企业是社会主义公平正义、共同富裕的经济基础；同时，他认为完善中国特色现代企业制度，要注重发展成果由职工共享、由人民共享，把国有企业发展成果惠及全体职工、惠及全体人民②。

笔者通过梳理上述文献发现，学术界对国企混改尚有一系列关键问题需要解决，且国企必须在有利于共同富裕方位上初步达成共识，并进一步从所有制、国企职能定位、收入分配三个视角详细阐释了国企肩负促进共同富裕使命的原因，同时也有学者③研究发现混改不当将扩大国企内部收入差距。但是目前学术界相对缺乏国企混改与共同富裕关系的深入研究，如何防止混改拉大国企内部收入差距以及如何引导国企朝着有利于共同富裕方向改革成为当前亟须解决的问题。为此，本文从梳理国企混改模式入手，分别从正反两方面对国企混改影响共同富裕的可能性进行分析，尝试厘清改制过程中存在的问题，并进一步探究如何通过混改激发国有企业活力、促进经济高质量发展、推动共同富裕向前迈出坚实一步。

一、国企混改对共同富裕的积极影响

共同富裕没有捷径，不是变戏法，也不可能采取一刀切的政策来实现。推动共同富裕需要依靠高质量发展，尤其要发挥作为公有制经济基石的国有企业的作用。"深化国有企业改革，发展混合所有制经济，培育具有全球竞争力的世界一流企业"④。

国有企业引入民营资本，有利于提升企业经营效率，有利于在快速发展生产力、增强综合国力的基础上实现共同富裕。习近平总书记指出："实现共同富裕的目标，首先要通过全国人民共同奋斗把'蛋糕'做大做好，然后通过合理的制度安排正确处理增长和分配关系，把'蛋糕'切好分好。"⑤ 改革开放后，我们党在总结新中国成立以来的经验教训的基础上，认识到社会主义的本质是解放和发展生产力。而混改前国有企业因委托代理链长、公司内部治理机制不健全、预算软约束、所有者缺位、内部人控制等问题，长期效率低下。国企混改引入民营资本，①有利于优化股权结构、明晰董事会权利范围、科学决策企业未来发展战略，充分发挥民营资本在健全企业法人治理结构上的作用⑥，进一步理顺股东、董事、监事及经理层之间的关系；②有利于依托非公资本在高管治理方面的优势资源，积极探索

① 彭斌、庞欣：《嵌入式领导：新时代党的领导融入国企治理体系的机制分析——以组织、责任与制度为分析视角》，《云南社会科学》，2022年第2期。

② 邱宝林：《坚持"两个一以贯之"建设现代企业制度》，《红旗文稿》，2022年第3期。

③ 刘震、刘溪：《混合所有制改革对国有企业管理人员和员工收入差距的影响研究》，《学习与探索》，2021年第5期。

④ 习近平：《决胜全面建成小康社会夺取新时代中国特色社会主义伟大胜利》，《人民日报》，2017年10月28日。

⑤ 习近平：《正确认识和把握我国发展重大理论和实践问题》，《求是》，2022年第10期。

⑥ 周绍朋、朱晓静：《论加快混合所有制经济发展》，《中国行政管理》，2015年第4期。

建立市场化选聘与退出、契约化管理、差异化薪酬相结合的职业经理人制度①，充分发挥民营资本在完善市场化经营机制上的作用；③有利于改革现有薪酬管理模式，建立现代企业薪酬考核体系，有效实施中长期激励计划，充分发挥民营资本在健全激励约束上的作用②。总之，引入民营资本的混合所有制改革显著提升了企业经营效率，在将"蛋糕"做大做好的基础上合理确薪、完善激励约束、调节过高收入，为推动共同富裕向前迈出了实质性的一步。

民营企业引入国有资本，有利于缩小收入差距、维护收入分配公平，使全体人民在共享发展成果、共同过上幸福美好的生活的基础上实现共同富裕。习近平总书记指出，"在我国社会主义制度下，既要不断解放和发展社会生产力，不断创造和积累社会财富，又要防止两极分化"，"要发挥分配的功能和作用"，"要处理好效率和公平关系"③。马克思主义经典理论认为，作为结果性的财产占有根本上取决于生产资料占有，生产资料所有权直接决定财富占有权，即生产决定分配④。公有制作为生产资料全民所有的形式，符合社会化大生产的客观要求，同时公有制经济克服了私有制中资本所有者与劳动者之间相对立的问题。因此，国有资本在本质上由全体人民共有、为全体人民利益服务，国有资本份额提高有助于缩小收入差距，进而实现收入分配公平。民营企业引入国有资本，①在微观上提高了混改企业中的国有资本份额，这将缩小企业内部初次分配差距、使全体职工共享企业发展成果⑤；②在宏观上"双向混改"使得国民经济中国有资本比重短期内相对稳定，从而有利于在全社会层面维持收入分配公平、防止两极分化、维护社会稳定；③民营企业引入国有资本，有利于把握资本趋利的方向和范围，为缩小收入差距、改善民生、维护收入分配公平保驾护航，真正引导非公资本在与国有基本融合过程中实现效率与公平的有机统一，切实改善不同所有制企业职工的生活品质，扎实推进共同富裕。

员工持股开辟了将国有企业利润直接分配给企业职工的新途径，有利于探索创新收入分配模式、扩大中等收入群体比重，担负起国有企业促进共同富裕的社会责任。习近平总书记指出："技术工人也是中等收入群体的重要组成部分，要加大技能人才培养力度，提高技术工人工资待遇。"⑥ 壮大中等收入群体规模、提升中等收入群体富裕程度是推动和实现共同富裕的必要条件。在当前国企限薪大背景下，中高层管理人员与核心技术骨干价值与薪酬不匹配现象严重⑦。这既容易引发人才流失也不利于"提低扩中层"方案的实施，阻碍了现有中等收入群体富裕程度的进一步提高。实行员工持股，让员工长期合法持有股票并按约定参与企业利润分

① 胡兴旺：《新一轮国资国企改革的问题及对策》，《财政研究》，2014年第10期。
② 徐怀玉：《国企改革大决战：五突破一加强操作指引》，企业管理出版社，2020，第196-199页。
③ 习近平：《正确认识和把握我国发展重大理论和实践问题》，《求是》，2022年第10期。
④ 吴文新、程恩富：《新时代的共同富裕：实现的前提与四维逻辑》，《上海经济研究》，2021年第11期。
⑤ 程恩富：《全面开启建设社会主义现代化国家的若干重点解析》，《当代经济研究》，2021年第1期。
⑥ 习近平：《扎实推动共同富裕》，《求是》，2021年第20期。
⑦ 王宏森：《中国国企改革过程中公司治理特征、挑战与对策》，《经济纵横》，2022年第6期。

配。要大幅增加其财产性收入，突出劳动在初次分配中的贡献程度，优化现行收入分配格局，切实落实多渠道增加居民财产性收入的政策要求；实行员工持股，增加的收入可为员工及其子女公平积累人力资本、公平参与共建共享创造物质条件，平抑低人力资本代际传递与恶性循环；此外员工可通过所持股份参与企业生产经营管理，调动其积极性的同时，促使企业决策更加科学、合理[①]。这有助于进一步发展财富生产，夯实共同富裕的财富基础。综上所述，实行员工持股将劳动报酬与企业业绩直接挂钩，"使企业资本所有者的目标函数与劳动员工目标函数得以绑定"[②]。资本和劳动的关系，将由传统的资方掌握剩余索取权的雇佣关系向劳动者也拥有利润收益权的合作关系转变，有利于形成劳资利益共同体平衡的效率与公平。

依据国企职能定位分类实施改革，促进共同富裕。习近平总书记指出："坚持以人民为中心的发展思想，在高质量发展中促进共同富裕，正确处理效率和公平的关系。"[③] 共同富裕的实现，需要坚持效率与公平的有机统一，在发展中扎实推进。在实践中由于国企职能定位不明晰，面临着公共政策性与商业营利性的"使命冲突"[④]，这不仅扰乱企业正常经营管理活动，还使国企面临无论营利与否都将招致"国进民退"或"民进国退"指责的困境，进而成为制约当前国企改革的关键，阻碍共同富裕的实现进程。因此，国企混改应从职能定位出发，对于处于非竞争领域、承担维护国民经济命脉、保证国防安全等特殊职能的国有企业，将实行一企一策、审慎引入民营资本、重点聚焦管理制度改革、整合资源、发挥潜能、提升技术，把完成国家赋予的政策目标、维护社会公平、逐步实现基本公共服务均化等作为自身核心考察目标；对于处于竞争领域的国有企业，结合自身情况尽可能加大引入民营资本力度，将市场盈利能力、国有资本保值增值、注重效率提升作为自身核心考察目标。根据国企职能分类实施混改，兼顾效率公平，构建共建共享的社会发展格局，坚定不移地逐步实现全社会共同富裕。

二、国企混改存在的问题

自党的十八届三中全会提出要积极发展混合所有制经济以来，本轮国企混改破解了国有经济与市场经济融合发展的难题，在提高国企运行效率、推动经济增长等方面取得显著成效。但不同改制路径也暴露出各自新的问题，其员工权益保护不足、效率与公平关系处理不当、绩效薪酬体系不合理等影响了共同富裕的实现进程。

员工持股困境。作为直接拓宽居民增收渠道的员工持股，在实现共同富裕进程

---

① 张学志、李灿权、周梓洵：《员工持股计划、内部监督与企业违规》，《世界经济》，2022 第 45 卷第 3 期。

② 刘长庚、张磊：《理解"混合所有制经济"：一个文献综述》，《政治经济学评论》，2016 第 7 卷第 6 期。

③ 习近平：《扎实推动共同富裕》，《求是》，2021 年第 20 期。

④ 余菁、黄群慧：《新时期全面深化国有企业改革的进展、问题与建议》，《中共中央党校学报》，2017 年 21 卷第 5 期。

中发挥着举足轻重的作用。但是员工持股计划的推行也面临一定困难。首先，现行法律法规、部门规章、行业规范对员工持股参与人员范围界定不当，且各规章制度之间存在冲突、缺乏顶层设计问题严重，致使国有企业在实施员工持股时容易出现新一轮"高管福利"或"大锅饭"[①]的问题。其次，相关法律规章、指导意见对直接持股人数的硬性规定已无法完美契合当下经济高质量发展要求，制约了在混合所有制改革中进一步推广和实施员工持股。再者，职工鉴于持股比例低、股权分散、任免聘用由公司决定的员工身份，所以对公司治理所起作用受限。最后，员工持股退出机制尚不健全，终止劳动合同后是否必须转让出资、退出价格怎样评估以及持股员工权益如何保护等问题亟待解决。一旦上述问题解决不当，将给实现共同富裕带来多方面的挑战。

整体上市困境。首先，混改后国企内部可能继续存在"一股独大"的局面。目前，关于国有企业整体上市后公司治理的法律法规存在空白，对非国有股东的权利保护不足。这容易造成改革只浮于"表面"，民营资本在企业经营、人事任免、薪酬改革等方面缺少必要的话语权，无法彻底解决国企效率低下的问题，不利于将"蛋糕"做大做好。其次，混改引入的民营控股股东存在"掏空"国有资本的动机[②]。非国有资本天生的逐利性，驱使其选择最快方式收回混改中投入的资本，而收回所投资本的"捷径"之一就是利用法律法规漏洞、通过特别协议或契约的相互勾结等方式"掏空"上市公司，这将引发国有资产流失，降低国有资本比重。再者，职工持股等历史遗留问题需要解决。部分拟整体上市的国有企业在前几轮改革过程中可能已开展过职工持股试点，而按照现行政策要求不允许职工作为发起人直接或间接持有拟上市公司的股份[③]。因此，在开展清退职工已持有股份的过程中，既要注重维护职工的合法权益，防范群体性社会事件的发生，保障企业生产经营正常进行，又要确保国有权益不受损失。由此可见，国企混改采用总体上市模式时，是否构建良好的企业内部治理机制和妥善处理历史遗留问题，将关系到国企混改的成败与能否积极有为地推进共同富裕。

引入战略投资者困境。民营资本背景的战略投资者参与混改深度不够。一方面国企决策者认识不到位。国企丰厚的行业垄断利润、优质的信用评级、国家政策扶持以及对行业重要资源的垄断，导致国企引入民营资本背景战略投资者的意愿明显不足。另一方面，民企决策者存在顾虑。我们在现实中往往并不容易找到理论上各方利益协调互补的最优均衡点，此外国有资本与民营资本激励相容的机制尚存在欠缺[④]。这使得有能力、有资源成为战略投资者的民营资本不愿参与国企混改。总之，战略投资者参与混改深度不够束缚了国有经济活力的进一步解放，桎梏了生产力发展水平的进一步提高。另外，高管薪酬确定始终是难以解决的问题，确薪不当

---

① 张孝梅：《混合所有制改革背景的员工持股境况》，《改革》，2016 年第 1 期。

② 曹越、孙丽：《国有控制权转让对内部控制质量的影响：监督还是掏空?》，《会计研究》，2021 年第 10 期。

③ 张洁梅：《国企整体上市的理论基础及其实现途径》，《经济学动态》，2009 年第 9 期。

④ 何瑛、杨琳：《改革开放以来国有企业混合所有制改革：历程、成效与展望》，《管理世界》，2021 年第 37 卷第 7 期。

将滋生贪腐、利益输送、薪酬过高、只升不降等问题。引入战略投资者的初衷之一就是有效解决传统薪酬管理模式下高管确薪困难的问题，但如果公司治理机制不健全、引入的民营资本发声渠道不畅通，则非公资本在高管治理方面的优势资源发挥、市场化合理确定高管薪酬等一系列预期将化为泡影。这导致试图从根本上破解国企高管工资畸高尝试的效果大打折扣，收入差距将面临进一步扩大的可能，给实现共同富裕目标带来更多不确定性。

国企债务困境。自2008年全球金融危机以来，中国国有企业负债规模大幅提升，"企业杠杆率基本位于全球之冠"[①]。过高的杠杆率水平诱发国有企业财务成本上升，盈利能力削弱，违约、破产风险加剧等一系列问题，加大重大系统性金融风险发生概率，进而给促进共同富裕带来新的巨大挑战。当前，国有企业通过债转股、杠杆转移、股权融资等措施，在总体降低杠杆率上取得了一定成效，但也暴露出新的问题与潜在风险。首先，"债转股"类措施虽然在短期缓解了国有企业的负债压力，但是并未从根本上破解国有企业所面临的债务困局，而只是将当前债务风险向未来转移。其次，与1999年"债转股"相比，本轮"债转股"突出的特点是坚持以市场为导向，政府不干预具体事务、不搞"拉郎配"[②]。但是，由于债转股企业控股股东多为地方国资委，地方政府出于对自身利益的考量，不可避免地会过度介入改革具体操作过程。为此，妥善处理地方政府与银行之间的关系成为此项改革成败的关键。最后，本轮"去杠杆"要求"僵尸企业"适时破产，坚决停止对其金融支持。但企业破产后，地方政府将面临保障相关债权人利益、妥善安置下岗职工的考验。由此可见，能否适时开展职业技能培训、提供专业化的就业服务、有效降低下岗职工就业和职业转换成本，将切实关系到高质量再就业与共同富裕的实现效果的好坏。

三、国企混改推动经济高质量发展

党的二十大报告指出，"高质量发展是全面建设社会主义现代化国家的首要任务"[③]。经济高质量发展，必然要依托高质量的国有企业。不断提升国有经济活力、影响力、控制力、抗风险能力和国际竞争力，推动国有企业高质量发展，保持经济增长的韧性和可持续性，是实现共同富裕的重要物质基础。深化国企混合所有制改革，要充分发挥国有企业在经济高质量发展中的战略支撑作用。

（一）混改推动国有企业高质量发展

目前，国企改革三年行动已进入收官阶段，"有力破解了一批体制机制障碍，使一批活力竞相迸发、动力更加充沛的现代新国企涌现出来"[④]。随着改革的深入

---

① 张晓晶、刘学良、王佳：《债务高企、风险集聚与体制变革——对发展型政府的反思与超越》，《经济研究》2019第54卷第6期。

② 杨小静、张英杰：《杠杆、市场环境与国企债务化解》，《改革》2017年第4期。

③ 习近平：《高举中国特色社会主义伟大旗帜为全面建设社会主义现代化国家而团结奋斗》，《人民日报》2022年10月26日。

④ 刘志强：《国有企业，迈出高质量发展坚实步伐》，《人民日报》2022年6月18日。

推进，国企混改在现代企业制度、国资监管、布局优化、激励约束等方面取得显著成效，推动国有企业向高质量发展迈出了实质性步伐。

本轮国企混改取得的成就：①中国特色现代企业制度与国资监管体制更加成熟完善。从全国范围看中央及地方国有企业公司制改革全面完成，这有利于进一步促进政企分开，使企业真正成为适应市场经济要求的竞争主体。国有企业党委（党组）"前置事项清单"落地实施，党组织在企业法人治理结构中的法定地位更加牢固。董事会实现应建尽建，外部董事占多数制度稳步推行。此外国资监管机制不断完善，国资监管效能持续提升。扎实推进国资监管大格局，建立健全专业化、体系化、法治化国资监管体系，全面提升国资监管效能。②国有经济布局优化、结构调整取得实质性进展。2012 年以来，中央和地方国有企业将战略性并购重组、专业化整合与投资新建相结合，进一步引导国资国企聚焦战略安全、产业引领、国计民生、公共服务等功能。在改革过程中不断做强做大做优国有企业，如 2021 年新成立的中国稀土集团有限公司在整合国内稀土资源的基础上有力提升了稀土产业综合竞争力、提升了我国在全球稀土产业定价环节的话语权。2022 年一季度中国稀土集团就实现了矿山和冶炼分离产量提升 15% 以上，实现营业收入、利润总额同比增加 41% 和 65.7%①。③健全激励约束机制取得明显成效。积极推进经理层任期制和契约化管理，落实"管理人员能上能下"；建立健全员工公开招聘、竞争上岗、末等调整和不胜任退出等市场化用工机制，实现国企"员工能进能出"；健全与业绩相挂钩的国企薪酬管理体制机制，确保"收入能增能减"。此外，部分国有上市公司灵活使用中长期激励"政策包"和"工具箱"如员工持股、限制性股票激励、（国有科技型企业）股权激励等，使科技研发骨干、经营管理骨干的目标函数与公司目标函数紧密绑定。

国有企业高质量发展的体现。①规模实力稳步提升。截至 2021 年年底，全国国资系统监管企业资产总额达 259.3 万亿元，比 2012 年年底增长 2.6 倍，年均增长 15.4%②。②国企积极参与重大区域发展战略，如京津冀协同发展、长江三角洲一体化发展、粤港澳大湾区建设等。③原创技术策源地政策落地见效，国有企业创新体系初具规模。中国空间站、北斗导航、高温气冷堆核电站、国产航母等一系列重大科研项目建成运行离不开国有企业的担当作为。④2022 年上半年，国有及国有控股企业应缴税费 30 571.4 亿元，同比增长 14.4%1，积极为各级财政排忧纾困。

（二）国企高质量发展有利于保持经济增长的韧性和可持续性

高质量发展有利于从以下几个方面保持经济增长韧性：①国有企业大多位于关系经济命脉、国计民生的关键行业和重要领域，凭借其雄厚的资金实力、扎实的技术积累、充足的人才储备、完善的内控合规制度以及产业链供应链上下游和全球网络优势，可在"稳链、补链、强链"、提高"两链"稳定性和国际竞争力等方面发挥民营企业无法比拟的优势。因此，国有企业高质量发展有利于引领现代产业链供

---

① 周雷：《国企改革三年行动成效明显》，《经济日报》2022 年 6 月 16 日。

② 刘志强：《国有企业，迈出高质量发展坚实步伐》，《人民日报》2022 年 6 月 18 日。

应链，有利于从供给侧出发"保企业生产、稳中国制造"，有利于确保产业链供应链稳定可靠，有利于保持中国经济增长的强大韧性。②中国经济增长的韧性还来自党的坚强领导。一方面，作为党执政兴国重要支柱、依靠力量的国有企业，正是支撑这种韧性的微观主体与力量源泉。新冠疫情暴发以来，国资国企按照党中央疫情防控政策灵活调整经营方针，积极有序推进复工复产，筑稳筑牢经济发展"压舱石"。另一方面，疫情面前，国有企业从国家和人民利益出发，主动服务防疫大局，如在武汉火神山医院设计、建设、运营中，中建集团、航发集团、武汉联通、汉口银行等国有企业敢于担当、冲锋在前，5小时完成场地平整设计、24小时完成建筑方案设计、10天建成医院并投入使用。③国有企业高质量发展，有利于持续释放内需潜力、支撑起中国经济强大韧性。国有企业联动上下游企业共同向社会提供优质岗位，保障居民就业与收入稳定，增强消费对经济增长的推动力。此外，国企作为承担国家宏观调控政策重要的微观主体，可以通过在某行业中增加或减少国有资本，发挥其示范功能、杠杆作用、乘数效应，有效引导社会资金投资于前瞻性、战略性新兴产业，加大投资对经济增长的推动力。国企高质量发展将在构建以国内大循环为主体、国内国际双循环相互促进的新发展格局中发挥关键作用，即使在国际物流不畅通、贸易摩擦增多、外循环受阻的情况下，国有企业也能通过"补链、除卡"促进内循环发展来满足人们生产生活需要，发挥经济"压舱石"作用，切实提升经济增长韧性。

国企高质量发展加快释放创新动能，保障经济增长平稳、可持续。熊彼特认为经济发展的本质在于创新，通过内生性创新所引发的"创造性破坏"来打破经济体系原有"循环流转"，实现经济生活内部蕴含的质的突破，使其跃迁到新的发展轨道，从而实现非均衡的动态式发展①。改革开放以来，我国在科技创新领域取得一系列新进展，但创新能力、科技成果转化率、核心技术专利数量等方面与发达国家还有很大差距。长期以来，创新能力不足是制约我国经济可持续发展的基本因素之一。为实现中国经济可持续发展，避免陷入比较优势陷阱、低端锁定陷阱，我们必须把创新摆在国家发展全局的核心位置，以创新驱动发展战略为抓手突破经济增长"瓶颈"。作为中国特色社会主义重要物质基础和政治基础、肩负经济赶超职能使命的国有企业，在创新驱动发展战略中的角色举足轻重。2012年以来，央企投入研发经费年均增速超10%，累计投入61万亿元，共建成700多个国家级研发平台与7个创新联合体②。近年来，国企通过开展核心技术攻关有效填补高速铁路、大飞机、集成电路等领域的空白；同时国企取得了一批世界领先的创新成果如载人航天、探月工程等。总之，国企高质量发展以"创新驱动"替代"投资驱动"，推动核心技术研发、产业结构提升、经济发展方式转变，为经济发展提供一个又一个突破口，保证经济平稳、连贯、可持续增长。

（三）以国企混改推动经济高质量发展有利于促进共同富裕

不同时期，国有企业以不同方式担当着促进共同富裕的职责使命。①新中国成

---

① 约瑟夫·熊彼特：《经济发展理论》，商务印书馆，1991。
② 索寒雪：《国企"做强"十年》，《中国经营报》，2022年6月27日。

立初期，国有企业在工业体系构建、基础设施建设、基础工业产品提供等领域做出了巨大贡献，是我国独立自主经济政策的重要基石和有力支柱，使我国彻底摆脱了国民财富任人洗劫的屈辱历史。同时也为后续经济发展、财富积累、共同富裕实现进程中可能遇到的风险提供了有力防范、抵御工具。"由于中国的工业化和经济发展从未依附于西方发达国家，所以中国社会能力的累积性成长从未被外力所左右或打断。"[①] ②改革开放初期，为扭转国企经营状况恶化、生产效率低下以及经济增长停滞不前的局面，党和国家对国有企业实行"放权让利""股份制改造"，使国有企业朝着自主经营、自负盈亏、自我约束、自我发展方向前进；随着对私有经济管制的放宽，民营企业破土诞生，逐渐形成以公有制为主体、多种所有制经济共同发展的所有制制度。这一阶段按照"先富带动后富"的目标设定，打破了原有以平均主义、大锅饭为代表的低效率经济发展模式，"让一切创造社会财富的源泉充分涌流"，我国取得了经济超高速增长的中国奇迹，为下一步实现经济高质量发展和共同富裕打下坚实的物质基础。③步入新发展阶段，如何促进国有资本与民营资本优势互补、在大力发展生产力的同时缩小居民收入差距、跨越"卡夫丁峡谷"成为实现共同富裕亟待解决的问题。国有企业通过混合所有制改革，借助民营资本释放的创新动能，改造、升级资源错配严重、低效无效供给盛行、资源环境压力趋紧的传统增长模式，促使经济发展转向资源高效配置、发展绿色可持续、技术水平不断升级、人民美好生活需要得到满足的高质量发展路径。随着国有企业混改的深入，一批高质量发展的微观经济主体大量涌现，带动我国高品质、高质量的财富积累，这为实现共同富裕提供有力的物质保障。此外，国有资本可发挥在劳动者薪酬福利、税收贡献、促进公平分配等方面的优势[②]，优化企业内部分配机制、改善资强劳弱的局面、维护收入公平，从而在分配领域促进共同富裕。

四、政策建议

国企改革三年行动取得了一系列突破性进展，积累了一大批宝贵经验。改革只有进行时、没有完成时。因此，我们要根据形势的发展变化，审时度势地"谋划新一轮深化国有企业改革行动方案"[③]。为更好谱写国有企业改革发展新篇章，我们需要在习近平新时代中国特色社会主义思想的科学引领下，从以下方面着手努力实现国企混改路径创新、扎实推进共同富裕与促进国企高质量发展有机融合。

一要充分发挥国有企业科技创新驱动效应与产业发展的引领作用。国有企业在整合优质资源、布局新兴战略性技术研发、与科研院校沟通等方面有着资源、制度优势，尤其能在产业链供应链"卡脖子"处、原创技术难题攻关、重大科技项目迭代升级等民营资本不愿做、不想做、不敢做的关键环节、领域，发挥着主导性、

---

① 路风：《中国经济为什么能够增长》，《中国社会科学》2022 年第 1 期。

② 张雨潇、杨瑞龙：《利益相关者理论视角下国有资本入股民营企业的效果评估》，《政治经济学评论》2022 年第 13 卷第 3 期。

③ 习近平：《当前经济工作的几个重大问题》，《求是》2023 年第 4 期。

基础性作用。同时应将资金、资源、政策向人工智能、新材料、绿色环保等产业适度倾斜，充分发挥国企创新主体作用，进一步完善国企科技创新考核、激励制度，赋予科研团队在经费使用、技术路线选取层面更大的支配、决策权利。此外，应积极提升国企在产学研用中的协同创新能力，以国家重大科研项目为抓手，推动优质资源向企业部门、产品项目汇聚，以此推动重点国有企业积极打造自主知识产权体系、提升核心竞争能力。

二要坚持抓好习近平新时代中国特色社会主义思想理论学习与提升企业核心功能相结合。

首先应自觉强化理论学习，读原著、学原文，悟原理，用党的创新理论成果指导实践工作。在坚持问题导向、目标导向、效果导向中，凝心聚魂、锐意进取，切实推动主题教育走深走实。其次要深入开展检视整改，坚持"边学习、边对照、边检视、边整改"①，在工作过程中做到分类整改与集中整改相结合，以问题清单为牵引，确定目标靶向，全面抓牢抓细抓实各项重点改革举措。最后要切实解决好国企混改过程中存在的难点、堵点，在确保主题教育成果见效落地的同时，夯实国有企业高质量发展、增强企业核心功能的思想理论基础。

三要找准国企职能定位，补齐不平衡不充分发展短板。新时代、新征程、新伟业，中国企业更应肩负好新的使命任务、承载好新的功能定位，深刻把握做强做优做大国有企业这个总目标、总规划、总蓝图。建立健全动态调整国有资本布局的体制机制，继续推动国有资本向体现国家战略意图的基础性、战略性、前瞻性重要产业和领域收缩集中。强化国有企业对关键领域、支柱产业的控制力、影响力，更好担负起国有企业被赋予的特殊职能。进一步提升产业链、供应链现代化水平，推进国有企业数字化变革。满足人民日益增长的美好生活需要，在生产力高度发展中促进共同富裕。

四要健全企业内部治理机制，推进公平分配体系现代化。建立健全现代企业法人治理结构，形成以股东（大）会、董事会、监事会、经理层为主要特征的，所有权与经营权相互分离，权利之间相互制约的有效治理机制。同时引入职业经理人筛选、提拔和退出制度，建立有效的委托-代理激励约束机制。坚持同股同权，依法保护各类股东产权，保障公有资本与非公有资本依法享有平等的话语权。做大蛋糕的同时，合理分配蛋糕，缩小企业内部初次分配差距，朝着共同富裕目标迈进。

五要优化营商环境，放宽外资准入门槛。持续提升法治水平，持续优化投资环境，持续提高外资准入负面清单精准度，进一步拓宽外资参与国企混改的深度与广度，逐步增强我国对外来财富吸引力。在保护合法财产的前提下，通过政策支持、社会倡导等形式，引导财富所有人自觉自愿参与三次分配。利用社会机制的自主、自发性调节资源分配，更加精准识别共建共享过程中存在的问题，提高资源配置效率，激活实现共同富裕的内在动力。

六要推进员工持股，发挥"提低扩中"作用。加强有关立法，探索多元化员

① 习近平：《在学习贯彻习近平新时代中国特色社会主义思想主题教育工作会议上的讲话》，《求是》2023年第9期。

工持股模式，逐步扩大员工持股对象及其范围。提高企业核心技术骨干及中高层管理人员积极性，促进企业创新、提升企业的利润水平、改善企业经营状况。理顺国有经济的收入分配关系，合理分配利润增加值，尽可能多地向基层员工倾斜。坚持先富带动后富，逐步实现共同富裕。

七要在国企混改过程中利用国有资本的主导力、带动力、影响力引导非公有资本服从于、服务于新时代共同富裕的长期目标。资本是社会主义市场经济的重要生产要素，在社会主义市场经济条件下规范和引导资本发展，要充分发挥国有资本的主导力、带动力、影响力，让众多非公有资本也能够在坚持社会主义基本经济制度的框架下服从于、服务于共同富裕目标的实现。因此，探索国有资本引导非公有资本实现共同富裕的具体实践形式，有利于夯实改革开放的基本国策，规范和引导资本发展、增强资本治理的针对性、科学性、有效性，从长期实现高质量发展和共同富裕，确保国家安全和社会稳定。

八要加强党的建设，以高质量党建引领国有企业高质量发展，夯实我国经济高质量发展与实现共同富裕的物质基础。针对混改中弱化党的领导的风险，要完善党委会重大问题前置程序，保障"三重一大"决策制度的实施，防范"前置泛化、权限紊乱、责任模糊"等履责问题，切实落实党委会"把方向、管大局、促落实"的职能定位，实现党的领导与现代公司治理机制的有机融合。在国资监管方面，要坚持"三统一、三结合"，"把全面履行国有企业出资人职责、国有资产监管职责、国有企业党的建设工作职责三者统一起来，推动管资本与管党建相结合、履行出资人职责与履行国资监管职责相结合、党内监督与出资人监督相结合。"① 构建以党组织监督为核心，以审计监督、纪检监察监督、股东监督、监事会监督、董事会监督为抓手的多层次、多元化、高质量、全方位的监督体系，切实防止国有资产流失。

① 郝鹏：《新时代国有企业改革发展和党的建设的科学指南》，《求是》，2022 年第 13 期。

新时代需求侧管理的政治经济学阐释[*]

李 标

党的十九届六中全会提出："党的十八大以来，中国特色社会主义进入新时代。党面临的主要任务是，实现第一个百年奋斗目标，开启实现第二个百年奋斗目标新征程，朝着实现中华民族伟大复兴的宏伟目标继续前进。"[1] 当前，"需求收缩、供给冲击、预期转弱"已成为新发展阶段下亟须消解的三大难题。与深化供给侧结构性改革相适应，中国还有必要加强需求侧管理。管理好需求侧之于供给侧结构性改革、之于新发展格局构建、之于经济发展质效提升有重要价值。

一、引言

经济增长中有两个相辅相成的基本力量：供给与需求。供需间相互适应，保持适度的均衡即平衡比例关系，社会再生产才能顺利进行。改革开放以后的较长时期内，中国为扭转产品短缺的供需失衡格局，宏观经济政策注重生产力发展，供给偏向的调控特征突出。相应地，需求管理政策多是被动地充当调节供给的"从属角色"。党的十八大以来，党中央对需求侧的理解与认识越来越深刻。为最大限度激发需求牵引效能，党的十九届五中全会上提出"构建新发展格局"等中长期重大发展战略目标，同年召开的中央经济工作会议明确"加强需求侧管理"。

从需求构成及其对增长的贡献看，"改革开放以来，中国的总需求总体上以内需为主，对经济增长的总体贡献也以内需为主"[2]。这在裴长洪和刘洪愧[3]的研究中得到了佐证。立足增长趋势的分析发现："经济增长的长期趋势主要不取决于总供给能力的变化，而更多取决于总需求水平的变化，与供给领域中要素投入或生产率的变动相比，需求增速变动对经济增速变动形成了更为突出的制约。"[4] 所以，新发展阶段下，有必要通过加强需求侧管理，促进经济持续增长。

理论上，需求侧管理"是从提高有效需求出发，推进扩大内需战略，纠正需

---

* 本文选自《马克思主义研究》2022年第7期。本文系中央高校基本科研业务费项目"新时代需求侧管理的政治经济学阐释"（JBK2212031）、"供给侧结构性改革的理论创新与路径选择研究"（JBK2004015）的阶段性成果。

① 《中共中央关于党的百年奋斗重大成就和历史经验的决议》，人民出版社，2021，第23页。
② 江小涓：《大国双引擎增长模式：中国经济增长中的内需和外需》，《管理世界》2010年第6期。
③ 裴长洪、刘洪愧：《构建新发展格局科学内涵研究》，《中国工业经济》2021年第6期。
④ 郭克莎、杨阔：《长期经济增长的需求因素制约—政治经济学视角的增长理论与实践分析》，《经济研究》2017年第10期。

求结构扭曲，提高供需适配性、增长潜力和运行效率"①。与短期视角下的总需求调控明显不同，"需求侧管理具有长期性、全局性、系统性、动态性、开放性等特点，实施需求侧管理要充分发挥超大规模市场优势，畅通生产、分配、流通、消费各环节的堵点"②。从宏观调控角度出发，"需求管理包括凯恩斯的需求管理政策、需求型创新和需求侧改革"③。落实需求侧管理不能照搬总需求管理的方法，需要创新与完善中国特色宏观调控体系，统筹安排稳定政策、增长政策和结构政策④。鉴于供需相互依存相互作用且二者的动态协调是经济平稳运行的必备要件，所以"不应孤立地看待需求侧，不能将需求侧管理单纯等同于扩大内需或扩大总需求，而应将需求侧管理与供给侧结构性改革相联系"⑤。

本文尝试对新时代需求侧管理在内涵阐释与路径设计两方面进行拓展。第一，本文基于马克思关于生产与消费相互作用的辩证分析，详细阐释新时代需求侧管理的内涵。与供给侧结构性改革相适应，新时代需求侧管理是以扩大有效需求为出发点，注重需求管理工具创新，发挥需求的总量牵引功能与结构调整功能，融合需求管理的短期与中长期目标，致力实现供需高水平动态均衡的新型管理模式；其目标不是单一的，而是"双层、多元"的目标体系。第二，本文基于社会再生产系统，设计实践需求侧管理的路径。推进需求侧管理应在供需有机融合的前置条件下，立足扩大内需，以打通经济循环阻滞为关键着力点。社会再生产的生产环节侧重以高质生产体系牵引供给效能提升、分配环节侧重以健全三次分配机制优化分配结构、流通环节侧重以现代流通体系改善流通效率、消费环节侧重以消费安全与潜力释放促进需求量质同升。

二、新时代需求侧管理的内涵阐释

新发展阶段下，中国的供需关系呈现了新变化：供给侧结构性过剩与有效需求不足并存，高品质消费得不到充分满足，需求外溢规模较大等。供需总量与结构的双重错位，致使凯恩斯主义的需求管理模式不再适用，有必要建立新的理论指导需求调控。立足既有实践，党中央运用生产与消费相互作用的辩证原理，提出了新时代需求侧管理。

（一）新时代需求侧管理的理论基础是马克思的生产与消费相互作用原理

新时代需求侧管理有着深厚的马克思主义意蕴，其理论根基可溯源至马克思在《〈政治经济学批判〉导言》中深刻剖析的生产和消费辩证关系，也即生产决定消费、消费反作用于生产。

---

① 刘志彪：《需求侧改革：推进双循环发展格局的新使命》，《东南学术》2021年第2期。
② 石建勋：《需求侧管理的新内涵新特点》，《人民周刊》2021年第4期。
③ 苏剑、陈阳：《中国特色的宏观调控政策体系及其应用》，《经济学家》2019年第6期。
④ 陈彦斌：《需求侧管理的内涵与落实：宏观政策"三策合一"视角》，《中国高校社会科学》2021年第6期。
⑤ 方福前：《正确认识和处理供给改革与需求侧管理的关系》，《经济理论与经济管理》2021年第4期。

生产决定消费首先表现于生产为个体提供满足自身需求的消费对象或素材，个体的自由全面发展离不开消费特定产品来满足某种需要；其次表现为生产为个体提供工具、场所等，完成某种形式的消费；最后表现为生产激发了个体的需要，为对象和材料创造了需要和主体。正如马克思关于生产决定消费的经典总结："因此，生产生产着消费：一是由于生产为消费创造材料；二是由于生产决定消费的方式；三是由于生产通过它起初当作对象生产出来的产品在消费者身上引起需要。因而，它生产出消费的对象，消费的方式，消费的动力。"①

消费反作用于生产体现在两个方面。一方面，消费位于社会再生产四环节的末端，只有被个体实际消费的产品才能真正表现出自身外在的使用价值，否则只能转化为库存，妨碍生产行为的最终完成。马克思指出："产品不同于单纯的自然对象，它在消费中才证实自己是产品，才成为产品。消费是在把产品消灭的时候才使产品最后完成，因为产品之所以是产品，不在于它是物化了的活动，而只是在于它是活动着的主体的对象。"②另一方面，生产者供给产品的最终目标是在满足个体需要的同时，实现产品内在的价值，可以认为消费行为为生产提供了需要、目的和本源动力，牵引着社会再生产往复循环。对于此，马克思给出精要评述："因为消费创造出新的生产的需要，也就是创造出生产的观念上的内在动机，后者是生产的前提……没有需要，就没有生产。而消费则把需要再生产出来。"③

马克思对生产与消费一般关系的深刻剖析为市场经济条件下的国民经济稳定运行提供了启发。宏观视角下，生产与消费分别对应着供给与需求，生产与消费之间的相互作用关系同样适用于供给与需求。可以说，供给与需求相辅相成，供需匹配是国民经济循环持续畅通的充要条件，二者的相对均衡状态决定着国民经济发展状况。供给要满足需求，市场上不符合有效需求要求的产品只能转变为存货、形成过剩，只有供给的产品被消费，需求牵引供给的作用方能真正得以体现。所以，宏观经济治理思路以及政策制定、工具选择等科学性的提升，需要深入把握供给与需求的辩证关系。与供给侧结构性改革相适应，需要科学建构新时代需求管理框架，以更好地调节社会需求，实现供需总量与结构的双重均衡，促进经济健康持续稳定发展。

（二）新时代需求侧管理是强调内需动力、兼顾供需、融合长短期目标的新型需求管理模式

"新时代需求侧管理"并不是随意编纂的新名词，也不是仅仅为了对冲内外部冲击的短期宏观调控行为。中国经济发展进入新常态之后，实体经济出现部分行业库存积压严重、社会有效需求不足与需求大量外流等横向、纵向的结构性失衡问题。伴随对马克思生产与消费辩证关系的理解深化，党中央不仅提出供给侧结构性改革理论，而且在扬弃凯恩斯主义总需求管理基础之上，提出了新时代需求侧管理。

---

① 《马克思恩格斯选集》（第2卷），人民出版社，2012，第692页。
② 《马克思恩格斯选集》（第2卷），人民出版社，2012，第691页。
③ 《马克思恩格斯选集》（第2卷），人民出版社，2012，第691页。

中国的新时代需求侧管理是继承马克思主义唯物辩证思维，与深入推进供给侧结构性改革相匹配，以扩大有效需求为基点，创新需求侧管理工具，充分运用需求的总量牵引功能与结构调整功能，融合短期目标与长期目标，致力于实现供需高水平均衡的新型需求管理模式。对新时代需求侧管理的深入理解与认识，可从以下三个方面把握。

（1）新时代需求侧管理不仅突出需求牵引经济的动力功效，而且注重区分内需拉动增长的效能差异。改革开放 40 余年来，内需扩大而拉动经济高速增长的事实，为加强需求侧管理、持续发挥需求在国民经济稳定与发展中的作用提供了坚实的历史依据。中国特色社会主义进入新时代，党中央顺应经济发展客观规律，适时将需求管理调整为宏观经济管理的重点，尤为强调了内需拉动增长、稳定增长的战略功能，特别区别界定了消费对增长的基础作用和投资对增长的关键作用。新发展阶段下，扩大内需不再偏重快速扩张投资总量的拉动模式，而是主张发挥消费引导投资的关键作用，以消费牵引新增投资调整结构，加快向关键环节、关键设施、关键技术、关键行业、关键领域投入更多资金，形成更多产业资本，支撑供给满足个性化、品质化、高端化需求的能力提升，促进供需匹配效率改善，实现国民经济长期稳定增长。

（2）新时代需求侧管理主张供需兼顾，需求规模扩大与供给结构调整应协同联动，不应人为割裂、分别对待。管理需求侧应充分考虑供给侧面临的诸多不同制约，注重以需求扩大牵引供给侧优化。习近平总书记强调："纵观世界经济发展史，经济政策是以供给侧为重点还是以需求侧为重点，要依据一国宏观经济形势作出抉择。放弃需求侧谈供给侧或放弃供给侧谈需求侧都是片面的，二者不是非此即彼、一去一存的替代关系，而是要相互配合、协调推进。"[①] 可知，在宏观经济管理总体思路方面，国家坚持运用马克思的供需相互作用思想，由调节宏观经济的两个基本手段——供给和需求入手，主张在加强需求侧管理的同时与供给侧保持协调联动，在更好发挥各自作用的基础上，协同破解供需错位难题，促进经济又好又快增长。国家循着此思路制定的需求侧管理政策，兼顾了合理扩张需求规模与消解经济结构制约的战略要求。

（3）新时代需求侧管理强调短期与长期兼容，主张将短期的需求侧管理融入长期经济发展趋势，以实现高水平的供需均衡稳态。中国经济发展进入新常态以来，增速持续下滑与结构性过剩的事实说明了，需求总量的短期调控难以支撑长期发展，需要创新需求管理。2020 年年底召开的中央经济工作会议强调："要紧紧扭住供给侧结构性改革这条主线，注重需求侧管理，打通堵点，补齐短板，贯通生产、分配、流通、消费各环节，形成需求牵引供给、供给创造需求的更高水平动态平衡，提升国民经济体系整体效能。"[②] 这意味着，国家已将需求侧管理放在更长的时间轴上看待，不再单一盯住短期增长目标，而是着力尝试将扩大社会需求、稳

① 《习近平在省部级主要领导干部学习贯彻党的十八届五中全会精神专题研讨班上的讲话》，《人民日报》2016 年 5 月 10 日。

② 《中央经济工作会议在北京举行》，《人民日报》2020 年 12 月 19 日。

增长的短期经济目标与构建新发展格局等中长期发展目标相融，以促进国民经济沿着供需相对均衡的动态路径，迈向更高发展水平。

新时代需求侧管理是中国特色社会主义经济发展以及宏观经济治理领域的重要理论结晶，其动态生成过程较好地诠释了党中央对马克思关于生产与消费、供给与需求辩证关系认识的升华，映射出其吸收马克思主义理论精髓、务实实践、进行再创新的优异能力。简言之，中国的新时代需求侧管理在继承马克思主义辩证分析逻辑基础上，科学厘清了需求与供给在国民经济稳定发展中的地位与作用，协调处理了需求与供给之间的相互关系，融合了需求侧的短期与长期效能。

（三）新时代需求侧管理的目标并不是单一的，而是"双层、多元"的目标体系

中国推进需求侧管理不仅考量了总量层面的短期经济增长要求，而且更加注重化解长期经济发展的结构约束，确保国民经济健康持续稳定发展。这意味着，需求侧管理目标必然不是单一的，而是有层次、多元化的。需求侧管理的多元目标构成了统领层和执行层两个层次。第一层是统领层，对应的是总体目标，是管理需求侧的宏观统揽，是对需求侧管理的方向、思路、目标等进行综合性、战略性的阐述。第二层是执行层，内含的是具体目标，是基于需求侧管理的总要求，从总量与结构层面确定的实践任务，其达成情况直接关系着总目标能否成功实现。

（1）统领层的总体目标。供给与需求是国民经济的两个基本面。供需错位问题已成为新发展阶段下，中国构建新发展格局、实践新发展理念，推动经济发展质量稳定迈向更高水平以及顺利实现第二个百年奋斗目标的显著制约。及时高效地解决供给与需求不匹配的矛盾，内在规定了宏观经济治理需要在深化供给侧结构性改革的同时，加强需求侧管理。

新时代需求侧管理的总体目标在于，牢牢把握新发展阶段下扩大内需的战略基点，紧紧抓住供给侧结构性改革主线，协调、审慎运用宏观经济政策引导社会有效需求充分释放，在总量与结构层面上形成需求牵引供给、供需相互匹配的更高水平动态均衡，塑造国民经济持续快速协调健康发展的动力，促进以国内大循环为主体、国内国际双循环相互促进的新发展格局加快构建，推动高速增长模式平稳转型为高质量发展模式，在量质提升的过程中稳步走向共同富裕。

（2）执行层的具体目标。需求侧管理总体目标的成功实现，需要依托一系列经济任务的协同集成推进，这些不同的任务映射出一个多元化的目标集合。需求侧管理的具体目标综合反映了国家关于宏观经济需求治理的战略要求，主要包括促进经济增长稳定、扩大社会需求规模、引导就业有效改善和牵引经济结构升级四个方面。

第一，管理好需求侧是为了促进经济增长稳定。贯彻新发展理念、构建新发展格局、推动高质量发展，稳步走向共同富裕等需求侧管理总体目标的实现需要稳定的经济增长基础予以保障，因为稳定的经济增长趋势有利于稳定微观主体预期、稳定宏观经济政策预期，形成开展中长期经济社会发展工作所必需的稳定环境。依循马克思的生产与消费相互作用原理可知，中国强调的"稳中求进"的深刻意蕴在于，通过宏观经济治理解决供给端结构性问题的同时，更要管理好需求侧，这与社

会主义经济发展进入新时代以来最终消费率保持上升趋势的经济事实与发展规律相符。中国推进需求侧管理锚定了国民经济循环的核心与关键，注重以科学精准、创新性的需求管理与供给管理政策相结合，形成供需相互匹配的宏观调控政策体系，促进社会有效需求扩大，释放需求牵引供给规模扩张与供给结构优化的效能，从而熨平因结构性过剩而引发的经济波动，确保增长稳定运行于合理的区间，形成持续向好的发展态势。

第二，管理好需求侧是为了扩大社会需求规模。马克思曾指出："市场上出现的对商品的需要，即需求，和实际的社会需要之间存在着数量上的差别。"[1] 此时，商品要顺利实现内在的市场价值，市场供给商品的社会劳动耗费量，"就必须同这种商品的社会需要的量相适应，即同有支付能力的社会需要的量相适应"[2]。这也意味着，市场经济条件下充分显示社会需求信息、释放有效需求规模有利于消除供需失衡、重现价格甄别功能、引导劳动等资源配置回归理性，促进经济永续稳定发展。立足需求管理政策分析，灵活运用总量型与结构性经济政策能有效促进实际社会需求扩张。例如，通过以减税与补贴等政策工具提升居民消费比例为抓手，改变长期不协调的投资与消费关系；适度减少政府与国企在竞争性领域投资的同时，加大在新基建与公共领域的投资，促进投资结构优化，释放高质量的投资需求；确保初次分配更公平，着力壮大中等收入群体，提升居民消费能力；完善以社会保障为核心的公共政策，优化教育、医疗等公共资源配置，提高居民消费潜力；设计兼容产业、投融资政策的外贸政策体系，促进外需稳中有升。

第三，管理好需求侧是为了引导就业有效改善。马克思主义政治经济学的基本原理表明，价值与财富的创造源于劳动，社会再生产、最终产品价值实现以及经济体价值总量增加与社会财富增进，其实质是"活劳动"和"死劳动"等经济资源配置与再配置、有效供给与有效需求协调匹配的动态调整过程。"活劳动"要素在不同区域、部门、行业之间进行配置与再配置的经济行为，直观地表现为就业规模与结构的调整。社会主义市场经济条件下，沿着经济高质量发展方向，通过灵活实施总量型、价格型、结构型的财政、税收、货币、收入、产业等宏观经济政策，并有机融合运用行政规制、法律监管等宏观经济治理手段，沿着需求演变规律与变迁趋势对社会需求加以管理，不仅能够促进社会生产力发展、供给侧结构性改革深化及其成果巩固、供需总量与结构协调，而且有利于引导劳动等生产要素合理顺畅流动，提高生产要素配置与再配置效率，扩大社会就业规模，优化就业结构。

第四，管理好需求侧是为了牵引经济结构转型升级。过去多年，中国推进经济结构转型升级的着力点在于供给端。长期注重通过创新驱动生产与交换等再生产环节变革、通过高投资快速积累物质资本、通过"两头在外"的发展模式外需等确实取得了促进结构转型与生产力快速发展的效应，但也表现出忽视需求端牵引经济结构优化的重要功效。这不仅导致供需两端不匹配的格局日益突出，而且需求端也明显表现出不协调的现象，制约着国民经济持续优化。一方面，从内需构成看，消

---

① 马克思：《资本论》（第3卷），人民出版社，2004，第210页。
② 马克思：《资本论》（第3卷），人民出版社，2004，第214页。

费需求增长及规模慢于投资需求及规模的增长，需求内部结构的不协调特征明显；另一方面，从消费范围看，消费需求规模扩张的同时，国内消费需求外溢规模大、外溢增速较高，这说明消费规模扩张与消费结构升级有足够的购买力支撑，但国内供给与有效需求出现了结构错位；此外，从消费安全保障看，消费市场建设相对滞后、消费质量监管时有缺位等致使高品质供给及相关产业发展受限，由此对经济优化形成一定限制。在供给侧结构性改革处于"巩固、增强、提升、畅通"的深化阶段，管理好需求侧是破解结构制约、促进内需扩大与经济转型升级的关键。总之，以匹配需求升级为导向牵引生产结构调整、以畅通社会再生产循环为导向加快建设现代流通体系、以释放消费潜力为导向增加居民可支配收入、以确保消费安全为导向完善市场监管等多策融合、多措并举的需求侧管理，有利于深度促进供需匹配，促进投资结构、产业结构、分配结构、需求结构等优化演进，支撑经济发展质量跃升。

三、新时代需求侧管理的实践路径

立足新发展阶段、贯彻新发展理念、构建新发展格局必须紧紧抓住扩大内需这一战略基点。基于马克思关于社会再生产循环的深刻分析，内需的扩大需要高效推进需求侧管理，要与供给侧结构性改革深度融合匹配，既要注重引导消费规模扩大，也要扩大投资规模、优化投资结构、提高投资效率，要充分满足生产、分配、交换、消费不同再生产环节打通循环"堵点"的需求，促进经济发展质量提升。

（一）根本目的：以供需高水平动态平衡推动经济稳定提质扩容

需求与供给是国民经济运行的"两翼"，二者在总量与结构层面是否协调直接关系着经济能否稳定实现提质扩容。短期而言，只有不断扩大内需才能拉动经济尽快回归中高速发展轨道；长期而言，内需的扩大要解决需求的内部结构问题，从需求的角度促进供需在可持续的状态下达到动态均衡①。在中国面临供需错位矛盾突出的当前，国际政治经济形势不稳定等外部因素，致使经济下行压力与日递增、预期有所恶化，新发展格局的构建以及发展质量的提升均受到显著挑战。此时，通过加强需求侧管理，引导社会需求持续扩张，能够有效缓解需求收缩压力，提升内需扩大效率，加速经济结构转型升级，加快形成高水平供需动态平衡格局，稳妥实现经济量质同升。

（二）总体思路：与供给侧结构性改革相结合

构建新发展格局的关键在于打通堵点、补齐短板，畅通社会再生产循环。新发展阶段下，面对复杂的国内外经济发展环境，既要坚持解决结构性问题不动摇，又要维持一定增速水平上的高质量发展。如果"只是在需求侧进行改革和需求管理，并不能有效解决经济运行的效率和供给质量，不能满足人民美好生活的需要"②；相对地，倘若一味地强化供给侧结构性改革，而忽略需求扩张的基础以及条件，也

---

① 曾宪奎：《构建新发展格局：背景、重点与战略路径》，《马克思主义研究》2021年第10期。
② 洪银兴：《中国共产党领导建设新中国的经济发展思想演进》，《管理世界》2021年第4期。

很难有效破除需求不足的掣肘。所以，扎实推进需求侧管理并不能简单延续凯恩斯主义需求管理单一扩张总需求的策略，而应坚持与供给侧结构性改革有机融合，基于需求管理目标、手段、工具等创新与调适，在促进内需扩大的同时，稳妥实现国民经济总量与结构双重协调。

从政策设计角度看，加强需求侧管理不仅不能忽视供给侧，而且要形成供需两侧兼容的宏观经济治理体系，促进供需走向双重均衡，推动高质量发展。国家有必要着力创新财政政策、货币政策、科技政策、投资政策等宏观经济政策，引导、支持供给主体深化创新；调整生产投资结构，增加供给相对不足领域的投资，提高产业投资转化为社会现实生产力与高质产品的效率，以更高质量的产品供给规模与结构，满足社会消费扩容提质的需要。推进需求侧管理还应增加有利于居民消费潜力持续释放的制度供给，"要从促进就业、提高收入和改善收入分配、完善鼓励消费政策、完善社会保障制度等方面着手，短期刺激政策和长期制度安排相结合"①，以更有力地推动消费扩张和居民消费率提高。

随着供给侧结构性改革不断深化，实践需求侧管理这一宏观经济治理新方式，不能孤立地就需求侧谈需求侧，而应加大需求侧与供给侧的协同力度，促进二者系统高效融合。需求侧管理的思路应积极主动由需求的短期调控向中长期治理转变，高质量地满足社会再生产不同环节的需求，以更好地解决经济循环阻滞所引发的供需错位问题，扩大社会有效需求规模，持续稳定释放内需，推动经济发展质量平稳提升。

（三）推进路径：基于社会再生产系统的设计

循着供需两侧结合、畅通国民经济循环的逻辑进路思索，需求侧管理的路径应放在社会再生产系统下设计。这需要围绕生产、分配、流通和消费四个环节下足"功夫"，也即通过分解社会再生产四环节，聚焦打通再生产循环"堵点"与供需协同提质扩容，探求有效的推进路径。

（1）生产领域应以结构化需求政策为引导，牵引高质供给体系加快塑造。马克思主义政治经济学的基本原理表明，扩大社会需求的根本限制之一是既有生产体系能否提供市场所需要的商品与服务。这实质上是市场上"有没有"所需产品的问题，对应着商品与服务的供给环节。"有没有"一方面是指市场上该商品与服务的绝对供给量与有支付能力的需求绝对量是否匹配；另一方面，它强调生产与消费、供给与需求的结构性适应，即对某种商品与服务的更高质量的需求能否被充分满足。

随着经济发展与生活条件改善，中国居民消费正从生存型消费向享受型消费升级，从传统型消费向品质型消费升级，从物质型消费向服务型消费升级。经济发展进入新常态以来，中国经济运行显化出局部性、结构性产能过剩与消费结构快速升级、消费需求大量外溢并存的现象，这表明国内生产力与消费力出现显著的不协调，社会有效消费需求的满足与扩张必须破解供给有效性的制约，这也内生要求加

---

① 江小涓、孟丽君：《内循环为主、外循环赋能与更高水平循环——国际经验与中国实践》，《管理世界》2021 年第 1 期。

速塑造供给体系。实际上，尽管中国具备全门类的生产制造体系，但一些行业依然存在核心技术、关键环节、重要节点被国外"卡脖子"的制约，精细高端产品的市场占有率较低；服务业发展相对滞后，特别是康养、文旅、绿色、信息等新消费热点的供给不足。所以，在经济发展提质扩容进程中，构建新发展格局、改善供给效能离不开高质生产体系的支撑，而高质生产体系的塑造又离不开宏观需求治理政策的引导。

从政策设计角度分析，需求侧管理需要科学把握需求政策的结构功能，及时对"大水漫灌式"的总量扩张政策进行创新性调整，以牵引供给效能提升，加速推动供需适配实现。总体上，需求侧的经济政策制定应坚持与经济社会中长期发展规划、产业规划等顶层安排相匹配，向关键领域、薄弱环节倾斜，设置优惠的投资政策、融资政策、财税政策以及外贸政策等，降低企业等微观主体开展经济活动的综合成本，拓展私人与公共投资空间，促进投资需求、消费需求与出口需求扩大，推动经济转型过程中就业规模与经济体量稳定扩张。需要强调，在出口需求受制于不稳定的国际环境、消费需求增长乏力的情况下，满足投资需求、扩大投资规模对供需协同扩大内需至关重要。该阶段的投资不再是大量负债、大力上马"铁公机"等传统基建项目，而是强调以经济优化升级导向，要求增加投资规模的同时，注重改善社会投资的结构与效率。一方面，宏观层面上要"注重增加基础设施、民生事业、生态保护等'补短板'投资以及新型基础设施建设与制造业高质量发展等有利于经济高级化现代化的'升级型'投资"[①]；另一方面，产业层面上应着力高新技术产业与战略性新兴产业投资的规模扩张与效率优化，确保芯片、软件等关键核心技术与中间产品等自主供给能力持续提升，以更好地满足生产供给质量上台阶的需求。总之，新发展阶段下管理需求侧有必要坚持投资规模增加与结构调整并举，侧重以投资结构优化带动规模扩张，从而在扩大社会需求规模的同时，推动产业链、供应链优化升级，实现更高水平的供需双重协调，支撑经济高质量发展。

（2）分配领域应以健全的三次分配机制为保障，壮大中等收入群体规模。按照马克思社会再生产四环节的分析逻辑，市场经济条件下经济循环畅通与否、社会需求能否顺利扩大，受微观主体收入水平高低的直接制约。这一限制实际上是市场需求或消费能力的直接反映，对应着分配环节。在现代经济学中，真实的市场需求是有支付能力的消费。马克思曾明确指出："这种消费是因预期到收入会到手而进行的，而消费量也要按照通常的或估计的收入的一定比例来计算。"[②] 收入支撑形成的有效需求表明，消费者的收入水平与个人及社会的消费能力、消费规模直接关联。马克思强调："但是社会消费力既不是取决于绝对的生产力，也不是取决于绝对的消费力，而是取决于以对抗性的分配关系为基础的消费力；这种分配关系，使社会上大多数人的消费缩小到只能在相当狭小的界限以内变动的最低限度。"[③] 由

---

① 黄群慧、陈创练：《新发展格局下需求侧管理与供给侧结构性改革的动态协同》，《改革》2021年第3期。

② 马克思：《资本论》（第2卷），人民出版社，2004，第468页。

③ 马克思：《资本论》（第3卷），人民出版社，2004，第273页。

此可知，对社会消费力及消费需求起决定性作用的是收入背后的分配关系以及分配状况。

有研究发现，当前中国宏观消费倾向已开始提升，微观消费倾向仍处于降低中趋缓的阶段，而且中等收入群体的消费倾向也有所降低[①]。因而，管理需求侧要坚持与社会主义基本经济制度相适应，优化收入分配制度，建立三次分配相互协调的基础性机制安排，形成合理的分配结构，支撑社会需求持续扩大。在初次分配领域，要以起点公平与规则公平为基本导向，坚持完善要素产权制度建设，健全要素市场规制垄断与不正当竞争的制度，优化市场机制，确保数据、土地、资本、管理、知识、技术等生产力要素能公平参与收入分配，促进要素所有者按市场贡献大小获得多元、合理的个人收入。

在第二次分配领域，国家应坚持社会公平正义的价值取向，借助税收、社会保障等经济调节手段缩小收入差距，优化分配结构。按照马克思主义的经典观点："劳动力的价值可以归结为一定量生活资料的价值。因此，它也随着这些生活资料的价值即生产这些生活资料所需要的劳动时间量的改变而改变。"[②] 现代市场经济条件下，劳动力的价值表现为劳动者的名义工资或劳动报酬。实际上，消费规模扩张并不取决于名义工资，而是取决于剔除价格等因素的实际工资。实际工资扣除维持劳动力再生产以及劳动力发展所需的教育、健康等费用以后的余额越大，消费规模快速扩大的或然率则越大。中国的名义工资提升长期滞后于通货膨胀以及劳动力发展所需商品或服务价格水平的上涨，这使得居民家庭消费预算约束趋紧，降低了消费意愿，压缩了消费潜力。理论上，在稳步提高劳动报酬、稳定物价水平的同时，致力于收入再分配的政府行为能改善家庭预算约束，让居民"敢消费"。因而，推进需求侧管理要形成扩内需、稳增长赖以依存的分配结构与收入基础。具体来说，既要考虑通过建立在个税免征额及个税附加扣除方面引入价格因素的动态调整机制、适度提升个税免征额等策略优化税制；也要坚定合理调节高收入、取缔非法收入、壮大中等收入、提高低收入的优化方向，健全创新型人才、组织等经济主体按条件享受税收减免或返还优惠机制；还要加大财政转移支付与救济帮扶力度，不断增加教育、医疗、文化、住房、交通等公共服务领域的政府投资，加快补齐民生短板。

在第三次分配领域，国家应注重以道德力量为基础，全力加快建立健全"社会之手"调节机制，深入挖掘其内蕴的财富分配与社会公平正义功能，充分发挥社会力量塑造合理分配结构的作用。为确保公益事业沿着社会主义方向蓬勃发展，助力收入差距缩小，可从以下几方面入手：一是加强宣传引导的同时，要尝试以税收减免或税收优惠等财税政策为抓手，推动有能力的微观经济主体自愿参与慈善、捐助等公益事业；二是发挥财政或国有基金的引导、撬动作用，形成政府与社会相互协作的公益模式；三是加强公益部门的制度建设，完善相关法律法规，加强政府

---

① 参见陈昌盛、许伟、兰宗敏等：《我国消费倾向的基本特征、发展态势与提升策略》，《管理世界》2021 年第 8 期。

② 马克思：《资本论》（第 1 卷），人民出版社，2004，第 200 页。

监管，鼓励群众与社会监督；四是积极储备高质量人力资本，促进公益事业健康发展。

（3）流通领域应以消除流通阻滞为关键，加快推动高效的流通体系建设。马克思指出："流通本身只是交换的一定要素，或者也是从交换总体上看的交换。"[①]流通（交换）是连接要素与生产、生产与消费、供给与需求的中间桥梁。在现代市场经济中，高效的流通体系能够在更广阔的时空中把生产和消费连接起来，对增加消费、扩大内需、加速价值实现与财富增进有着重要影响。马克思强调："在产品从一个生产场所运到另一个生产场所以后，接着还有完成的产品从生产领域运到消费领域。产品只有完成这个运动，才是现成的消费品。"[②] 这一过程耗时越短，商品周转效率越高，社会需要越能够较快得到满足，社会再生产循环速度越快。高效的流通体系还蕴涵着较高的劳动生产力。马克思说："在一定距离内运输商品所需要的劳动量—死劳动量和活劳动量—越小，劳动生产力就越大；反之亦然。"[③]从社会再生产循环角度看，流通效率越高越有利于生产时间相对增加，促进商品价值的创造与市场实现。在整个社会再生产过程中，流通主要包括寻找所需要素的生产准备阶段与商品实现价值的销售阶段。因而，管理好需求侧应充分满足流通需求，全力建设现代流通体系，着力破解要素与商品市场流通阻滞。

就要素流通而言，需求侧管理的施策方向是建立与社会主义市场经济体制机制相适应、匹配要素自由流动需要的现代市场。按照马克思的劳动价值论及其价值转型理论，等量资本获得等量利润，竞争机制驱动生产要素由利润率低的部门向利润率高的部门配置，要素流入部门的商品供给增加、市场价格下降、利润减少，要素流出部门则呈现相反的变动，从而各个部门的利润率趋于平均、供给和需求趋于一致。但是，利润平均化和供需均衡化的实现隐含着要素自由流动的要求。以资本与劳动两个基本要素为例，"①资本有更大的活动性，也就是说，更容易从一个部门和一个地点转移到另一个部门和另一个地点；②劳动力能够更迅速地从一个部门转移到另一个部门，从一个生产地点转移到另一个生产地点"[④]。理论上，要素的自由流动意味着经济主体通常能够以较低的成本获得所需要素，迅速扩大生产规模，增加短缺的使用价值供给，更好地满足市场需求、支撑市场需求扩大。因而，管理好需求侧应充分满足要素自由流动的需求，以推动在全国范围内加快形成统一的现代要素流通市场体系，促进要素供需匹配效率提高，助力打造高质生产体系与供需适配格局。

目前，中国尚未形成全国统一的要素大市场，要素自由流动还受到诸如产权不清、户籍制度、行政分割、公共设施或平台较少等制约。为此，高水平推进需求侧管理需要与供给侧结构性改革协同，以消除要素自由流动的限制。在制度建设方面，应加快基础性制度完善，健全土地要素产权、知识产权、数据要素产权等；优

---

① 《马克思恩格斯选集》（第2卷），人民出版社，2012，第698页。
② 马克思：《资本论》（第2卷），人民出版社，2004，第168页。
③ 马克思：《资本论》（第2卷），人民出版社，2004，第168页。
④ 马克思：《资本论》（第3卷），人民出版社，2004，第218页。

化完善城市户籍管理制度设计，完善劳动力落户政策。在市场规范方面，应健全人力资源市场管理的全国标准；建立健全知识、技术、数据等交易、定价、共享与保护的统一标准；建立健全要素权利抵押、担保融资的国家标准；建立健全资源能源市场交易、定价的指导标准，建立健全要素市场执法监管的统一标准。在公共设施或平台建设方面，应加快完善土地、能源等要素权利二级市场交易平台建设；优化资本、数据等要素统一市场建设，加快区域要素交易平台互联互通或与全国交易中心平台衔接；推动建设统一的能源交易中心，加大能源商品期货全国交易中心、场所、仓库等建设投资。在需求调节政策方面，应发挥财政政策对要素自由流动所需设施建设的重要作用，以财政专项基金、国资投资平台、社会资金协同推进公共设施建设，并给予相应的税收减免优惠；最大程度上发挥金融支持要素流通效率改善的作用，创新金融产品，为统一的公共交易市场建设提供资金保障，并大力发展供应链金融，为流通建设提供信用融通。

就商品流通而言，推进需求侧管理的着力点在于支撑经济循环的新型基础设施建设，应出台政策支持商品流通网络体系加快构建。一方面，改善劳动生产率会生产更多的相对剩余价值与使用价值，这要求扩大消费，"要求把现有的消费推广到更大的范围来造成新的需要"①。以加快商品周转及其价值实现。另一方面，市场范围的空间延展在产品质量改进与产品类别丰富方面发挥着重要作用。马克思指出："大工业造成的新的世界市场关系也引起产品的精致和多样化。不仅有更多的外国消费品同本国的产品相交换，而且还有更多的外国原料、材料、半成品等作为生产资料进入本国工业。"② 现代商品流通网络体系有效拓展了市场空间范围，加速了商品价值实现，提高了商品周转效率。因此，需求侧管理进程中应注重满足现代商品流通网络体系的建设需求，以加速商品价值实现，提高经济循环效率，支撑内需扩大与经济稳定增长。

现代商品流通网络体系主要由线上线下协调互动的现代销售网络体系和以交通运输为基本支撑的现代物流网络体系构成，是畅通现代经济循环的有力支撑。从推动线下线上协调互动的现代销售网络体系建设角度看，要加大实体商品流转中心建设投资，以财政资金、国有资本联合社会资本基于物联网、区块链、人工智能等技术，在国家中心城市与重要节点城市建设集商品集散、仓储、供应链、供需智能分析等于一体的现代商品中转中心；要自建或持股互联网平台，积极拥抱线上销售；对于建设期、孵化期的主体有必要给予适度的税费减免支持。从现代物流体系建设角度看，应提高财政、货币等需求管理政策与物流产业发展政策的融合度，加快投建"数智化"物流中心，改善物流效率；积极改善国家、省、市、区（县）、乡不同层级的交通运输条件，稳妥推进高速公路收费等交通费用有序降低，大力发展铁运和水运，缩短商品运输时间的同时减少单位商品承载的物流成本，促进社会需求扩大。

总之，流通是经济顺畅循环的关键环节，消除流通堵点、满足流通需求是畅通

① 《马克思恩格斯选集》（第 2 卷），人民出版社，2012，第 714 页。
② 马克思：《资本论》（第 1 卷），人民出版社，2004，第 512 页。

经济循环、扩大内需的关键。在管理需求侧过程中，有必要向流通领域适度倾斜配置经济政策等资源，以支撑"国内国际互动、线下线上共生、品质区分清晰、流通高效有序"的现代流通体系打造，加速全国统一大市场建设。概括来说，流通领域应突破制度、技术、设施等制约，以更好满足现代流通体系的建设需求。例如，应以健全完善要素资源产权制度、积极变革户籍管理制度、创新不正当竞争法和反垄断法及其监管制度、加快健全社会信用制度等为保障，破除流通效率改善的制度藩篱；应以新发展理念为指导增加商贸物流领域的技术投资、绿色投资，促进商贸物流平台化、智能化、低碳化、国际化发展，提升流通体系的现代化水平；应注重补齐流通体系的基础设施短板，以城乡有效互动为导向，坚持打通"最后一公里"，创新信贷产品等金融工具、统筹财政专项资金，着力增加农村道路、物流设施与网点、互联网与移动互联网等投资，促进城乡流通体系无缝衔接。

（4）消费环节应以保障消费安全与释放消费潜力为抓手，促进消费量质同升。构建新发展格局的战略基点是扩大内需，而在国内资本回报率明显下滑、投资模式偏向结构调整、外贸形势不明朗的事实下，扩大内需的主要依托在于增加消费。理论上，消费是再生产的终点，也是新一轮再生产的起点，是拉动经济增长的根本着力点之一。综观世界各国经济史可以发现，消费规模扩大与消费结构升级是经济社会发展进程中的普遍规律。所以，务实推进需求侧管理应注重发挥消费的作用，着力促进消费量质同升。扩大社会消费要做到需求侧管理与供给侧结构性改革有机融合，在打通生产、分配与流通环节"堵点"基础上，还需着力提高社会消费质量、释放社会消费潜力。

提供高质量的消费是满足人民日益增长美好生活需要的体现，是居民"敢消费、愿消费"的基础，这要依托严格的消费监管体系确保消费安全。中国消费市场上曾出现的"地沟油、镉大米、长春长生疫苗"等消费不安全事件以及国人在境外疯狂抢购、代购马桶盖、奶粉等消费需求外溢现象映射的是，国内潜存的消费安全隐忧致使有消费能力的居民家庭因担心消费不当导致人身与财产遭受双重损失，而不敢、不愿在国内消费，进一步增加了内需扩大的难度。此问题背后深层次的原因在于，滞后的社会信用体系建设以及时有缺位的消费监管体系难以适应日益升级的消费需求。因而，从满足社会消费的质量需要视角看，以严格的消费监管体系推动消费市场信用体系建设，有利于向国内外市场供给高质量的商品与服务，保障消费安全，实现消费规模扩张与消费质量提高的双重目标，牵引社会总需求稳定提升。

释放社会消费潜力要求挖掘新消费增长点，培育消费能力。从消费空间分布看，城镇居民消费规模要高于农村居民，而农村居民的边际消费倾向又高于城镇居民，所以应协同推进新型城镇化与乡村振兴，畅通城乡要素与商品的自由流通渠道，促进城乡居民消费能力不断提升。从消费内容结构看，食品等保障基本生存需要的消费需求稳中有降，而享受型与发展型消费需求旺盛，由此管理好需求侧有必要制定结构化的财税、投融资等政策，引导符合新发展理念本质规定的新消费热点增加商品供给与消费。从消费主体类别看，社会消费主要由政府消费和居民家庭消费构成。就政府消费而言，中国近些年的政府消费占 GDP 比重较为稳定，约 16%

左右，仍可适度增加支出，尤其"需要增加那些更加有利于贯彻新发展理念、更加有助于促进经济社会高质量发展、更加有益于提高人们生活品质的公共消费"[1]，如提高政府对教育、医疗卫生、环保、安全、社保、住房和社区设施等公共服务的购买水平。相对地，居民家庭消费扩大的核心在于可支配收入增加。具体地，要坚持落实"两个同步增长"；要建立健全劳动报酬稳定提高的长效机制，对冲通货膨胀的价格影响，确保实际劳动报酬不减；更要优化个税征缴制度，适度提高个税起征点，科学优化确立专项附加扣除类别及额度（如综合考虑居民户籍、性别、职业等异质性影响）；要完善相关法律法规等制度，积极拓宽居民收入来源，保护合法正当收入。

四、结语

中国经济供需错位矛盾制约着新发展阶段下新发展格局构建等经济社会中长期发展目标的实现。依据马克思关于生产与消费相互作用关系的辩证分析，要化解这一矛盾不仅要深化供给侧结构性改革，还要重视需求侧管理，充分发挥社会需求的牵引作用。中国提出并实践的新时代需求侧管理理论有力体现了中国共产党"不断推进马克思主义中国化，在中国与世界的相互作用、联系变化中，从社会主要矛盾及其运动中正确把握历史发展规律和大势"[2]的优秀品质。主动适应这一深层次的系统性变革，畅通经济循环、破解需求收缩制约、促进经济发展质量跃升，需要理解领会需求侧管理的深层要义，优化完善内需管理制度，加大需求调节思路、方式以及工具的创新力度，以集成化的宏观经济治理政策高效管理需求侧。

---

① 郭庆旺：《论适当增加公共消费》，《经济研究》2021 年第 1 期。
② 参见谢伏瞻：《在把握历史发展规律和大势中引领时代前行——为中国共产党成立一百周年而作》，《中国社会科学》2021 年第 6 期。

新时代中国工业高质量发展的
理论框架与水平测度研究[*]

李 标 孙 琨

一、引言

工业在中国"站起来""富起来"和"强起来"的不同阶段发挥着基本支撑作用，工业稳则经济稳，工业强则经济强。中国在成为世界第二大经济体的过程中，建立了完备的工业体系，但也因忽略质量因子而累积了"三高两低（高投入、高能耗、高污染、低附加、低效益）"等结构性问题。从增长角度看，传统制造业比重较高，关键技术和核心技术在国外以及高消耗、高污染技术结构使资源供给不可持续的经济结构与高速增长发展战略相平衡，但中高速增长需要新的支撑常态[①]。党的十九大报告指出"我国经济已由高速增长阶段转向高质量发展阶段"。可以说，工业的"数量增加"不再是核心关注点，"质量提升"已成为战略目标。那么，工业高质量发展以何种理论为基础，如何理解其内涵，全国、区域和省域层面的工业高质量发展处于何种水平？回答这些问题能为工业发展质量提高提供决策支撑。

围绕工业发展质量议题的现有研究主要集中于三个方面：一是以工业发展历程为考察对象。黄群慧认为，工业化"中国方案"的经验体现于正确处理了改革、发展与稳定，政府与市场，中央与地方，市场化与工业化，全球化与工业化以及城镇化与工业化的关系[②]。江飞涛和李晓萍指出，中国的产业政策越来越注重市场机制作用，但仍保留了大量直接干预市场的措施，应转向以功能性为主体的产业体系[③]。李金华强调，工业发展既要注重生产规模的扩张，又要注重生产结构的调整；既要注重发展传统优势产业，又要及时进行产业的升级改造；既要注重产品的数量种类，又要注重技术的引进研发；既要注重产业集聚区的培育建设，又要注重

---

　　[*] 本文选自《社会科学研究》2022年第3期。本文为中央高校基本科研项目"供给侧结构性改革的理论创新与路径选择研究"（JBK2004015）、"数据要素参与收入分配的理论框架与推进路径研究"（JBK2202011）的阶段性研究成果。
　　[①] 洪银兴：《论中高速增长新常态及其支撑常态》，《经济学动态》2014年第11期。
　　[②] 黄群慧：《改革开放40年中国的产业发展与工业化进程》，《中国工业经济》2018年第9期。
　　[③] 江飞涛、李晓萍：《改革开放四十年中国产业政策演进与发展——兼论中国产业政策体系的转型》，《管理世界》2018年第10期。

产业的转移布局①。二是关注工业制成品的质量。张杰等认为，中国出口产品质量总体上表现出略微下降趋势，但呈现 U 形态势，主要因为大量低质量私营产品短暂进入和退出出口市场②。施炳展和邵文波的研究则表明，中国企业出口产品质量总体上呈上升趋势③。余淼杰和张睿考虑供需因素的研究也得出类似结论④。唐红祥等发现，中国制造业发展质量呈现"先快速增长、后略微下降"趋势；制造业质量与国际竞争力的互动发展呈现倒 U 的关系⑤。三是聚焦区域工业发展的质量。史丹和李鹏发现，2001—2017 年中国的工业发展质量呈现出"总体波动上升、省际分化显著"的特征⑥。申桂萍和宋爱峰⑦、姚莉⑧分别实证分析了黄河流域的工业发展质量和中部地区的工业发展质量，均发现相应区域内部的省际工业发展质量异化特征明显。

综上，本文的边际贡献有两点：一是强化了工业高质量研究的学理基础。关于工业高质量发展分析的前期理论成果较少，因此本文基于马克思主义发展质量思想，详细阐释工业高质量发展，以夯实研究的学理依据。二是实证不同层面的工业高质量发展水平。本文从时间与空间双重视角考察全国、重点区域、省份的工业高质量发展水平，系统把握其现状与特征，能为政策制定提供支撑。

二、理论框架

（一）理论基础

一般地，质量是指事物、产品或工作的优劣程度，本质上是一种价值判断，是对经济事物社会价值的判断⑨。立足政治经济学视角，经济发展质量分析的学理基础在于马克思主义的发展质量思想。尽管马克思在《资本论》等经典著作中并没有直接提出"发展质量思想"，但他研究市场经济条件下资本主义生产过程时引入了"质量因子"（如劳动质量、工具质量、产品质量等），其关于质量因子作用于生产力发展的相关阐述成为马克思主义发展质量思想的重要内容，本文将之视为工业高质量发展的理论基础。马克思主义发展质量思想的新时代注解是：基于现有的资源禀赋和生产条件以及积累的资本与实际财富，创造数量越来越多、种类不断丰

---

① 李金华：《新中国 70 年工业发展脉络、历史贡献及其经验启示》，《改革》2019 年第 4 期。

② 张杰、郑文平、翟福昕：《中国企业出口产品质量得到提升了么？》，《经济研究》2014 年第 10 期。

③ 施炳展、邵文波：《中国企业出口产品质量测算及其决定因素—培育出口竞争新优势的微观视角》，《管理世界》2014 年第 9 期。

④ 余淼杰、张睿：《中国制造业出口质量的准确衡量：挑战与解决方法》，《经济学（季刊）》2017 年第 16 卷第 2 期。

⑤ 唐红祥、张祥祯、吴艳、贺正楚：《中国制造业发展质量与国际竞争力提升研究》，《中国软科学》2019 年第 2 期。

⑥ 史丹、李鹏：《中国工业 70 年发展质量演进及其现状评价》，《中国工业经济》2019 年第 9 期。

⑦ 申桂萍、宋爱峰：《我国黄河流域工业高质量发展效率研究》，《兰州大学学报》（社会科学版）2020 年第 6 期。

⑧ 姚莉：《中部地区工业经济高质量发展水平评价—以湖北省为例》，《湖北社会科学》2020 年第 11 期。

⑨ 任保平：《新时代高质量发展的政治经济学理论逻辑及其现实性》，《人文杂志》2018 年第 2 期。

富、质量越来越高的使用价值（商品与服务），以更好地满足人民日益增长的美好生活需要。这一马克思主义发展质量思想首先直接体现于生产过程，再次表现为部门结构协调，最后可由内涵式生产力进步佐证。

从生产过程看，产品质量由生产使用价值的劳动者、原材料、机器和工具等生产条件内生决定。就劳动者与产品质量的关系而言，劳动质量越高（如劳动熟练度提升、掌握新技能或新工艺等），产品的数量与质量也越高。正如马克思所言："产品的好坏程度以及它实际上所具有和包括的使用价值（它在劳动过程中应当获得这种使用价值）的程度取决于劳动的质量，取决于劳动的完善程度以及劳动合乎自身目的的性质。"① 此外，机器、工具与原材料的质量直接关系着产品质量。马克思说："在生产过程中究竟有多大一部分原料变为废料，这取决于所使用的机器和工具的质量。最后，这还取决于原料本身的质量。而原料的质量又部分地取决于生产原料的采掘工业和农业的发展……部分地取决于原料在进入制造厂以前所经历的过程的发达程度。"② 这隐含了产品质量与原材料、机器设备和工具质量之间正向相关的质量提高规律。

从部门结构协调角度分析，协调发展需要协调的部门结构支撑。马克思的社会再生产理论表明，社会总资本再生产的核心问题是如何实现社会总产品，而社会总资本再生产的实现应保持两大部类、第Ⅰ部类内部以及第Ⅱ部类内部之间的构成比例平衡③。这有益于确保劳动产品价值的顺利实现，为提升产品质量提供本源动力与积累激励，避免相对过剩与绝对过剩对产品质量改进的制约。此外，基于产品质量与生产过程的联系，社会再生产也可视为质量循环的再生产。"在质量循环的过程中，不同环节和不同部门之间是相互影响的，一些部门、产业和企业的质量问题，又可以在质量循环过程中影响到另外的生产部门、产业和企业的产品质量。"④因而，两大部类及其结构依据发展阶段而保持合理的比例关系有利于提高发展质量。

从生产力发展方式看，内涵式生产力进步对发展质量的提高起决定作用。马克思认为："生产力当然始终是有用的、具体的劳动的生产力，它事实上只决定有目的的生产活动在一定时间内的效率。因此，有用劳动成为较富或较贫的产品源泉与有用劳动的生产力的提高或降低成正比。"⑤ 可知，生产力进步有提升发展质量的效应，具体表现为技术进步内生的效率优化。马克思对扩大再生产的分析进一步表明，内涵扩大再生产的核心表征是技术进步及其衍生的生产力要素质量的提高与全要素生产率的优化。因此，内涵式生产力提升有着经济发展迈向更高水平、更高质量的意蕴。

---

① 《马克思恩格斯全集》（第47卷），人民出版社，1979，第63-64页

② 马克思：《资本论》（第3卷），人民出版社，2004，第117-118页。

③ 钞小静、薛志欣：《新时代中国经济高质量发展的理论逻辑与实践机制》，《西北大学学报》（哲学社会科学版）2018年第6期。

④ 任保平：《新时代高质量发展的政治经济学理论逻辑及其现实性》，《人文杂志》2018年第2期。

⑤ 马克思：《资本论》（第1卷），人民出版社，2004，第59-60页。

（二）内涵阐释

1. 基本含义

总的来看，"高质量发展既是发展观念的转变，也是增长模式的转型"，是"充分、均衡的发展，是包含发展方式、发展结果、民生共享等多个维度的增长和提升"[①]，其"重要内容是推动质量变革、效率变革、动力变革"[②]。

按照对高质量发展的理解与认识，本文将工业高质量发展视为工业经济发展的新模式，即沿着经济高质量发展战略大方向，秉持新发展理念核心要义，遵循深化供给侧结构性改革主线，着力促进工业领域实现质量变革、动力变革与效率变革三者有机融合，从而促进工业经济结构日益优化与经济效益不断提升的转型升级发展新模式。工业高质量发展的实现需要以优质的劳动、资本与技术等生产要素投入为基础推动工业发展动力转型，以多元创新为核心推动工业全要素生产率迈向更高水平，以行业结构优化为支撑促进匹配市场需求的高品质工业品供给。

2. 内在要求

工业发展的质量提高升级需要坚持以新发展理念为内在推进准则，应体现创新发展、协调发展、绿色发展、开放发展、共享发展五大方面的要求。

工业高质量发展的推进需要抓住创新内核。创新驱动是经济发展的第一动力，"高质量发展是一个不断创造新的发展条件的连续过程"[③]。这意味着有必要紧紧围绕技术创新这一核心关键，协同推进工业的要素配置创新、生产模式创新、产品设计创新、管理制度创新等，着力形成工业创新发展体系，为工业发展质量的加快提升创造所需条件。

工业高质量发展需要坚持协调导向。协调发展注重消除经济发展的"木桶短板"效应，旨在推动不同区域、不同部门、城市与乡村、经济与社会等相对均衡发展。这在工业领域主要表现为以协调的行业结构推动工业发展质量提升。协调的工业行业结构的形成则需要加快促进内部结构合理化，比如培育科技型工业企业，提升自主研发能力；提高高新技术产业部门比重，降低传统工业部门占比；发挥国有资本引领作用，优化工业所有制结构等。

工业高质量发展需要增进绿色意蕴。高速增长时期，"三高两低"工业迅速发展，在促进经济增长的同时，也加剧了环境污染，增强了资源约束，降低了持续增长潜力。所以，工业经济发展必须坚持以习近平总书记提出的"两山论"为根本依循，将资源环境约束纳入决策框架，运用低碳技术，形成低碳模式，着力提升工业"含绿量"，促进其发展质量提高。

工业高质量发展需要把握开放格局。中国通过统筹运用国际国内两个市场、两种资源，促进工业经济取得长足发展，工业出口交货值不断增加。然而，低技术含量、低附加值的资源型初级产品、一般工业制成品等出口占比较高，这不仅加强了

---

① 赵剑波、史丹、邓洲：《高质量发展的内涵研究》，《经济与管理研究》2019年第11期。

② 刘世锦：《推动经济发展质量变革、动力变革、效率变革》，《求是》2017年第22期。

③ 高培勇、袁富华、胡怀国、刘霞辉：《高质量发展的动力、机制与治理》，《经济研究》2020年第4期。

资源环境约束，而且使得我国工业在国际产业链与价值链中长期处于较低位置。因而，提高工业发展质量需要推动高技术产业发展，促进工业产品对外贸易结构优化。

工业高质量发展的推进需要体现共享目标。高质量发展要坚持以人民为中心，为全体人民日益增长的美好生活需要提供物质产品①。对工业发展质量优化而言，应坚持物的生产与人的发展相统一，确保工业发展成果为全体人民创造、与全体人民分享；在释放劳动等要素质量红利的同时，应遵照需求导向供给高品质产品与服务，以高效的工业产出供给更好地满足消费需求，形成提高劳动力再生产质量的产品基础。

（三）特征解析

1. 要素投入优质化

优质要素投入是促进工业经济质量提升的基本要件。首先，工业生产要素的质量直接决定着最终产品的使用价值属性。一般来说，基于高质量的劳动者、原材料、中间产品等的投入而制成的工业产品具有较高的性能与质量，劳动生产率也将显著提升，能更好地满足市场对商品的数量需求与质量要求。此外，与时俱进地丰富投入优质要素是确保工业高质量发展的必要手段。依循马克思的历史唯物主义方法可知，每次工业革命或技术革命之后的较长时间内生产力均会出现显著跃升，运用有利于提高劳动生产率的高质量要素，能促进工业塑造创新动力。因而，优质化的要素投入成为工业高质量发展的特征合乎逻辑。

2. 生产过程绿效化

绿效化的生产过程是推动工业高质量发展的核心关键。从要素配置的角度看，拓宽要素投入种类的同时优化要素配置结构，提高人力资本、先进技术等高质量要素配置比例有助于提高工业生产要素使用效率；而且在完善的市场经济体制下，生产要素会由低生产率的部门自由流向高生产率的部门，这种跨行业资源配置效率提升对企业或者工业整体发展质量存在积极作用。此外，集约型方式依赖要素使用效率和技术进步条件下要素组合方式的优化，提高增长质量和经济效益②。集约化生产能加速工业绿色低碳高效发展，提高发展质量。所以，绿效化的生产过程是判别工业发展质量的标准之一。

3. 产出供给高效化

高效化的产出供给是实现工业高质量发展的必然要求与直观体现。高效化的工业产出供给通常表现为工业企业具备经济效益好、产能利用高与国际竞争力强等特征。首先，产出供给最终产品的品质越高，往往具备较高的市场占有率，经济效益也较好，具体表现为单位工业投资在产业层面上能带来较高增加值，在企业层面上积累的工业资产也能产生较高的纯利润。其次，供给侧结构性改革的深入推进有效淘汰了大量落后的工业产能，工业产能利用率明显提高，这不仅表明工业产能利用充分、效率改善，而且说明工业整体的供给效能有所增强，能较好匹配消费品质需

---

① 余东华：《制造业高质量发展的内涵、路径与动力机制》，《产业经济评论》2020 年第 1 期。
② 任保平：《新时代高质量发展的政治经济学理论逻辑及其现实性》，《人文杂志》2018 年第 2 期。

求。最后，工业产出供给高效化还体现为工业产品具有较强的国际竞争力。不考虑价格因素，高品质的工业产品通常具备较高的国际市场认可度，工业企业出口交货规模也得到显著扩大。总之，高效化的产出供给不仅是推动工业发展迈向更高质量阶梯的动力，而且是工业高质量发展的结果与具体表征。

4. 内部结构合理化

合理化的内部结构是加快提高工业发展质量的有效途径与有力支撑。工业内部结构包括微观企业结构、中观行业结构与宏观所有制结构，其优化对工业提质扩容有积极作用。首先，科技型企业的增加、研发机构的配置以及创新研发投入力度的加大对于提高自主知识产权拥有率、突破关键核心技术与提升工业整体竞争力有积极作用。其次，高新技术产业比重的提升、高耗能产业的技术改造或退出市场的工业结构调整，有利于推动产品向知识化、技术化与生态化转型，提高产品附加值及在全球价值链上的位置，促进绿色低碳工业发展。最后，受融资、技术门槛与高质量劳动力缺乏等影响，民营工业企业可能热衷于追求短期利益，创新动机与热情可能不足，难以有效支撑工业领域的前沿技术科技攻关、重大项目推进等战略任务，而国有企业则能凭借信用、资金、人才、技术等优势发挥引领带动作用，适度的国企占比将促进工业整体由低端向高端升级。综上，微观企业结构、中观行业结构与宏观所有制结构的优化能为工业发展质量的提高提供结构红利。

三、研究设计

（一）指标体系

新中国成立以来，为了满足经济社会发展的需要，工业发展由建立短缺的工业体系到满足更高水平需求的质量与效率的提升，涉及的范围越来越广[①]。单一指标难以充分反映工业高质量发展水平，需要建立多元指标体系，根据复核不同维度信息的指数来度量。指标体系设计应注重可行性和简洁性，突出测度体系的层次性和测度对象的差异，更多地选择反映质量和结果的指标[②]。

本文以工业高质量发展内蕴的"要素投入优质化、生产过程绿效化、产出供给高效化、内部结构合理化"特征为基础，构建三级综合评价指标体系（详见表1）。第一级是综合层，由复合维度层和基础层的信息计算而来的工业高质量发展指数代理，用以反映时间窗口内不同样本的工业高质量发展水平。第二级是维度层，根据上述四个特征构建4个维度。这4个维度指标是使用第三级的细项指标计算得到的，直观体现不同省份工业发展质量在要素投入、生产过程、产出供给和内部结构方面的差异，尽可能地精准捕捉自身不足。第三级是基础层，共计21个细项指标。

---

① 史丹、李鹏：《中国工业70年发展质量演进及其现状评价》，《中国工业经济》2019年第9期。
② 张军扩、侯永志、刘培林、何健武、卓贤：《高质量发展的目标要求和战略路径》，《管理世界》2019年第7期。

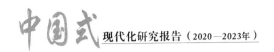

表 1　工业高质量发展的综合评价指标体系

综合层 （1个复合 指标）	维度层 （4个维度 指标）	基础层 （21个细项指标）	指标属性
工业高质量发展指数	要素投入优质化	D1：专科以上学历从业人员占工业就业规模比重（%）	正向
		D2：R&D人员占工业就业规模比重（%）	正向
		D3：高技术产业固定资产投资占工业投资比重（%）	正向
		D4：工业发明专利申请数（件）	正向
		D5：工业企业新产品销售收入占主营业务收入比重（%）	正向
		D6：工业企业技术改造支出占主营业务收入比重（%）	正向
	生产过程绿效化	D7：工业全员劳动生产率（万元/人）	正向
		D8：单位工业增加值能耗（吨标准煤/万元）	负向
		D9：单位工业增加值废气排放量（吨/万元）	负向
		D10：单位工业增加值废水排放量（吨/万元）	负向
		D11：单位工业增加值一般固体废弃物产生量（吨/万元）	负向
	产出供给高效化	D12：单位工业投资的增加值（—）	正向
		D13：单位工业资产的利润（—）	正向
		D14：工业产能利用率（%）	正向
		D15：工业企业出口交货值占销售产值比重（%）	正向
	内部结构合理化	D16：国有工业企业资产占工业总资产比重（%）	适度
		D17：国有工业企业从业人员占工业就业规模比重（%）	适度
		D18：高技术产业从业人员占工业就业规模比重（%）	正向
		D19：六大高耗能产业产值占工业总产值比重（%）	负向
		D20：高技术企业个数占工业企业总量比重（%）	正向
		D21：设立R&D机构的工业企业占工业企业总量比重（%）	正向

注："—"表示无计量单位。

　　要素投入优质化维度意在说明工业发展动力转变的总体情况，并从投入维度方面刻画工业发展质量。理论上，工业生产过程中使用的优质要素越多，工业发展动力转变越快，质量提升也越显著。此维度使用劳动、资本和技术三类要素共6个指标测度：反映劳动要素投入质量的指标是"工业专科以上学历从业人员占工业就业规模比重（%）和R&D人员占工业就业规模比重（%）"；反映资本要素投入质量的代理指标是"高新技术产业固定资产投资占工业投资比重（%）"；反映技术要素投入质量的代理指标是"工业发明专利申请数（件）、工业企业新产品销售收入占主营业务收入比重（%）和工业企业技术改造支出占主营业务收入比重（%）"。需要说明的是，由于专科以上学历工业从业人员难以从统计资料中获取，本文使用"工业从业人员占总就业的比重乘以地区专科以上学历从业人员"进行估算替代；工业企业技术改造支出是技术改造、引进、吸收和购买四类相关经费支出的总和。

生产过程绿效化维度的度量指标选择主要从产出角度考虑效率目标与绿色要求。这个维度的代理指标分为两类，具体有 5 个。一是效率指标：表征总产出效率的"工业全员劳动生产率（万元/人）"和资源利用效率的"单位工业增加值能耗（吨标准煤/万元）"，前者越大、后者越小，说明工业生产效率越高、质量也越高。二是绿色生产模式指标：单位工业增加值废弃排放量（吨/万元）、单位工业增加值废水排放量（吨/万元）和单位工业增加值一般固体废弃物产生量（吨/万元），这些指标越小说明工业绿色化水平越高，质量也越高。

产出供给高效化的维度信息通过工业经济效益、产能利用与产品国际竞争力三个变量间接测度。工业经济效益使用"单位工业投资的增加值和单位工业资产的利润"进行代理；产品国际竞争力使用"工业企业出口交货值占销售产值比重（%）"加以度量；产能利用的刻画指标是"工业产能利用率（%）"。本文借鉴符磊和李占国[1]基于考虑地区异质性的 KLH 模型估计产能利用率的方法，自行测算了 2006—2020 年不同省份的工业产能利用率。

内部结构合理化由宏观所有制结构、中观行业结构与微观企业结构三个变量表征，以捕捉结构变化对工业发展质量的影响。具体而言，国有工业企业资产占工业总资产比重（%）、国有工业企业从业人员占工业就业规模比重（%）被用于测度所有制结构；高新技术产业从业人员占工业就业规模比重（%）、六大高耗能产业产值占工业总产值比重（%）刻画了行业结构；高新技术企业数量占工业企业总数比重（%）、设立 R&D 机构的企业占工业企业总数比重代理的是企业结构。

（二）样本说明、数据来源与测算方法

1. 样本说明

鉴于中国台湾、香港、澳门地区以及西藏自治区的数据存在大量缺失，本文以其余 30 个省份的工业为观测对象，时间窗口为 2006—2020 年。党的十九届六中全会明确指出"党的十八大以来，中国特色社会主义进入新时代。"本文的截面起始点理论上应设定为 2012 年，但综合考虑质量改善是中长期过程，扩展时间区间不仅有利于把握其演变趋势与特征，而且便于分时段对比发掘新时代以来工业高质量发展政策的实施成效。由于 2006 年之前数据缺失严重且难以补齐，所以样本起始年份定于 2006 年。

2. 数据来源

工业高质量发展综合评价指标体系的基础数据来源于历年的《中国统计年鉴》《中国工业统计年鉴》《中国固定资产投资统计年鉴》《中国劳动统计年鉴》《中国能源统计年鉴》《中国环境年鉴》《中国高技术产业统计年鉴》《中国科技统计年鉴》

---

① 符磊、李占国：《异质性条件下中国地区工业产能利用率的估测——基于 KLH 模型和 BC 模型的比较分析》，《财贸研究》2020 年第 7 期。

以及《工业企业科技活动统计年鉴》。需要指出的是，各省份工业企业个数、国有工业企业从业人员数和工业固定资产投资总额数据在 2012 年或 2013 年出现缺失，本文使用线性插值法补齐；对于 2019 年和 2020 年的部分缺失数据，本文基于其余年份的数据使用指数平滑预测方法补足；所有数据在实证时均进行标准化处理。

3. 测算方法

国内外目前经常使用熵权法、TOPSIS 法等将多个指标以加权之和形式复合为一个反映多维信息的指数。熵权法的权重是通过观测数据的变异程度计算的，确保了权重设计的客观性，避免了德尔菲法等主观赋权方式对客观对象的扰动；TOPSIS 法则是基于比较标准化的数据与最优、最坏情况的相对距离加以排序的评价方法，具备客观合理、便宜运用之优点。魏敏和李书昊[①]将两种方法结合为"熵权 TOPSIS 法"，并将之运用于中国经济发展质量的评价。本文参考借鉴此方法计算时间窗口范围内不同省份的工业高质量发展指数（限于篇幅，此处未报告模型设定以及过程描述）。该指数理论上在 0 和 1 之间，数值越大表示工业发展质量越高。

四、实证分析

这里基于工业高质量发展的理论框架与多元指标体系，计算 2006—2020 年中国 30 个省份的工业高质量发展指数（具体结果如表 2 所示），从全国、区域和省际三个层面对时间窗口范围内的工业高质量发展水平进行评价分析。

（一）全国层面的结果分析

中国工业发展质量呈现出显著提高的态势。2009 年，全国工业高质量发展指数最小，主要源于 2007 年年底美国爆发次贷危机引发世界性金融危机对全球经济发展的暂时性冲击，特别是对"两头在外"特征突出的中国工业发展有明显影响。此后，在中国财政与货币"双宽松"调控政策以及工业供给侧结构性改革红利释放等多重因素作用下，中国工业发展质量呈现持续提升的轨迹。2020 年，全国工业高质量发展指数达到最大值 0.29，较 2006 年约增加 50%，这说明样本期内中国的工业高质量发展水平明显提高。

新时代以来的中国工业发展质量提高效果明显较优。2012—2020 年全国工业高质量发展指数均高于过往年份，且均值约为 0.26，比 2006—2011 年的均值 0.19 大。按五年间隔分时间段看，中国工业高质量发展水平的优化主要体现在"十二五"与"十三五"的结构调整优化时期。2006—2010 年全国的工业高质量发展指数的变化幅度较小，首尾年份的指数几乎相等，显示"十一五"期间工业的发展质量对全时段内工业高质量发展的贡献并不大，也侧面说明该阶段的工业发展更侧重量的扩张。背后的原因在于，"十一五"期间中国工业仍保持着粗放模式下高速增长的路径依赖，而且与工业发展质量提高相关的制度安排、政策执行以及创新转化为现实生产力等变革红利释放具有显著的时滞性。

---

① 魏敏、李书昊：《新时代中国经济高质量发展水平的测度研究》，《数量经济技术经济研究》2018 年第 11 期。

表 2　2006—2020 年各省份工业高质量发展指数

省份	"十一五"					"十二五"					"十三五"					均值
	2006	2007	2008	2009	2010	2011	2012	2013	2014	2015	2016	2017	2018	2019	2020	
北京	0.308	0.320	0.332	0.320	0.360	0.437	0.449	0.449	0.462	0.480	0.543	0.572	0.577	0.601	0.625	0.456
天津	0.294	0.300	0.296	0.278	0.282	0.327	0.354	0.376	0.379	0.390	0.397	0.395	0.418	0.430	0.442	0.357
河北	0.129	0.133	0.136	0.127	0.125	0.137	0.144	0.146	0.150	0.154	0.166	0.167	0.166	0.170	0.173	0.148
山西	0.154	0.162	0.161	0.149	0.149	0.158	0.164	0.165	0.162	0.158	0.167	0.180	0.170	0.172	0.173	0.163
内蒙古	0.132	0.127	0.128	0.128	0.137	0.148	0.151	0.151	0.146	0.151	0.149	0.134	0.152	0.154	0.156	0.143
辽宁	0.174	0.172	0.166	0.166	0.165	0.172	0.175	0.189	0.186	0.193	0.227	0.242	0.222	0.228	0.233	0.194
吉林	0.184	0.174	0.169	0.187	0.172	0.194	0.201	0.197	0.209	0.201	0.207	0.204	0.213	0.216	0.219	0.197
黑龙江	0.188	0.189	0.179	0.165	0.176	0.188	0.180	0.179	0.175	0.171	0.168	0.175	0.170	0.169	0.168	0.176
上海	0.321	0.331	0.320	0.321	0.346	0.397	0.406	0.424	0.437	0.441	0.470	0.503	0.505	0.522	0.539	0.419
江苏	0.238	0.252	0.258	0.260	0.278	0.355	0.413	0.425	0.455	0.471	0.498	0.536	0.562	0.592	0.622	0.414
浙江	0.231	0.235	0.239	0.231	0.244	0.307	0.326	0.348	0.360	0.375	0.403	0.417	0.434	0.453	0.473	0.338
安徽	0.185	0.182	0.164	0.156	0.168	0.206	0.227	0.239	0.262	0.278	0.302	0.322	0.319	0.333	0.348	0.246
福建	0.215	0.205	0.200	0.196	0.202	0.236	0.239	0.244	0.256	0.259	0.279	0.285	0.286	0.294	0.302	0.247
江西	0.193	0.183	0.171	0.163	0.170	0.180	0.188	0.199	0.207	0.202	0.202	0.213	0.210	0.213	0.217	0.194
山东	0.172	0.175	0.185	0.182	0.189	0.215	0.236	0.249	0.254	0.257	0.267	0.278	0.291	0.302	0.312	0.238
河南	0.160	0.155	0.153	0.150	0.158	0.170	0.180	0.190	0.193	0.199	0.201	0.204	0.211	0.217	0.222	0.184
湖北	0.181	0.194	0.200	0.222	0.180	0.197	0.215	0.222	0.224	0.237	0.245	0.250	0.251	0.257	0.262	0.222
湖南	0.170	0.165	0.173	0.177	0.185	0.212	0.235	0.249	0.254	0.261	0.275	0.288	0.300	0.312	0.324	0.239

表2（续）

省份	"十一五"					"十二五"					"十三五"					均值
	2006	2007	2008	2009	2010	2011	2012	2013	2014	2015	2016	2017	2018	2019	2020	
广东	0.380	0.393	0.388	0.394	0.410	0.468	0.512	0.524	0.561	0.562	0.597	0.624	0.642	0.667	0.691	0.521
广西	0.151	0.153	0.155	0.152	0.153	0.165	0.167	0.170	0.171	0.177	0.185	0.198	0.192	0.196	0.200	0.172
海南	0.171	0.167	0.155	0.147	0.170	0.174	0.191	0.213	0.206	0.210	0.236	0.232	0.237	0.245	0.252	0.200
重庆	0.202	0.196	0.187	0.182	0.197	0.228	0.254	0.265	0.282	0.304	0.327	0.350	0.347	0.362	0.378	0.271
四川	0.175	0.168	0.173	0.172	0.171	0.191	0.214	0.231	0.230	0.232	0.235	0.254	0.258	0.266	0.275	0.216
贵州	0.175	0.166	0.165	0.160	0.151	0.164	0.167	0.158	0.163	0.163	0.171	0.175	0.166	0.167	0.167	0.165
云南	0.135	0.133	0.126	0.119	0.127	0.136	0.138	0.137	0.144	0.151	0.159	0.160	0.158	0.161	0.164	0.143
陕西	0.202	0.210	0.202	0.199	0.203	0.215	0.225	0.240	0.241	0.233	0.242	0.247	0.252	0.256	0.261	0.228
甘肃	0.157	0.154	0.153	0.149	0.151	0.158	0.166	0.171	0.175	0.165	0.181	0.183	0.183	0.185	0.188	0.168
青海	0.124	0.123	0.121	0.121	0.118	0.122	0.122	0.122	0.125	0.130	0.137	0.133	0.132	0.133	0.134	0.126
宁夏	0.129	0.158	0.171	0.139	0.127	0.140	0.127	0.131	0.142	0.152	0.166	0.158	0.151	0.152	0.153	0.146
新疆	0.139	0.145	0.139	0.119	0.126	0.135	0.125	0.122	0.125	0.130	0.127	0.131	0.123	0.122	0.121	0.129
全国	0.192	0.194	0.192	0.188	0.193	0.218	0.230	0.238	0.244	0.250	0.264	0.274	0.277	0.285	0.293	0.235

注：数据由作者自行测算；全国工业高质量发展指数由相应年份各省份工业高质量发展指数的平均值粗略代理；本文基于已有数据对2020年的部分数据进行预测，与受新冠疫情冲击市的真实数据有一定差异。本文在实证分析时对数据的标准化处理一定程度上消除了这种异带来的影响；而且，本文使用最近一次金融危机导致机的工业高质量发展指数"降幅"对2020年中国工业高质量发展指数进行修正，其结果显示，并不影响对工业高质量发展趋势规律的分析。

相对地，"十二五"与"十三五"期间更加注重工业发展质量的提升，这十年的工业高质量发展指数不仅高于"十一五"，而且呈现稳定上升轨迹。2011年全国工业高质量发展指数约为0.22，比之前年份的指数都大；此后，该指数稳步升至2020年的0.29；2011—2015年与2016—2020年的均值分别为0.24和0.28，明显大于2006—2010年的均值，且这两个时段的增幅较为一致，也显著高于"十一五"的增幅；特别地，工业高质量发展指数大于全时段均值的年份是"十二五"中期的2013年。从经济发展实践看，在"十二五"和"十三五"期间，中国发布了《国务院关于加快发展生产性服务业促进产业结构调整升级的指导意见》（国发〔2014〕26号）、《国务院关于印发〈中国制造2025〉的通知》（国发〔2015〕28号）、《中共中央 国务院关于开展质量提升行动的指导意见》、《工业和信息化部关于制造业产品和服务质量提升的实施意见》（工信部科〔2019〕188号）等一系列推动工业转型发展的顶层设计政策，对工业要素投入、生产过程、产出供给、结构升级等给出明确要求。这些安排的有效落实，有力推动了2011—2020年的工业发展质量的提升。

（二）区域层面的结果分析

总的来说，东部、中部、西部和东北四大区域板块的工业高质量发展水平的上升趋势特征突出，但也能够看出明显的区际分异。图1向我们展示了2006—2020年四大区域板块的工业高质量发展指数的整体变动情况。

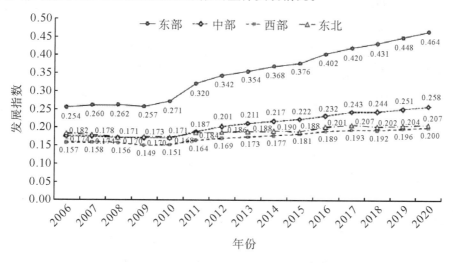

图1 四大区域板块的工业高质量发展指数
资料来源：作者自行测算。

在四大区域板块中，东部、中部和西部的工业高质量发展指数走势与全国基本上保持一致，自2009年或2010年之后进入稳定上升通道。其中，东部工业发展质量提升的成效最好。样本期内东部工业高质量发展指数提高了0.21，2020年东部的指数达到0.46，约是全国的1.58倍、中部的1.8倍、西部的2.33倍、东北的2.25倍。这是因为东部不仅基础牢靠，且经济实力雄厚，优质要素大量集聚，公共资源配置、创新与营商环境较好，形成了工业高质量发展率先提质、领先提质的有利条件。以国家级制造业创新中心为例，在2016—2021年国家批复的21个国家制造业中心中，东部占11个、中部占7个、西部占2个、东北仅占1个。东北的工业发展质量提升效果不佳。表3显示，样本期内东北工业高质量发展指数仅增加0.03。其深层次原因在于，东北重工业基地面临着转型瓶颈，如国有资源型产业占比大、服务业发展滞后、制造业研发投资不足、人口等大量要素外流等，这些在较大程度上限制了东北工业发展提质的潜力发挥与速度。

表3　四大增长极的工业高质量发展水平

四大增长极	样本期增幅	样本期均值	"十一五"均值	"十二五"均值	"十三五"均值
全国	0.101	0.235	0.192	0.236	0.279
京津冀	0.170	0.320	0.249	0.322	0.390
长三角	0.281	0.354	0.248	0.358	0.458
珠三角	0.311	0.521	0.393	0.525	0.644
成渝地区双城经济圈	0.138	0.244	0.182	0.243	0.305

注：数据由作者自行测算。京津冀包括北京、天津与河北；长三角包括上海、江苏、浙江和安徽；珠三角指广东中南部，这里以广东全域反映；成渝地区双城经济圈的规划范围是重庆市27个区县和四川省15个市，此处以川渝两省市代理。

四大经济增长极的工业高质量发展具有突出的"样板效应"。表3显示，京津冀地区、长三角地区、珠三角地区和成渝地区双城经济圈2006—2020年的工业高质量发展指数均值和增幅都高于全国平均水平，尤其是"十二五"与"十三五"期间工业质量提升效果明显。尽管全国初步形成"四足鼎立、辐射带动"的工业高质量发展空间格局，但四大增长极工业高质量发展的不协调特征突出。珠三角在四个增长极中的工业高质量发展指数最大，"十三五"的均值更是高达0.64，工业发展质量遥遥领先。长三角的工业高质量发展水平位居第二。2020年上海和江苏的工业高质量发展指数分别达到0.54和0.62，在两省市的强力拉动下，长三角的工业高质量发展指数约0.5。京津冀的工业发展质量提升以北京和天津为主动力。这表现为两市的工业高质量发展指数均高于全国，"十三五"开局之年，北京工业高质量发展指数已达到0.54，天津约0.4。然而，提升缓慢的河北工业发展质量使京津冀样本期的指数均值仅0.32，排在第三位。位居第四的成渝地区双城经济圈的工业发展质量提升空间较大。虽然该地区全时域的工业高质量发展指数均值约0.24、"十三五"时期的均值为0.31，略高于全国，但与发达地区仍有明显差距。背后的原因在于成渝地区双城经济圈的规划实施起步不久，协同政策、环境等处于磨合期，优势资源整合、共建先进研制基地等缓慢推进，双城高质量发展工业的协同红利尚未充分释放。

（三）省域层面的结果分析

为把握省域之间工业高质量发展水平的个体差异，此处以2020年的工业高质量发展指数为基础，采用中位数聚类方法（度量标准为欧氏距离平方），将30个观测对象分成"高、较高、中等、低、较低"五类质量阶梯,用以表征不同省市工业发展质量的梯次(详见表4)。综合表2与表4发现,不同省域工业高质量发展水平凸显异化特点,在空间上也勾画出"金字塔形"的质量梯次格局。

省域工业高质量发展水平表现出显著的"两极分化"特征。以工业高质量发展指数最高与最低的省份差距为例,2016—2020年广东的工业高质量发展指数均值为0.64,是30个省份中指数均值超过0.6且接近0.7的唯一省份,约是新疆同时间区间工业高质量发展指数均值的5.17倍;2020年广东的工业高质量发展指数高达0.69,而同年的新疆仅为0.12,二者之间的差距进一步扩大。

省域工业高质量发展水平呈现"金字塔形"的梯度布局特征,同时也能发现反梯度追赶现象。在工业发展质量五大阶梯上,位于高水平第一梯队与较高水平第二梯队的省市分别有3个,全部隶属于东部地区。5省份处于中等水平的第三梯队,其中重庆来自西部地区,安徽和湖南属于中部地区。低水平的第四梯队有8个省份,其中四川的指数在此阶梯中最大,已接近中等水平的福建;东部地区的海南,指数比四川、湖北和陕西低;东北地区的辽宁与吉林也位于该组,且二者的工业发展质量并不高。较低水平的第五梯队有11个省份,除了河北、山西、黑龙江以外,其余8个省份均属于西部地区。

可见,中国工业总体发展质量跃升亟须突破"木桶短板"制约,加快缩小省际工业质量差距。两大头部梯队省市不仅要提升自身工业发展质量,更要发挥引领带动作用,促进技术效应与结构效应溢出;应遵循劳动地域分工、产业链与现代产业体系构建的客观规律,夯实提升第三与第四梯队工业发展质量,支撑发达地区质量效应扩散,拉动落后省份工业提质扩容。第四梯队与第五梯队要沿着"补链强链"方向,创造基础,承接先进产业;第五梯队应立足禀赋优势培育绿色低碳工业,延长本地绿色低碳工业链条。

表4　工业高质量发展水平的省级梯次

质量阶梯	省份
第一梯队:高	广东、北京、江苏(3个)
第二梯队:较高	上海、浙江、天津(3个)
第三梯队:中等	重庆、安徽、湖南、山东、福建(5个)
第四梯队:低	四川、湖北、陕西、海南、辽宁、河南、吉林、江西(8个)
第五梯队:较低	广西、甘肃、河北、山西、黑龙江、贵州、云南、内蒙古、宁夏、青海、新疆(11个)

注:表中数据由作者自行测算;排序以2020年各省份的指数为标准。

五、研究结论与政策建议

2012年,中国特色社会主义经济发展进入由"数量单一扩张"转向"质量全面优化"的新时代。工业粗放发展模式难以满足中长期经济发展目标提出的绿色低碳高效等新要求，亟须提升工业发展质量。工业高质量发展需要以"新发展阶段、新发展理念、新发展格局"为逻辑起点和实践依据。本文以马克思主义发展质量思想为基础，剖析工业高质量发展内在规定的要素投入、生产过程、产出供给与内部结构维度特征，并基于 30 个省份 2006—2020 年的数据，测算各地工业高质量发展指数，从全国、区域与省域三个层面把握工业发展质量时空演进的规律特征，旨在为中长期工业发展质量提升的路径选择、制度安排与政策制定提供依据。

本研究发现：一是中国工业发展质量总体呈现稳步提升趋势，新时代以来的工业发展质量提升效果明显，提升空间较大。2006—2020 年全国工业高质量发展指数均值为 0.24，2012—2020 年为 0.26，2016—2020 年为 0.28；2020 年全国工业高质量发展是 0.29，而广东、北京、江苏的指数已超过 0.6 且广东近乎达到 0.7。二是区域工业高质量发展凸显不协调特征。东部、中部、东北、西部四大板块的工业发展质量依次递减，且东部地区遥遥领先；在四大增长极地区中，珠三角工业发展质量最高、长三角其次、京津冀第三、成渝地区双城经济圈居第四位。三是省域工业发展质量分化态势突出，呈现"金字塔"形的质量梯次格局。这主要表现为工业高质量发展水平第一梯队和第二梯队的工业高质量发展指数多倍于省份最多的第五梯队，且第三梯队和第四梯队省市的占比不高。

本文的政策意蕴如下：一是深化要素市场改革，塑造要素基础支撑。破除人才、资本等要素跨地域、跨行业自由流动的制度性、垄断性藩篱，加强数据等有较大贡献的关键新型要素市场建设，形成有效促进工业持续提质扩容的现代要素市场体系。二是坚持创新驱动，筑牢生产过程支撑。实施自主研发为主、引进技术为辅策略，提高工业科技含量，提升全要素生产率，支撑"中国智造"走向全球，为世界市场输送规模大、质量优、知识产权自主度高的工业品。三是竭力突破低端制约，夯实结构支撑。坚定推进淘汰过剩产能，灵活运用产业、货币、财税、投融资等政策引导、支持高技术产业发展，鼓励国有工业企业发挥引领带动作用，提升高端产业占比与贡献。四是协调区域产业布局，提供空间支撑。遵循劳动地域分工与"集聚-辐射"的动态发展规律，在更宽广的空间尺度上构建高质量的产业链，统筹创新不同极核地区的工业布局，采用"飞地园区""特别合作示范区"等向非极核区域倾斜配置关联产业，推动工业发展迈向更高质量阶梯。

建设现代化经济体系的政治经济学逻辑[*]

李怡乐

作为政治经济学最经典的著作，《资本论》三卷完整地描绘了资本运动及其扩大再生产的过程，揭示了现代经济运行的一般规律，可以为社会主义市场经济体制下生产力发展、生产关系调整提供学理依据[①]。现代化经济体系包含现代产业体系、现代市场体系、收入分配体系、城乡区域发展体系、绿色发展体系、全面开放体系、经济体制建设七方面内容，意味着生产、流通、分配与再生产过程的优化重组。参照《资本论》文本结构，只有立足资本运动总过程与扩大再生产所需的条件，才能理解建设现代化经济体系的政治经济学逻辑，明确各部分建设内容间的有机关联及其基本实现路径。

一、《资本论》结构与现代化经济体系的生产方式变革

现代化经济体系作为"社会经济活动各个环节、各个层面、各个领域的相互关系和内在联系构成的一个有机整体"[②]，分析其内容结构可参照《资本论》三卷在探究现代经济运行规律时，对生产、流通（实现）、分配、再生产（消费与投资）过程的深刻解析。其基本结构关联体现为：《资本论》第一卷阐述资本的生产过程，以研究劳动和资本关系为主，侧重于供给侧叙事，为当前中国经济发展怎样提高供给质量、优化积累结构、形成内生创新动力提供理论依据，从而为建设现代产业体系、绿色发展体系奠定了理论基础；相较于第一卷，《资本论》二、三卷关注了资本与资本间的关系，围绕价值实现与分割展开，其中，《资本论》第二卷讲

---

[*] 本文选自《财经科学》2020 年第 10 期。本文受到国家社科基金青年项目"马克思经济学视角下振兴中国实体经济的资本积累结构研究"（17CJL002）的资助。

[①] 《资本论》作为建立中国特色社会主义经济理论体系的重要文本依托，得到了政治经济学研究者的普遍认同，例如，习近平总书记曾在其学术论文指出，"无论是私有制的市场经济，还是以公有制为主体的市场经济，只要市场经济是作为一种经济运行机制或经济管理体制在发挥作用，市场经济的一般性原理及其内在发展规律同样都是适用的，诸如价值规律、竞争规律、供求规律、积累规律、社会资本再生产的社会总产品实现规律以及利润最大化原理、提高利润率和积累率的方法、竞争与垄断理论、经济危机理论等等，都同样适用于发展社会主义市场经济的实践。"参见习近平：《对社会主义市场经济的再认识》，《东南学术》2001 年第 4 期，第 28 页。另参见邱海平：《<资本论>的创新性研究对于构建中国特色社会主义政治经济学的重大意义》，《马克思主义研究》2020 年第 2 期，"从根本特征上来看，中国特色社会主义经济是社会生产、市场经济和社会主义生产方式的有机统一，构建中国特色社会主义政治经济学理论体系必须坚持和继承《资本论》的上述一般原理，这一点也是政治经济学界的普遍共识。"

[②] 习近平：《深刻认识建设现代化经济体系重要性，推动我国经济发展焕发新活力迈上新台阶》，《人民日报》2018 年 2 月 1 日。

资本的流通过程，融入了需求侧叙事，蕴含为资本流通建立必要的物质基础和地理空间，优化社会总资本扩大再生产条件等思想，可对现代化经济体系中城乡区域发展体系、对外开放体系的构建提供理论参照；《资本论》第三卷合并生产、流通、分配的总过程，引入各种类型的资本和剩余价值分割形式，突出了资本间的竞争关系与功能上的配合，为市场体系建设、收入分配体系建设和完善的经济体制建设提供了理论支持。

2016年5月30日习近平总书记在全国科技创新大会上的讲话中指出，"创新是一个系统工程""科技创新、制度创新要协同发挥作用，两个轮子一起转"[①]。在社会主义市场经济体制下，价值增殖的发生与资本循环过程顺畅，需要科技创新与制度创新双动力的推动。现代化经济体系建立在市场经济运行一般规律的基础上，有其专门的技术基础和机制特征，以完成对生产、流通、分配、消费的优化重组；同时，其最终的生产关系目标，要实现以公有制和按劳分配为标志的社会主义核心经济制度[②]的稳固和人民福利的增进。参照图1，参照《资本论》结构，现代化经济体系的七部分内容可划归至对经济发展技术、空间和制度条件的系统建设，以形成新时代中国经济高质量发展的稳固逻辑。

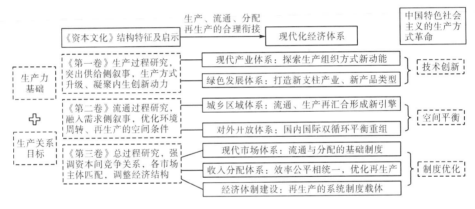

图1 《资本论》结构与现代化经济体系的发生逻辑

二、资本的生产过程与现代化经济体系的技术条件

现代化经济体系的核心是以创新作为战略支撑，进一步解放和发展生产力，其物质根基在于建成"全球领先的代表未来发展方向与竞争力的现代产业体系"[③]。与之关联，现代化经济体系中的绿色发展体系亦并非单纯的环境治理，而是与现代产业体系相贯通，以生态环境领域的前沿技术攻关为基础，构建绿色、低碳、循环

---

① 中共中央党史和文献研究院：《习近平关于社会主义经济建设论述摘编》，人民出版社，2019，第13－14页。

② 李萍、杜乾香：《新中国70年经济制度变迁：理论逻与实践探索》，《学术月刊》2019年第8期。

③ 芮明杰：《我国现代产业体系构建的战略目标与路径》，《中国工业经济》2018年第9期。

发展的工业制造体系、产业结构和国际分工格局①。回归生产过程，把握并催化新一轮技术革命的机遇和潜能，革新生产组织方式、培育新兴支柱部门，是现代化经济体系所需的技术条件。

（一）现代产业体系建设——探索生产组织方式新动能

着眼经济发展的历史经验，快速的经济增长以及与之相伴的积累加速，始终"来自技术革命和创新群集所形成的新兴生产部门，以及技术革命推动的传统生产部门的技术改造"②。

《资本论》刻画的市场经济动态效率，关键在于追逐相对剩余价值的过程中，不断被推动的工艺创新以及产品创新③。其中，工艺创新帮助资本直接获取了超额剩余价值，产品创新则是开发新使用价值、占领新市场的关键。因此，马克思在《政治经济学批判（1857—1858年手稿）》中谈到，伴随生产力提高，必须为旧部门中游离出的资本和劳动，创造新的生产部门；于是，在探索地球、发掘新的有用物的过程中，自然科学也将被发展到其最高点，与之相关联的是生产和需要的不断扩大且日益广泛和丰富的体系④。就当前背景来看，现代产业体系突出表现在以互联网、大数据、人工智能为技术基础，产业跨界融合，智能制造、智能服务完整衔接的供给、流通、消费一体化体系，通过持续激发工艺和产品创新，实现多行业协同发展。

信息通信技术变革内生具有较强的产业协同效应。回顾技术史，市场规模扩张、生产组织效率优化始终与经济当事人对信息更为精准的掌握和更强的处理能力相关。杰里米·里夫金曾举例，15世纪印刷技术的发展开辟了现代记账模式，提供了更为标准化、长期性的财务信息管理方式，为拓宽市场范围和长周期交易提供了可能⑤。伴随机器大工业发展，工厂内资本密集度的提升成为普遍趋势，但直到20世纪50年代末，信息处理方式却依旧是手工操作的，"出纳主任和簿记员手工或使用简单的机器进行复杂的统计运算"⑥。20世纪70年代后，信息通信技术作为一种新的生产组织架构出场，改变了企业内部的劳动过程和产业间的互联。网络的应用在公司内部实现了孤岛活动的互联，改造了内部协作与分工；进而辅助于企业间的商务活动，使制造商、零售商和金融资本各自的运营流程，以及相互间的衔接模式被改变。

以工业互联网为例，作为现代产业体系中实现传统产业与信息化深度融合的基础设施，其一方面要推进传统制造的数字转型并为其重新赋能，另一方面也是拉动国民经济增长的活跃部门。工业大数据作为智能制造的中心要素，通过对生产和流

---

① 史丹：《绿色发展与全球工业化的新阶段：中国的进展与比较》，《中国工业经济》2018年10期。

② 高峰：《论长波》，《经济学评论》2018年第1期。

③ 孟捷：《相对剩余价值生产与现代市场经济——迈向以〈资本论〉为基础的市场经济一般理论》，《政治经济学报》2020年第2期。

④ 《马克思恩格斯文集》（第8卷），人民出版社，2009，第89-90页。

⑤ 杰里米·里夫金：《零边际成本社会》，赛迪研究院专家组译，中信出版社，2014，第33-34页。

⑥ 丹·席勒：《数字化衰退：信息技术与经济危机》，吴畅畅译，中国传媒大学出版社，2017，第10页。

通中积聚数据不断优化的分析，迅速实现工人、机器和物料的重组，在很多传统的大批量制造中轻松获得低成本的个性化定制；新产品、新商业模式的诞生也都更依赖大量数据对顾客需求、产品质量、供应链、服役期等的分析；与此同时，工业互联网，工业数字化装备生产、工业互联网平台与软件开发、工业互联网安全保障等都面临广阔的市场空间，2019年我国工业互联网产业经济总体规模增加值增长了47.3%，占GDP的2.2%，对经济增长的贡献率达到了9.9%[①]。

除数字经济及其直接关联部门的发展外，建设现代产业体系同时意味着更广泛的产业基础再造，包括核心基础零部件、关键基础材料、先进基础工艺、产业技术基础自主化程度"工业四基"领域的实质性突破，真正提升我国在全球市场上的产业链现代化水平和绿色发展能力[②]。

（二）绿色发展体系建设——新支柱产业与新产品类型

绿色发展体系作为现代化经济体系的一部分，首先具备其关键的技术基础，谈绿色发展不是将环境保护与经济增长、技术进步相对立，而是形成以技术创新为主导的绿色发展道路，是将以传统的资源要素投入为主的发展道路，代之以科技创新为主导的生态文明之路[③]。受现代产业体系的辅助，绿色发展体系本身既要借助智能化、数字化基础设施实现对传统产业低碳、可循环的改造；清洁、安全、高效的新能源与新材料，新生产工艺开发本身也是现代产业体系建设的一部分。上述工业互联网建设对绿色发展具有重要作用，工业大数据的积累使得对生产、消费整体流程的全面感知、实时分析和智能决策成为可能，从而更精准对接物资供需、减少资源浪费，提升管理决策效率；与此同时，在面临全球分工格局大变动的时代背景下，以绿色、低碳、智能制造体系为标志的新工业发展也成了各国寻找新经济增长点的关键领域。例如，近年来，可再生资源产业已成为美国最大的支柱产业，日本节能环保业亦在全球市场占据高份额[④]。对我国而言，绿色产业发展尚存在核心技术相对短缺的问题，但面临巨大的市场需求空间，也需要持续高效投资的注入。在经济传统领域产能相对过剩的背景下，绿色产业既是推动内需增长和经济增速的重点领域，也是建立现代产业体系核心技术和产品结构的关键支撑。

综上，现代产业体系与绿色发展体系建设共同依托于新技术-经济范式带来的生产工艺、产品类型巨变。信息通信技术、新能源等领域的重大突破，既为传统制造赋能，也为绿色制造提供了关键条件，激发出较强的产业协同效应。科技创新在此过程中的关键性作用毋庸置疑。科技投入从过去的消费性、成本性支出转变为生产性、资本性的科技投资。与此同时，这一轮创新表现出更强的产学研结合的特征，即创新不是等待实验室中重大成果的出现，而是内生于生产、经营活动，研发与生产进一步融合，"科学在直接生产上的应用本身就成为对科学具有决定性的和推动作用的着眼点"[⑤]，而要推动技术创新的内生化，需要维持积累的系统经济与

① 数据来源：中国信息通信研究院发布《工业互联网产业经济发展报告（2020）》。
② 黄群慧：《实施产业基础再造工程》，《人民日报》2019年12月31日。
③ 王雨辰：《习近平生态文明思想的三个维度及其当代价值》，《马克思主义与现实》2019年第2期。
④ 史丹：《绿色发展与全球工业化的新阶段：中国的进程与比较》，《中国工业经济》，2018年第10期。
⑤ 《马克思恩格斯文集：第八卷》，人民出版社，2009，第195页。

制度条件的支持，既需要扩大的市场规模，提供深化分工、深度研发的体量支持，又需要有效的制度供给发掘并催化创新。由此，下述现代化经济体系的空间与制度条件将为其所需的科学技术条件形成逻辑与实践中的自洽。

三、资本的流通过程与现代化经济体系的空间构建

基于资本运动的视角来看，扩大的流通体系是价值实现和扩大再生产所需的重要空间条件。因此，马克思曾作出这样的判断——"以资本为基础的生产，其条件是创造一个不断扩大的流通范围，不管是直接扩大这个范围，还是在这个范围内把更多的地点创造为生产地点"。[①] 新时代城乡区域发展体系、全面开放体系的构建，既要整合有利的空间条件，不断扩大市场体量，塑造新的增长动能，又要克服资本逐利的一般逻辑，在城乡区域协调发展的过程中，维护各地区居民平等发展的权利，以及推进国家间共同发展中的战略对接和优势互补。

（一）城乡区域发展体系建设——流通与再生产相汇合，提供发展新引擎

新中国成立以来，伴随现实生产力基础和经济发展目标的升级，我国的城乡经济关系经历了从城乡二元分治、农业支持工业、农村资源向城市汇集，转向城乡融合发展、工业反哺农业、要素在城乡之间的对流与重置。根据先行工业化国家的一般经验，在进入高收入阶段时，城镇化率都超过了70%。2019年，我国常住人口城镇化率达60.6%[②]，尚存在进一步的人口城镇化空间。伴随土地流转、农业适度规模经营，剩余农业劳动力外移的过程还将持续，而新型城镇化进程的延续，既能增加城镇消费主体、推动消费潜力释放和消费结构升级，也会保持对基础设施和公共服务领域的巨大投资需要，使我国经济发展获得增量的市场空间[③]。

在持续推动新型城镇化建设的同时，伴随我国社会主要矛盾的变化，打破分割的城乡二元体制，实现城乡融合发展，需要的是城乡互动格局下的乡村振兴，避免要素向城镇的单向流动。当前，工业化与信息化的发展水平已经可以对农业农村现代化提供更主动的技术支持，让农业进入由专门技术标准规范的现代产业链条，促进农村第一、二、三产业融合发展。同时，为了促进生产要素向乡村回流，也要改变城市偏向的公共政策，将基础设施和公共服务进一步向农村延伸、倾斜，促进城乡两个空间的平等发展。2020年政府工作报告首提"两新一重"建设，其中新型基础设施建设不仅应包含5G基建、大数据中心、特高压、充电桩等，同样涵盖乡村建设的巨大空间，例如，农村地下管网、高标准农田等，不仅有利于生态环境保护和可持续发展，且吸收了城镇地区和既有工业生产领域堆积的过剩产能，引导劳动力、资本、技术等要素向农村回流，不断优化资本循环的空间布局[④]。

---

① 《马克思恩格斯文集》（第8卷），人民出版社，2009，第88页。
② 数据来源：国家统计局发布《中华人民共和国2019年国民经济和社会发展统计公报》。
③ 马晓河、刘振中、钟钰：《农村改革40年：影响中国经济社会发展的五大事件》，《中国人民大学学报》2018年第3期。
④ 谢富胜、高岭、谢佩瑜：《全球生产网络视角的供给侧结构性改革——基于政治经济学的理论逻辑和经验证据》，《管理世界》2019年第11期。

　　区域经济关系建设作为与城乡关系相并联的空间发展布局，同样遵循优化流通过程的基本逻辑。改革开放前，我国的区域间经济关系受生产力平均布局思想的指导，在行政计划主导资源配置的基础上，形成了沿海与内陆全国一盘棋的赶超发展特色，各区域经济发展大体呈现平均化趋势；改革开放后，区域间经济关系体现了效率优先的差异化发展导向，经济地理上的梯度推移是这一时期的空间结构特征，东部沿海与内陆地区间发展差距开始扩大。进入新时代，我国区域政策的基本思路是注重公平与效率并重的均衡协调发展，空间结构呈现出多点多极与内外联动的特点，区域经济发展水平开始趋向收敛①。

　　党的十九大特别强调了区域政策在我国国家发展战略规划中的重要地位，与财政、货币、产业政策等相并列作为宏观调控体系的一部分。其中，提高城市群质量，推进大中小城市网络化建设，也关系到新型城镇化建设的基本质量和可持续性，关系到城镇对农业转移人口的吸引力和承载力。除了道路、桥梁等平衡区域经济发展所需的传统基础设施建设中，中国西高东低的三阶梯地形、生态资源东西分布失衡等使得中国面临更大的由政府引领的投资空间布局问题，可用淡水、可用土地、优质空气等都应当是区域平衡发展中的基础性战略性资产投资领域②。

　　总体而言，在现代化经济体系中，城乡间和区域间的劳动力、技术、市场、产业布局表现出更强的开放互动性，新型城镇化、乡村振兴战略、区域发展战略相互依存和联动，在要素对流更为开阔的空间中，投资、消费的新增量是新时代中国经济保持中高速增长的重要引擎，也是推动共享发展的现实基础。

　　（二）全面开放体系建设——国内、国际双循环的新平衡

　　全面开放体系意味着生产过程、实现过程、资本间竞争关系和价值分配关系的开放，是《资本论》三卷描述资本运动总过程在国际的重组。伴随社会化大生产的逐步推进，资本循环国际化的步伐呈现出特定的演进时序，以世界贸易为主要表现的商品资本循环的国际化，以金融资本进入海外投资为表现的货币资本循环的国际化，以跨国公司大幅扩张为表现的生产资本运动的全球化③。三类循环在空间中交织，形成了一个既紧密关联又激烈竞争的世界市场。中国改革开放的发展道路，内含了以外商直接投资（FDI）、世界工厂和最大规模市场为表征的货币、生产、商品资本循环的时空优化布局，给中国和伙伴国家都带来了正向收益。我国的全面开放体系建设，既要为全球经济提供新增长动力、构建更广泛的命运共同体，又要与现代化经济体系其他内容相协同贡献于国内经济的高质量发展。

　　从生产过程来看，建设现代产业体系、绿色发展体系本身与全球产业链优化调整相关联，需要的是各国生产能力的互补。当前，我国的全面开放从传统的"利用外资"，转向资本、技术、智力的内、外双向流动，开放过程势必伴随我国中高端产品、服务向国内和国外的供给能力的提升。从流通过程来看，沿海开放与沿边内陆开放相融合优化了开放体系的空间布局；自贸区建设、市场准入标准放宽与规

① 李萍，等：《新中国经济制度变迁》，西南财经大学出版社，2019。
② 史正富：《功能货币论与中国经济的高质量发展》，《文化纵横》2020年第4期。
③ 克里斯蒂安·帕劳：《资本的国际化和社会资本循环》，王兴华译，《政治经济学报》2015年第2期。

范，为全球经济发展进一步开放了中国市场；"一带一路"倡议，以产融结合替代简单的资本输出，突出国际共建，拓展经济合作新领域。从价值分配过程来看，要实现国内企业和民众对开放发展利益最大程度的共享，需要保证国家独立自主性与开放性相统一，引导对外投资与国内产业发展相协调、积极参与世界市场的公共品供给和全球经济治理。在确保持续的自主创新能力和制度、政策独立性的基础上，增强我国在商品、资本、技术和市场上的优势，通过高质量开放进一步改善国内循环。

总之，更高水平的对外开放是伴随技术进步、国际分工深化、资源配置全球化的自然结果，全球产业链重组遵循货币、生产、商品资本循环不断优化空间嵌套。城乡区域发展体系和全面开放体系共同推动了社会主义市场经济体制中社会总资本在国内、国际两个市场的循环空间扩大、布局改善和优势互补，也是建设人类命运共同体的经济基础。

四、资本运动的总过程与现代化经济体系的制度条件

资本运动不是发生在真空中，而是在一定制度条件确保的功能完善的市场体系基础上。美国学者大卫·哈维在勾勒资本运动过程时这样表述："不仅必须存在货币体系和劳动力市场，还必须有一个完善的商品交换制度和充足的物质基础设施以供资本使用。"[①] 现代化经济体系将市场体系、收入分配体系以及以市场和政府关系为核心的经济体制建设共同纳入，一方面打造好市场经济的基础性制度，另一方面通过有效的宏观经济治理体制对冲资本运动的内在矛盾，形成优化资本运动总过程和再生产的制度载体。

（一）现代市场体系建设——流通与分配的基础制度

统一、竞争、开放、有序的现代市场体系是资本流通顺畅进行的基础条件。价值实现依托于市场交易过程，价值分割取决于各个主体在市场竞争中形成的相对权力关系。回归《资本论》叙事，相对剩余价值生产、平均利润率水平形成，对应的历史背景是现代市场推动的劳动力、资本的充分流动，以及在激烈的市场竞争中，资本必须依靠不断的技术进步保持生命力。当前，创新驱动发展战略的实施，其制度前提之一是要有高质量的市场基础设施，推动各类要素供需匹配、合理定价，以充分激活各类市场主体的活力和不竭的创新能力。劳动力、资本、土地、技术、数据等生产要素市场的改革与发展是现阶段重点工作，各类要素市场有自身特殊运动规律且相互联动，共同打造市场流通的底层设施。

例如，就劳动力市场来看，一方面，优化劳动力配置与城乡、区域经济关系的调整相并行，在城乡融合的大背景下，土地市场改革及其关联的土地收益分享、公共服务共享共建、农业现代化经营等，是推动劳动力要素在城乡间双向流动的重要基础；另一方面，社会主义劳动力市场的运行不仅要促成供需匹配和要素定价，亦始终具备超越性维度。《资本论》中"相对剩余价值生产"的历史场景描绘了资本

---

① 大卫·哈维：《马克思与<资本论>》，周大昕译，中信出版社，2018，第12页。

主义推动技术进步的实践，但这一过程也意味着"劳动的社会生产力表现为资本固有的属性"①，"直接劳动则被贬低为只是生产过程的一个要素"②。而社会主义的生产组织运行应当以劳动者为主体，将生产者的知识、操作与科学研发直接汇合，并促使生产力进步的收益由全体劳动者共享，这是新时代人力资源作为社会主义现代化经济体系的关键要素应具有的题中之义。

就资本市场来看，资本只有保持永不停滞的运动过程才可能获得增殖收益，其内在属性要求全社会不存在任何真正闲置的资本，货币资本进入生产过程，特别是作为固定资本投入使用，就会暂时失去流动性，积压的商品资本同样表现为资本运动不得已的停滞，而金融体系的发展对全部闲置和丧失流动性的资本的重新发动，让资本真正处于永恒动态当中。近年来，深化金融供给侧结构性改革，特别是多层次资本市场建设始终是市场体系建设的重点，也是土地、技术、数据等要素获得合理估价与充分流动的重要基础。完善的金融体系对扩散技术创新具有重要作用。例如，高新技术企业在初创期获得天使投资、风险投资等是其成长的基本保障，股票市场能否有效促使科技创新型企业融资，是其技术创新商业化的重要环节。因而，在新熊彼特派的代表性学者看来，一组重大技术创新渗入经济社会各个方面，必然与金融市场创新带动的投资与消费催化相关联③。

（二）收入分配体系建设——效率与公平相统一，优化社会再生产

收入分配体系作为现代化经济体系的一部分，通过完成合理的价值分配，促成再生产过程的顺利延续。从党的十九大到党的十九届四中全会，收入分配体系建设应包含三重主要内涵：一是与上述市场体系建设并行，完善劳动、资本、土地、知识、技术、管理、数据等生产要素由市场评价贡献、按贡献决定报酬的可行机制。二是强调坚持按劳分配原则，突出保护劳动所得，增加对劳动力的分配在初次分配中的比重，落实体现社会主义核心制度特征的收入分配制度。三是收入分配改革不仅要作为实现共富与共享发展的枢纽，也是为经济增长提供持续新动能的关键，内含了公平和效率间的互动促进关系。

在《资本论》的叙事中，劳动力再生产是社会再生产的基础环节。一方面，马克思提出，有适宜健康水平和劳动能力的工人再生产，是符合资本和国家整体经济发展利益的。他引用工厂视察员桑德斯的话说，"如果不先限制工作日，不严格地强制贯彻工作日的法定界限，要想在社会改革方面采取进一步的措施，是绝不可能有任何成功希望的"④。另一方面，工人的消费与劳动力的再生产"对资本家和国家来说是生产的"⑤，其中又关涉工人是否有稳定的消费能力帮助商品价值得以实现。伴随劳动生产率增长，一般消费品生产能力膨胀，使居民消费在社会总资本再生产中的重要性不断提高。学者罗伯特·戈登描绘了二战后美国工人家庭的消费

---

① 《马克思恩格斯文集》（第8卷），人民出版社，2009，第206页。
② 《马克思恩格斯文集》（第8卷），人民出版社，2009，第188页。
③ 卡萝塔·佩蕾丝：《技术革命与金融资本——泡沫与黄金时代的动力学》，田方萌，等译，中国人民大学出版社，2007。
④ 马克思：《资本论》（第1卷），人民出版社，2004，第384页。
⑤ 马克思：《资本论》（第1卷），人民出版社，2004，第661页。

增长对战后繁荣的重要作用，其笔下"民主国家兵工厂的生产成果在战后转化成丰富多彩的房屋、汽车和电器"①，工人家庭的消费让创新的应用周期有效缩短，新技术迅速被推广，为汽车、冰箱、电视机等带来看似无限的订单。这里消费与增长的正向互动，很大程度上来自二战后黄金年代相对于"亲劳工"的劳资协议形成的较稳定就业关系和收入增长。

对我国而言，收入分配体系改革强调劳动报酬与劳动生产率同步增长，既符合社会主义本质要求，让劳动者同步享受生产力增长带来的使用价值增加，从资本运动的整体视角看，也有助于流通环节的价值实现以及扩大再生产的展开。伴随外部需求对中国经济运行的支持力明显下降，挖掘内需增长空间成了学界共识，并期望形成收入分配改革重新赋能经济增长的良性循环。2008年以来，我国劳动收入份额增长开始对GDP增长起到了正向作用，并以扩大的产出规模进一步推动劳动生产率增长，即以工资驱动增长助推卡尔多-凡登定律的运行②。2018年、2019年最终消费对GDP的贡献率分别达到76.2%、57.8%③，社会消费能力增长对加速新技术应用、新产品开发都起到了积极的推动，也正是在此过程中，供给侧结构性改革的必要性和紧迫性不断提升，消费在经济发展中的基础性作用和投资的结构优化作用得到了进一步的落实。

作为现代化经济体系中制度条件的一部分，我国的收入分配体系建设绝不仅是主观意愿地增加对劳动者的报酬，而是与其他几大体系存在逻辑上的呼应：第一，与劳动力市场制度、宏观经济治理体制相对应，通过就业优先战略和积极就业政策，以更高质量和更充分就业，保障劳动者通过劳动参与社会产品分配的权利。第二，关联到城乡、区域体系的重构，在以人为核心的新型城镇化和乡村振兴战略的背景下，劳动力再生产体制正在发生根本巨变，城、乡间的劳动力再生产模式和供给体制从分割走向统一，势必对我国的收入分配格局施加新的要求，普通劳动力报酬的增长表现为自然趋势，而在此过程中，新型城镇化和乡村振兴也将通过劳动力供给增加、社会分工深化，成为中国经济持续增长新的引擎。第三，在经济体制改革中，推动民生领域的供给侧结构性改革也是收入分配改革的重点内容，教育、医疗、养老、住房等劳动力再生产集体消费资料的质量提升和个人成本下降，对从供给面提升劳动者素质、从需求面激发消费新动能都有着重要的意义。

（三）社会主义市场经济体制建设——协调再生产的制度载体

市场功能完善是推动资本运动顺利进行、技术创新长期涌现的重要基础，政府职能落实则是协调资本运动矛盾、维系上述进程的关键制度背景。尽管马克思没有完成对于"国家"的独著，但在其著作中，始终将国家视为确保资本流通的积极因素。例如，保证市场机构和治理的司法基础，在劳动政策、货币以及金融体系等制度架构中确立规则，通过采购军事装备、投资公用设施、承担研发资助、调节再

① 戈登：《美国增长的起落》，张林山等译，中信出版社，2018，第514页。

② Marc：Lavoie. *Post－Keynesian Economics*：*New Foundation*，Cheltenham&Northampton：Edward Elgar，2014。

③ 数据来源：国家统计局发布，《中华人民共和国2018年国民经济和社会发展统计公报》《中华人民共和国2019年国民经济和社会发展统计公报》。

分配对有效需求施加重大影响①。就现代化经济体系的生产力和生产关系属性而言，一方面，在科技创新作为前述各项改革有力推进的基本动力的背景下，政府能在何种程度上为催化和扩散创新提供重要支持；另一方面，政府的宏观经济治理体制应当成为社会主义市场经济应对周期性危机的核心制度安排②。

在社会主义市场经济体制中，科技创新制度和组织体系的搭建要明确市场与政府的分工。政府或不直接策划创新的方向，但是对于构建创新条件和传播创新却能起到关键支持，包括直接参与源头性的技术创新供给，以及为技术传播构建有利的机会条件。在技术创新经济学中，创新作为开发（供给）和传播（需求）两方面互动作用的过程已成为共识。创新本身具有高度不确定性，其结果建立在扩散企业能力的投资模式的复杂性和多样性的基础上，需要把企业的设计、开发、财务、工程以及市场机会联系在一起，因而是一个交互式的社会过程③。路风在研究京东方半导体显示工业的崛起历史时提出，"政府与市场的简单二分无法解决后进者发展高技术工业所面临的矛盾：一方面，高技术工业的特性——快速的技术变化和市场变化、全球性的市场竞争和连续投资的必要——使任何形式的政府主导都不会有效；另一方面，纯粹的市场机制并不能激励后来者进入这样的工业，资本市场也不支持在这种工业竞争中所需的数额巨大而结果不确定的投资。"④

就技术创新的供给来看，创新既无法被预知是由企业家精神推动基于市场导向的分散决策过程；同时，由公共研发到技术突破再到商业化应用的长链条，凭借市场自发和风险资本完全自主的选择也未必能完成孕育。政府对于增强技术供给的作用，不仅限于在被称为公共品的基础研究和共性技术研究中增加投入，而且在整个创新链条中都应具备足够的主动性。创新驱动既不同于投资驱动，但又不能不依托于活跃的投资提供足够资金支撑。当前，我国已有比较活跃的风险投资基金，但是风投资金的去向大多是基于互联网的商业模式创新，对核心技术创新的支持却远远不够。究其原因，作为"科学物化为生产力之技术进步质变"的"经典创新"，从最初的设想和种子阶段到最后的商业化，存活概率仅为 6.66%，在金融体系极为发达的社会中，失败风险高达 30%～60%，风险资本也是难以进入的⑤。这也意味着，即使市场体系具备相对"完善的"金融体系，也并非顺利筹集创新资金的最终保证。由于创新活动前期的巨大风险和不确定性，私人资本基本不可能介入，而来自政府等公共部门的资金（无论是以债务还是以股权的形式），和官方对企业投资价值的认可，可以扭转私人金融家的看法并加快企业的研发进程⑥。豪威尔 2017

① 大卫·哈维：《马克思与〈资本论〉》，中信出版社，2018，第 23 页。
② 孟捷：《中国特色社会主义政治经济学的国家理论：源流、对象和体系》，《清华大学学报》2020 年第 3 期。
③ 威廉：《拉佐尼克. 经济学手册》，谢关平，等译，人民邮电出版社，2006，第 42 页。
④ 路风：《光变：一个企业及其工业史》，当代中国出版社，2017，第 5 页。
⑤ 龚刚、魏熙晔、杨先明：《建设中国特色国家创新体系，跨越中等收入陷阱》，《中国社会科学》2017 年第 8 期。
⑥ 罗伯特·沃德：《美国的两面性：自由市场意识形态与产业政策的真相》，贾根良，等译，中国社会科学内部文稿 2017 年第 6 期。

年发表于《美国经济评论》的文章也提出，政府研发补贴资助企业进行新技术可行性实验，提高了中小企业和初创企业获得风险投资的概率、促进了企业以高质量专利为代表的创新产出增加、提高了创新成果转化和企业的存活概率①。

政府对于充分扩散技术-经济范式的重大变革亦有着关键作用。回顾工业革命历史，"对于形成一场技术革命而言，单纯依靠个别资本投资是远远不够的，技术革命的推进和技术-经济范式的确立，有赖于对集体生产资料和集体消费资料的大规模投资，个别资本对此既无能力，也缺乏足够的意愿，为此需要通过制度的创造性毁灭，借助于国家和金融资本的力量来解决这一问题。"② 可与之形成对照的是，在美国马克思主义经济学者大卫·戈登看来，重大的基础设施投资往往作为新的生产结构和新的交通及通信体系的结果而出现，并给经济带来巨大的刺激。近年来，我国互联网基础设施建设对数字经济发展所起的作用也是典型例证。面对互联网巨头 BAT（百度、阿里巴巴、腾讯）的崛起，吕新雨提出"任何新媒体的发展都离不开国家对电信发展基础建设的巨额投入和宏观政策的支持"。当前，我国 4G 的人口覆盖率已经达到了 98%，在农村地区，行政村覆盖率已经达到 88%。信息通信网络建设的国家战略是 BAT 在中国得以发展的前提和基础③。

党的十九大以来，我国的宏观经济治理体制日渐成型。在传统的财政和货币政策之外，就业、产业、投资、消费、区域政策协同发力，内含了国家发展规划的战略导向作用，其目的不仅是应对市场自身无法出清问题、促成总量平衡，更是为社会总资本扩大再生产提供条件、优化结构。扩大再生产是市场经济中资本运动的典型行为模式，然而积累过程以及相关联的技术创新难以避免内生出两类矛盾——劳资间市场地位和收入两极分化引致的生产相对过剩，以及既定类型商品持续工艺创新加剧的使用价值饱和。这些矛盾抑制消费和投资的可增长空间，从而限制扩大再生产的进行，社会主义宏观经济治理体制的设计要实现对资本积累内在矛盾的协调，就需要克服上述的生产过剩。除财政和货币政策能直接在总量层次发挥的作用之外，就业政策稳固劳动者获得报酬和消费增长的基本渠道，产业和区域政策开拓新增投资的广阔领域分别为财政和货币政策有效落实提供了科技和空间条件。社会主义市场经济的宏观治理体制通过引导扩大再生产过程中的结构平衡与升级，促进发展共享，最终服务于社会主义经济制度的落实。

五、结语

《资本论》提供了市场经济条件下社会总资本运动的一般图景与规律。现代化经济体系作为生产、流通、分配和再生产各领域有机关联的整体，既包含对最新科

① Howell, Sabrina T: "Financing Innovation: Evidence from R&D Grants", *American Economic Review*, 2017, 107（4）.
② 孟捷：《积累、制度与创新的内生性——以美国社会积累结构学派为例的批判性讨论》，《社会科学战线》2016 年第 1 期。
③ 吕新雨：《新媒体时代的"未来考古"——传播政治经济学视角下的中国传媒变革》，《上海大学学报》2018 年第 1 期。

技成果的发展与应用，以完成对实体经济、金融部门各自及其关联机制的高效率改造，保证社会主义市场经济条件下资本的增殖与扩大再生产，又要在此过程中不断推进社会主义经济制度的落实与完善。为此，现代化经济体系七方面内容的协同建设分别在技术、空间、制度三个层次上重塑中国经济发展的动能与目标，其中：现代产业体系建设和绿色发展体系建设，探寻生产组织、产品结构的变革方向；城乡区域发展体系、全面开放体系建设，优化并扩大循环与再生产空间；市场体系建设和收入分配体系建设，推动资本与资本、资本与劳动间功能的匹配和矛盾协调，促使要素合理定价与流动，调整价值分配环节的矛盾，社会主义市场经济体制建设再从整体层面助力于上述各环节的有效实施与衔接，通过市场与政府功能的协调完善，为新技术开发与扩散提供条件，调节社会总资本运动的矛盾，促进社会主义国家根本发展目标的实现。

中国共同富裕发展水平测度
及时空演变特征研究[*]

王 军 朱 杰 罗 茜

一、引言

共同富裕作为社会主义的本质特征和根本原则，是社会主义制度优越性集中体现[①]。中国共产党自成立以来就始终秉承以"人民为中心"的理念，为实现共同富裕而奋斗，一路走来，共同富裕实现过程呈现阶段性和复杂性的特征。具体来看，一方面，共同富裕的实现是以生产力发展为基础的，生产力的发展使得共同富裕具有时代特征。譬如改革开放后提出"先富带后富"、党的十六大明确"全面建设小康社会"的任务、党的十八届五中全会提出"共享发展"的理念、2020 年全面小康社会的建成、《"十四五"规划和 2035 年远景目标纲要》提出要扎实推进共同富裕以及浙江共同富裕示范区的建立[②]等，是共同富裕在不同生产力发展阶段的具体表现。党的二十大报告更是进一步提出，"中国式现代化是全体人民共同富裕的现代化。"另一方面，社会的不平衡与不充分发展使得共同富裕的实现过程相较复杂。就整体情况而言，我国 2020 年 GDP 为 101.6 万亿元，是 2000 年的十倍之多；人均可支配收入在 2019 年已达到了 32 189 元，顺利实现了比 2010 年翻一番的目标；832 个贫困县在 2020 年年末全面脱贫，绝对贫困历史性消除，向共同富裕迈出坚实的一步[③]。但是，在总体向好的局势下其内部问题仍旧突出，首先，基尼系数从 2015 年的 0.462 上升到 2018 年的 0.474；其次，城乡居民收入差距短时间难以缩小；最后，地区收入差距突出，2019 年北京的人均 GDP 是甘肃的 6 倍多[④]。故在实现共同富裕的道路上机遇与挑战并存，一言蔽之，共同富裕实现过程因生产力的发展呈现阶段性特征，加之社会的不平衡与不充分发展使得共同富裕的实现过程带有时代气息。那么立足新发展阶段，探寻共同富裕实现过程的阶段性与复杂性，

---

　* 国家社科基金重大项目《新发展阶段生产发展、生活富裕、生态良好的中国特色文明发展道路研究》(22ZDA108)。

　① 卫兴华：《论社会主义共同富裕》，《经济纵横》2013 年第 1 期。

　② 参见 2021 年 5 月 20 日，中共中央、国务院发布《中共中央国务院关于支持浙江高质量发展建设共同富裕示范区的意见》。

　③ 数据来源：国家统计局。

　④ 龚六堂：《缩小居民收入差距推进共同富裕的若干政策建议》，《国家治理》2020 年第 46 期。

即剖析共同富裕实现过程中的发展阶段、水平演变、地区差异等，对继续扎实推进共同富裕尤为重要。因此，建立一套全方位、宽领域、多层次的共同富裕发展水平评价指标体系，将共同富裕发展水平进行量化，有助于直观分析共同富裕实现过程的阶段发展、水平演变及区域差异等，为扎实推进共同富裕提供了政策制定依据。

近年来，学术界对共同富裕的相关问题进行了激烈讨论，主要从两个方面展开：一是，从理论上探讨了共同富裕的内涵、过程与实现路径。首先，就其内涵而言，邱海平认为社会主义仍处于形成和发展中，因此共同富裕的实现过程具有复杂性，其内涵也在不断调整[①]。伴随着生产力水平的提升，共同富裕包括三层递进含义，其一，所有人的基本生活保障和劳动再生产已经实现；其二，社会成员的贫富差距不大，甚至较小；其三，人与人之间的贫富差距彻底消失。进一步，共同富裕应是随着生产力水平提升，社会成员的物质和精神财富极大丰富，并且创造出来的福利由全体人员共享[②]。其次，共同富裕目标的实现不是一蹴而就的，而是动态、先局部后整体、分阶段不断实现的过程[③]。1953年，毛泽东首次在《中共中央关于发展农业生产合作社的决议》中提到"共同富裕"这一概念，旨在推进社会主义改革使全体人民享有富裕生活[④]。改革开放后邓小平提出"先富带后富"，赋予了共同富裕更加丰富的时代内涵[⑤]，并且覃成林和杨霞通过空间进行模型分析发现先富地区的空间外溢效应非常显著，能有效地带动其他地区发展[⑥]。随后，"全面建设小康社会"的任务在党的十六大上正式提出，明确强调到2020年国内生产总值力争比2000年翻两番，党的十八届五中全会上进一步提出"共享发展"理念，突出了全民共享[⑦]。其后，2020年全面小康社会的建成，是我国步入全面建设社会化主义现代化国家新阶段的重要标志[⑧]。可见共同富裕实现过程具有动态、分阶段、实践性的特征。最后，实现共同富裕的根本途径主要在于两个方面：一方面，不断提高社会生产力水平及追求社会高质量发展[⑨]；另一方面，坚持社会主义制度毫不动摇[⑩]。具体而言，实现共同富裕的途径主要是改善民生和提高保障水平[⑪]、调节收入分配与再分配[⑫]、实现城乡融合发展、强化区域协调发展[⑬]等，以此促进收入

---

① 邱海平：《共同富裕的科学内涵与实现途径》，《政治经济学评论》2016年第7卷第4期。

② 程恩富、刘伟：《社会主义共同富裕的理论解读与实践剖析》，《马克思主义研究》2012年第6期。

③ 逄锦聚：《中国共产党带领人民为共同富裕百年奋斗的理论与实践》，《经济学动态》2021年第5期。

④ 钟俊平、杨敏：《从"共同富裕"到"共享发展"理念演进探析》，《西北民族大学学报（哲学社会科学版）》，2019年第5期。

⑤ 唐旺虎：《邓小平"南方谈话"的当代价值——基于百年未有之大变局的思考》，《重庆社会科学》2021年第1期。

⑥ 覃成林、杨霞：《先富地区带动了其他地区共同富裕吗——基于空间外溢效应的分析》，中国工业经济2017年第10期。

⑦ 刘凤义：《中国经济学如何研究共享发展》，《改革》2016年第8期。

⑧ 韩保江、邹一南：《中国小康社会建设40年：历程、经验与展望》，《管理世界》2020第36卷第1期。

⑨ 曹亚雄、刘雨萌：《新时代视域下的共同富裕及其实现路径》，《理论学刊》2019第4期。

⑩ 赵满华：《共享发展的科学内涵及实现机制研究》，《经济问题》2016年第3期。

⑪ 范从来：《益贫式增长与中国共同富裕道路的探索》，《经济研究》2017年第52卷第12期。

⑫ 蒋永穆、谢强：《扎实推动共同富裕：逻辑理路与实践路径》，《经济纵横》2021年第4期。

⑬ 韩文龙、祝顺连：《新时代共同富裕的理论发展与实现路径》，《马克思主义与现实》2018年第5期。

分配合理化、城乡平衡发展、区域协调发展，最终实现共同富裕。

二是，从实证上对共同富裕的测度与衡量研究。相较于对共同富裕学理上的阐释，既有文献对共同富裕的量化分析相对较少。秦刚认为当前共同富裕还没有明确的数量化标准，但实现共同富裕应到达中低收入群体占比80%、基尼系数在0.35左右、城乡差距基本消除以及区域均衡性发展[①]。此外，有学者运用少量指标来衡量，譬如，人均GDP、基尼系数[②]、城乡收入差距、人均可支配收入等。再者，也有学者对共享发展[③]和全面建成小康社会[④][⑤]进行了测度，但都是对共同富裕某一发展阶段进行评测，且涵盖内容不够全面。

总之，学术界关于共同富裕的研究具有丰富的理论价值和现实意义，为本文研究提供了支撑。然而仍有一些不足亟须填补：一是，对共同富裕的理论诠释已相当丰富，但缺乏从实证角度对共同富裕进行测度的研究；二是，缺乏对共同富裕的时序演变、区域发展、地区变迁的空间计量研究。基于此，本文可能的边际贡献在于：首先，建构了一套科学、合理与全面的共同富裕发展水平评价体系，测算了2002—2020年共同富裕发展水平指数（DLICP）；其次，对共同富裕的时序演变、空间变迁进行系统分析。以期在新发展阶段为扎实推进我国共同富裕实现提供经验借鉴与政策依据。

二、共同富裕发展水平指标的建构、测度与分析

（一）共同富裕指标的建构

1. 共同富裕的指标建构

本文以马克思列宁主义、毛泽东思想、中国特色社会主义理论体系和习近平新时代中国特色社会主义思想为指导，以习近平总书记关于共同富裕相关问题的科学论述为方向，在遵守指标体系构建的时代性、全面性、科学性以及可操作性等原则基础上，从总体富裕水平、共享发展程度及制度保障三个维度建构了共同富裕发展水平的指标体系，具体如表1所示。首先，就总体富裕水平指标的测度而言。考虑到我国总体富裕水平主要由物质富裕与精神富裕两个方面构成，与既有文献类似，本文选取物质富裕水平与精神富裕水平2个二级指标、通过13个三级指全面地对总体富裕水平进行测度。其次，就共享发展程度指标的测度而言。除去总体富裕水平之外，共享发展亦是当前学者们衡量共同富裕水平的重要依据之一，是我国"共享发展"理念的重要体现，本文选取人群共享、区域共享、城乡共享作为衡量

---

① 秦刚：《实现共同富裕：中国特色社会主义的实践探索和历史进程》，《人民论坛·学术前沿》2021第7期。

② 葛和平、吴福象：《中国贫富差距扩大化的演化脉络与机制分析》，《现代经济探讨》2019第5期。

③ 阮敬、刘雅楠：《共享理念视角下发展成果测度及其动因分析》，《统计与信息论坛》2019第34卷第7期。

④ 胡鞍钢：《中国如何全面建成小康社会：系统评估与重要启示》，《新疆师范大学学报（哲学社会科学版）》2021年第42卷第6期。

⑤ 张占斌、高立菲：《全面建成小康社会：衡量标准与科学内涵》，《人民论坛·学术前沿》2016年第18期。

共享发展程度的二级指标，同时选择 11 个三级指标对我国共享发展程度进行测度，以期在既有文献的基础上，更加全面地刻画我国的共享发展程度。最后，就制度保障指标的测度而言。在中国特色社会主义初级阶段，我国的基本经济制度以公有制为主、多种所有制共同发展，按劳分配为主、多种分配制度并存，坚守公有经济的主体地位，大力完善社会保障制度、加强法治建设，是实现共同富裕的根本途径。因此，有别于既有文献，本文将制度保障视为我国共同富裕发展的一个重要组成，认为制度保障是确保我国共同富裕目标达成的重要基础，也是共同富裕水平得以发展、提升的关键因素；因而，基于公有经济、社会保障、法治建设 3 个二级指标、7 个三级指标，对我国共同富裕发展中的制度保障进行衡量。

表 1　中国共同富裕发展水平指标体系

目标	一级指标	二级指标	三级指标	属性	单位
共同富裕	总体富裕水平	物质水平	人均 GDP 人均可支配收入 人均消费支出 全员劳动生产率 人均住房面积 人均医疗床位 普通高中生师比 人均公路里程	+ + + + + + − +	元 元 元 / 平方米 个 / 千米
		精神水平	人均娱乐消费支出占比 广播节目综合人口覆盖率 万人拥有图书馆个数 万人公共文化设施面积 互联网宽带接入端口	+ + + + +	% % 个 平方米 万个
	共享发展程度	人群共享	人均可支配收入基尼系数 中等收入群体平均收入水平 中等收入与低收入群体收入比 行业收入离差	− + − −	/ 元 / 亿元
		区域共享	地区人均可支配收入财富差距 地区人均基本公共服务支出差距 地区最高与最低可支配收入比	− − −	元 元 元
		城乡共享	城乡人均可支配收入泰尔指数 城乡人均消费支出比 城乡人均基本公共服务支出差距 城乡中等收入群体平均收入差距	− − − −	/ / 元 元
	制度保障	公有经济	人均国有企业产值 规模以上国有控股工业企业资产占比 人均国有控股工业企业 主营业务收入	+ + +	元 % 元
		社会保障	参加失业保险人数占比 参加养老保险人数占比	+ +	% %
		法治建设	每万人行政复议案件数 执业律师人数	+ +	件 人

2. 数据来源与处理

党的十六大正式提出"全面建设小康社会的任务目标",标志着建设一个全面、高水平、高质量的小康社会正式启程。故而,以 2002 年为研究起点,选取 2002—2020 年为研究样本区间,样本为除西藏、港、澳、台之外的 30 个省(自治区、直辖市),其中数据来源于国家统计局、《中国统计年鉴》、《中国社会年鉴》、《中国法律年鉴》及各省历年统计年鉴等。

(二)共同富裕发展水平指数的测算方法

测度共同富裕发展水平首先需要建立科学、合理及具有说服力的指标体系,科学地对指标进行赋权很关键。具体来看,指标的赋权方法主要有主观赋权法和客观赋权法,但主观赋权法可能由于人为因素造成指数测度不准确,从而难以真实反映指数最终情况[①]。故采用客观赋权法中的熵值法赋权共同富裕的基础指标。

具体而言,为保证测度指数的准确性,需要对数值和量纲方面均存在显著差异的基础指标进行正规化处理,具体公式如(1)~(2):

$$正向指标:x_{ij} = \frac{x_{ij} - \min\{x_j\}}{\max\{x_j\} - \min\{x_j\}} \tag{1}$$

$$负向指标:x_{ij} = \frac{\max\{x_j\} - x_{ij}}{\max\{x_j\} - \min\{x_j\}} \tag{2}$$

其中,x_{ij} 为无量钢化的结果,$\max\{x_j\}$ 和 $\min\{x_j\}$ 分别是指标在观测年份中的最大值和最小值。对指标进行正规化处理后,采用熵值法对其赋权。

$$计算第 i 年 j 项指标所占比重,使用 \rho_{ij} 表示,\rho_{ij} = \frac{x_{ij}}{\sum\limits_{i=1}^{m} x_{ij}} \tag{3}$$

$$计算指标的信息熵 e_j,则 e_j = \frac{1}{\ln m}\sum\limits_{i=1}^{m} \rho_{ij} \times \ln\rho_{ij} \tag{4}$$

$$计算信息熵冗余度 d_j:d_j = 1 - e_j \tag{5}$$

其中,m 为评价年度,根据信息熵冗余度计算指标权重

$$\varphi_j:\varphi_j = \frac{d_j}{\sum\limits_{j=1}^{m} d_j} \tag{6}$$

基于此,使用多重线性函数的加权求出共同富裕发展水平指数(DLICP):

$$DLICP_i = \sum\limits_{j=1}^{m} \varphi_j \times x_{ij} \tag{7}$$

基于上述公式计算最终得到了共同富裕发展水平指数(DLICPi),其中 $DLICP_i$ 表示 i 省的共同富裕发展水平指数,介于 0~1。若 $DLICP_i$ 越接近 1,共同富裕发展水平越高,反之,接近 0 时共同富裕发展水平较低。

(三)中国共同富裕发展水平指数结果分析

表 2 是 2002—2020 年共同富裕发展水平(DLICP)的测度结果,并根据党的

---

① 王军、朱杰、罗茜:《中国数字经济发展水平及演变测度》,《数量经济技术经济研究》,2021 年第 7 期。

十六大、党的十七大、党的十八大、党的十九大将其分为四个时期，中国共同富裕发展水平的显著时空差异得以展现。就整体而言，中国共同富裕发展水平的均值从 0.109 长到 0.339，年均增长率 7.592%，同时，分省份的共同富裕发展水平也有不同程度的增长。在此主要分析党的十九大期间的情况，北京、上海、广东、江苏、浙江的发展水平处于领先位置，甘肃、贵州、海南、宁夏、云南的共同富裕发展水平较低，省际差距依然明显。譬如，北京的 DLICP（0.590）是甘肃（0.232）的 2.54 倍，且甘肃年均增长率略低于北京，说明甘肃的共同富裕发展水平与北京的差距正持续拉大。另外，在甘肃、贵州、海南、宁夏这些共同富裕发展较低水平的省份中，其年均增长率在全国平均水平之下，意味着其处于"低水平陷阱"之中，且动力不足，难以从中跳出，故如何激活该地区共同富裕发展的潜能，使其摆脱"低水平陷阱"是现今面临的重要问题，也应该是政策着力的方向。从四大地区来看，在党的十九大期间，东部以较大优势处于首位，中部次之，东北部与西部位列三、四名，且二者的 DLICP 相差无几。究其内在缘由，可能是在改革开放后，"先富带后富"战略的实施所致，只能先发展东部沿海地区，然后提高先富地区带动落后地区，最终实现共同富裕。因此，东部地区因国家政策、资源禀赋、人才科技等因素，其共同富裕发展水平高于其他地区。近年来，党和政府高度重视区域协同发展，对中、西部地区具有一定政策倾斜，有利于中、西部地区的共同富裕发展，从年均增长率来看，中部高于东部，呈追赶之势，另外西部地区的近年来的共同富裕发展水平也有较大提升。但值得注意的是东北地区的 DLICP 都较低，且年均增长率均处于全国平均水平之下，较全国其他地区来看，似乎共同富裕层面也出现了"东北塌陷"的局面，因而，如何振兴东北发展，提升其共同富裕发展水平仍是当务之急。

表 2   2002—2020 年中国共同富裕发展水平指数（DLICP）测度结果

区域	省/市	2002—2006 年	2007—2011 年	2012—2016 年	2017—2020 年	年均增长率/%
东部地区	北京	0.222	0.311	0.461	0.590	7.280
	天津	0.161	0.242	0.335	0.378	5.975
	河北	0.092	0.145	0.236	0.315	7.924
	上海	0.225	0.322	0.439	0.576	6.812
	江苏	0.128	0.213	0.358	0.506	9.186
	浙江	0.142	0.222	0.357	0.496	8.647
	福建	0.112	0.165	0.262	0.357	7.498
	山东	0.113	0.188	0.300	0.422	8.617
	广东	0.141	0.227	0.355	0.510	9.064
	海南	0.086	0.124	0.183	0.245	6.266
	均值	0.142	0.216	0.329	0.440	7.729
中部地区	山西	0.093	0.141	0.210	0.266	7.015
	安徽	0.085	0.133	0.220	0.313	8.348
	江西	0.089	0.129	0.197	0.271	7.214
	河南	0.088	0.138	0.232	0.335	8.378
	湖北	0.102	0.154	0.249	0.342	7.865
	湖南	0.098	0.141	0.226	0.320	8.219
	均值	0.091	0.139	0.222	0.308	7.855

表2（续）

区域	省/市	2002—2006 年	2007—2011 年	2012—2016 年	2017—2020 年	年均增长率/%
西部地区	内蒙古	0.095	0.159	0.237	0.300	7.817
	广西	0.080	0.118	0.187	0.263	7.455
	重庆	0.094	0.153	0.233	0.313	8.172
	四川	0.094	0.146	0.251	0.382	9.236
	贵州	0.070	0.103	0.164	0.236	7.516
	云南	0.085	0.122	0.182	0.251	6.926
	陕西	0.086	0.143	0.232	0.300	8.185
	甘肃	0.076	0.111	0.174	0.232	7.488
	青海	0.094	0.145	0.201	0.259	7.248
	宁夏	0.094	0.138	0.200	0.251	6.715
	新疆	0.105	0.152	0.217	0.279	6.904
	均值	0.088	0.135	0.207	0.279	7.647
东北地区	辽宁	0.126	0.195	0.290	0.337	6.579
	吉林	0.097	0.144	0.212	0.259	6.136
	黑龙江	0.106	0.152	0.218	0.274	6.148
	均值	0.110	0.164	0.240	0.290	6.307
全国	均值	0.109	0.166	0.254	0.339	7.592

三、中国共同富裕发展水平的区域时空差异

进言之，采用泰尔指数、时空跃迁法、自然间断点分级法以及局部莫兰指数等来揭示共同富裕发展在时序演变和空间变迁上的特点。此外，基于四大地区和五大经济带的视角进一步探索中国共同富裕发展的时空演化特征，通过探寻共同富裕发展时空异质性的源头，为提升各地区共同富裕发展水平、强化区域协同发展以及缩小地区间发展差距提供政策依循。

（一）共同富裕发展水平的时间演变

基于上述对表2的结果分析，发现共同富裕发展呈现明显的时序特点，为进一步解析 DLICP 在时序上的特点，使用描述性统计和泰尔指数对共同富裕发展水平从整体、四大地区以及五大经济带三个维度进行探究，以剖析区域差异及根源。

1. 四大地区的差异性分析

近年来，国家相继出台了一系列加强区域全面、协调、充分发展的政策举措，譬如东部率先崛起、中部崛起、东北振兴以及西部大开发等[①]，促使各地的人民生活、社会发展与外部保障取得了突破性进展，进而使得自党的十六大以来共同富裕发展水平取得显著性进展，在表2中的测算结果中得到验证。但不容忽视的是，囿于政策导向、资源禀赋、地理区位及科技水平等缘由，四大区域的共同富裕发展水平不尽相同。具体地，从四大地区的 DLICP 来看：①四大地区的共同富裕发展水

---

① 郭芸、范柏乃、龙剑：《我国区域高质量发展的实际测度与时空演变特征研究》，《数量经济技术经济研究》2020 年第 37 卷第 10 期。

平均呈现递增之势，从 DLICP 的均值来看，东部处于领先位置，中部次之，东北部稍领先于西部地区；②通过四大地区的年均增长率来看，中部的增长率最高，东部第二，西部与东北部分列三、四位；③近年来，中部追赶东部的势头不减，西部也有提升，有反超东北部的趋势，然而东北部与东部和中部地区的差距仍在不断扩大。

究其内在缘由，其一，东部沿海地区优先发展，从改革开放至今已经积累了大量的资本和经验，其经济水平、社会发展、制度建设都具有很高的水平，共同富裕发展水平处于首位毋庸置疑；其二，中部与西部的增长势头不减，近年来共同富裕发展水平增幅较大，一方面，是由于中部崛起和西部大开发战略的持续发力，区域协调水平逐步提升，另一方面，东部沿海地区的产业向欠发达地区进行梯度转移，由集聚效应向扩散效应转变[1]；其三，近年来，中部的 DLICP 逐渐超越东北部，且差距正逐渐扩大，加之西部地区也有赶超东北部的趋势，说明东北振兴战略的作用仍没有充分发挥，"东北塌陷"的局面在共同富裕层面依然严峻。因而，如何通过各项举措实现东北地区的人民生活水平提高、社会高质量发展以及制度完善等是重要研究课题。

泰尔指数是泰尔运用信息理论中的熵概念来计算收入不平等的一种方法[2]，成为学界衡量地区间或者是个人间收入差距（不平等）的重要指标，并且通过泰尔指数也可以直观地探析地区差异与来源。故本文采用泰尔指数分析共同富裕发展水平在区域间和区域内的差异性与来源。具体公式如式（8）所示：

$$T = \frac{1}{n} \sum_{i=1}^{n} \frac{y_i}{\bar{y}} \log(\frac{y_i}{\bar{y}}) \tag{8}$$

其中，T 是共同富裕的泰尔指数，y_i 表示第 i 个区域的共同富裕发展水平，y 为区域共同富裕发展的平均水平。$T \in [0,1]$，T 越接近于 1，表示地区间的差异越明显；反之，越接近 0 差异越小。在分析整体差异之后，还需分析群组间与群组内的差异，因而泰尔指数的分解公式如式（9）：

$$T = T_b + T_w = \sum_{k=1}^{K} y_k \log \frac{y_k}{n_k/n} + \sum_{k=1}^{K} y_k (\sum_{i \in g_k} \frac{y_i}{y_k} \log \frac{y_i/y_k}{1/n_k}) \tag{9}$$

其中，$\sum_{k=1}^{K} y_k \log \frac{y_k}{n_k/n}$ 为区域间差异，$T_w = \sum_{k=1}^{K} y_k (\sum_{i \in g_k} \frac{y_i}{y_k} \log \frac{y_i/y_k}{1/n_k})$ 代表区域内差异。

表 3 是四大区域 2002—2020 年共同富裕发展水平的泰尔指数及贡献率。具体来看：①中国共同富裕发展水平总体差异仍旧突出，但在 2002—2020 年，差距正不断缩小，从而佐证了中国出台的相关区域性协调政策举措的有效性。②从地区间和地区内的差异来看，地区间和地区内的泰尔指数也在缩小，说明共同富裕发展水平差异有一定缩小之势。另外，总体差异来源逐渐从地区内差异转向地区间差异，譬如东部地区发展水平较高，且显著高于其他地区，东北地区的发展水平最低且与其余地区的差距持续扩大，则说明地区间的差距仍旧明显，故仍需持续出台相关区

① 武鹏：《共同富裕思想与中国地区发展差距》，《当代经济研究》，2012 年第 3 期。
② THEIL H：*Economics and information theory*，Rand McNally and Company，1967。

域协调政策。③从四大地区来看，东部区域内部差异相对较大，从表 2 可以看出，河北与海南明显低于其他地区，差距比较明显，而其他三大区域的泰尔指数较小，有可能是由于地区间共同富裕发展水平都不高，差距相对较小。但是共同富裕是全体人民物质和精神的发展，是整体的富裕，因而，需要发挥高水平地区的带动作用和政策效力，譬如粤港澳大湾区、成渝地区双城经济圈的建立，就是通过发挥发达地区的溢出效应，带动周边城市、省份协同发展，进而促使地区间和地区内的差距缩小，从而到达平衡发展，实现共同富裕。

表3　2002—2020 年四大区域共同富裕发展水平的泰尔指数及贡献率

年份	总体差异	地区间差异	地区内差异	东部区域	中部区域	西部区域	东北区域
2002—2006	0. 048	0. 024 (49. 574%)	0. 024 (50. 426%)	0. 050 (19. 436%)	0. 002 (0. 106%)	0. 006 (1. 126%)	0. 006 (0. 127%)
2007—2011	0. 046	0. 024 (51. 590%)	0. 022 (48. 410%)	0. 042 (17. 185%)	0. 002 (0. 109%)	0. 009 (1. 879%)	0. 009 (0. 195%)
2012—2016	0. 040	0. 022 (54. 264%)	0. 018 (45. 736%)	0. 033 (15. 164%)	0. 003 (0. 228%)	0. 009 (2. 033%)	0. 011 (0. 238%)
2017—2020	0. 040	0. 022 (53. 793%)	0. 019 (46. 208%)	0. 032 (14. 912%)	0. 005 (0. 388%)	0. 011 (2. 435%)	0. 007 (0. 125%)

2. 五大经济带的差异性分析

近年来，为促进区域协同发展，推动社会高质量发展、提高人民生活水平和建立健全社会相关制度等，京津冀协同发展经济带、长三角经济带、黄河流域经济带、长江经济带和"一带一路"建设经济带的建立为深化区域协调发展起到了关键性作用，通过发挥中心地区的溢出效应带动周边省份发展，从而填补地区间发展"鸿沟"。区域的经济发展、政策举措、地理位置等不尽相同，进而使得人民生活水平、社会发展程度与相关制度完善等各异，从而致使共同富裕发展水平区域异质性显著。表 4 为五大经济带的共同富裕发展水平测评结果，从年均值来看，长三角一体化经济带的 DLICP 为 0.287 处于首位，京津冀协同发展经济带的 DLICP 是 0.284 次之，长江经济带的 DLICP 为 0.218 位列第三，"一带一路"建设经济带和黄河流域经济带分位四、五名，其 DLICP 分别为 0.205 和 0.186。

表4　2002—2020 年五大经济带共同富裕发展水平测评结果

年份	2002—2006	2007—2011	2012—1016	2017—2020	年均值	年均增长率/%
京津冀协同发展经济带	0. 158	0. 233	0. 344	0. 428	0. 284	7. 023
长江经济带	0. 110	0. 167	0. 262	0. 364	0. 218	8. 018
"一带一路"建设经济带	0. 109	0. 164	0. 246	0. 324	0. 205	7. 353
长三角一体化经济带	0. 145	0. 223	0. 344	0. 473	0. 287	8. 110
黄河流域经济带	0. 092	0. 145	0. 226	0. 305	0. 186	7. 934

2002—2020 年，长三角经济带的共同富裕发展逐渐超过京津冀协同发展经济带处于第一位，长江经济带处于第三，"一带一路"建设与黄河流域经济带位列四五位且差别不大。从年均增长率来看，长三角一体化经济带增长率为 8.11% 明显高于京津冀经济带，正好解释了其 DLICP 为什么能超过了京津冀协同发展经济带。此外，"一带一路"建设经济带的年增长率较高，与京津冀协同发展经济带的差距正逐渐缩小，故佐证了近年来国家出台相关的政策举措和构建区域协同发展中心，对于缩小发展差距，促进区域共同富裕协同发展的效能明显。

为更好地探析区域内共同富裕发展的不平衡性，运用泰尔指数进行考察。如表 5 所示，除了黄河流域经济带以外，其他四大经济带的泰尔指数在 2002—2020 年呈下降趋势，则表明经济带内各省份的共同富裕发展差距正逐步缩小，区域发展愈加协调。这再次证明了国家和地方政府出台的相关区域发展的政策举措，是行之有效的，的确有助于缩小区域共同富裕发展水平差距。值得引起重视的是，黄河流域经济带的泰尔指数呈上涨之势，从表 2 可以看出，山东、四川与河南的 DLICP 较高，且年均增长率均超过 8%，而甘肃、青海和宁夏发展水平较低，加之年均增长率处于该经济带末尾；因而，黄河流域经济带内部的共同富裕发展水平两级分化态势明显，故如何发挥山东、四川与河南对黄河流域经济带内低水平省份的涓滴效应，带动其他地区协调发展，并激发其内生发展动力，是党和政府关注的重点。

表 5　2002—2020 五大经济带共同富裕发展水平泰尔指数

年份	京津冀协同发展经济带	长江经济带	"一带一路"建设经济带	长三角一体化经济带	黄河流域经济带
2002—2006	0.057	0.060	0.044	0.060	0.005
2007—2011	0.046	0.059	0.043	0.048	0.009
2012—2016	0.037	0.047	0.039	0.029	0.012
2017—2020	0.037	0.042	0.044	0.023	0.019

（二）共同富裕发展水平的空间分布

1. 中国共同富裕发展水平空间异质性分析

使用自然间断点分级法，以分析中国共同富裕发展水平的空间异质性，将其划分为四个不同的水平层次即低、中低、中高及高水平，范围分别为：（0.067，0.156]、（0.156，0.254]、（0.254，0.399]、（0.399，0.640]。从表 6 中可以看出，在党的十六大期间即 2002—2006 年，除却北京、天津和上海处于中低水平外，其他所有省份均处于低水平；在 2017—2020 年，北京、上海、江苏、广东、浙江与山东的 DLICP 处于高水平，其他省份处于中高水平和中低水平。总的来看，从 2002 年到 2020 年，能明显看出各省份的共同富裕发展水平在持续变迁，从低水平、中低水平向中高水平、高水平迁移，这正好体现出了中国共同富裕具有发展的不充分和不平衡的特性。

表6　2002—2020年中国共同富裕发展总体水平的空间异质性分析

年份	低水平	中低水平	中高水平	高水平
2002—2006	河北、山西、内蒙古、辽宁、吉林、黑龙江、江苏、浙江、安徽、福建、江西、山东、河南、湖北、湖南、广东、广西、海南、重庆、四川、贵州、云南、陕西、甘肃、青海、宁夏、新疆	北京、天津、上海	—	—
2007—2011	河北、山西、吉林、黑龙江、安徽、江西、河南、湖北、湖南、广西、海南、重庆、四川、贵州、云南、陕西、甘肃、青海、宁夏、新疆	天津、内蒙古、辽宁、江苏、浙江、福建、山东、广东	北京、上海	—
2012—2016	—	黑龙江、河北、山西、内蒙古宁夏、新疆、吉林、安徽、湖北、湖南、云南、陕西、广西、海南、重庆、贵州、甘肃、青海、江西、河南	福建、天津、浙江、广东、辽宁、江苏、四川、山东	北京、上海
2017—2020	—	贵州、云南、甘肃	天津、辽宁、福建、四川、山西、吉林、黑龙江、河北、内蒙古、安徽、江西、河南、湖北、湖南、广西、海南、重庆、陕西、青海、宁夏、新疆	北京、上海、江苏、浙江、山东、广东

一是，不充分发展。从2002年至2020年，各省的共同富裕发展水平参差不齐，存在显著差距。具体地，北京、上海、广东、江苏、浙江DLICP始终名列前茅，是共同富裕发展的"领头羊"，而对于甘肃、贵州、海南、宁夏、云南来说，其共同富裕发展水平较低且增速不快。从2002—2020年共同富裕发展水平的极值和差值看来，其一，极大值与极小值均逐年递增，说明不管是发达地区还是不发达地区，其共同富裕发展水平都在不断提升，进一步佐证前文观点；其二，相较于极大值的增长速率，极小值的增长相对平缓，进而表现为极差曲线正向上升，表明省

际间共同富裕发展水平的差距正持续扩大，也体现出了出台相关区域协调政策举措的迫切性。另外，从四大地区的发展来看，从东部、中部、东北部以及西部依次递减，且东部遥遥领先其他区域，进一步证实了中国共同富裕发展不充分问题不仅体现在省际间，而且在区域间也较为严重。中部的年均增长率比东部高，具有明显的追赶效应，西部地区也有强劲增长势头，但东北地区增长率最低，需要持续加大东北振兴力度，否则发展不充分问题会愈加凸显。

二是，不平衡发展。由于政策导向、资源禀赋、地理位置等存在优势，北京、上海、江苏、广东、浙江与山东率先迈入共同富裕发高水平行列，截至2020年年底，其余省份处于中高水平抑或是中低水平。依托中部崛起、西部大开发战略，河南、湖北和四川的共同富裕发展水平位于中高水平的前列，正逐渐逼近高水平阶段，已经成为带动周边地区发展的中坚力量。并且，人民生活水平提升相对缓慢、社会发展失衡以及制度保障不健全等，使得甘肃、贵州、云南、海南、青海的共同富裕发展水平较慢，始终处于全国末端，一方面，经济发展初始水平较低，另一方面，增速也相对较小。一言以蔽之，各种因素杂糅使得全国共同富裕发展呈现不平衡的特征。另外，区域之间和内部也存在严峻的共同富裕发展不平衡问题。就区域间而言，东部的DLICP遥遥领先其他区域，中部的年增长率最高，呈追赶东部之势，西部也呈强劲增长态势，但东北地区本身共同富裕发展水平较低加之增速又是全国最低，与其他区域的差异将会持续拉大，似乎陷入了共同富裕的"低水平陷阱"。就区域内而言，在东部整体发展水平大步向前的态势下，也存在河北与海南发展水平较低的问题，同时，在西部整体发展水平不高的态势下，四川的表现却异常亮眼，成为推动西部共同富裕发展的中流砥柱。故而，共同富裕发展的不平衡问题日益严峻，如何采取有效手段破解共同富裕不平衡发展难题迫在眉睫。

2. 三大部分的空间异质性分析

共同富裕发展水平的测度是由总体富裕水平、共享发展程度以及制度保障三大部分组成。表7是2002—2020年三大部分的测算结果。就结果而言，三大部分均有所发展，其中总体富裕水平的增长幅度最大，年均增长率为11.254%，制度保障次之为5.188%，共享发展最低为2.727%。三个部分的增长幅度存在差异，造就了三大部分的发展水平不尽相同，总体富裕水平的数值最高，其年均值为3.713；共享发展程度处于第二，其年均值为1.534；外部保障最低为1.07，共享发展和外部保障是共同富裕的短板。近年来，总体富裕水平的发展势头迅猛，是党和国家"以人民为中心"思想的集中体现，是生产力发展水平不断提高和经济高质量发展的结果。尤其是党的十八大以来，国家重点关注人民的生活、文化、精神水平提升，从而使得总体富裕水平提升迅速。同时，外部保障水平是实现共同富裕的必要条件，需持续加大对公有制经济、社会保障以及制度建设的投入。此外，在高质量发展中贯彻共享理念是落脚点，因而国家亟须出台相应的促进区域、地区以及人群共享发展的政策、制度与机制等，从本质上实现发展成果由全体人民共享，从根本意义上实现共同富裕。

表7　2002—2020 共同富裕三大部分的评测结果

部分	2002—2006 年	2007—2011 年	2012—2016 年	2017—2020 年	年均值	年均增长率/%
总体富裕水平	1.356	2.627	4.651	6.845	3.713	11.252
共享发展程度	1.268	1.393	1.639	1.913	1.534	2.727
外部保障	0.647	0.957	1.327	1.421	1.070	5.188

进一步，分析共同富裕三个内在构成的空间分布可以发现，其发展水平亦是呈现"东—中—西"、沿海到内陆依次递减之势。具体地：①从总体富裕水平来看，在党的十九大期间即 2017—2020 年，共同富裕发展水平排名前五的分别为：江苏、广东、北京、浙江和上海，并且在前几个时期同样处于领先位置，然而甘肃、贵州、吉林与宁夏的发展水平最低，且与领先地区仍有较大差距，进而说明人们的生活水平和当地的经济发展具有紧密联系。②从共享发展程度来看，在 2017—2020 年，上海、北京、天津、浙江、江苏、广东和福建，处于第一梯队，而贵州、甘肃、新疆与青海的共享发展程度较低处于末端，且在前面时期看来，该局势几乎未发生改变。③从制度保障来看，在 2017—2020 年，北京、上海、广东、天津、江苏、浙江和山东的外部保障水平最高，海南、江西、云南的外部保障水平居于末尾，且从整个时间跨度来看，其发展速度较慢。总之，基于对三大部分的空间异质性分析发现，地区的政策举措、经济发展、地理位置、资源禀赋等不尽相同，进而导致三大部分的发展大体上呈现东高西低、沿海高内陆地的局势，从而导致共同发展水平也存在相应特点。

（三）共同富裕发展水平的空间相关性分析

进一步来看，根据研究的需要，选用局部莫兰指数（Moran's I）来分析省际共同富裕发展水平的空间相关性，其公式为

$$I_i = \frac{y_i - \bar{y}}{\frac{1}{n}\sum(y_i - \bar{y})^2}\sum_{j \neq 1}^{n}\omega_{ij}(y_i - \bar{y}) \tag{10}$$

其中，I 是局部莫兰指数，ω_{ij} 为空间权重值，n 为省份个数，$\bar{y}$ 是各省的共同富裕发展水平，为各省份共同富裕发展水平的平均值。可将局部莫兰指数的测算划分为四个区域：高-高（HH）区间、低-高（LH）区间、低-低（LL）区间、高-低（HL）区间。故按照上述划分的区域，可将共同富裕发展划为四种空间关联模式：①HH（扩散区）：观测省份和周围省份的共同富裕发展水平都高，为正相关性；②LH（塌陷区）：观测省份的共同富裕发展水平低但周围省份高，为负相关性；③LL（低水平区）：观测省份与周边地区的共同富裕发展水平都低，为正相关性；④HL（极化区）：观测省份的共同富裕发展水平高但周围省份低，为负相关性。此外，本文借鉴 Rey 提出的时空跃迁法用以探析在不同时期共同富裕发展空间关联模式的

变动状况①，具体涵盖：观测区跳跃至相间象限、观测区跳跃至邻近象限、观测区无变动且与周围正相关和观测区无变动且与周围负相关四种情形。

表 8 为 2002—2020 年局部 Moran's I 区域分布情形，从结果可以看出：①中国共同富裕发展水平的空间相关性异常显著，即省份的共同富裕发展呈高度聚集之势；且大部分地区之间正相关，存在明显的空间溢出效应。具体地，第一象限即扩散区（HH）的省份大多来自东部沿海地区，而西部内陆的省份大多位于第三象限即低水平区（LL），具有明显的正相关性。②在研究的时间跨度内，大部分省份未发生跃迁，但山东、吉林、四川和湖北四个省份发生跃迁，均为向相邻区域跃迁，其余大部分省份均处于低水平区（LL）且长期无变动，呈明显的正相关性。③中国共同富裕发展水平空间异质性显著，具体而言，河北、安徽、江西与海南长期处于塌陷区（LH），辽宁、广东、四川和湖北处于极化区（HL），具有明显的负相关性。从上述分析可知，中国共同富裕发展水平有待进一步提高，尤其是缩小省际的发展水平差距，使大部分地区摆脱长期性的"低水平陷阱"是实现共同富裕平衡发展的重点。

表 8　2002—2020 年局部 Moran's I 区域分布情况

年份	High-High（扩散区）	Low-High（塌陷区）	Low-Low（低水平区）	High-Low（极化区）
2002—2006 年	北京、天津、上海、江苏、浙江、福建	河北、吉林、安徽、江西、海南	山西、内蒙古、黑龙江、河南、湖北、湖南、广西、重庆、四川、贵州、云南、陕西、甘肃、青海、宁夏、新疆	辽宁、山东、广东
2007—2011 年	北京、上海、浙江、江苏、天津	海南、河北、江西、吉林、安徽、福建	青海、宁夏、山西、内蒙古、湖北、湖南、四川、贵州、广西、重庆、云南、陕西、甘肃、新疆、黑龙江、河南	广东、辽宁、山东
2012—2016 年	北京、上海、天津、浙江、福建、江苏、山东	海南、河北、江西、安徽、吉林	青海、宁夏、山西、内蒙古、湖北、湖南、四川、贵州、广西、重庆、云南、陕西、甘肃、新疆、黑龙江、河南	广东、辽宁
2017—2020 年	北京、上海、天津、浙江、福建、江苏、山东	海南、河北、江西、安徽	青海、宁夏、山西、内蒙古、湖南、贵州、广西、重庆、云南、陕西、甘肃、新疆、吉林、黑龙江、河南	广东、辽宁、湖北、四川

① REY S J："Spatial empirics for regional economic growth and convergence"，*Geographical analysis*，2001，33（3）。

四、结论与政策启示

立足新发展阶段，扎实推进共同富裕具有重要时代意义。如何量化共同富裕发展水平数是一个亟须探究的重要课题，同样，也能为后续推进共同富裕提供政策依据。基于此，本文采用 2002—2020 年 30 个省份的 31 个基础指标，运用熵值法测出各省的共同富裕发展水平指数（DLICP），并对共同富裕的时空特征进行剖析。此外，也探究了数字经济发展对共同富裕的影响效应，及数字经济时代共同富裕实现的新路径。得出如下结论：①在研究的样本期内，中国共同富裕发展水平逐年上升。党的十九大期间，北京、上海、广东、江苏、浙江的共同富裕发展水平位列前茅，甘肃、贵州、海南、宁夏、云南的共同富裕发展水平较低，在样本期内，省际间差距有缩小之势，但依然明显，且差异主要来源由地区内向地区间转移。②就时序演变而言，四大地区中呈"东—中—东北—西"依次降低，其中，中部增长率较高，有追赶东部之势，西部发展势头不减，但东北增长率最低，如何使东北走出"低水平陷阱"已成为重要任务，五大经济带发展水平从高到底依次为长三角一体化经济带、京津冀协同发展经济带、长江经济带、"一带一路"建设经济带和黄河流域经济带。③就空间演变而言，从自然间断点分级法的结果来看，能明显看出从 2002 年到 2020 年各省份的共同富裕发展水平从低水平、中低水平向中高水平、高水平变动，但从空间分布来看共同富裕发展呈现出不充分和不平衡的特征，亟须出台相应的区域协调发展的政策举措。从莫兰指数来看，除了山东、吉林、四川和湖北四个省份向相邻区域跃迁外，大多数省份位于低水平区（LL）且长期无变动。但是，我们需要看到实现共同富裕依然任重道远，为进一步扎实推进共同富裕，可从以下三点着手：

一是，始终坚持"以人民为中心"，不断提高生产力水平，推动经济高质量发展，提升整体富裕水平。共同富裕是整体、全民富裕而不是局部、个体富裕，同时，共同富裕的主体是社会全体成员①。故"以人民为中心"是实现共同富裕的核心要义，不断提高生产力水平是推进经济高质量发展的根本路径。具体而言，一方面，提高居民的生活水平，譬如通过创造更多就业岗位、渠道，或者是政府转移支付等提高人民的收入水平，并在初次分配和再分配中始终坚持公平原则，逐步提升居民物质生活水平；另一方面，加强社会精神文明建设，可通过增加社区图书馆和文化馆、举办文化意识活动竞赛、提高广播节目覆盖率等途径提升社会成员的文化素养，逐渐实现社会成员的全面发展。此外，还需提高人民的医疗、居住、教育和交通等质量，持续推进基本公共服务均等化。

二是，深入贯彻新发展理念，矢志不渝地走共享发展之道，逐步提升共享发展水平。共同富裕除了整体富裕水平的提升之外，共享发展必不可少，即实现全体人

---

① 王军、罗茜：《数字经济影响共同富裕的内在机制与空间溢出效应》，《统计与信息论坛》2023 年第 38 卷第 1 期。

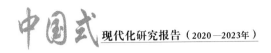
民共同富裕。政府需进一步完善收入分配制度，缩小群体间的财富、收入、消费等差距，同时要出台相应的区域协同发展政策推动城乡、地区间的协同发展，避免出现地区发展"鸿沟"，此外，还应有一些区域倾斜政策，譬如进一步落实加强西部大开发、东北振兴及中部崛起的相关政策与配套制度供给，避免政策软化与空转，切实地提高政策实施效率，缩小区域差距。

三是，逐步完善制度建设，继续强化社会制度保障。社会制度与法治建设是共同富裕实现的重要保障。首先，毫不动摇地坚持公有制经济地的主体地位，并在公有制经济内部实行改革，优化其运行机制。其次，持续完善社会养老与就业保障等制度建设，为人民的基本生活保驾护航。最后，始终坚守法律底线，并根据社会具体发展情况进一步完善、修改相关法律条文。

要素流动视角下数字经济
与区域经济的包容性增长效应[*]

姚常成　沈凯玙

　　进入到新发展阶段以后，中国区域发展不平衡问题依旧面临严峻挑战[②]。区域层面，虽然"东西差距"随着"中部崛起"和"西部大开发"战略效果的显现，呈缩小趋势，但"南快北慢""南升北降"的区域分化特征则愈发凸显[③④]；城市层面，虽然一部分嵌入城市群落的中小城市开始异军突起[⑤]，但中心城市经济总量所占比重依旧持续攀升，"中心—外围"结构有所加强。值得注意的是，以大数据、云计算、物联网、人工智能、5G 通信等为代表的数字技术的兴起，推动了数字产业化和产业数字化程度的不断深化。它们与要素流动的交互作用对中国区域经济格局的影响可能存在较大差异，如数字产业化所构造的商业信息网络可能对技术扩散所实现的协调发展效应影响更为明显，而由产业数字化所推动的产业结构优化升级，其对资本和劳动力流动所实现的协调发展效应影响可能更大。数字经济的迅猛发展（2023 年 4 月 27 日国家互联网信息办公室对外发布的报告《数字中国发展报告（2022 年）》显示，2022 年我国数字经济规模达到 50.2 万亿元，占 GDP 比重为 41.5%。），带来的是地区发展差距的进一步拉大还是地区协调发展，其背后的机制又如何？这一系列问题的探讨对于实现数字经济的高质量发展，并早日实现共同富裕目标具有重要的理论和现实意义。但目前学界并未就此问题达成一致结论。一方面，区域间利用数字技术的能力差距以及信息资源的非均匀分布[⑥]导致了

　　* 本文选自《经济地理》2023 年第 4 期。本文为教育部人文社会科学基金项目（22YJC790155）；四川省自然科学基金项目（2023NSFSC1058）；研究阐释党的十九届六中全会精神国家社会科学基金重大项目（22ZDA108）；国家社会科学基金专项重点项目（20AZD043）的阶段性研究成果。

　　② 樊杰、赵浩、郭锐：《我国区域发展差距变化的新趋势与应对策略》，《经济地理》2022 年第 42 卷第 1 期。
　　③ 李兰冰、刘秉镰：《"十四五"时期中国区域经济发展的重大问题展望》，《管理世界》2020 年第 36 卷第 5 期。
　　④ 曾刚、胡森林：《百年未有之大变局下中国区域发展格局演变》，《经济地理》2021 第 41 卷第 10 期。
　　⑤ 姚常成、宋冬林、范欣：《城市"规模"偏小不利于经济增长吗？——两种借用规模视角下的再审视》，《中国人口·资源与环境》2020 年第 30 第 8 期。
　　⑥ 王胜鹏、滕堂伟、夏启繁，等：《中国数字经济发展水平时空特 征及其创新驱动机制》，《经济地理》2022 年第 42 卷第 7 期。

区域发展差距越拉越大①；另一方面，数字经济还可通过产业结构优化②、普惠金融③等方式缩小区域发展差距。虽然数字经济与区域协调发展的因果关系结论存在一定分歧，但不难发现，数字经济影响区域经济格局的途径和方式较多，不同机制背后隐藏的结论值得深思。

生产要素在地区之间的流动差异是引起区域发展差异的主要诱因，而数字经济正在通过资金网络、商业信息网络、物流网络改变着生产要素的配置方式，畅通着生产要素的自由流动④。加之新发展阶段行政区经济向城市群经济的转变还打破了"以邻为壑"的行政壁垒，进一步助推了生产要素在地区之间的双向流动。基于此，本文聚焦于要素流动这一视角，深入考察数字经济、要素流动以及区域协调发展三者之间的因果关系及其内在互动机理。本文尝试从以下三个方面进行突破：①从数字经济发展所引起的要素流动变化视角出发，对比分析不同生产要素的流动及其流动方向的变化所可能带来的协调发展效应，并采用大量微观数据（如利用工商企业数据库中地级市互投资金额作为资本要素流动的指标）来测算生产要素的流动情况，使得讨论数字经济、要素流动与区域协调发展三者之间的因果关系成为可能。②与既有文献多聚焦于省级层面的研究不一样，本文从地级及以上城市层面对数字经济发展水平进行测算，并采用包容性增长框架来研究地级市层面的协调发展问题，在保留大量数据样本信息的同时，能够为讨论区域异质性问题（如基础设施发展水平、城市创新发展水平、市场化水平等）提供便利支持。③本文还通过选取地理维度的外生工具变量并借助"宽带中国"试点的外生冲击检验来解决内生性问题，提高了结论的稳健性和科学性。

一、研究方法及数据来源

（一）模型构建

随着互联网技术的普及和新一代信息技术的发展，党的十九届四中全会首次将数据视为与土地、劳动力、资本、技术等并列的生产要素。传统 C-D 生产函数仅包含技术进步、资本投入与劳动力投入三大生产要素，本文参考 Greenwood、温涛等将金融发展水平引入生产函数的做法⑤⑥，将数字经济发展水平视作数据投入要素引入 C-D 生产函数，并对等式两边取自然对数，构建如下计量模型：

$$\ln Y = \ln A + \alpha \ln D + \beta \ln L + \gamma \ln K \tag{1}$$

① Massimo R：*The Third Digital Divide：A Weberian Approach to Digital Inequalities*，Routledge，2017.

② 王军、肖华堂：《数字经济发展缩小了城乡居民收入差距吗？》，《经济体制改革》2021 年第 6 期。

③ 张勋、万广华、张佳佳，等：《数字经济、普惠金融与包容性增长》，《经济研究》2019 年第 54 卷第 8 期。

④ 董雪兵、李霁霞，池若楠：《习近平关于新时代区域协调发展的重要论述研究》，《浙江大学学报：人文社会科学版》2019 年第 49 卷第 6 期。

⑤ Greenwood J，Jovanovic B．"Financial development，growth，and the distribution of income"，*Journal of Political Economy*，1990，98（5）：1076-1107.

⑥ 温涛、冉光和、熊德平：《中国金融发展与农民收入增长》，《经济研究》2005 年第 9 期。

在假定技术进步 A 不变的情况下，其中 Y 表示经济的增长变动，采用人均实际 GDP 的变动来衡量。D 则表示数字经济发展水平，采用当年数字经济综合发展指数 Dige 来衡量。L 与 K 表示投入的劳动力与资本等其他生产要素。

在基准模型（1）的基础上，为了探究数字经济与区域协调发展的因果关系，同时避免微观层面数据的损失，本文参考张勋等[12]提出的包容性增长分析框架，构建如下计量模型：

$$\text{lnpgdp}_{it} = \alpha_0 + \alpha_1 \text{lnpgdp}_{i,\,t-1} + \alpha_2 \text{Dige}it + \alpha_3 \text{lnpgdp}_{i,\,t-1} \cdot \text{Dige}it + \alpha_c Z_{it} + \mu_i + \delta_t + \varepsilon_{it} \tag{2}$$

式中：pgdp_{it} 是城市 i 在 t 时期的经济发展水平指标；$\text{pgdp}_{i,t-1}$ 是城市 i 滞后一期的经济发展水平指标；Dige_{it} 是城市 i 在 t 时期的数字经济发展水平指数；向量 Z_{it} 代表一组控制变量，包括但不限于式（1）中的劳动力（L）与资本（K）；μ_i 表示城市 i 不随时间变化的个体固定效应；δ_t 则控制时间固定效应；ε_{it} 表示随机扰动项。

回归方程中系数 α_2 表示在其他条件不变时，数字经济发展水平对城市经济增长的影响。而 α_3 衡量了经济增长的滞后一期与数字经济发展水平的交互项对当期经济增长的影响，若 $\alpha_3 > 0$，则表示数字经济对上一期经济发展水平较高的城市有更大的促进作用，从而导致经济差距拉大；若 $\alpha_3 < 0$，则说明数字经济促进了城市的包容性增长，缩小了经济发展差距。所以，要判断地区是否实现了协调发展，主要考察系数 α_2 和 α_3 的正负值。

最后，为了验证数字经济对包容性增长的影响机制以及探究要素流动在其中扮演的重要角色，本文还在式（2）的基础上引入了数字经济、生产要素流动（包括劳动力迁移、资本转移、技术扩散）以及滞后一期的经济发展水平三者的交互项，构建如下模型：

$$\text{lnpgdp}_{it} = \beta_0 + \beta_1 \text{lnpgdp}_{i,\,t-1} + \beta_2 \text{Dige}_{it} + \beta_3 \text{lnpgdp}_{i,\,t-1} \cdot \text{Dige}_{it} + \beta_4 \text{FM}_{it} + \beta_5 \text{FM}_{it} \cdot \text{Dige}_{it} + \beta_6 \text{FM}_{it} \cdot \text{lnpgdp}_{i,\,t-1} + \beta_7 \text{lnpgdp}_{i,\,t-1} \cdot \text{Dige}_{it} \cdot \text{FM}_{it} + \beta_c Z_{it} + \mu_i + \delta_t + \varepsilon_{it} \tag{3}$$

式中：要素流动 FM_{it}，分别用劳动力流动（LM_{it}）、资本转移（CT_{it}）以及技术扩散（TD_{it}）来代替。若系数 $\beta_6 < 0$，则说明要素流动促进了地区经济的包容性增长，落后城市从要素流动中收益更多。系数 β_7 则说明数字经济是否影响了要素流动的包容性增长效应，对式（3）滞后期人均实际 GDP 求偏导，得到

$$\frac{\partial \text{lnpgdp}_{it}}{\partial \text{lnpgdp}_{i,\,t-1}} = \beta_1 + \beta_3 \text{Dige}_{it} + \beta_6 \text{FM}_{it} + \beta_7 \text{Dige}_{it} \cdot \text{FM}_{it} \tag{4}$$

再对要素流动 FM_{it} 求偏导，得到 $\beta_6 + \beta_7 \text{Dige}_{it}$。因此，若 $\beta_7 < 0$，说明数字经济发展增强了要素流动对包容性增长效应。本文将重点关注各个交互项的系数。

（二）变量测度与说明

1. 被解释变量的测算

被解释变量城市的经济发展水平，本文选取人均实际 GDP 的自然对数来衡量。本文的研究跨度为 2011—2019 年，但是由于存在滞后项，因此选取 2010 年为折算基期。利用各城市生产总值指数对人均名义 GDP 进行平减得到人均实际 GDP。除此之外，为了提高估计结果的稳健性，本文还采用了劳均实际 GDP 来衡量城市经

济发展水平。

2. 数字经济发展水平的测度

关于数字经济发展水平的测度，本文结合城市层面相关数据的可获得性，使用赵涛等关于地级及以上城市数字经济发展水平的指标体系[①]。从数字基础设施与数字金融两个方面，采用5个二级指标：互联网普及率、相关从业人员情况、相关产出情况、移动电话普及率以及数字金融发展。其中，数字金融发展采用中国数字普惠金融指数，由北京大学数字金融研究中心和蚂蚁金服集团共同编制[②]。其余4个指标分别实际对应：百人中互联网宽带接入用户数、计算机服务和软件业从业人员占城镇单位从业人员比重、人均电信业务总量和百人中移动电话用户数。本文对上述5个二级指标通过主成分分析法进行降维处理，最终提取出一个主成分，作为数字经济综合发展指数，记为Dige。

3. 要素流动的测度

（1）资本转移CT。关于资本要素流动规模的测算，本文采用工商企业数据库中各地级市的规模以上企业间的实际投资数据，经匹配与加总以后得到286个地级及以上城市之间投资总金额矩阵，包括资本转移总规模（CT_sum）以及资本转出规模（CT_out）和资本进入规模（CT_in），由此可对比分析资本的双向流动以及资本的流向对区域协调发展的影响差异。

（2）技术扩散TD。本文参考白俊红等[③]测算省际流动的做法，采用引力模型测度研发人员在地区间的流动表征技术扩散规模。由于地级市层面R&D人数与R&D资金数据2017年以后才公布，本文用从事科研技术行业的工人流动来替代技术扩散。考虑到工资差值和房价差值是引起人口流动的重要因素，本文同样选用它们作为吸引力变量，假设某一年i地区流动到j地区的技术工人规模为

$$\mathrm{TD}_{ij} = \ln M_i \cdot \ln(\mathrm{Wage}_j - \mathrm{Wage}_i) \cdot \ln(\mathrm{House}_i - \mathrm{House}_j) \cdot R_{ij2}^{-} \tag{5}$$

式中：M_i是地区i的从事科研技术行业人员数；Wage是某地级市的在岗职工平均工资；House是某地级市的商品房平均价格；R_{ij}是两地之间的直线距离。最终地级市i在统计年度内的技术扩散水平TD_i可以表示为

$$\mathrm{TD}_i = \sum_{j=1}^{286} td_i \tag{6}$$

（3）劳动力流动LM。本文参考林理升等[④]的做法，从每个城市人口总变动中剔除了对应的自然增长因素，即计算人口机械增长率，将地区人口净变动作为劳动力跨区域净流入规模的表征，假设地区i劳动力净变动率为LM_{it}，则：

---

① 赵涛、张智、梁上坤：《数字经济、创业活跃度与高质量发展——来自中国城市的经验证据》，《管理世界》2020年第36卷第10期。

② 郭峰，王靖一，王芳，等：《测度中国数字普惠金融发展：指数编制与空间特征》，《经济学（季刊）》，2020年第19卷第4期。

③ 白俊红，王钺，蒋伏心，等：《研发要素流动、空间知识溢出与经济增长》，《经济研究》2017年第52卷第7期。

④

$$LM_{it} = \frac{P_{it} - P_{i0}(1 + N_{it})}{P_{i0}} \cdot 100\% \qquad (7)$$

式中：N_{it} 为地区 i 在 t 时刻人口自然增长率；P_{i0} 为地区 i 在 0 时刻人口（期初人口）；P_{it} 为地区 i 在 t 时刻人口（期末人口）。本文尝试用净变动作为动力流动的一个表征。

4. 控制变量

为了更加全面准确地分析数字经济对城市包容性增长的影响，还需要设定对经济发展可能产生影响的控制变量，具体如下：劳动力投入（lnLabor），本文采用在岗职工平均人数的自然对数来表示。物质资本（lnKC），采用人均物质资本存量对数来衡量，城市资本存量使用永续盘存法测算，即 $K_{it} = K_{i,t-1}(1-\delta_i) + I_{it}$。其中 δ_i 为固定资本的折旧率，本文设定为 9.6%；I 为利用固定资本形成价格指数平减后得到的固定资本投资额，由于地级市固定资本形成价格指数难以获得，本文用所在省指数代替，基期 2011 年的 K 用当年固定资产投资总额除以 10% 得出。外商投资（lnFDI）用当年实际使用外资比 GDP 的自然对数表示，其中兑换汇率用美元兑人民币年平均汇率。人力资本（lnHR）利用城市人口的平均受教育年限的自然对数来衡量，其中小学、普通中学①、普通高等学校学生对应的折算年份为 6、10.5、16 年。财政支出（lnGOV）利用政府预算支出额占 GDP 比重的自然对数来衡量。

（三）数据来源

本文针对 2011—2019 年中国 286 个地级及以上城市展开研究。研究使用的数据，除中国数字普惠金融指数来自北大数字金融研究中心、投资数据来自工商企业数据库、商品房销售平均价格来自国家信息中心宏观经济与房地产数据库之外，其他数据均来自《中国城市统计年鉴》、各地级及以上城市统计年鉴和国家统计局。

二、数字经济、要素流动与区域经济差距的时空格局分析

（一）数字经济发展水平的时空格局分析

数字经济作为新发展阶段中国转变经济发展方式、提升经济发展质量和构筑经济发展新动能的重要利器，其空间格局的演变无疑会对区域经济格局产生重要影响。2011 年数字经济的空间分布呈现出较为明显的"中部塌陷"特征，这也对中部崛起战略的实施提出了严峻挑战。进入 2018 年，数字经济的空间分布特征发生了较大变化：数字经济发展要素进一步由东北地区向东南沿海以及中西部部分省份倾斜。此时东北地区的辽宁、吉林、黑龙江以及内蒙古在新一轮的数字经济发展浪潮中失去了原有的领先优势，并在竞争中暂落下风。这可能成为当下解释东北地区经济增长乏力的重要原因之一。此外，虽然西部地区重庆市数字经济的发展相对有所下滑，但四川和云南的数字经济发展水平则在成都市和昆明市的带动下整体都有了较大改观。最后，贵阳市作为西部地区的"孤地城市"，其在数字经济发展上的

---

① 初中采用 9 年折算，高中采用 12 年折算，考虑到部分年份数据仅列示普通高中在校人数，故采用两者的平均值 10.5 年计算。

异军突起使贵州省数字经济的接力发展迎来了曙光。

就 2011 年和 2018 年数字经济的空间集聚特征来看，其呈现出群落式的块状分布及"高—高聚集"特征。一方面，数字经济发展水平较高城市主要集中在哈长城市群、辽中南城市群、京津冀城市群、山东半岛城市群、长三角城市群、珠三角城市群以及成渝城市群等地区。另一方面，数字经济发展水平还呈现出较强的正向空间相关性，即数字经济发展水平较高城市，其周边城市也会呈现出较高水平的数字经济发展水平（这种空间外溢效应可能成为缩小区域经济发展差距的关键）。

（二）要素流动的时空格局分析

值得注意的是，在数字经济赋能区域协调发展的过程中，要素的充分自由流动在其中发挥着重要的调节作用。数字技术虽然能解决由于地区间信息不对称所导致的不平衡发展问题，但即便区域间实现了信息的对称交互，如果要素在区域间不能自由流动，或是落后地区并不具备较强的要素流动性，那协调发展效果也会大打折扣。从劳动力流动的空间分布来看，与东北的黑龙江、辽宁以及吉林的市域劳动力外流形成鲜明对比，全国其他市域则主要表现为劳动力的净流入，且越靠近南部沿海地区，劳动力的净流入特征就愈明显。此外，值得注意的是山东、江苏以及四川部分市域也出现了劳动力外流趋势。就技术扩散的空间分布来看，哈长城市群、辽中南城市群、京津冀城市群、山东半岛城市群、长三角城市群、长江中游城市群以及中原城市群都表现出较为明显的技术扩散特征。其他区域，包括珠三角地区、成渝地区以及云贵地区，它们的技术扩散特征则尚未显现，这也可能制约这些地区实现协调发展目标。最后，就资本流动的空间分布特征来看，全国范围内的资本流动相对活跃，除了东北地区部分市域以及西部地区的大部分市域资本流动不显著以外，东南沿海地区以及中部地区大部分市域的资本流动都相对活跃，尤其以京津冀城市群、山东半岛城市群、长三角城市群、海峡西岸城市群、珠三角城市群、长江中游城市群、中原城市群以及成渝城市群最为明显。

就三种生产要素在全国各地级市流动的综合分析来看，东北地区虽然中心城市哈尔滨、长春、沈阳以及大连的技术扩散特征和资本流动特征相对明显，但较全国其他中心城市来看也不具备突出优势。此外，东北地区其他非中心城市不论是在劳动力流动、技术扩散还是资本流动等方面也都相对落后。受此影响，2011 年以来，东北经济增速出现了"断崖式下滑"，GDP 全国排名位居后列。除此之外，西部地区虽然部分省市在劳动力、技术或者是资本的流动性方面也不占优势，但三者之中总有 1~2 个要素表现稍好，如云贵地区虽然在技术扩散方面不尽如人意，但在劳动力的流入方面表现突出；成渝地区虽然在劳动力流动方面稍弱，但在技术扩散和资本流动方面则较强。这可能为缩小东西经济发展差距提供新契机。最后，东南沿海地区虽然在劳动力流动、技术扩散以及资本流动方面占据有利地位，但部分地区也出现了一些拐点，如江苏部分城市的劳动力出现了净流出特征，广东的技术扩散特征最为显现，这些问题都值得引起注意。

（三）区域经济发展的时空格局分析

2011 年，中国区域经济东西分化的特征较为明显，不仅京津冀、山东半岛和长三角等东部地区依旧保持领先地位以外，辽中南城市群也表现出较强的经济增长势头。但进入 2018 年后，随着东北地区各城市不同程度的经济下滑，中国经济发展中心进一步向南移动，此时海峡西岸城市群经济发展水平有了较大改观。虽然中西部地区经济发展水平依旧落后，但是成都和武汉等中心城市的崛起，也为这些地区形成"以点带面"的经济格局带来了新的可能性。

进一步结合数字经济、要素流动与人均实际 GDP 的空间分布状况来看，中国数字经济发展水平较高的地区，其生产要素的流动性以及区域经济发展水平（人均 GDP）也都相对较高，三者呈现出较强的正向相关关系，但具体的因果关系还有待进一步定量分析。具体来看，2011 年，除了山东半岛和长三角等地区经济发展水平相对较高以外，内蒙古呼和浩特、包头以及鄂尔多斯经济发展水平也相对较高，这与该地区较高的数字经济发展水平相对应。此外，值得注意的是，内蒙古较高的经济发展水平到了 2018 年则有了明显的下滑，除了有数字经济发展水平明显降低的影响以外，技术扩散趋势不明显以及劳动力外流都可能在其中发挥作用。与之相类似，东北地区经济在 2018 年也出现了下滑现象，尤其是辽中南城市群，除了大连还保有一定的领先优势以外，包括沈阳在内的其他城市都出现了不同程度的经济下滑，这同样可能是与数字经济发展水平落后以及要素流动性匮乏有关。最后，珠三角地区除了广州、深圳和珠海人均实际 GDP 水平较高以外，其他外围城市的经济发展水平则相对较低，这有可能与该地区技术扩散特征较弱有着一定关联，中心城市的创新技术并未向外围地区扩散，不利于整个地区的协调发展。

三、实证结果分析

（一）基准回归结果

作为分析的起点，本文首先分析数字经济对区域协调发展的影响。表 1 报告了基准回归结果。

在模型（1）和模型（2）中，无论是否加入控制变量，核心解释变量数字经济发展指数（Dige）均显著为正，说明数字经济有利于城市的经济增长。这与荆文君、赵涛等的研究结论①基本一致。此外，经济增长滞后一期的系数在 1% 水平下也显著为正，表明我国的经济增长具有明显的惯性，即上一期的经济发展水平会影响当期的经济增长。而数字经济综合发展指数与经济增长滞后一期的交互项系数在 1% 水平下显著负相关，说明上一期经济发展水平较高的城市从数字经济发展中获得的收益要小于上一期经济发展水平较低的城市，即数字经济促进了城市的包容性增强。

---

① 赵涛、张智、梁上坤，《数字经济、创业活跃度与高质量发展——来自中国城市的经验证据》，《管理世界》2020 年第 36 卷第 10 期；荆文君，孙宝文：《数字经济促进经济高质量发展：一个理论分析框架》，《经济学家》2019 年第 2 期。

表1　数字经济影响包容性增长的基准回归结果

变量	lnpgdp		lnlgdp
	（1）	（2）	（3）
Dige	0.483*** （0.043）	0.239*** （0.045）	0.117*** （0.045）
lnd_pgdp	0.515*** （0.022）	0.147*** （0.029）	
lnd_pgdp_Dige	−0.042*** （0.004）	−0.020*** （0.004）	
lnd_pgdp			0.144*** （0.012）
lnd_lgdp_Dige			−0.008*** （0.002）
常数项	4.991*** （0.227）	6.436*** （0.325）	108.798*** （1.662）
控制变量	否	是	是
城市固定	是	是	是
年份固定	是	是	是
观测值	2 573	2 007	1 949
R^2	0.971	0.977	0.974

注：***、**、*分别表示回归结果在1%、5%、10%置信水平下通过显著性检验，"d_"代表滞后一期。表2~表5同。

为了提高模型估计结果的稳健性，本文在基准回归中替换了被解释变量及其在方程中的滞后项，用劳均实际GDP（LGDP）替换PGDP，并将回归结果展示在模型（3）中。结果显示，各变量的回归系数的符号和显著性基本和模型（1）、（2）一致，说明本文基准回归结果具有较好的稳健性。

（二）数字经济、生产要素流动与区域协调发展的互动机制分析

本文首先引入劳动力要素迁移的变量，其回归结果见表2。

表2　数字经济通过劳动力流动影响包容性增长作用机制的检验结果

变量	lnpgdp		lnlgdp
	（1）	（2）	（3）
lnd_（1）gdp	0.517*** （0.023）	0.146*** （0.029）	0.142*** （0.012）
Dige	0.483*** （0.043）	0.232*** （0.045）	0.131*** （0.045）
LM	0.027* （0.015）	0.010 （0.015）	0.032*** （0.009）

表2（续）

变量	lnpgdp		lnlgdp
	（1）	（2）	（3）
lnd_p（I）gdp_Dige	−0.042*** (0.004)	−0.019*** (0.004)	−0.008*** (0.002)
LM_lnd_p（I）gdp	−0.003* (0.001)	−0.001 (0.001)	−0.001** (0.001)
LM_Dige_lnd_p（I）gdp	0.000 (0.000)	0.000 (0.000)	0.000 (0.000)
常数项	4.963*** (0.229)	6.465*** (0.330)	108.473*** (1.653)
控制变量	否	是	是
城市固定	是	是	是
年份固定	是	是	是
观测值	2 569	2 006	1 949
R^2	0.971	0.977	0.974

模型（1）～（3）结果显示，不论是否加入控制变量，是否替换被解释变量，数字经济发展水平的回归系数及其与滞后一期的经济发展水平交互项仍然显著为负，而劳动力流动、数字经济与滞后一期经济发展水平三者的交互项不显著，这说明数字经济并未在劳动力流动促进区域协调发展当中发挥显著的调节作用。究其原因，可能是数字经济带来的虹吸效应和平台效应对劳动力流动产生的"推力"与"拉力"相互博弈、抵消的结果。一方面，发达地区的数字产业化蓬勃发展，催生了一大批新兴产业，数字经济带来的产业结构发生了变化，岗位需求与工资提升，可能会吸引劳动力流入城市，促进劳动力流动[1]；另一方面，随着互联网的普及，互联网平台已经成为人们娱乐、购物、教育、经济、工作、学习的重要组成部分，在平台上落后地区的劳动力可以获得和发达地区相同的资源，包括各种类型的知识，资源的传递大大减少了人员流动的必要性。

其次，本文在表3中引入资本要素迁移的变量，并采用资本的迁移总量（迁入与迁出绝对值之和）来衡量资本的双向流动规模。由表3中模型（1）的估计结果来看，资本迁移总规模（CT_sum）的回归系数显著为正，说明资本要素的双向流动的确对经济增长产生了巨大的推力作用，即资本流入的直接促进作用以及流出地的回流效应促进了地区经济增长[2]。除此之外，资本双向流动总规模与滞后一期经济发展水平的交互项系数均显著为负，同时数字经济、资本流动规模以及滞后一

① KUHN P, SKUTERUD M："Internet job search and unemployment durations"，*American Economic Review*，2004，94（1）：218-232.

② 邱泽奇、张樹沁、刘世定，等：《从数字鸿沟到红利差异——互联网资本的视角》，《中国社会科学》2016年第10期。

期的经济发展水平三者交互项的回归系数也显著为负，前者说明资本的双向流动带来了地区的协调发展，后者说明数字经济强化了资本双向流动所带来的协调发展效应。以上结论在替换了被解释变量以后依然显著［详见模型（4）］，说明结论稳健可靠。

为了区分资本流向所带来的效果差异，本文进一步区分了资本流出规模（CT_out）和资本流入规模（CT_in）。由表3中模型（2）、（3）以及模型（5）、（6）可以发现，不论是否更换被解释变量，数字经济、资本流入规模与滞后一期的经济发展水平三者的交互项显著为负；反观数字经济通过强化资本流出所带来的协调发展效果则不稳健（仅替换被解释变量后才显著）。这说明在控制其他条件不变的情况下，数字经济可以强化资本流入所带来的协调发展效应。

本文又进一步考察了技术扩散对城市包容性增长的影响以及数字经济对该影响的调节作用[①]。其中技术扩散和数字经济的交互项系数为正，说明数字经济带来的数据要素和技术要素深度融合，为城市经济增长带来了新的动力。除此之外，无论是否替换被解释变量，技术扩散、数字经济与滞后一期经济发展水平三者的交互项系数均显著为负，说明数字经济的发展增强了技术扩散对区域协调发展的影响，且具有较好的稳健性。

表3　数字经济通过资本转移影响城市包容性增长作用机制的检验结果

变量	lnpgdp			lnlgdp		
	(1)	(2)	(3)	(4)	(5)	(6)
Ind_p (l) gdp	0.591*** (0.102)	0.717*** (0.096)	0.530*** (0.094)	0.333*** (0.077)	0.304*** (0.071)	0.339*** (0.071)
Dige	-0.439 (0.299)	-0.308 (0.279)	-0.459 (0.290)	-1.838*** (0.284)	-1.799*** (0.271)	-1.714*** (0.272)
Ind_p (l) gdp_Dige	0.032 (0.027)	0.021 (0.026)	0.035 (0.026)	0.124*** (0.027)	0.124*** (0.026)	0.118*** (0.026)
lnCT_sum	0.350*** (0.071)			0.384*** (0.052)		
lnCT_sum_Dige	0.037** (0.017)			0.122*** (0.018)		
lnCT_sum_Ind_p (l) gdp	-0.033*** (0.007)			-0.014*** (0.005)		
lnCT_sum_Dige_Ind_p (l) gdp	-0.003* (0.002)			-0.008*** (0.002)		
lnCT_out		0.468*** (0.071)			0.327*** (0.061)	
lnCT_out_Dige		0.028* (0.017)			0.126*** (0.018)	
lnCT_out_Ind_p (l) gdp		-0.045*** (0.007)			-0.013** (0.005)	
lnCT_out_Dige_Ind_p (l) gdp		-0.002 (0.002)			-0.009*** (0.002)	
lnCT_in			0.317*** (0.068)			0.364*** (0.059)
lnCT_in_Dige			0.040** (0.018)			0.119*** (0.018)
lnCT_in_Ind_p (l) gdp			-0.030*** (0.007)			-0.015*** (0.005)
lnCT_in_Dige_Ind_p (l) gdp			-0.003* (0.002)			-0.008*** (0.002)
常数项	1.787* (1.036)	0.537 (0.985)	2.415** (0.957)	104.705*** (1.799)	105.558*** (1.779)	104.858*** (1.775)
控制变量	是	是	是	是	是	是
城市固定	是	是	是	是	是	是
年份固定	是	是	是	是	是	是
观测值	1 959	1 959	1 901	1 901	1 901	1 901
R^2	0.977	0.978	0.977	0.977	0.977	0.977

（三）进一步分析：异质性分析

事实上，由于资源禀赋和地理区位不同，数字经济对城市经济增长的促进作用以及促进落后地区拉近和发达地区的发展差距的效果，都存在着明显的差异。因此，本文进一步分析数字经济对包容性增长可能存在的异质性影响。

---

① 限于文章篇幅，此处省略了回归结果的展示，如有需要可向作者索取。

1. 城市创新活力异质性

数字经济时代，创新活力或已成为数字经济发挥效用的关键因素，各城市特别是落后城市，应加强城市的开放与包容度，建立自己的优势特色创新产业。本文使用复旦大学产业发展中心《中国城市和产业创新力报告 2017》的城市创新力指数，将样本分为创新型城市和欠创新城市进行分组回归①。

表 4 中的模型（1）和模型（2）展示了回归结果。数字经济对地区发展以及缩小差距的积极影响主要体现在创新型城市。原因在于创新型城市发展活力较高，能更好地在要素流动中实现对要素的使用与加工，使城市创新创业水平提升，充分享受"数字红利"。

2. 基础设施水平异质性

邱泽奇等提出互联网基础设施的发展使接入鸿沟缩小、应用覆盖性增强，可及性大幅提升②。在基础设施建设较好的城市，即使地理位置不佳，仍可以通过数字平台增强与发达地区的交流，从而获得更大的发展助力。因此，有必要对基础设施建设的异质性进行分析，探讨数字经济通过要素流动推动地区包容性增长的机制在不同条件下发挥作用的差异。本文借鉴孙伟增等的做法③，使用中国移动在城市层面建立的 4G 通信基站数量作为互联网基础设施建设情况的替代指标。并且选择2018 年的城市基站数量的平均值作为划分界线，高于平均值的作为基建优势城市，而低于平均值的作为基建弱势城市，分组进行数字经济包容性增长分析回归。

表 4 中的模型（3）和模型（4）展示了回归结果。可以发现，数字经济促进城市包容性增长的效应在基建优势城市比较明显，而在基建设施弱势城市不显著。究其原因，可能是信息基础设施建设较落后的城市无法融入互联网络，导致其中经济落后的地区没能享受到数字经济带来的福利，从而难以抓住能追赶发达地区的机会。由此看来，加强城市新型基础设施建设，特别是提高落后城市的基建水平十分必要。

表 4　数字经济影响包容性增长的异质性分析

变量	创新活力较高城市	创新活力较低城市	基建优势城市	基建弱势城市	市场活力较高城市	市场活力较低城市
	(1)	(2)	(3)	(4)	(5)	(6)
lnd_pgdp	0.062 (0.043)	0.395*** (0.038)	-0.001 (0.044)	0.309*** (0.036)	-0.054 (0.052)	0.345*** (0.037)
Dige	0.222*** (0.058)	-0.291* (0.157)	0.173*** (0.059)	0.095 (0.118)	0.177*** (0.067)	-0.348** (0.148)
lnd_pgdp_Dige	-0.018*** (0.005)	0.028* (0.015)	-0.013*** (0.005)	-0.009 (0.011)	-0.013** (0.006)	0.033** (0.014)
常数项	6.657*** (0.485)	4.624*** (0.420)	7.719*** (0.511)	5.005*** (0.425)	7.437*** (0.612)	5.704*** (0.454)
控制变量	是	是	是	是	是	是
城市固定	是	是	是	是	是	是
年份固定	是	是	是	是	是	是
观测值	1 052	955	1 014	993	757	1 027
R²	0.968	0.980	0.979	0.976	0.971	0.982

---

① 采用中位数方法进行划分。

② 邱泽奇、张樹沁、刘世定，等：《从数字鸿沟到红利差异——互联网资本的视角》，《中国社会科学》，2016 年第 10 期。

③ 孙伟增、郭冬梅：《信息基础设施建设对企业劳动力需求的影响：需求规模、结构变化及影响路径》，《中国工业经济》2021 年第 11 期。

3. 市场化水平异质性

市场化程度在改善资源配置效率[1]等方面具有显著作用，因此其在推动要素自由流动的同时[2]，还能充分利用数字经济和要素流动带来的包容性增长"红利"。本文利用樊纲等提出的"中国各地区市场化进程相对指数"[3]，使用2014年省级市场化指数并匹配到地级以上城市，并同样以平均值作为分组标准分别进行回归。

表4中的模型（5）和模型（6）展示了回归结果。数字经济对经济增长的推动作用在市场活力高的城市显著，而在市场活力低的城市呈现出抑制作用。同时，数字经济和上一年人均实际GDP的交互项系数在市场化水平高的城市显著为负，而在市场化水平较低的城市则显著为正。说明地区的市场化水平已经成为决定数字经济能否发挥推动地区包容性增长作用的因素之一。原因可能在于市场化水平较低的城市，产品要素市场不够成熟，市场分配资源能力较差，存在要素流动的制度壁垒，导致这些地区在数字转型升级中受到阻碍，同时经济发展差距也越拉越大。

四、内生性问题的进一步处理

（一）工具变量方法

经济发展水平较高的城市，其大数据、云计算、物联网、人工智能、5G通信等新一代信息和通信技术也会得到优先发展，继而数字经济发展水平也会提升，这使得本文实证部分对数字经济促进城市经济增长部分的因果关系判断，面临内生性问题。基于此，本文拟采用各地级及以上城市到杭州的球面距离作为数字经济综合发展指数的工具变量，来解决内生性问题[4]。值得注意的是，各地级及以上城市与杭州的地理距离是一个截面数据，不能直接用面板固定效应回归。因此，本文参考Nunn等的做法[5]，引入上一年全国互联网人数与各城市到杭州市的直线距离交互项作为该城市该年的数字经济发展指数的工具变量（IV）。

本文将构造的工具变量对数字经济发展指数以及其与上一年人均实际GDP的交互项分别进行回归，结果通过弱工具变量检验。表5中模型（1）展示了回归结果。在考虑了内生性之后，控制其他变量不变，数字经济的包容性增长效应仍然显著。

---

① 樊纲、王小鲁、马光荣：《中国市场化进程对经济增长的贡献》，《经济研究》2011年第46卷第9期。

② 宋冬林、姚常成：《高铁运营与经济协调会合作机制是否打破了城市群市场分割——来自长三角城市群的经验证据》，《经济理论与经济管理》2019年第2期。

③ 樊纲、王小鲁、张立文，等：《中国各地区市场化相对进程报告》，《经济研究》2003年第3期。

④ 一方面，自G20峰会以来，杭州大力发展数字经济，打造"智慧城市"，利用其自身优越的自然、经济条件，成为中国数字经济发展水平最高城市之一。另一方面，距离杭州的远近对各城市经济发展的关系较弱，虽然杭州位于东部沿海，但从城市层面来看，如丽水、合肥等地虽然距离杭州较近，但由于自身禀赋等因素，经济发展水平并不高。

⑤ Nunn N, Qian N. "US food aid and civil conflict", *American Economic Review*, 2014, 104（6）: 1630 - 1666.

表 5　数字经济内生性的进一步处理

变量	IV		多期 DID	
	（1）		（2）	
Dige	5.141*** (1.988)	3.911*** (1.869)		
lnd_pgdp_Dige	−0.417*** (0.155)	−0.328** (0.157)		
lnd_pgdp	1.187*** (0.283)	1.241*** (0.561)	0.423*** (0.021)	0.098*** (0.024)
BC			1.238*** (0.118)	1.015*** (0.129)
BC_lnd_pgdp			−0.123*** (0.011)	−0.103*** (0.012)
常数项	−1.553*** (2.784)	−3.363*** (5.092)	5.905*** (0.211)	6.808*** (0.296)
控制变量	否	是	否	是
城市固定	是	是	是	是
年份固定	是	是	是	是
观测值	2 565	2 003	2 573	2 007

（二）外生冲击检验

本文控制了城市的人力资本和财政支出等 5 个变量，但依然难免避免出现遗漏变量，而造成内生性问题。因此，为了更加稳健地评估数字经济是否促进了城市包容性增长，本文采用"宽带中国"试点带来的互联网数字基础设施建设升级作为外生政策冲击[①]，以双重差分法（DID）方法进行检验。截至目前，工业和信息化部、国家发展和改革委员会于 2014、2015 和 2016 年分 3 批共遴选出 120 个城市（群）作为"宽带中国"示范点。经过一定的建设期（3 年左右），入选城市需在宽带接入能力、宽带用户渗透率等方面达到全国领先水平[②]。

由于试点政策具有扩容的特征，因此可以采用多期 DID 的方法，本文设定如下模型：

$$\ln pgdp_{it} = \alpha_0 + \alpha_1 \ln pgdp_{i,t-1} + \alpha_2 BC_{it} + \alpha_3 \ln pgdp_{i,t-1} \cdot BC_{it} + \alpha_c Z_{it} + \mu_i + \delta_t + \varepsilon_{it} \quad （8）$$

式中：BC 表示当年是否已经进入"宽带中国"试点名单，是则为 1，不是则为 0，即在政策生效后均为 1，生效前为 0；向量 Z_{it} 代表一系列控制变量；μ_i 表示城市 i 不随时间变化的个体固定效应；δ_t 则控制时间固定效应；ε_{it} 表示随机扰动项。回归

[①] 2013 年 8 月，《国务院关于印发"宽带中国"战略及实施方案的通知》发布。据此，中国政府将分批逐步推进宽带等网络基础设施的建设，推动我国宽带基础设施快速健康发展。宽带网络是新时期我国经济社会发展的战略性公共基础设施，建立健康良好的网络基础设施是数字经济得以发展的重要前提条件之一。

[②] 赵涛、张智、梁上坤，《数字经济、创业活跃度与高质量发展——来自中国城市的经验证据》，《管理世界》，2020 年第 36 卷第 10 期。

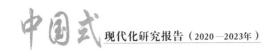

分析结果见表5中模型（2）。所有的回归结果均表明，"宽带中国"试点对城市的包容性增长具有促进作用，并且交互项的系数都在1%水平下显著为负，这同样证明了数字经济的发展有助于区域协调发展。

五、研究结论

本文立足于数字经济已经成为主要经济形态、发展速度加快、规模不断扩大的背景下，从要素流动的视角切入，基于中国2011—2019年的城市层面数据，在对数字经济以及要素流动进行测度的基础之上，运用调节效应模型、工具变量法以及多期双重差分（DID）模型等，实证检验了数字经济通过引导要素流动所实现的包容性增长效应及其互动机制。主要结论如下：①数字经济促进了地区经济发展，成为新时代下"做大蛋糕"的重要助推力，同时数字经济促进了城市经济包容性增长，在推动整体经济向上发展的同时，拉近了落后地区与发达地区的差距。②数字经济通过推动要素的双向流动实现区域协调发展。且数字经济的这种调节作用还会与流动要素的种类以及要素流动的方向有关。③在异质性分析上，城市创新方面：开放和包容程度高的城市能更好发挥数字经济对包容性增长的作用；新型基础设施建设方面：落后地区基建水平落后成为其利用发展数字经济实现对发达地区追赶的桎梏；市场活力方面：市场化水平较高的城市有利于要素的充分自由流动，进而强化了数字经济促进区域协调发展的效果。

我国国民收入分配格局的政治经济学研究*

冯鹏程　　杨虎涛

　　党的十九届四中全会将分配制度纳入中国特色社会主义的基本经济制度体系中，强调增加一线劳动者的劳动报酬，将土地和数据增列为参与分配的生产要素，强调建立健全由市场评价生产要素的贡献以及按生产要素贡献决定报酬的机制，并首次提出重视发挥第三次分配的作用，大力发展慈善等社会公益事业等新观点。党的十九届四中全会关于分配制度的阐述，引发了学者们的广泛关注。2020年，国内经济学界围绕着不同因素对国民收入分配格局的影响，分配制度创新如何解决我国的社会现实问题、如何推动我国经济社会高质量发展问题等开展了大量研究。这些研究不仅对于理解党的十九届四中全会关于分配制度的理论创新，而且对于研判"十四五"时期国民收入分配格局变化趋势，以及调整优化收入分配格局的重点方向与任务，都具有重要意义。在众多关于收入分配的研究中，本文按土地制度、城乡和地区差异、金融发展和普惠金融以及技术进步对国民收入分配的影响进行了分类梳理和评述。

一、土地制度对国民收入分配格局的影响

（一）土地改革对农民收入的影响

　　改革开放以来，农地产权制度作为我国农村最主要的资源配置制度，经历了从所有权和承包经营权的"两权分离"到所有权、承包权、经营权"三权分置"的制度演变历程。改革开放之初，为解决温饱问题，中国在坚持农村土地集体所有的前提下，实行家庭联产承包责任制，实现了所有权与承包经营权的"两权分离"，充分调动了农民的生产积极性，激发了农村发展活力，提高了农民收入水平。

　　随着经济的不断发展，为顺应现代农业的发展趋势和农户保留土地承包权、转让土地经营权的意愿，党中央着眼于全局，进一步深化农村土地改革，提出农村土地"三权分置"理论，并将"三权分置"制度确定为我国土地改革的基本方向[1]。2021年4月，农业农村部副部长刘焕鑫指出，"十三五"期间，农村土地"三权分置"改革取得重大进展，农村集体资产清产核资基本完成，6亿多农民的集体成员

---

　　* 本文选自《政治经济学评论》2021年第3期。
　　① 李涛、张鹏：《农地产权、要素配置与农户收入增长》，《经济问题探索》2020年第12期。

身份得到确认①。丰雷等人的研究肯定了"三权分置"改革的成效：产权明晰促进了农地流转和规模经营，土地改革红利用于纯公共利益的征地比例有所提高，为村集体和农民带来了巨大收益②。

农村土地改革取得辉煌成就的同时，也引致和遗留了诸多问题：第一，农地产权制度的演变引致农地资源的部分转移以及农村劳动力的流失③；第二，改革中仍存在土地测量不准确、不到位和征地环节不合规等程序问题，以及征地补偿、增值收益分配机制不健全等问题④；第三，目前我国农村并未构建起清晰的农地产权结构，因此农地产权改革能否推动农村经济发展还是未知数⑤；第四，"三权分置"制度设计虽规避了土地流转过程中出现的市场、产权失灵问题，但又引发新的市场、产权失灵问题⑥。

因此，要彻底解决农民增收问题，就必须继续深化农村土地改革。第一，农村土地农民集体所有制是消除农村贫困、提高农民收入的基本制度保障，必须坚持和完善好这一制度。第二，坚持和完善农村基本经营制度的同时，建立健全防止农民返贫的社会保障机制，巩固扶贫成果。第三，积极落实土地"三权分置"改革，依法保障土地各项权利所有者的合法权益，重点保障农民财产性收入⑦。⑧第四，建立和完善各类产权机构，为农地流转和乡村振兴提供制度保障⑨。第五，引入现代市场运行机制，吸纳各类生产要素投入⑩。

（二）土地改革对城乡收入差距的影响

作为联结城乡的重要纽带和关键要素，土地的市场化改革无疑会影响到农民增收和城乡收入分配格局。改革开放以来，国家着眼点也从农村内部扩展到城乡关系层面，推动城乡融合和协调发展，调整城乡收入分配结构。

---

① 农业农村部：《国新办举行"十三五"时期农业农村发展成就新闻发布会》，农业农村部网站，2020年10月27日，http://www.moa.gov.cn/hd/zbftnews/sswsqnyncfzqk/。

② 丰雷、胡依洁、蒋妍、李怡忻：《中国农村土地转让权改革的深化与突破——基于2018年"千人百村"调查的分析和建议》，《中国农村经济》2020年第12期。

③ 李涛、张鹏：《农地产权、要素配置与农户收入增长》，《经济问题探索》2020年第12期。

④ 丰雷、胡依洁、蒋妍、李怡忻：《中国农村土地转让权改革的深化与突破——基于2018年"千人百村"调查的分析和建议》，《中国农村经济》2020年第12期。

⑤ 李涛、张鹏：《农地产权、要素配置与农户收入增长》，《经济问题探索》2020年第12期。

⑥ 各级政府输入村庄的各类惠农、利农、强农项目资源，几乎都是为村集体和市场主体"量身定制"，而把单个小农排斥在外，这样就"侵蚀"和弱化了普通农户的承包权权能实现处境。土地流转尤其是长期化流转场域中，土地的实际控制权主要由所有权主体和经营权主体掌控，他们在土地经营中将拥有更多的话语权。详见：朱冬亮：《农民与土地渐行渐远——土地流转与"三权分置"制度实践》，《中国社会科学》2020年第7期。

⑦ 朱方明、刘丸源：《坚持和完善社会主义基本经济制度，保障脱贫攻坚任务全面完成》，《政治经济学评论》2020年第11期。

⑧ 伍旭中、杨鑫萌：《中国农地产权制度变迁的政治经济学逻辑——兼论"三权分置"改革的去路》，《政治经济学报》2020年第2期。

⑨ 简新华、王懂礼：《农地流转、农业规模经营和农村集体经济发展的创新》，《马克思主义研究》2020年第5期。

⑩ 朱冬亮：《农民与土地渐行渐远——土地流转与"三权分置"制度实践》，《中国社会科学》2020年第7期。

改革开放之初，农村土地改革打破了计划经济体制下的产权关系，形成家庭联产承包责任制，激发了农民的生产积极性，提高了农业产出和农业剩余；与此同时，乡镇企业则为农民提供就业机会，对农民增收和缩小城乡收入差距产生了积极作用；数据显示，城乡居民收入比从 1978 年的 2.57 下降至 1984 年的 1.82。接下来的城市改革则通过吸引外资和先进技术，创造了大量就业机会，尤其是东部沿海城市成为最先也是享受开放成果最多、最集中的地区，先富了起来；相比之下，农村地区整体发展相对落后，农业回报率相对较低，并缺少对外开放的政策支持，导致农民收入难以实现与城市居民收入的协同增长，城乡收入差距逐步扩大。有数据显示，我国城乡居民收入比由 1984 年的 1.82 上升到 2002 年的 2.89[①]。2002 年以来，随着改革开放和城镇化进程的不断推进，党中央积极推进城乡统筹和城乡融合。党的十六大提出城乡统筹发展的战略部署，意味着农村经济发展被纳入社会经济整体发展中来；党的十六届三中全会提出"五个统筹"，并把统筹城乡发展放在首位；与此同时，城乡二元结构持续解冻，第二、三产业占比稳步增加，对缩小城乡收入差距发挥了积极作用。党的十八大提出，加快完善城乡一体化，促进城乡要素双向流动和公共资源合理、均衡配置。2020 年，《关于构建更加完善的要素市场化配置体制机制的意见》指出，建立健全城乡统一的建设用地市场，积极推进土地改革，优化资源配置[②]。相关政策的相继出台，有力地推动了乡村振兴、城乡融合，农民收入持续快速增长，城乡收入差距显著缩小。2003—2019 年，农村居民家庭人均可支配收入年均增长 8.2%，比城镇居民家庭高 0.3 个百分点；特别是，2010—2019 年，中国农村居民家庭人均可支配收入年均增速达到 8.6%，高于城镇居民家庭 1.8 个百分点；城乡居民收入比由 2002 年的 2.89 缩小到 2019 年的 2.64[③]。

目前，我国土地制度依旧存在一系列突出问题：第一，土地所有制处于"二元"分离状态，仍然没能实现"权利随人走"的制度安排，农村土地流转基本停滞，从而对土地、劳动等生产要素在空间的优化配置构成制约；第二，市场权利不对等、城市建设用地价格和房价的持续上涨，导致土地增值收益分配不均衡的现象较为普遍[④]；第三，巧立名目违规占地，从事高档会所等非农建设、通过非法集资谋求暴利的情况依旧存在[⑤]。

为此，要进一步缩小城乡收入差距需处理好以下五个方面的问题：第一，必须处理好土地增值收益分配关系，加快构建适合国情并兼顾国家、集体和农民的土地增收分配体系，建立健全土地增值收益在国家与集体之间、集体内部的分配制度，

① 何爱平、李清华：《新中国成立 70 年来我国城乡居民收入差距历史变迁与未来展望》，《经济纵横》2019 年第 10 期。

② 《关于构建更加完善的要素市场化配置体制机制的意见》，中国政府网，2020 年 4 月 9 日，http://www.gov.cn/zhengce/2020-04/09/content5500622.htm。

③ 农业农村部：《国新办举行"十三五"时期农业农村发展成就新闻发布会》，农业农村部网站，2020 年 10 月 27 日，http://www.moa.gov.cn/hd/zbftnews/sswsqnyncfzqk/。

④ 许坤、卢倩倩、许光建：《土地财政、房地产价格与财产性收入差距》，《山西财经大学学报》2020 年第 3 期。

⑤ 张广辉、陈鑫泓：《乡村振兴视角下城乡要素流动困境与突破》，《经济体制改革》2020 年第 3 期。

因地制宜设置合理增值收益比例[①]；第二，必须完善相关制度和政策，通过转移支付和再分配等手段提高农村地区特别是贫困地区农民收入水平，调节城乡收入分配差距，如征收房产税等[②]；第三，必须建立健全统筹城乡、可持续的基本养老和医疗保险制度；第四，必须健全城乡融合发展体制机制，构建区域协调发展新机制[③]，构建以工补农、以城带乡、工农互促、城乡互补的新型城乡关系；第五，打通城乡要素流动特别是城市要素回流农村的通道，引导城市人才、技术、产业、资本等要素向农村转移，全面提升城乡各类要素的流通率尤其是农村劳动生产率及劳动报酬。

二、城乡和区域差距对国民收入分配格局的影响

（一）城乡二元经济对收入差距的影响

新中国成立初期，中国效仿苏联推行计件工资制度，并将其作为统一全国工资制度的重要步骤之一，提高了广大职工的劳动积极性[④]，但也一定程度上导致工人的碎片化、原子化和个人主义，使得共同利益在现实中难以形成。改革开放之前，城乡二元社会结构就是证明[⑤]。城乡二元制度对中国的经济发展作出了极大贡献[⑥]，1978—2008年持续长达30年的经济高速增长，离不开城乡二元制度的贡献[⑦]；但是，城乡二元制度下农村发展相对滞后，农民不得不将农产品、土地等生产要素以"剪刀差"的形式供给城市[⑧]，也就决定了农民收入的停滞和城乡收入差距的扩大。

改革开放之后，政府出台了一系列政策鼓励农村剩余劳动力向城市转移，资源配置效率不断提高，农村贫困程度得到改善，城乡居民收入差距不断缩小。农民收入来源变化足以证明这一点：在农民非农化背景下，农民对经营性收入特别是农业经营性收入的依赖越来越小，而越来越依靠工资性收入。1983—2013年，在农民人均纯收入中，经营性收入占比从73.50%降至42.64%，工资性收入占比则从18.56%增至45.25%；2013—2019年，在农民人均可支配收入中，工资性收入占比从38.73%增至41.09%，经营净收入占比则从41.73%降到35.97%，工资净收入已成为农民人均可支配收入的首要来源[⑨]。在中国城镇化进程中，人口流动对城

① 刘晓萍：《深化农村土地制度改革要谋求共赢》，《经济日报》2020年9月7日。
② 梁美健、马亚琨：《我国房产税影响房价及收入分配的实证分析》，《会计之友》2020年第9期。
③ 朱方明、刘丸源：《坚持和完善社会主义基本经济制度，保障脱贫攻坚任务全面完成》，《政治经济学评论》2020年第11期。
④ 林盼：《收入分配制度的实践差异——对中苏计划经济时期计件工资制的比较研究》，《上海经济研究》2020年第11期。
⑤ 姬旭辉：《从"共同富裕"到"全面小康"——中国共产党关于收入分配的理论演进与实践历程》，《当代经济研究》2020年第9期。
⑥ 高帆：《农村劳动力非农化的三重内涵及其政治经济学阐释》，《经济纵横》2020年第4期。
⑦ 黄祖辉、马彦丽：《再论以城市化带动乡村振兴》，《农业经济问题》2020年第9期。
⑧ 刘守英、颜嘉楠：《"摘帽"后的贫困问题与解决之策》，《上海交通大学学报》（哲学社会科学版）2020年第6期。
⑨ 高帆：《疫后中国城乡关系演变的新命题与新趋向》，《探索与争鸣》2020年第10期。

市和农村贫困变化的影响力度是不同的，其对农村贫困指数的降低作用更为显著，说明城市发展确实是减轻农村贫困的一个重要途径。但人口流动对农村贫困的影响程度随着时间的推移逐渐减弱，因此，2017 年乡村振兴战略的提出和实施非常必要且及时，乡村振兴战略通过引导农民留在农村、建设农村、发展农业，有效提升了乡村价值、提高了农民收入[①]。

改革开放以来，我国收入差距的基尼系数不断扩大，直至 2008 年后开始出现下降趋势。李实认为，这一下降趋势是由城乡间收入差距的缩小主导的，而城镇和农村内部收入差距的基尼系数在持续扩大，即使在短期内收入差距缩小，也很难形成一个长期的下降趋势[②]。虽然近年来农民收入水平有所提高，但是在快速市场化经济发展浪潮中，城市居民收入水平依旧远高于农民[③]。数据显示，农村居民人均可支配收入从 2015 年的 11 421.71 元涨至 2019 年的 16 021.00 元，城镇居民人均可支配收入从 28 843.85 元涨至 39 250.84 元。无论是从增速还是从增量看，两者差距依旧明显。与此同时，"穷人消费无力"和"富人低消费"的双向错位，导致社会消费需求严重不足[④]，经济循环和发展受阻，也对城乡收入差距的两极分化起了推波助澜的作用。

根本原因依旧是城乡发展的不平衡不充分。具体表现为：第一，农村劳动力非农化的结构特征，不仅固化了农民工与城市户籍人口存在的权利差异，还阻滞了农业劳动生产率向非农产业的持续收敛，扩大了农民工与城市居民的实际收入差距[⑤]；第二，在城乡二元体制下，农民缺少平等参与产业化、城市化的权利，城乡间要素双向流动通道准确地说是城市要素流向乡村的通道被阻塞[⑥]；第三，随着就业扩大、收入增长与生产率提高同步发生的资源重新配置空间缩小，劳动力市场的初次分配功能不足以解决好城乡收入分配问题，比较市场收入基尼系数和可支配收入基尼系数可以发现，我国的再分配政策在调节收入分配方面所发挥的作用相当有限；第四，现有财政分权引起地方政府投资，带动了社会投资增加进而挤占了劳动收入，从而引起经济结构失衡和城乡收入差距扩大[⑦]。加上，在城乡收入差距和社会保障差距等形成的城乡二元社会结构背景下，新冠疫情不管是在短期还是长期都会对中国城乡收入差距产生深远影响，疫情期间，农民工就业和人均工资收入、农

① 罗良清、平卫英：《中国贫困动态变化分解：1991—2015 年》，《管理世界》2020 年第 2 期。
② 李实：《中国特色社会主义收入分配问题》，《政治经济学评论》2020 年第 1 期。
③ 张蓉：《城乡二元结构下居民收入变迁及其消费市场作用机理研究》，《商业经济研究》2020 年第 23 期。
④ 高帆：《城乡二元结构转化视域下的中国减贫"奇迹"》，《学术月刊》2020 年第 9 期。
⑤ 国家统计局发布的《2019 年国民经济和社会发展统计公报》显示，2019 年，我国常住人口城镇化率已达到 60.6%，但户籍人口城镇化率仅为 44.38%。这就意味着依旧有 16.22% 的城镇常住人口仅仅是转变了职业而没有转变身份。详见：国家统计局：《中华人民共和国 2019 年国民经济和社会发展统计公报》，国家统计局网站，2020 年 2 月 28 日，http://www.stats.gov.cn/tjsj/zxfb/202002/t20200228_1728913.html。
⑥ 刘守英、颜嘉楠：《"摘帽"后的贫困问题与解决之策》，《上海交通大学学报》（哲学社会科学版）2020 年第 6 期。
⑦ 王文甫、王召卿、郭怜沂：《财政分权与经济结构失衡》，《经济研究》2020 年第 5 期。

民人均可支配收入呈现明显下降趋势，足以证明这一点①。

为此，应扭转城乡二元结构对国民收入分配格局的影响。第一，应加快户籍制度改革，进一步降低农民进城落户门槛，保障农民工获得更多普惠性的城市社会保障②。第二，扭转城市偏向的公共政策，畅通城乡要素双向流动渠道，是调控城乡收入差距和促进国内大循环和国内国际双循环的重要条件③。同时，应确立更加合理的收入分配与再分配制度，包括健全最低工资标准调整、减税降费、工资集体协商等制度，为优化收入分配结构创造空间④。第三，将持续减贫纳入乡村振兴与城乡融合战略当中来，促进乡村产业发展，增加乡村农民发展机会⑤。继续完善网络信息基础设施建设，以"互联网+"助推城乡产业融合，促进一、二、三产业融合发展。此外，应优化财政金融政策扶持体系，助推贫困地区主导产业实现市场化、规模化、可持续发展，实现产业脱贫与乡村振兴的内生融合⑥。第四，要显著缩小城乡收入差距，关键是要想方设法强化内生发展动力，突破农村发展能力不足的瓶颈⑦。第五，促使地方政府由投资型政府转向服务型政府，努力创造就业机会，提高劳动收入份额，不断扩大中等收入群体，推动经济高质量发展⑧。第六，针对疫情造成的影响，应精准围堵可能导致疫情反弹的防疫漏洞，瞄准疫情影响脱贫的关键渠道，识别因疫返贫、因疫致贫风险人群，并给予分类帮扶⑨。

（二）地区差异对收入分配的影响

改革开放以来，东部沿海与内陆地区发展差距不断扩大。进入21世纪，我国开始注意区域均衡发展，区域经济发展失衡问题开始改善⑩。1999年实施西部大开发以来，西部地区居民收入水平显著提高，西部地区居民收入增长快于东部，东、西部地区居民收入差距显著缩小。另外，扶贫协作和对口支援政策的制定与实施，在推动区域协调发展过程中发挥了巨大作用，不仅成为东、西部差距收敛的推动力，也激活了西部自身的发展潜能⑪。盖凯程、周永昇研究指出，我国以"区域政策统筹+市场空间外溢+区际利益共享"为框架的"反梯度、跨越式"涓滴机制，

① 叶兴庆、程郁、周群力、殷浩栋：《新冠肺炎疫情对2020年农业农村发展的影响评估与应对建议》，《农业经济问题》2020年第3期。

② 高帆：《农村劳动力非农化的三重内涵及其政治经济学阐释》，《经济纵横》2020年第4期。

③ 王一鸣：《百年大变局、高质量发展与构建新发展格局》，《管理世界》2020年第12期。

④ 陈斌开、李银银：《再分配政策对农村收入分配的影响——基于税费体制改革的经验研究》，《中国社会科学》2020年第2期。

⑤ 刘守英、颜嘉楠：《"摘帽"后的贫困问题与解决之策》，《上海交通大学学报》（哲学社会科学版）2020年第6期。

⑥ 胡乐明：《坚持精准施策全力脱贫攻坚》，《经济日报》2020年6月23日。

⑦ 郭晓鸣、王蔷：《农村集体经济组织治理相对贫困：特征、优势与作用机制》，《社会科学战线》2020年第12期。

⑧ 谢伏瞻、蔡昉、江小涓、李实、黄群慧：《完善基本经济制度推进国家治理体系现代化——学习贯彻中共十九届四中全会精神笔谈》，《经济研究》2020年第1期。

⑨ 贺立龙：《中国历史性解决绝对贫困问题的制度分析——基于政治经济学的视角》，《政治经济学评论》2020年第5期。

⑩ 李怡乐：《建设现代化经济体系的政治经济学逻辑》，《财经科学》2020年第10期。

⑪ 薛志伟：《适时推动东西部地区转向现代化协作》，《经济日报》2020年12月25日。

有效遏制了区域发展失衡问题；从地区生产总值来看，2005—2019年，东西部生产总值差距在过去十四年间下降了24%；从地区居民收入来看，东西部地区居民人均可支配收入比从2006年开始持续13年下降，同样减少了近24%①。

东西部劳动收入差距虽有所缩小，但差距依旧明显。2020年的统计数据显示，31个省份居民人均可支配收入，2020年只有9个省份超过全国平均线（32 189元），中、西部无一省份入列。虽然31个省份居民人均可支配收入在2020年全面跨过2万元大关，但其中"2万+"梯队有20名成员；从城镇居民人均可支配收入看，以43 834元的全国城镇居民收入平均水平作参照，仅有7个省份达到这一水平；从农村居民人均可支配收入看，全国农村居民人均可支配收入为17 131元，仅有9个省份达到这一水平②。

地区差距，除了受到产业结构和就业结构差异的影响外，主要还受到人力资本差异和公共服务水平差异的影响。因此，欲进一步优化东、西部收入分配格局，就要充分发挥东、西部扶贫协作的攻坚作用，巩固扶贫取得的成果，深化有效帮扶机制，激发低收入人群发展的内生动力，推进全面脱贫与乡村振兴有效衔接：③产业上，加强产业协作，注重产业的转型升级，实现西部产业的现代化；民生上，进一步加大基础设施、环境保护、教育等方面的帮扶力度，实现公共服务现代化；就业上，持续深化东、西部劳务协作，定期开展技能培训，推动人力资源现代化④。

同时，要健全区域战略统筹、区域合作互助等机制，更好地促进东、西部地区共同发展。具体应做好以下几点：第一，以西部地区产业发展需求为导向，积极推动东西地区企业、科研院校之间开展科技资源供需对接；第二，共同搭建科技创新平台、园区，把东、西部地区科技合作作为吸引创新资源和人才、提升创新能力的重要途径，建立东、西部地区科技合作长效机制⑤；第三，各地区应认清我国目前经济所处的新发展阶段，在加大科技创新投入、促进产业结构均衡的同时，充分发挥地域优势，推动特色产业繁荣，提高经济共享程度⑥。

三、金融对国民收入分配格局的影响

金融可以扩大收入分配差距，也可以通过促进经济增长的间接机制和提供金融服务的直接机制解决贫困问题。2020年，学界关于金融对收入分配的影响的研究，主要围绕金融发展和普惠金融展开。

（一）金融发展对国民收入分配的影响

金融发展是资金要素配置的一个重要渠道，对资源和财富的分配具有相当程度

---

① 盖凯程、周永昇：《所有制、涓滴效应与共享发展：一个政治经济学分析》，《政治经济学评论》2020年第6期。
② 《2020年居民收入榜来了，哪些地区城乡差距更大?》，新浪财经，2021年1月
③ 王双：《充分发挥东西部扶贫协作机制作用》，《经济日报》2020年6月5日。
④ 薛志伟：《适时推动东西部地区转向现代化协作》，《经济日报》2020年12月25日。
⑤ 拓兆兵：《下好东西部地区协同创新这盘棋》，《经济日报》2020年12月28日。
⑥ 程翔、杨小娟、张峰：《区域经济高质量发展与科技金融政策的协调度研究》，《中国软科学》2020年第1期。

的影响。经济发展初期，对微观企业或个体来说，金融市场充斥着诸如准入门槛高、交易信息不对称等问题，导致只有有限的高收入群体才能享受金融服务带来的收益，这无疑只会加剧收入分配不平等。随着金融市场日臻完善，金融服务能力不断提升、金融产品日益丰富、金融门槛不断降低，改善了收入分配格局。现阶段，受新经济冲击、经济金融化趋势等因素的影响，我国金融企业盈利能力与经营规模"双升"①。从而对国民收入分配可能产生三方面的负面影响。一是资金在金融部门的空转导致经济虚假繁荣，不仅推高了资金使用成本，还进一步挤压实体经济的利润空间，导致实体经济面临更高的融资成本和经营风险，从而影响居民就业和收入；同时，金融机构在初次分配中的比重过快、过高增长，进一步压缩国家通过再分配手段调节收入分配格局的空间。二是大量游离出来的资本过度流入房地产、股市等，在很大程度上影响居民预期，压缩居民财产性收入增长空间。三是影响实体经济转型升级，不利于收入分配格局优化调整，更不利于经济高质量发展②。

金融发展并非只会扩大收入分配差距。准确地说，金融发展对收入贫困存在非线性的倒"U"形影响，也就是说只有金融发展达到一定水平之后，才会起到降低贫困发生率的作用；而且分地区来看，在包含国家级贫困县的省份，金融发展对收入贫困影响的倒"U"形趋势更为明显③。原因在于，金融发展通过经济增长和人力资本积累两个渠道改善了收入贫困，而金融资源向研发投入水平较高的非贫困地区和非农部门的集聚可能"挤出"贫困人口的资金供给，不利于收入分配格局的优化④。

因此，要切实利用金融发展优化收入分配格局：第一，必须加大金融机构产品创新力度，提升金融服务水平，降低市场交易费用和实体企业融资成本；第二，加强金融监管力度，防范金融风险，优化金融服务实体经济环境；第三，加大金融供给，降低金融服务的边际成本，扩大金融服务的覆盖范围⑤；第四，降低金融准入门槛，将非正规金融组织纳入监管范围，促使非正规金融规范化发展⑥；第五，加大金融科技创新，疏通货币政策传导机制（如定向降准等），提升金融服务实体经济的能力和推动资金脱虚向实，为经济高质量发展创造条件⑦。

（二）普惠金融发展对国民收入分配的影响

金融排斥是低收入群体增收的主要障碍。金融排斥会扩大收入水平的地理差

① 金融机构部门收入占比呈现快速上升的趋势，从2000年的0.9%上升到2017年的12.4%，累计上升11.5个百分点。详见：杨巨、方恬：《中国资本收入主体分配格局的演变与原因研究》，《教学与研究》2020年第6期。

② 姜雪：《"十四五"时期中国国民收入分配格局研究》，《宏观经济研究》2020年第12期。

③ 张应良、徐亚东：《金融发展、劳动收入分配与城乡收入差距——基于省级面板数据的实证分析》，《改革》2020年第11期。

④ 王爱萍、胡海峰、张昭：《金融发展对收入贫困的影响及作用机制再检验——基于中介效应模型的实证研究》，《农业技术经济》2020年第3期。

⑤ 姜雪：《"十四五"时期中国国民收入分配格局研究》，《宏观经济研究》2020年第12期。

⑥ 张应良、徐亚东：《金融发展、劳动收入分配与城乡收入差距——基于省级面板数据的实证分析》，《改革》2020年第11期。

⑦ 薛莹、胡坚：《金融科技助推经济高质量发展：理论逻辑、实践基础与路径选择》，《改革》2020年第3期。

异；在长期以来的城乡二元经济结构下，我国农村地区金融排斥现象尤其严重，农村地区也由此成为低收入群体和弱势群体最为集中的地区，导致城乡经济发展和居民收入差距明显。相比之下，普惠金融是我国解决收入贫困问题、优化收入分配格局的重要举措：普惠金融主要关注金融的包容性，旨在以可负担的成本为有金融服务需求的人群（特别是贫困、低收入人群和弱势群体）提供金融服务[1]。

普惠金融的减贫作用体现在两个层面。直接层面，金融机构直接对中小微企业、弱势群体、农民提供信贷，进行资源再分配。间接层面，一是利用普惠金融的"涓滴效应"使贫困人群从经济发展中获益，同时带动周边地区减贫；二是通过向以解决贫困为目标的产业项目提供信贷支持，进行产业扶贫[2]。有研究证明，普惠金融不仅能够有效缓解城乡收入差距，还对减缓农户贫困具有明显效果[3]，并能够显著降低我国家庭贫困发生率，尤其是对农村低收入者等弱势群体来说；普惠金融对于未得到政府扶贫支持的贫困家庭来说作用更大，并可作为共同保险机制的补充，帮助家庭应对社区协同性冲击导致的脆弱性[4]。

普惠金融与新技术的融合发展也增强了普惠金融的减贫作用。比如，在互联网技术的支撑下，普惠金融的减贫效应得以增强，且对周边城市也有显著的空间溢出效应。再比如，数字技术与普惠金融的融合，为经济落后地区实现普惠金融赶超提供可能，并为低收入者、农民等弱势群体获得覆盖范围更广、使用深度更大的金融服务奠定基础，有助于缩小地区收入差距[5]；与此同时，数字普惠金融还有利于满足弱势群体的金融需求，缩小居民收入差距[6]。

但是，由于地缘特征、资源配置效率、贫困人群资源利用能力等方面的差异，普惠金融对不同地区的影响不同。石京民等人测算"一带一路"沿线省域普惠金融发展状况得出：第一，沿线省域普惠金融发展整体处于低水平、缓增长的成长阶段，整体呈现出"金字塔"形分布，极核增长与低水平均衡并存；第二，沿线省域普惠金融发展水平参差不齐，呈现东高西低、南高北低的梯度分布格局，且东西差距显著高于南北差距[7]；第三，普惠金融更有利于促进东部地区经济增长和优化西部地区收入分配结构[8]。

① 余春苗、任常青：《金融包容与城乡收入差距——基于中国省级面板数据的实证检验》，《农村经济》2020年第3期。
② 傅巧灵、杨泽云、武建辉：《互联网环境下京津冀地区普惠金融减贫效应研究》，《中国软科学》2020年第1期。
③ 李建军、彭俞超、马思超：《普惠金融与中国经济发展：多维度内涵与实证分析》，《经济研究》2020年第4期。
④ 尹志超、张栋浩：《金融普惠、家庭贫困及脆弱性》，《经济学》（季刊）2020年第5期。
⑤ 李牧辰、封思贤：《数字普惠金融与城乡收入差距——基于文献的分析》，《当代经济管理》2020年第10期。
⑥ 赵丙奇：《中国数字普惠金融与城乡收入差距——基于面板门限模型的实证研究》，《社会科学辑刊》2020第1期。
⑦ 石京民、王万君、李健：《基于深度学习的"一带一路"沿线省域普惠金融发展水平评价》，《经济问题探索》2020年第12期。
⑧ 李建军、彭俞超、马思超：《普惠金融与中国经济发展：多维度内涵与实证分析》，《经济研究》2020年第4期。

　　我国普惠金融整体发展呈现良好态势，但在市场主体、产品与服务以及外部环境建设等方面仍存在改进空间。第一，对普惠金融存在概念界定、关注要点和推进方式等多方面的误区，需继续纠偏和优化金融包容的定位和目标①。第二，对数字技术的过度依赖，形成"数字鸿沟"，导致一些特殊群体（如老年人等）无法享受普惠金融带来的实惠，需打破数据垄断，强化基础设施和普惠金融制度建设，充分发挥数字普惠金融的作用②。第三，还存在金融机构和科技企业打着普惠金融的旗号做着"不普惠"的事的情况③，需在符合市场运行规律的基础上，强化金融监管。第四，推进普惠金融发展要考虑地区差异、因地施策，从而更好地兼顾公平与效率，最终建立起实质重于形式的包容性金融发展长效机制，逐步实现让每个人都享受到普惠金融带来的好处。

四、技术进步对国民收入分配格局的影响

（一）技术进步的要素偏向性对收入分配的影响

　　技术进步的要素偏向性直接关系到国民收入分配格局。原因在于，技术进步偏向性反映并决定了各要素对应的边际产出，以及要素需求和要素配置的不同比例变化，相对应的要素所有者报酬也就存在差异性④。以自动化为例，一方面，自动化水平的提高会增加对资本的需求；另一方面，自动化水平与均衡资本利率正相关。相比之下，对于劳动者而言，因为自动化对就业尤其对低技能劳动就业的不断冲击，以及随之而来的就业竞争的加剧，劳动收入份额不断下降⑤。陈勇、柏喆的研究就证明了这一结论：技术进步偏向通过不同程度地作用于各省份资本与劳动的相对边际产出，影响要素收入份额变动⑥。

　　中国的技术进步整体上呈现资本偏向性。匡国静、王少国对中国 281 个地级市进行研究得出结论：中国城市技术进步总体上偏向于资本，同时存在空间溢出效应，从而促进东部和中部城市结构红利的释放，但很难对西部地区产生积极作用⑦。不同形式的技术进步对收入分配的影响也存在差异性：自主创新和技术引进趋于提高资本收入份额，模仿创新则趋于提高劳动收入份额⑧。除此之外，我国城

---

　　① 李政、周科：《国内大循环视角下普惠金融的发展误区和政策纠偏》，《人文杂志》2020 年第 12 期。

　　② 孙少岩、张景星：《普惠金融视角下农户融资方式选择特征研究——基于"粮食直补资金"担保贷款的分析》，《当代经济研究》2020 年第 10 期。

　　③ 陆敏：《不能让普惠金融变了味》，《经济日报》2020 年 11 月 30 日。

　　④ 张兴祥、范明宗：《技能偏向性技术进步与要素的收入分配——基于 CES 生产函数的建模与理论解释》，《福建论坛》（人文社会科学版）2020 年第 4 期。

　　⑤ 郭继强、蒋娇燕、林平：《技术进步类型与要素收入份额变化研究的理论梳理》，《社会科学战线》2020 年第 6 期。

　　⑥ 陈勇、柏喆：《技术进步偏向、产业结构与中国劳动收入份额变动》，《上海经济研究》2020 年第 6 期。

　　⑦ 孙学涛、张广胜：《技术进步偏向对城市经济高质量发展的影响——基于结构红利的视角》，《管理学刊》2020 年第 6 期。

　　⑧ 匡国静、王少国：《技术进步偏向及其形式的收入分配效应研究》，《审计与经济研究》2020 年第 5 期。

乡二元经济结构也与技术进步偏向正相关，并且发展早期阶段的劳动力市场化还趋向于强化这种正相关关系，因为二元经济结构会弱化价格效应①。

近年来，以大数据、人工智能、机器人为代表的新一轮技术进步导致经济的数字化、智能化，使劳动力、土地等传统生产要素的地位相对下降的同时②，进一步深化了技术进步的资本偏向性。其中，人工智能的发展与应用对资本—劳动收入差距的影响备受关注。从作用机理上看，一方面，人工智能的资本偏向性通过用资本替代劳动，降低劳动收入份额，扩大资本与劳动收入差距③；另一方面，作为一种影响全局的通用目的技术，人工智能的应用具有很强的规模经济和范围经济，并催生"赢者通吃"的市场和"超级明星企业"，从而通过不断调整劳动力在异质性企业之间的再分配，深化资本与劳动收入差距。除此之外，数字经济时代，数据不仅作为一种新的生产要素参与到生产过程中④，还以资本的形式参与收入分配。因此，短期内人工智能的偏向性会使资本特别是数字资本优先受益⑤。因此，为应对和化解新技术对劳动就业和劳动收入份额的冲击，首先，要重点关注技术进步偏向性引发的收入分配不均问题，充分发挥技术进步向劳动偏向的趋势，积极引导人工智能等新技术朝人—机协作、就业扩张和收入平等方向发展⑥；其次，政府应健全就业培训和失业保障制度，提高就业效率以及劳动者质量⑦；最后，应尽快完善新的生产要素如技术、数据等由市场评价贡献、按贡献决定报酬的机制，以促进技术进步朝着惠及大多数劳动者的方向发展，推动经济高质量发展⑧。

（二）技术进步的技能偏向性对收入分配的影响

20 世纪 90 年代以来，学界研究发现，技术进步趋向于提高高技能劳动相对生产率，增加高技能劳动需求，提高技能溢价，并称此类技术进步为技能偏向型技术进步。

国内学者也研究并证明了我国技术进步同样存在技能偏向性。近年来，以"互联网+"、大数据、人工智能等为核心的新一轮技术进步表现出的技能偏向性，对我国收入分配格局产生了深刻影响。因为新技术倾向于取代那些常规性的、可编

---

① 蔡晓陈、赖娅莉：《二元经济结构与技术进步偏向》，《财经科学》2020 年第 7 期。

② 姜雪：《"十四五"时期中国国民收入分配格局研究》，《宏观经济研究》2020 年第 12 期。

③ 张刚、孙婉璐：《技术进步、人工智能对劳动力市场的影响——一个文献综述》，《管理现代化》2020 年第 1 期。

④ 李政、周希祯：《数据作为生产要素参与分配的政治经济学分析》，《学习与探索》2020 年第 1 期。

⑤ 朱琪、刘红英：《人工智能技术变革的收入分配效应研究：前沿进展与综述》，《中国人口科学》2020 年第 2 期；惠炜、姜伟：《人工智能、劳动力就业与收入分配：回顾与展望》，《北京工业大学学报》（社会科学版）2020 年第 5 期；杨伟国、邱子童：《人工智能应用中的劳动者发展机制与政策变革》，《中国人口科学》2020 年第 5 期。

⑥ 王林辉、胡晟明、董直庆：《人工智能技术会诱致劳动收入不平等吗——模型推演与分类评估》，《中国工业经济》2020 年第 4 期；杨飞、范从来：《产业智能化是否有利于中国益贫式发展?》，《经济研究》2020 年第 5 期。

⑦ 陈勇、柏喆：《技术进步偏向、产业结构与中国劳动收入份额变动》，《上海经济研究》2020 年第 6 期。

⑧ 匡国静、王少国：《技术进步偏向及其形式的收入分配效应研究》，《审计与经济研究》2020 年第 5 期；李政、周希祯：《数据作为生产要素参与分配的政治经济学分析》，《学习与探索》2020 年第 1 期。

码的工作，而更青睐于难以编码的非常规性劳动，并导致就业极化和技能溢价的提高，从而扩大了技能异质性劳动之间的收入差距。雷钦礼、李粤麟的研究证明，1991—2016 年全国技术进步整体偏向于技能，并将原因归结于两点：一是资本—技能互补效应引导资本增强型技术进步偏向于技能，二是资本深化通过资本—技能互补效应间接引导技术进步偏向于技能[1]，从而导致就业结构的两极分化和收入差距扩大[2]。王林辉、胡晟明、董直庆结合中国 2001—2016 年全国及省级层面数据，研究人工智能对劳动收入分配的影响，结果发现：第一，人工智能技术对不同技术部门生产率影响的非对称性，导致高、低技术部门劳动收入差距年均扩大 0.75%；第二，人工智能倾向于通过替代低技能劳动、增加高技能劳动需求的方式，扩大高、低技能劳动收入分配差距[3]。

新技术对劳动收入分配也存在积极影响。比如，产业智能化对我国低技能劳动具有显著的益贫效应[4]，其中一个原因就在于，人工智能能够通过将更多的任务"拆分"和"重构"，塑造一种灵活的工作组织和流动性强的劳动就业模式，增加了女性就业与收入，从而缩小性别收入差距[5]。再比如，作为数字经济的一部分，互联网贸易凭借其低成本、高效率、客户量大等优势，成为实施精准扶贫、加快脱贫攻坚的重要手段[6]。单德明等人就证实了互联网对中国居民收入差距扩大具有显著的阻滞作用，而且，这种作用对低学历、中年、农村低收入群体的影响尤为突出[7]。

虽说新技术推动了零工经济的繁荣，对低技能劳动、女性和贫困人口增收发挥了积极作用，但是，零工经济越繁荣，就意味着有越来越多的人成为临时工、自由职业者，他们不停转换自己的职业角色，每周甚至每天的收入和工作安排都不同。因此，短期来看，收入的不稳定和社会保障的缺乏[8]，显然只会降低此类人群抵御风险的能力，尤其是在疫情的笼罩下，有些人的基本生活都难以为继。而且，长期来看，经济中不断调整的职业结构，显然只会朝向扩大收入分配差距，从而助长收入不均趋势。刘欢的研究就指出，工业智能化显著扩大了城乡收入差距[9]。

因此，要调节技术进步的技能偏向性对收入分配格局的影响。第一，必须加大职业技能培训力度和教育制度改革。历次技术变革导致的结构性失业，原因在于：

---

① 雷钦礼、李粤麟：《资本技能互补与技术进步的技能偏向决定》，《统计研究》2020 年第 3 期。

② 李实：《中国特色社会主义收入分配问题》，《政治经济学评论》2020 年第 1 期。

③ 王林辉、胡晟明、董直庆：《人工智能技术会诱致劳动收入不平等吗——模型推演与分类评估》，《中国工业经济》2020 年第 4 期。

④ 杨飞、范从来：《产业智能化是否有利于中国益贫式发展？》，《经济研究》2020 年第 5 期。

⑤ 朱琪、刘红英：《人工智能技术变革的收入分配效应研究：前沿进展与综述》，《中国人口科学》2020 年第 2 期。

⑥ 陈联俊、程京武：《全面建成小康社会视阈中的互联网扶贫》，《马克思主义研究》2020 年第 5 期。

⑦ 单德朋、张永奇、马梦迪：《互联网使用能否改善收入分配？——基于中国家庭追踪调查数据的实证分析》，《新疆财经》2020 年第 6 期。

⑧ 肖斌、李旭娇：《劳动形态对工资形态的影响及其对零工经济剥削研究的价值——基于王亚南〈中国经济原论〉文本的分析》，《当代经济研究》2020 年第 8 期。

⑨ 刘欢：《工业智能化如何影响城乡收入差距——来自农业转移劳动力就业视角的解释》，《中国农村经济》2020 年第 5 期。

其一，将劳动力从现有的工作和任务重新分配到新的工作和任务很困难；其二，对新的劳动需求的耗时搜索和劳动力市场的不完善。更重要的是，新任务需要新的技能，特别是当教育没有跟上新技能的需求时，技能和技术之间的不匹配必然会使调整过程复杂化；更何况，这种不匹配还会阻碍就业和生产力的发展，因为，知识随着技术的进步而积累，那么连续几代的劳动者可能会面临越来越重的教育负担，因此加强职业技能培训和教育体制改革（如提供免费公共教育），减轻劳动者再教育负担，以满足新的职业需求、丰富劳动者技能和增加再就业机会，才可能缩小劳动收入差距①。第二，制定合理的财富分配制度和收入保障制度。要解决技术进步带来的工资差距的扩大以及资本与劳动间收入的不平等问题，政府制定合理的收入分配政策和收入保障机制，从而提高低技能劳动者和弱势就业群体抵御风险的能力就显得尤为重要。第三，通过技术治理普及网络技术应用、协调网络技术机制、强化网络技术保障，实现互联网扶贫事业的可持续发展；通过制度治理明确技术扶贫多赢理念、改善政府技术扶贫效能②。

五、结语与展望

收入分配问题是中国政治经济学界长期以来非常重视和关注的问题。作为中国特色社会主义政治经济学理论的重要组成部分，收入分配理论的丰富与发展对于诠释中国道路、创新中国经济理论更有着不可或缺的作用。2020年，学者们紧密结合党的十九届四中全会精神，立足中国现实，从多方面探讨了中国收入分配格局的影响因素，对中国收入分配的现存问题及其成因、政策措施评估进行了系统研究。这些研究对于评估现有政策的作用和效果、理解不同政策之间的联系和相互作用提供了重要的参考价值，对于优化、补充政策及调整政策着力点以发挥政策的总体功能有着重要的参考价值。

《中共中央关于制定国民经济和社会发展第十四个五年规划和二〇三五年远景目标的建议》提出，到二〇三五年，经济总量和城乡居民人均收入将再迈上新的大台阶；人均国内生产总值达到中等发达国家水平，中等收入群体显著扩大等。就收入分配问题，明确提出"着力提高低收入群体收入，扩大中等收入群体。合理调节过高收入，取缔非法收入等"，继续秉承了长期以来的"提低、扩中、调高、除非"的收入分配调整原则。从以往的实施成效看，"提低、扩中、调高、除非"取得了一定的进展，特别在"提低"方面，减贫扶贫工作取得了举世瞩目的成就，在扩大中等收入群体方面也有不小的进展；但地区差距、城乡差距依然很大，财产分配差距变得越来越大，且对收入差距扩大的影响越来越明显。而过大的收入差距和收入分配不公不利于经济增长，对于跨越中等收入陷阱、实现高质量发展会形成一定的挑战。因此，缩小收入差距，解决收入分配不公问题，一方面必须加快收入

---

① 王林辉、胡晟明、董直庆：《人工智能技术会诱致劳动收入不平等吗——模型推演与分类评估》，《中国工业经济》2020年第4期。

② 陈联俊、程京武：《全面建成小康社会视阈中的互联网扶贫》，《马克思主义研究》2020年第5期。

分配制度改革，把构建收入分配与再分配的政策体系作为重中之重的任务，通过市场作用、政府职能、社会力量和技术手段的全面转型促进收入分配制度的现代化转型，真正构建起长久公正的收入分配制度体系，让全体人民真正合理分享到国家发展的成果，使之成为国家持续发展的新引擎；另一方面，对于既有政策的长短期效果、新兴技术发展对收入分配的影响机制也需要给予长期、持久的关注。

中国式现代化的创新发展

徐志向

作为新中国成立特别是改革开放以来，我国在探索和发展适合我国国情的社会主义事业中进行的伟大创举，中国式现代化不断指引着全党全国各族人民团结奋斗，为实现中华民族伟大复兴的中国梦提供了重要路径。中国式现代化，这一科学社会主义的时代表征，既坚持了科学社会主义的基本原则，又扎根中国大地，实现了创新发展。

中国式现代化是科学社会主义在中国的伟大实践。科学社会主义作为马克思主义理论体系的重要组成部分，指引着世界社会主义的前进方向。在马克思和恩格斯看来，社会主义社会是公有制社会，首要任务是发展生产力，最终目标是实现全体人民共同富裕。新中国成立伊始，以毛泽东同志为核心的党的第一代中央领导集体在毛泽东思想的引领下，团结带领全国各族人民通过社会主义改造，确立了公有制的主体地位，基本建立了社会主义的政治制度和经济制度，并提出了"分两步走"实现"四个现代化"的战略设想。改革开放以后，党中央领导集体围绕"什么是社会主义，怎样建设社会主义"的重大现实问题，立足社会主义初级阶段的基本国情，在总结历史经验的基础上，提出了"以经济建设为中心"，"将党和国家的工作重心转移到社会主义现代化建设上"等一系列重要论断，首次提出并科学阐释了"中国式现代化"与"小康之家"的概念和构想，明确了社会主义的本质是解放生产力，发展生产力，消灭剥削，消除两极分化，最终达到共同富裕，在推进社会主义现代化建设中逐步形成了邓小平理论、"三个代表"重要思想和科学发展观。进入新时代，以习近平同志为核心的党中央对建设社会主义现代化国家的认识不断深化、战略不断成熟、实践不断丰富，创立了习近平新时代中国特色社会主义思想，成功推进和拓展了中国式现代化，完成了全面建成小康社会的伟大历史任务，扎实推动全体人民共同富裕取得新成效，为团结带领全党全国各族人民迈向全面建设社会主义现代化国家新征程奠定了坚实基础，做好了充足准备。

中国式现代化是中国共产党领导的社会主义现代化。回顾新中国成立以来的现代化建设历程，中华儿女之所以能够扭转近代以后中国的历史命运、取得今天的伟大成就，最根本的就是始终坚持中国共产党的领导。马克思和恩格斯在《共产党宣言》中曾明确指出："共产党人不是同其他工人政党相对立的特殊政党"，"他们没有任何同整个无产阶级的利益不同的利益"，"无产阶级的运动是绝大多数人的，为绝大多数人谋利益的独立的运动。"中国共产党作为为中国人民谋幸福、为中华民族谋复兴的政党，始终坚持全心全意为人民服务的根本宗旨，始终坚持以人民为中心的发展思想，始终坚持发展为了人民、发展依靠人民、发展成果由人民共享。

纵观中国共产党团结带领全国各族人民进行社会主义现代化建设所取得的历史成就，书写了经济快速发展和社会长期稳定两大奇迹新篇章，充分彰显了只有坚持和加强党的全面领导，才能确保我国社会主义现代化建设的正确方向；只有坚持走中国式现代化新道路，才能让社会主义现代化建设成果更多更公平惠及全体人民。党的十八大以来，我们深入推进全面从严治党，在党的建设方面确立了习近平同志党中央的核心、全党的核心地位，确立了习近平新时代中国特色社会主义思想的指导地位，同时找到了自我革命这一跳出治乱兴衰历史周期率的第二个答案，为新时期坚持和发展中国特色社会主义、全面建设社会主义现代化国家提供了强大的政治保证。

中国式现代化是体现中国特色的现代化。恩格斯曾指出："我们的理论是发展着的理论，而不是必须背得烂熟并机械地加以重复的教条。"这就要求，发展社会主义事业，要在坚持科学社会主义基本原则的基础上，特别注重理论与实践相结合，正确处理原则的一般性和实践的特殊性之间的辩证关系，不断推动科学社会主义实现创新发展。中国式现代化就是科学社会主义基本原则同中国具体实际相结合的重大发展成果。党的二十大报告明确指出"中国式现代化是人口规模巨大的现代化""中国式现代化是全体人民共同富裕的现代化""中国式现代化是物质文明和精神文明相协调的现代化""中国式现代化是人与自然和谐共生的现代化""中国式现代化是走和平发展道路的现代化"。由此充分说明，中国式现代化与西方国家现代化道路最大的不同和最突出的特色在于，既坚持了科学社会主义的基本原则和发展方向，又结合我国正处于并将长期处于社会主义初级阶段这一最基本国情。与此同时，要想使中国式现代化的"中国特色"得以充分体现，又离不开对中国式现代化本质要求的规定，即坚持中国共产党领导，坚持中国特色社会主义，实现高质量发展，发展全过程人民民主，丰富人民精神世界，实现全体人民共同富裕，促进人与自然和谐共生，推动构建人类命运共同体，创造人类文明新形态。总之，中国式现代化新道路的成功实践，标志着科学社会主义在21世纪的中国焕发出了新的蓬勃生机，巩固夯实了中国共产党长期执政的基础和地位，昭示出新时期全面建设社会主义现代化国家必将取得新的伟大胜利。

人工智能促进共同富裕的政治经济学分析*

徐志向　罗冬霞

共同富裕是一个包含生产力和生产关系的范畴。按照马克思主义的观点，社会主义公有制社会建成以后，首要任务是发展生产力，根本目的是实现全体人民共同富裕，"我们的目的是要建立社会主义制度，这种制度将给所有的人提供健康而有益的工作，给所有的人提供充裕的物质生活和闲暇时间，给所有的人提供真正的充分的自由。"[①] 因此，逐步实现全体人民共同富裕是马克思主义的基本目标，前提是尽可能提高社会生产力，而人工智能作为引领新一轮科技革命和产业变革的战略性技术，是生产力整体跃升的重要战略资源。

2021 年 8 月 17 日，习近平总书记在谈及扎实推动共同富裕问题时指出："新一轮科技革命和产业变革有力推动了经济发展，也对就业和收入分配带来深刻影响，包括一些负面影响，需要有效应对和解决。"[②] 这就要求，一方面，要正确认识和把握人工智能技术造成双向影响的一般性特征和具体机制。另一方面，要深入研究社会主义社会人工智能影响的特殊性以及如何发挥制度优势尽量放大其正向效应并避免和化解负向效应，以更好促进共同富裕。

一、人工智能促进共同富裕的理论可能：唯物史观视角

（一）人工智能促进共同富裕的技术基础：精准性和通融性

马克思指出："所有发达的机器都由三个本质上不同的部分组成：发动机，传动机构，工具机或工作机。"[③] 其中，任何一个组成部分的革新都会带动并刺激其他部分的变革，从而提高劳动生产率。机器的工作机制是遵循模块化、标准化、机械化的原则将人类的体力劳动进行分解，通过将复杂的劳动肢解为简单的易于操作的活动，并依靠强大的机械动力去高速完成并重复这些活动，以提高社会生产效率。与之类似，人工智能利用计算机技术将人脑信息处理活动"分解"或"简化"为源代码，并通过机器算法予以加工，体现了解决复杂认知任务的高精准性。一方面，人工智能按照固定算法和程序加工信息，同样遵循着类似机器的规范化、程序化、标准化的流水线式的原则；另一方面，人工智能与机器一样既不会受制于人类

---

* 本文选自《当代经济研究》2022 年第 7 期。

① 《马克思恩格斯全集》（第 28 卷），人民出版社，2018，第 652 页。

② 习近平：《扎实推动共同富裕》，《求是》2021 年第 20 期。

③ 《马克思恩格斯选集》（第 2 卷），人民出版社，2012，第 217 页。

生理界限，也不会受到人类主观意识的束缚，其数据计算的速度和持续时间远远超过人脑所能负荷的极限，可以处理高强度、高精度的非程式化的复杂任务。所以，人工智能使人类总体劳动能力大幅提升，体现了马克思所揭示的技术的本质——"人的延长"①。

此外，人工智能作为引领新一轮科技革命和产业变革的战略性技术，具有显著的通用性和通融性特征，展示出了强大的带动性和"头雁效应"。目前，人工智能技术的应用已经渗透到了社会生活的方方面面，如互联网方面的搜索引擎、精准营销，智能制造业方面的智能生产系统、工业机器人，智慧交通出行方面的自动驾驶、智慧物流规划，智慧金融方面的投资决策、量化交易以及智慧医疗、智慧农业、机器仿生等，其突飞猛进的理论进展与广泛应用极大推动了新兴产业的深度融合，深化了信息文明的发展进程②，大大提高了社会生产力，丰富了人们的生产生活条件，为人类实现共同富裕提供了坚实的物质基础。然而，人工智能与不同社会制度的结合却会带来不同的结果，这是马克思主义的基本观点，理应从马克思主义理论中探索关于人工智能的"资本主义应用"与"社会主义应用"的两重属性。

（二）人工智能促进共同富裕的制度前提：社会主义使用形式

根据马克思的观点，并非机器而是"机器的资本主义应用"造成了劳动异化，所以特别告诫工人阶级："要学会把机器和机器的资本主义应用区别开来，从而学会把自己的攻击从物质生产资料本身转向物质生产资料的社会使用形式。"③ 实质上，机器的"资本主义应用"与"社会主义应用"的差异根源于所有制的不同，二者分别以私有制和公有制作为制度基础。在资本主义私有制条件下，技术应用的目的始终是帮助资产阶级攫取更多的剩余价值，实现价值增殖和资本积累，"资产阶级生存和统治的根本条件，是财富在私人手里的积累，是资本的形成和增殖"④。资本主义劳动过程中，机器作为"缩短劳动时间的最有力的手段，竟变为把工人及其家属的全部生活时间转化为受资本支配的增殖资本价值的劳动时间的最可靠的手段"，[3]223使资本对劳动从形式隶属转向实际隶属，致使劳动异化。同理，人工智能作为新技术在资本主义社会的应用依然受资本积累规律的驱使，"这一规律制约着同资本积累相适应的贫困积累。因此，在一极是财富的积累，同时在另一极，即在把自己的产品作为资本来生产的阶级方面，是贫困、劳动折磨、受奴役、无知、粗野和道德堕落的积累。"⑤ 也就是说，在资本主义制度下，"以资本为中心"的发展逻辑使人工智能的大规模应用只能带来贫富两极分化与经济危机的必然⑥。

与之相对的，列宁指出："只有社会主义才能使科学摆脱资产阶级的桎梏，才可能广泛推行和真正支配根据科学原则进行的产品的社会生产和分配，以便使所有

① 肖峰：《〈资本论〉的机器观对理解人工智能应用的多重启示》，《马克思主义研究》2019年第6期。
② 成素梅等：《人工智能的哲学问题》，上海人民出版社，2019，第1页。
③ 《马克思恩格斯全集》（第42卷），人民出版社，2016，第444页。
④ 《马克思恩格斯选集》（第1卷），人民出版社，2012，第412页。
⑤ 《马克思恩格斯选集》（第2卷），人民出版社，2012，第289-290页。
⑥ 徐志向：《论当代资本主义经济危机的演变逻辑》，《当代经济研究》2021年第5期。

劳动者过最美好的、最幸福的生活"①。由此表明，社会主义条件下，使用技术的目的是通过提高社会生产力而改善人民生活水平，逐步推动实现全体社会成员的共同富裕。虽然马克思并未使用"共同富裕"这一说法，但始终将共同富裕作为社会主义的奋斗目标，认为未来社会的"社会生产力的发展将如此迅速生产将以所有的人富裕为目的"②。在马克思看来，资本主义私有制下劳动者与生产资料的彻底分裂是导致贫富两极分化的最根本原因，"随着私有制的消灭，……人们将使交换、生产及他们发生相互关系的方式重新受自己的支配"③。社会主义生产过程将消除劳动异化以及资本与劳动的根本对立，使劳动者真正成为社会生产的主人，使机器真正成为为劳动者谋福祉的工具。恩格斯讲道："通过社会化生产，不仅可能保证一切社会成员有富足的和一天比一天充裕的物质生活，而且还可能保证他们的体力和智力获得充分的自由的发展和运用"④。因此，在社会主义社会，"以人民为中心的发展思想"是促进共同富裕的根本保证，高度发达的社会生产力是实现共同富裕的坚实基础，而人工智能技术的广泛应用与智能社会的到来恰好为生产力的提高和共同富裕的实现创造了最佳契机。

（三）人工智能促进共同富裕的现实因应：生产决定分配

马克思认为，人民群众的解放和社会状况的根本改善"不仅仅决定于生产力的发展，还决定于生产力是否归人民所有"⑤。这就意味着，人工智能的技术基础和制度前提只是实现共同富裕的必要条件，但并非充分条件。社会主义制度下人工智能能否促进共同富裕还需从社会再生产总过程，尤其是生产和分配的实际运用过程中加以考察。马克思主义政治经济学基本观点表明，生产在社会再生产总过程中处于支配地位，生产对分配具有决定性作用，分配首先是生产条件的分配。因此，人工智能对生产条件的影响是其能否真正促进共同富裕的先决条件。那么，具体来看，一方面，人工智能的"社会主义应用"能够使劳动者真正成为生产主体。马克思指出："只有当社会生活过程即物质生产过程的形态，作为自由联合的人的产物，处于人的有意识有计划的控制之下的时候，它才会把自己的神秘的纱幕揭掉。"⑥ 社会主义条件下，生产资料公有制的主体地位决定了生产资料归全体社会成员所有，有利于消除人工智能技术与劳动者之间的根本对立和劳动异化状况，使劳动者真正成为生产的主人，为共同劳动和共同参与劳动成果的分配奠定了基础。而且"劳动者在有计划地同别人共同工作中，摆脱了他的个人局限，并发挥出他的种属能力"⑦，从而有利于进一步发挥劳动者的积极性、主动性、创造性。另一方面，人工智能的"社会主义应用"有利于调节社会生产结构和生产布局。社会主义制度下，"劳动时间的社会的有计划的分配，调节着各种劳动职能同各种需要

① 《列宁选集》（第 3 卷），人民出版社，2012，546 页。
② 《马克思恩格斯全集》（第 31 卷），人民出版社，1998，第 104 页。
③ 《马克思恩格斯选集》（第 1 卷），人民出版社，2012，第 167 页。
④ 《马克思恩格斯选集》（第 3 卷），人民出版社，2012，第 670 页。
⑤ 《马克思恩格斯选集》（第 1 卷），人民出版社，2012，第 861 页。
⑥ 马克思：《资本论》（第 1 卷），人民出版社，2004，第 97 页。
⑦ 马克思：《资本论》（第 1 卷），人民出版社，2004，第 336 页。

的适当的比例"①。随着经济发展水平的提高，人们对涉及身心健康、人格素养的艺术、文化、哲学、体育等行业的需求逐渐增加，而人工智能强大的信息挖掘、统计和处理能力则为新兴行业的产生和生产结构的调整提供了技术基础，从而有利于更好满足人们对美好生活的追求。

总之，人工智能的技术特性与社会主义制度为共同富裕的实现提供了生产力与生产关系两个层面的基本保障。在生产资料公有制的基础上，劳动者真正成为生产过程的主导者，从而为按照共同意愿与目标应用人工智能技术进行生产，进而在分配端共同享有生产成果提供了现实可能。与此同时，考虑到发展异质性的现实，人工智能的"社会主义应用"还可以通过调整要素资源的配置和生产布局以解决发展和分配的不平衡问题，"只有按照统一的总计划协调地安排自己的生产力的那种社会，才能允许工业按照最适合于它自己的发展和其他生产要素的保持或发展的原则分布于全国"②。但是，以上论证只是一种理论可能，下文将着重从现实视角出发，对人工智能"社会主义应用"的具体效应进行进一步分析。

二、人工智能与劳动变换：生产视角

新一轮技术革命背景下，随着智能传感技术、数据生产与储存能力、机器学习等核心算法在生产领域的广泛应用，人工智能通过重塑劳动过程进而对劳动就业与劳动者自身及其发展产生了重要而深远的影响。

（一）人工智能对劳动过程的形塑

首先，人工智能强化了对生产流程的自动控制。工业革命以来，人类劳动的生产方式依次经历了简单机器生产、机械化流水线生产、半智能自动化生产与逐步走向完全智能化生产的阶段③。其中，无论是机械化流水线生产还是半智能自动化生产的车间都离不开工人的协助，前者需要技术工人和管理人员操作、控制整个流程并灵活应对生产过程的突发情况，后者即便对高技能车间的工人需求减少，但由于尚未完全智能化，还是离不开中低技能数控设备操控人员的协助。然而，在完全智能化生产车间，机器生产借助物联网传感器，通过信息物理系统搜集机器内部的生产信息并对数据加以分析，模拟最优生产过程。此时，信息物理系统相当于虚拟的生产车间，工人可以不必进入真实车间而直接通过该系统控制生产。如此一来，生产过程将不再受限于个人有限的技术知识和劳动能力，产品生产将遵照预先设定的生产模式与路径并结合流通与消费领域的数据进行有计划、有针对性地高效生产。因此，人工智能技术的应用使劳动组织形式逐步实现了由"人控制机器"向"机器控制机器"的转变，虽然这一过程蕴藏了资本替代劳动的风险，但也为劳动者从高强度的体力和脑力劳动中解放出来创造了可能。

---

① 马克思：《资本论》（第1卷），人民出版社，2004，第96页。
② 《马克思恩格斯选集》（第3卷），人民出版社，2012，第335页。
③ 赵敏、王金秋：《资本主义智能化生产的马克思主义政治经济学分析》，《马克思主义研究》2020年第6期。

其次，人工智能对传统劳动分工实现了由垂直分工向水平分工的改造。传统劳动分工（如福特制、丰田制）以追求规模经济的垂直化分工为主，典型特点是使产业链中的上下游企业形成一个涵盖从原材料到最终产品各环节的"一体化"企业集团，而人工智能技术则可以将企业的购买、生产和销售等环节按照不同的技术标准进行深度细化，使每个技术单位形成独立的具有核心竞争优势的价值模块，从而推动企业开展基于模块化生产的分工和竞争，以至于完成最终产品的企业只需要在市场上购买相关核心零件进行组装即可①。这种模块化生产方式使企业间的分工由传统上下游的垂直分工向扁平化的水平分工转变，由纵向一体化模式向横向并列模式转变。此外，企业为了提高自身核心价值模块的竞争力，可以选择将低优势或低附加值的经营项目以外包形式转移出去，从而减少固定成本的投入与摊销，这不仅促进了多元化企业向专业化企业的转变，推动了专业化企业之间广泛的合作与竞争，而且通过智能化技术的应用还有助于提高生产、流通各个环节衔接配合的契合度，降低企业的摩擦成本，有效规避鲍莫尔成本病。

再次，人工智能在社会生产各领域的全面渗透为产业优化升级提供了技术支撑。渗透性和通融性是人工智能作为一种通用目的技术最基本的经济特征，通过使智能化技术与社会经济活动有机融合极大促进了经济运行方式的改变②。目前，人工智能的这一特征已经在智慧交通出行、智慧金融、智慧医疗、智能制造业、智慧农业、智慧养老等多个领域得以体现。例如，在养老方面，随着人工智能数字技术的渗透，智能穿戴设备、人脸识别自助机、呼叫中心设备以及远程健康监测设备等智慧养老产品的应用帮助老年人实现了安全有效的居家养老、机构养老、社区养老、医养结合养老，积极促进老年人融入数字生活，提高了老年人的生活质量，为有效应对人口老龄化问题提供了重要的解决方案。此外，人工智能还凭借其先进的深度学习算法，大大提高了数据识别和知识组合能力，在基因组学、量子物理、药物研发等方面同样表现出了巨大的创造力。总之，人工智能在社会经济活动中的应用所展现出的广泛性、深入性和创造性特征，充分表明人工智能具有深度影响产业结构优化和经济高质量发展的能力③。

（二）人工智能对劳动就业的作用

人工智能通过重塑生产过程，改造传统劳动分工，推动产业优化升级，对劳动就业产生了重要影响。当然，这种影响效应需从正反两方面来辩证看待，各种效应相互交织共同决定劳动就业的整体发展趋向。

最为直接的，人工智能对劳动就业具有一定的反向替代效应。马克思在分析"机器的资本主义应用"时说道："一方面，在积累进程中形成的追加资本，同它自己的量比较起来，会越来越少地吸引工人。另一方面，周期地按新的构成再生产

---

① 沈文玮：《论当代人工智能的技术特点及其对劳动者的影响》，《当代经济研究》2018 年第 4 期。

② Bresnahan, T. F. And Trajtenberg, M: "General Purpose Technology 'Engines of Growth'?", *Journal of Econometrics*, 1995, 65 (1).

③ 蔡跃洲、陈楠：《新技术革命下人工智能与高质量增长、高质量就业》《数量经济技术经济研究》2019 年第 5 期。

出来的旧资本，会越来越多地排斥它以前所雇用的工人。"① 由此表明，在大规模使用机器的情况下，相对于大幅增加的对庞大生产资料的需求，劳动力的需求反而存在相对下降的趋势，而人工智能技术的发展更是促进了劳动组织形式向"机器控制机器"的转变，"无人工厂""虚拟车间"的运行正在深刻诠释着"概念"与"执行"相分离的理念②，不可避免地会对就业产生一定的冲击。仅就自动化技术设备的投资和应用而言，人工智能将对劳动者的体力劳动和部分脑力劳动产生双重替代，推动就业模式由劳动密集型向资本密集型、技术密集型转变，从而对劳动就业产生直接的替代效应。正如马克思所言："劳动资料一作为机器出现，就立刻成了工人本身的竞争者。"③ 人工智能技术的应用无疑会逐渐取代大量标准化、程序化的常规性工作岗位，如人事行政、会计、客服、物流运输人员等，加之催生了大量普通劳动者无法胜任的高技能工作岗位，从而蕴含着摩擦性失业、结构性失业和技术性失业的风险，可能阻碍总体就业水平的提升。

与此同时，人工智能对劳动就业还具有强烈的正向创造效应。马克思指出："现代工业通过机器、化学过程和其他方法……不断地把大量资本和大批工人从一个生产部门投到另一个生产部门。因此，大工业的本性决定了劳动的变换、职能的更动和工人的全面流动性。"④ 人工智能通过影响产品价值和技术扩散渠道对劳动就业具有巨大的促进作用。在产品价值方面，人工智能通过改良生产工艺，提高劳动生产率，降低了单位产品的价值，刺激了消费需求，促进企业扩大生产规模，创造了大量就业机会；在技术扩散方面，人工智能技术的扩散能够通过细化市场分工、拓宽交易范围、扩大市场规模、扩展生产领域等方式为劳动者提供更多的工作岗位。因此，正如马克思所言："机器虽必然会在采用机器的劳动部门驱逐劳动者，但它不是不能在别的劳动部门引起雇佣的增加"⑤。人工智能技术正是通过推动产业结构的优化升级，增加了经济体系的产业类别，催生了许多新产业、新业态、新模式，从而创造出大量新的工作岗位和就业机会。对此，我国在广泛应用人工智能技术的同时社会总体就业水平并未发生大幅波动的事实就是最好的明证⑥。

总之，人工智能对就业岗位既存在替代效应，又存在创造效应，两种效应共同作用。目前，中国正处于人工智能发展的起步阶段，替代效应和创造效应并存。关于总体效应的表现可从短期和长期两个方面加以考察。短期内，闫雪凌等提出我国工业机器人保有量每增加1%，工作岗位减少约4.6%，但人工智能技术的创造效应在一定程度上缓解了替代效应⑦。从长期来看，格雷茨（Graetz）等认为人工智

① 马克思：《资本论》（第1卷），人民出版社，第724页。
② 哈里·布雷弗曼：《劳动与垄断资本》，方生等译，商务印书馆，1979，第77页。
③ 马克思：《资本论》（第1卷），人民出版社，2004，第495页。
④ 《马克思恩格斯选集》（第2卷），人民出版社，2012，第231页。
⑤ 《马克思恩格斯列宁斯大林论人口问题》，商务印书馆，1960，第153页。
⑥ 杨虎涛：《人工智能、奇点时代与中国机遇》，《财经问题研究》2018年第12期。
⑦ 闫雪凌、朱博楷、马超：《工业机器人使用与制造业就业：来自中国的证据》，《统计研究》2020年第1期。

能的替代效应终究会被创造效应所抵消，技术进步并不会导致总的劳动需求的减少[1]。根据2018年12月普华永道发布的《人工智能和相关技术对中国就业的净影响》报告，未来20年中国被人工智能相关技术所替代的工作岗位比例约占26%，而通过推动产业的结构化升级以及增加新兴产业类别的方式又能创造出约38%的新就业岗位。可见，我国人工智能对就业的总体效应还是偏向于人工智能的创造效应，这也为我国实现共同富裕奠定了坚实的物质基础。

（三）人工智能对劳动者自身及其发展的影响

劳动者作为劳动过程中起决定性作用的主体与经济社会发展的原动力，其自身发展状况直接关系到物质资料生产总过程的顺利实现，而人工智能的应用不可避免地对劳动者及其自身的发展造成了影响。

客观地来看，人工智能通过促进劳动去技能化，既缓和了低技能劳动者的就业难题，又对其就业的稳定性构成了威胁。随着人工智能技术的发展，对中等技能的常规性就业岗位的需求不断弱化，而相应的对高技能的非常规性认知就业岗位和低技能的非常规性操作就业岗位的需求却与日俱增。人工智能技术通过对劳动过程进行逐层分解和细化，尽可能使其摆脱对高技能和高知识素养的要求，最大限度地将复杂劳动还原为简单劳动，以保证劳有所需、人尽其能。所以，在当前人口老龄化问题日趋凸显的时代背景下，人工智能的运用着实为摆脱劳动力短缺困境开出了一剂良方。然而，人工智能在促使劳动去技能化的同时也增加了对高技能劳动者的需求，从而使劳动者的知识技能呈现出两极分化的特点，即"在这种情况下，一切劳动过程的结构是，一个极端的人们的时间有无限价值，而另一极端的人们的时间几乎分文不值"[2]。鉴于此，掌握关键核心技术的高技能劳动者可以凭借绝对的技术垄断优势对不同层级技能劳动者进行控制，一方面对少数核心技术人员进行高端培训、赋予股权，收买并激励技术骨干不断创新；另一方面，通过降低技能要求，提高劳动强度，关闭晋升途径，直至低技能劳动者工作岗位被自动化体系所取代[3]，进而加剧低技能劳动者就业的不稳定性。

同时也要充分认识到，人工智能通过促进劳动的节约为劳动者体力和智力的解放与自由全面发展创造了条件。人工智能应用的最大特征就在于不断将劳动者从物质资料生产的具体过程中解放出来，这一过程虽然可能引致失业风险，但同时也为生产结构和布局的优化以及人的自由全面发展提供了重要的机遇和路径。一方面，马克思认为，社会主义制度下，"劳动时间的社会的有计划的分配，调节着各种劳动职能同各种需要的适当的比例"[4]。伴随人工智能技术的"社会主义应用"日渐深入，既可以有效推动涉及人们身心健康和人格素养的艺术、文化、哲学、体育等新兴行业的蓬勃发展，同时还可以使劳动者通过利用智能化技术获得更加准确全面

① Graetz，G，Michaels，G．"RobotsatWork：The Impact on Productivity and Jobs"，*Centre for Economic Policy Research*，2015，No. DP10477.

② 哈里·布雷弗曼：《劳动与垄断资本》，方生等译，商务印书馆，1979，第77页。

③ 沈文玮：《论当代人工智能的技术特点及其对劳动者的影响》，《当代经济研究》2018年第4期。

④ 马克思：《资本论》（第1卷），人民出版社，2004，第96页。

的市场信息而直接参与生产、交换、分配、消费各环节，有利于增强供需的适配性以更好满足人们对于高质量、个性化产品和服务的需求。另一方面，马克思在描绘未来社会时讲道："个性得到自由发展，因此，并不是为了获得剩余劳动而缩减必要劳动时间，而是直接把社会必要劳动缩减到最低限度，那时，与此相适应，由于给所有的人腾出了时间和创造了手段，个人会在艺术、科学等方面得到发展。"① 人工智能技术的应用在促进经济高质量发展的同时，通过为劳动者提供更多的自由选择职业的机会，助力劳动者摆脱时空限制，有利于激发劳动者的积极性、主动性、创造性，使工作真正成为"自由的生命表现"。

三、人工智能与劳动收入：分配视角

马克思指出："所谓的分配关系，是同生产过程的历史地规定的特殊社会形式，以及人们在他们的人类生活的再生产过程中相互所处的关系相适应的，并且是由这些形式和关系产生的。"② 也就是说，收入形式和分配关系是由劳动形式和生产关系决定的，而劳动形式和生产关系归根结底又决定于生产资料所有制形式。资本主义私有制内在决定了资本与劳动之间不可调和的对抗式分配关系以及劳资收入的两极分化。然而，在社会主义制度下，一方面鉴于人工智能技术的要素偏向性和技能偏向性双重特征，同样存在引致贫富差距的可能，特别是容易导致拥有不同生产要素、不同技能劳动者之间收入差距的拉大。另一方面，始终坚持以公有制为主体、多种所有制经济共同发展的所有制结构与以按劳分配为主体、多种分配方式并存的分配制度，则为彻底摆脱资本主义的分配痼疾、逐步实现分配的相对平等提供了根本保障。

（一）人工智能加剧收入分配的马太效应：要素偏向性和技能偏向性

马克思的收入分配理论涉及生产资料的分配与产品或个人的收入分配两个层面③，且前者的分配原则直接决定了后者的分配结果，从而表明核心生产资料的占有者可以在产品或收入分配中占据绝对优势。从人工智能的具体应用特征来看，一方面人工智能具有明显的要素偏向性，即数据偏向性和资本偏向性。数字经济时代，数据所代表的数字化信息和知识已然成为重要的核心生产资料。人工智能借助数字化技术的网络外部性和低边际成本的特点，助力数字平台企业发挥规模经济优势，催生出"赢者通吃"的市场业态，推动超级明星企业的形成并利用市场垄断力量控制劳动收入，致使收入差距扩大④。同时，人工智能作为智能自动化技术，也具有一定的资本偏向性。人工智能的应用需要大量的智能机器设备，而且这些设备的投资具有资本集约性，可能改变资本和劳动力的相对价格，使资本价格相对劳动更加便宜，从而激发企业用资本取代劳动的动力，促进劳动的节约，减少劳动力

---

① 《马克思恩格斯全集》（第31卷），人民出版社，1998，第401页。

② 马克思：《资本论》（第3卷），人民出版社，2004，第999-1000页。

③ 于金富：《缩小财富与收入差距实现共同富裕的制度求解》，《马克思主义研究》2014年第12期。

④ Autor, D, Dorn D, L. F. Katz, C. Patterson, and J. Van Reenen："Con-centrating on the Fall of the Labor Share"，*American Economic Review*，2017，107。

的市场需求，进而降低劳动回报率①。另一方面，人工智能还具有技能偏向性。人工智能作为新一代通信和信息技术，对编程和计算能力要求很高，呈现出很强的技能偏向性，通过塑造新型的"技能—技术"岗位匹配关系，直接影响各类劳动者的技能溢价，决定着不同技能劳动者的收入水平。具体表现为，人工智能技术通过将程序化、常规性的工作进行"拆分""重构"，简化劳动过程，催生出大量无须培训便能胜任的就业岗位，直接导致原本擅长常规性工作的中等技能劳动者失业或向更低端岗位转移。反过来，人工智能通过增加对从事非常规性工作的高技能劳动者的需求，提高高技能劳动者的技能溢价，从而可能拉大劳动者内部的收入差距。已有研究表明，1963—2008年美国本科以上学历劳动者收入涨幅颇大，而本科以下学历劳动者收入水平停滞不前，特别是高中以下学历劳动者收入水平逐渐下降②。此外，根据美国及其他发达经济体的数据，人工智能和自动化等技术的应用和发展并没有让大多劳动者受益，收入分配明显倾向于拥有高技能、高等教育背景的精英群体③。因此，从一般意义上来讲，人工智能的大规模应用存在加剧马太效应的现实可能。

（二）人工智能提升收入分配的普惠效应：相对平等与成果共享

马克思指出："消费资料的任何一种分配，都不过是生产条件本身分配的结果；而生产条件的分配，则表现生产方式本身的性质。"④ 资本主义生产资料私有制直接决定了产品或收入实行按资分配的原则，资本家在资本主义占有规律的支配下无偿攫取工人创造的剩余价值，并遵照资本积累规律不断进行资本积聚和资本集中，以致资本家的财富不断增大，而雇佣工人只能获得微薄的工资，最终造成分配的绝对不平等。与之相反，社会主义公有制则内在规定了按劳分配的基本原则。马克思认为，社会主义制度下，尽管劳动者具备"处于社会成员地位"和"处于私人地位"的双重身份，但"从一个处于私人地位的生产者身上扣除的一切，又会直接或间接地用来为处于社会成员地位的这个生产者谋利益"⑤，从而体现了社会主义分配制度的平等性。但是，鉴于社会主义社会作为共产主义社会的第一阶段，"在经济、道德和精神方面都还带着它脱胎出来的那个旧社会的痕迹"⑥，特别是劳动者还存在着体力和脑力的差别以及劳动者所负担的家庭压力有所不同，所以严格地说社会主义的分配应该是"相对的平等"。

事实上，人工智能技术本身并非一种"稀缺"或"排他"的技术，"共享性"

① Bessen J："Learning by Doing：The Real Connection between Innovation，Wages，and Wealth"，*Economic History Review*，2016，69（2）。

② Acemoglu D，Autor D："Skills，Tasks and Technologies：Implications for Employment and Earnings"，*Handbook of Labor Economics*，2011，4b（16082）。

③ Katz L F，Autor D H："Changes in the Wage Structure and Earnings Inequality"，*Handbook of Labor Economics*，1999，3（1）。

④ 《马克思恩格斯选集》（第3卷），人民出版社，2012，第365页。

⑤ 《马克思恩格斯选集》（第3卷），人民出版社，2012，第362页。

⑥ 《马克思恩格斯选集》（第3卷），人民出版社，2012，第363页。

才是人工智能等科学技术的本质①。虽然人工智能技术在一定程度上为资本的大肆扩张提供了沃土，但社会主义制度能对资本运动进行有效规制和约束以保证技术进步成果由人民共享。主要如下：一是人工智能通过推动经济高质量发展发挥涓滴效应。作为新的增长动能，人工智能的内在智能化特征为实现质量变革、效率变革、动力变革提供了坚实基础，在推动构建人工智能基础资源公共服务平台进程中既有助于提高行业生产率，又可以带动贫困阶层（地区）与弱势群体的发展和富裕。二是人工智能通过促进劳动变换发挥激励效应。人工智能技术的应用催生了平台经济、"零工经济"等一系列新业态、新模式，促进了灵活就业的发展。特别是随着"普惠AI"概念的提出，人们逐渐可以根据自己的特长、爱好与劳动能力自由选择多种就业形式，从而有利于拓宽就业渠道，形成人人参与的就业环境，增加致富机会和收入来源。三是人工智能通过增强致富本领发挥畅通效应。知识经济时代随着人工智能技术在学习领域的深度应用，为劳动者提高受教育程度和专业技能提供了更加普惠公平的机遇，有助于提升全社会人力资本和劳动者致富能力，为打破社会阶层固化、畅通向上流通渠道创造了条件。四是人工智能通过完善社会保障发挥兜底效应。社会主义制度下，人工智能的应用可以更好地与改善民生相结合，有利于在教育、医疗、养老、住房、体育、卫生、环境、家政服务等关系国计民生的重点领域提供精准的基本公共服务，及时有效化解民生领域的突出矛盾和难点，增强供需适配性，精准施策，兜住人民基本生活底线。五是人工智能通过提高社会治理能力发挥保障效应。人工智能技术具有强大的渠道整合和数据挖掘能力，通过推动人工智能数据采集标准化，可以有效获取分配数据，及时遏制分配乱象，营造透明、合理的分配环境。

综上所述，从我国人工智能发展应用的现实来看，人工智能对收入分配的马太效应与普惠效应并存，二者共同作用效果如何仍然需要从短期和长期两个视角进行分析。从短期来看，已有研究表明，人工智能的投资效率越高，应用范围越广，劳动者收入份额下降的幅度就越大，以致在人工智能发展的初级阶段，消费和就业会由于人工智能的应用发生较大波动，进而使得社会福利恶化②。从长期来看，根据上文分析，人工智能对就业的替代效应终究会被创造效应所抵消，人工智能技术与实体经济的高度融合将促使劳动生产率大幅度提高，产品附加值增加，进而提高劳动者的收入水平③。正如陈利锋和钟玉婷（2020）的研究结果显示，在人工智能发展的高级阶段，消费和就业并不会因为人工智能的应用发生较大波动，社会福利反而得到了改善④。当然，也有研究表明，人工智能背景下，无论长期还是短期，产业智能化都可以显著缩小城乡收入差距，而其中农村产业结构升级的影响机制分析

---

① 刘海军：《人工智能的文明作用及其发展悖论———基于马克思〈资本论〉及其手稿的阐释》，《马克思主义研究》，2021年第8期。

② 陈利锋、钟玉婷：《人工智能、劳动收入份额与社会福利》，《华中科技大学学报（社会科学版）》2020年第4期。

③ Graetz, G, Michaels, G. "RobotsatWork: The Impact on Productivity and Jobs", *Centre for Economic Policy Research*, 2015, No. DP10477.

④ 陈利锋、钟玉婷：《人工智能、劳动收入份额与社会福利》，《华中科技大学学报（社会科学版）》2020年第4期。

发挥着巨大的作用①。进一步讲，随着人工智能技术的发展到强人工智能与超强人工智能阶段，劳动生产率必然会大幅提升，届时即便会使大量劳动力从生产部门解放出来，同样也可以采取"轮流工作制"对劳动者的收入进行合理分配，以保证每位劳动者都可以参与劳动，从而获得相对平等的收入②。

四、人工智能促进共同富裕的实践指向：政策视角

马克思说道："科学决不是一种自私自利的享乐。有幸能够致力于科学研究的人，首先应该拿自己的学识为人类服务"③。习近平总书记也特别强调："要加大科技惠及民生力度，推动科技创新同民生紧密结合"④。这就表明，科技创新要以满足人民需求为根本导向，而逐步走向共同富裕就是全体中国人民的共同需求。基于以上分析，在人工智能发展应用的背景下，为扎实推动共同富裕应着重从以下层面进行政策优化。

（一）制度层面：在发挥社会主义制度优势中促进共同富裕

党的十九届六中全会通过的《中共中央关于党的百年奋斗重大成就和历史经验的决议》明确指出，中国特色社会主义道路是指引中国发展繁荣的正确道路，是创造人民美好生活、实现中华民族伟大复兴的康庄大道⑤。究其原因，就在于中国特色社会主义具有显著的制度优势，而这一优势在人工智能时代必将进一步凸显，为共同富裕的实现提供坚实保障和强大助力。

一方面，继续坚持中国特色社会主义道路，进一步完善中国特色社会主义制度。发展是实现共同富裕的最基本前提，而科技创新则是引领发展的第一动力和我国国家发展的战略支撑。只有坚持中国特色社会主义道路，才能在坚定不移朝着全体人民共同富裕的奋斗中更好促进科技创新和经济发展。正如斯大林所言："为什么社会主义能够、应当而且一定会战胜资本主义经济制度呢？因为它能比资本主义经济制度创造出更高的劳动典范，更高的劳动生产率。"⑥当然，道路的坚定不移离不开制度的自我完善。一是要完善社会主义初级阶段的所有制结构，继续坚持两个"毫不动摇"，坚持公有制为主体和促进非公有制发展相统一，坚持劳动者在社会生产中的主体性与发挥生产资料所有者的积极性相统一；二是要完善社会主义基本分配制度，坚持按劳分配为主体、多种分配方式并存，在统筹效率与公平中构建好基础性制度安排，既要使劳动者真正参与财富分配和管理，又要使生产资料所有者获得应有报酬；三是要完善社会主义市场经济体制，更好地将"有为政府"和

① 徐宇明：《产业智能化对我国城乡收入差距的影响研究》，《金融与经济》2022年第1期。
② 赵磊：《论"共同富裕"的三个基本问题》，《江苏师范大学学报（哲学社会科学版）》2021年第6期。
③ 戴维·麦克莱伦：《马克思传》，王珍译，中国人民大学出版社，2016，第97页。
④ 中共中央文献研究室：《习近平关于科技创新论述摘编》，中央文献出版社，2016，第61页。
⑤ 《中共中央关于党的百年奋斗重大成就和历史经验的决议》，《人民日报》2021年11月17日。
⑥ 《斯大林选集》（下卷），人民出版社，1979，第375页。

"有效市场"有机结合，保证全体劳动者在健康稳定的经济运行中实现各尽其能。

另一方面，加快人工智能技术创新步伐，以实践创新助力制度创新，进一步推动制度优势的充分发挥。从更好发挥党的集中力量办大事的政治优势视角来看，习近平总书记指出，要"更加重视运用人工智能、互联网、大数据等现代信息技术手段提升治理能力和治理现代化水平。"① 这就表明，人工智能技术在公共服务和社会治理方面具有突出优势，通过对大数据的统筹治理，能够为解决发展不平衡、不充分问题提供充分的技术可能。因此，要努力尝试将新技术更好应用于政府服务和决策，对标公共需求，提升政务信息资源整合能力，强化在智慧城市和智能国家建设、公共安全和生态安全等重大领域的运用能力。另外，从更好发挥以人民为中心的价值优势视角来看，技术的发展终将是要为改善民生服务的，人工智能技术既深刻改变了人们的生产、生活、学习方式，也为能够更深入了解人民的需求提供了技术基础，所以要在尊重人民首创精神的同时，想人民之所想、急人民之所急，加强智能服务在教育、医疗、住房、助残养老等关系民生各领域的深度运用，充分凸显以人民为中心的发展思想和根本原则。

（二）生产层面：在推动高质量就业中促进共同富裕

人工智能技术在生产领域的应用对劳动过程、劳动就业和劳动力的解放都产生了深刻影响，推动生产和生活方式发生了根本性转变，为提高企业专业度和核心竞争力，推动产业特别是现代服务业迈向全球价值链中高端，促进劳动就业与人的全面发展提供了重要驱动力。

其一，要以智能制造为方向促进产业结构优化升级。一方面，要加快发展生产性服务业。生产性服务业具有很强的创新性、专业性和融合性，要以人工智能技术的应用为契机，进一步鼓励企业寻求技术、产品、管理、生产模式等领域的创新，以多样化、个性化市场需求为导向发展定制化生产，推动生产制造型企业向生产服务型企业转变。同时，要注重分离和外包非核心业务，提升企业生产和服务的专业化水平，统筹检验检测认证、商务咨询以及售后服务等全过程协同发展。另一方面，要加快发展生活性服务业。生活性服务业的发展要以满足人民群众不断升级的消费需求和加强对智能化产品的隐私保护为目标，运用智能化技术增品种、提品质、创品牌，着力打造以智能家居、智慧社区、智能机构、智慧养老等为一体的智能化服务体系。

其二，要以智能技术为抓手促进劳动就业。就业是最大的民生，推动实现高质量就业是推进共同富裕的重要基础。新一轮科技革命背景下，主要发力点在于：一是要坚持就业优先政策，不断优化就业环境，将稳定就业和劳动力市场平衡作为宏观经济政策的重要着力点，千方百计扩大就业容量，坚决守住不发生重大就业风险的底线。二是要坚持"以创新带发展，以发展促就业"的基本原则，通过推动产业链延伸、升级创造更多的就业机会，特别是要加快服务业数字化转型步伐，在线

---

① 习近平：《关于〈中共中央关于坚持和完善中国特色社会主义制度推进国家治理体系和治理能力现代化若干重大问题的决定〉的说明》，《人民日报》，2019年11月6日。

上线下、企业内外有机融合中培育新的就业增长点。三是着力解决"就业难"与"招工难"之间的结构性就业矛盾，提高劳动年龄人口整体受教育程度，增加技能劳动者就业数量，提高劳动力社会流动性，合理引导高校毕业生投身于贫困地区、边疆民族地区和革命老区发展建设事业。

其三，要以技能人才队伍建设为重点促进劳动力解放。劳动力技能素质的提升是保证劳动就业和劳动者自我价值实现的关键环节，人工智能技术的应用既对劳动力素质提出了更高要求，也为劳动力技能的接续提升提供了重要手段。一方面，可以应用人工智能技术及时准确获取失业和就业困难等人员的相关信息，并尽可能快地与相应企业和岗位进行匹配，从而有效缓解劳动力市场信息不完全、不对称问题。另一方面，可以应用人工智能技术大力发展在线教育，通过构建"互联网+职业技能培训"新模式，建立个人培训账户和电子档案，更好实现就业信息的互联互通与终身学习通道的畅通。此外，要加大数字化人才的培养力度，适应人工智能技术发展需求适时调整高校专业设置和培训项目，建立多层次、多类型的人才培养体制机制，推动劳动力体力和智力得到充分自由发展。

（三）分配层面：在调整收入分配结构中促进共同富裕

恩格斯指出，在社会主义社会，"每一成员不仅有可能参加社会财富的生产，而且有可能参加社会财富的分配和管理，……足以保证每个人的一切合理的需要在越来越大的程度上得到满足。"① 其中，"越来越大的程度"充分表明，社会主义分配制度的完善具有渐进性和过程性。党的十八大以来，我国收入分配制度改革成效显著，基本公共服务均等化总体实现，全面建成小康社会目标顺利完成，为新时期进一步扎实推进分配结构调整提供了重要基础。

一方面，要进一步健全体现效率、促进公平的收入分配制度。社会主义生产资料所有制内在规定了实现收入分配"相对平等"的客观现实，关键在于构建初次分配、再分配、三次分配协调配套的基础性制度安排，推动形成橄榄型分配结构。初次分配中，要健全按劳分配与按生产要素贡献分配的评价机制，特别是要尽可能明确一线劳动者按劳分配和生产要素按贡献分配的标准，鼓励企业及时披露薪酬信息，提高科研人员薪酬制度的灵活性，重点保护劳动所得，依市场贡献保证生产要素所得，在增加技能就业中拓宽技能增收渠道，进一步弘扬工匠精神，增加智慧型收入。再分配中，要进一步完善社会保障体系。为应对人工智能对劳动就业冲击所造成的短期失业和收入下降，政府应积极采取失业补助金、失业救济金、转移支付等调节措施，保障失业者以及其他低收入群体的基本生活水平。另外，要进一步统筹养老、教育、医疗、居住、卫生等关乎民生需求的重点领域的制度体系建设，完善对低收入和重点帮扶人群的统计、监测和帮助，坚持做好兜底工作。第三次分配中，要适当鼓励、引导先富带后富、帮后富，规范社会慈善事业发展，加强监管，注重慈善活动流程化、法治化，对于慈善捐赠中的先进个人、企业、单位、团体可以考虑给予适当税收优惠。

① 《马克思恩格斯选集》（第3卷），人民出版社，2012，第724页。

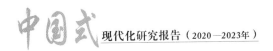

　　另一方面，要进一步强化反垄断和防止资本无序扩张。由于人工智能技术的开发与应用具有高复杂性、高风险性和高回报性等特点，所以很容易引致资本对数据、技术等生产要素的垄断，从而妨碍技术共享和财富分配。因此，既要加快要素市场的发展，又要合理引导生产要素畅通有序流动，在完善要素市场体制机制和强化知识产权保护的同时努力营造公开公平公正的普惠性市场竞争环境。当前，以资本、技术、数据为代表的生产要素为经济发展提供了新的动能和潜力，要通过健全要素市场运行机制，严格防范垄断和不正当竞争。一是要进一步加快资本要素市场发展，优化金融体系结构，引导资本更好地服务于实体经济；二是要进一步加快技术要素市场发展，优化创新资源配置方式，提高科技成果转化率；三是要进一步加快培育数据要素市场，优化数据资源整合、管理和隐私保护，推动社会公共数据资源开放共享，提高数据资源使用价值；四是要进一步加强产权保护力度，加快法治建设，明晰产权归属，增强产权不可侵犯的行为自觉；五是要进一步提升市场监管能力，规范市场秩序和交易准则，建立健全诚信奖惩制度，提高风险预警、防范、处置水平。

中国式现代化的世界意义

葛浩阳

中国式现代化不仅促进了中国经济社会的长足发展，提升了中国对世界经济的影响力和贡献值，也为广大发展中国家提供了现代化建设的新路径，为未来人类社会进入新文明阶段贡献了中国方案，具有广泛而深远的世界意义。

中国式现代化破除了人们长期以来对西方现代化模式的迷思。工业革命以来，西方由于率先进行了经济、政治、文化等多个领域的一系列革命，使得整个社会呈现出与传统社会截然不同的特征，得以最早进入"现代"。这样一种历史路径因为具有先在性，使得人们对现代化容易形成一种刻板偏见，认为后发国家要实现现代化，就必须遵从西方曾经的道路模式。久而久之，有些人对实现现代化的认识几乎等同于仿效西方的既有经验模式，除此以外，似乎后发国家别无选择。而中国式现代化的成功破除了在理论认识上的这种误区，使得人们重新思考实现现代化的多种可能性路径。世界各国唯有努力相向而行，才能实现互惠互利。

而反观参照西方现代化模式进行改革的一些国家，也并未成功取得预期效果。西方资本主义国家给后发国家推出的现代化方案往往是仿照西方资本主义国家塑造自己的社会制度，不过，这种解决方案在实践中却适得其反，大多数发展中国家不仅没有建立起现代经济体系，反而沦为西方发达国家的原材料和基础能源提供基地，产业被锁定在低端进而长期得不到提升，工业化受制于国际市场迟迟不能完成，民主政治也沦为利益集团腐败和私有化国家财产的工具。与此同时，中国式现代化这一崭新的成功经验为世界各国提供了新的参照系，而西方推崇的现代化模式则越来越难以得到后发国家的认同。

中国式现代化为发展中国家进行现代化建设提供了新的道路借鉴。发展中国家如何成功实现现代化是一个世界性的问题。西方的现代化模式虽然在少数发达资本主义国家取得了成功，但对于大多数的后发国家而言，照搬西方模式在实践中并未奏效，因此，如何探索出一条适合自身的现代化道路就成为发展中国家普遍需要回答的时代命题，而中国式现代化则为这一时代命题提供了自己的答案。作为世界现代化道路的一种选择，中国式现代化既有各国现代化的共同特征，更有基于自己国情的中国特色。党的二十大报告指出，"中国式现代化的本质要求是：坚持中国共产党领导，坚持中国特色社会主义，实现高质量发展，发展全过程人民民主，丰富人民精神世界，实现全体人民共同富裕，促进人与自然和谐共生，推动构建人类命运共同体，创造人类文明新形态"。可以说，中国式现代化是对西方现代化模式多方位的超越，为发展中国家提供了一条切实有效的、通往康庄大道的现代化建设之路。中国式现代化是人口规模巨大的现代化，是全体人民共同富裕的现代化，是物质文明和精神文明相协调的现代化，是人与自然和谐共生的现代化，是走和平发展道路的现代化。这五大特征既是在实践中已经验证了的经验总结，也是为破解西方现代化困境而贡献的"中国方案"。中国式现代化表明：现代化不只是少数人和少数国家的专享特权，而是可以容纳足够大的人口规模；现代化不是必然地要以贫富分化为代价，而是可以实现全体人民的共同富裕；现代化在创造高度发达的物质文明同时，也可以促进人类精神文明的协调发展；现代化未必一定导致人与自然的对立，也可以达到人与自然的和谐共生；现代化的实现可以摒弃对外掠夺和战争，走和平发展的道路。

中国式现代化为世界的和平稳定与可持续发展注入新的动力。当今世界，和平与发展依然是持续不变的主题。西方国家进入现代化的过程充满了血腥的战争、屠杀以及对外掠夺，给非西方国家和地区带去了严重的灾难，毫不夸张地说，西方国家的现代化是建立在亚洲、非洲以及拉丁美洲等地区沉重的历史代价之上的。而从另一方面看，西方现代化模式是基于资本主义中心国家利益的现代化，其进程无不打上了资本主义的烙印，中心国家对外围国家和边缘国家构成了严重的剥削关系，并试图通过干预其他国家的政治达到掠夺其经济利益的目的，战争和冲突由此而起，世界和平面临着严峻考验。与西方现代化模式不同，中国式现代化是走和平发展道路的现代化。中国在实现现代化的进程中，从未对外输出战争，也从未通过掠夺和剥削其他落后国家积累自己的财富，不仅如此，中国在实现自身发展之后，还积极慷慨地帮助其他发展中国家进行现代化建设，通过合作共赢带动其他国家的发展。在中国共产党的领导下，中国创造了举世罕见的经济发展奇迹和社会长期稳定奇迹，成为维护世界和平稳定的中坚力量。

现代化内含着工业化，而工业化的推进也往往会对环境施加更多的压力。中国在实现现代化的过程中积极践行绿色发展道路，倡导节能减排，贯彻"绿水青山就是金山银山"的理念，带头为世界各国做出表率，用实践走出了一条可持续发展的现代化道路，不仅破解了后发国家在推进现代化进程中的"生态之困"，也探索出了一条超越西方国家"先污染后治理"的现代化新道路，为世界可持续发展注入了新动力。

新型经济全球化的理论建构与实践发展[*]

——习近平经济全球化理念学习体会

葛浩阳　陆　茸

党的十九大以来，习近平总书记多次就经济全球化发表重要讲话，指出"经济全球化是历史潮流"[①]，要"坚决反对保护主义"。同时，针对当前经济全球化发展的困境，提出"各国应加强创新成果共享"，"让发展成果惠及更多国家和民众"[②]。这些论断为我们正确认识经济全球化提供了有力指导。进入 21 世纪以来，经济全球化步入了挑战和机遇并存的关键时期：一方面，以发达国家主导的经济全球化遭遇到越来越多的发展困境，具体表现为世界范围内的逆全球化潮流，尤其以美国最具代表性。近年来，美国采取贸易保护主义，陆续退出多个全球性合作协定和组织，使经济全球化面临新的挑战。另一方面，作为世界第二大经济体，中国在习近平经济全球化理念的指导下，积极推进开放共享、互利共赢的新型经济全球化进程，与各国携手共建"一带一路"，搭建新的国际合作平台，形成新的全球治理机制，为经济全球化的发展提供新的路径和理论指导。因此，经济全球化的发展困境与新的发展路径并存这一现实就构成了我们认识当前经济全球化的两个重要方面。在此基础上，深入学习并领会习近平经济全球化理念，并以之为指导构建新型经济全球化的理论、推进新型经济全球化的实践，有着丰富而重要的现实意义。

一、构建新型经济全球化的实践及理论需求

新型经济全球化的构建，既是实践层面的需要，也是理论层面的需求。全球经济自 2008 年金融危机之后呈现出许多新的特征，一方面发达国家经济长期表现低迷，另一方面新兴国家的经济增长迅速，这种结构性变动形成了一组对比明显的反差，也对旧有的全球经济治理体系提出了挑战。同时，发达国家和新兴国家对经济全球化也呈现出截然不同的态度，全球化的动力源发生了转变，在这些新变化面前，旧有的经济全球化理论无法做出准确全面的解释，因此，我们有必要在理论上进行新的探索。

　＊　本文选自《当代经济研究》2021 年第 3 期。本文得到基金项目"中央高校基本科研业务费研究项目"（JBK2101020）的资助。

　①　习近平：《开放合作命运与共》，《人民日报》2019 年 11 月 6 日。

　②　习近平：《开放合作命运与共》，《人民日报》2019 年 11 月 6 日。

（一）构建新型经济全球化的实践需求

近年来，经济全球化不断遭受各方面的挑战，以美国为代表的发达国家掀起贸易保护主义的浪潮，从 2017 年到 2019 年陆续退出跨太平洋伙伴关系协定（TPP）、《巴黎气候变化协定》、联合国教科文组织、《武器贸易条约》等多个全球性合作协定和组织，对国际多边治理机制不再予以重视，转而寻求双边治理和区域性合作，使经济全球化呈现出"一体化"和"碎片化"交错的特征①，全球治理也因此陷入困境。事实上，目前的经济全球化模式和全球经济的治理规则，不过是世界经济发展所呈现出来的阶段性特征，并不具有普遍性和永恒性，经济全球化陷入困局，也并不意味着经济全球化的进程会就此停滞或逆转，问题的关键亦不在于是否要寻求保护主义或民族主义的庇护以寻求暂时的稳妥，而在于思考如何构建一个更具包容性和开放度的新型经济全球化。

历史地看，发轫于二战之后的第二次经济全球化②，首先以两个"平行市场"的方式在资本主义世界和社会主义世界分别展开③。资本主义世界的经济全球化在 20 世纪 70 年代之后发展到一个新阶段：一是布雷顿森林体系的解体为资本的国际流动打开了便利之门④；二是技术变革尤其是运输和通信这两项"空间压缩"技术的变革使跨国公司的全新组织结构和复杂地理层级成为可能，为发达国家产业的国际转移奠定了技术基础⑤。进入 20 世纪 90 年代，随着社会主义阵营的解体，第二次经济全球化宣告结束，第三次经济全球化以资本主义国家为主导在世界范围内得到迅速推广，并在 2008 年国际金融危机之前一直处于上升的势头，2008 年之后，经济全球化陷入低潮。世界银行的统计数据显示，全球贸易量占 GDP 比重从 20 世纪 90 年代以来不断提高，从 1990 年的 38.73% 提高到 2008 年的顶峰 60.83%，但在 2008 年之后急速下跌，至今也尚未恢复至 2008 年的水平⑥。另外，《全球贸易增长报告》显示，全球国际贸易增长在 1990—2007 年为 6.9%，在 2008—2015 年平均增长约为 3.1%，在 2016 年，全球贸易的增长率不仅低于全球 GDP 的增长率而且只有后者的 80%。如此低迷的全球贸易增速在过去 50 年里只出现过五次，而现在则是处于连续四年低于 3% 的水平⑦。同时，近年来西方民粹主义政治势力的上升也对全球化进程造成了重大负面影响⑧，极右民粹主义反对自由主义，提倡贸

---

① 刘卫东等：《"一带一路"战略研究》，商务印书馆，2017，第 19 页。

② 胡鞍钢、王蔚：《从"逆全球化"到"新全球化"：中国角色与世界作用》，《学术界》2017 年第 3 期。

③ 张祥云：《重评斯大林"两个平行市场"理论》，《理论学刊》1993 年第 3 期。

④ 刘卫东、Michael Dunford、高菠阳：《"一带一路"倡议的理论建构——从新自由主义全球化到包容性全球化》，《地理科学进展》2017 年第 11 期。

⑤ 迪肯：《全球性转变：重塑 21 世纪的全球经济地图 [M].》刘卫东，等译，商务印书馆，2007，第 75—101 页。

⑥ 胡鞍钢、王蔚：《从"逆全球化"到"新全球化"：中国角色与世界作用》，《学术界》2017 年第 3 期。

⑦ 张茉楠：《"特朗普主义"下的逆全球化冲击与新的全球化机遇》，《中国经济时报》2017 年 2 月 16 日。

⑧ 郑永年、张弛：《逆全球化浪潮下的中国国际战略选择》，《当代世界》2017 年第 8 期。

易保护主义，在国际事务中背离多边主义原则，使 20 世纪 90 年代以来的第三次经济全球化进程遭遇重大挑战。

实践证明，发达资本主义国家主导的经济全球化模式具有不可持续性。随着以"金砖国家"为代表的发展中国家在国际上影响力的日益提升，后发国家势必会对目前不合理的国际经济规则提出改进的要求。同时，发达国家在经历了 2008 年全球金融危机之后，经济增长一直乏力，新的技术革命和产业革命迟迟未能出现，这就使得发展中国家对世界经济的贡献和推动起到了越来越重要的作用。以中国为代表的发展中国家正在倡议通过建立新的多边合作机制对目前陷入困境的经济全球化进行扩容升级，为经济全球化注入新鲜的元素和动力。目前来看，这一倡议在国际上已经取得了多方面的建设成就，为新型经济全球化的构建奠定了基础。

（二）构建新型经济全球化的理论需求

目前，经济全球化的发展陷入困境，很大程度上是因为缺乏与时俱进、更为有效的理论指导。关于经济全球化的理论，目前占主导地位的仍是新自由主义理论。新自由主义认为，要提高经济效率、促进经济增长，就必须最大限度地减少政府干预，解除对资本的国内和国际管制，使要素能够在全球范围内自由流动，以达到资源的最优化配置。新自由主义以"华盛顿共识"为主要框架，在全球范围内推行自由化、市场化和私有化。但自 20 世纪 80 年代以来，新自由主义全球化的推广并没有为后发国家带来预期的经济成效，反而不断地在东欧和拉美制造出种种社会问题，使这些地方的经济发展陷入困境。新自由主义全球化在后发国家所导致的弊病其实并不令人意外。事实上，这一经济全球化理论的提出，其初衷并不是为了解决后发国家的发展问题，而是为了解决发达国家在 20 世纪 70 年代所陷入的"滞胀"问题。但新自由主义的全球化药方并没有真正解决问题，而是把问题推广到了全世界。斯蒂格利茨（JosephEu-geneStiglitz）认为，在过去 30 年里，不仅美国国内的贫富分化加剧了，模仿美国的那些国家贫富分化也都加剧了，这是一种伴随着经济全球化的典型特征[①]。此外，新自由主义的全球化方案更是对国际平等和全球民主等问题毫无计策可施，美国的霸权主义行为依然很难受到实质约束，弱小国家的主权和利益依然不时受到侵犯，国际社会在某种程度上依然呈现出严酷的"丛林法则"。可以说，新自由主义经济全球化的理论已经在多个方面陷入"失灵"，构建新型经济全球化必须要有新的经济全球化理论与之匹配。

除新自由主义以外，国际上比较流行的关于经济全球化和全球经济治理的理论还有查尔斯·金德尔伯格（Charles P. Kindleberger）的"霸权稳定理论"。"霸权稳定理论"以奥尔森（Olson）的"集体行动的逻辑"为理论借鉴，融合了罗伯特·吉尔平（Robert Gilpin）、斯蒂芬·克拉斯纳（Stephen D. Krasner）等现实主义国际政治经济学理论，认为在国际公共产品的供给上，如果没有一个大国愿意提供安全稳定的国际市场和自由贸易机制，世界经济的运转将陷入失灵。同时，霸权国的存在也为中小国家提供了"搭便车"的机会，使"霸权"虽然带有政治和经济上的非平等性质，但在一定程度上也具备正的外部效应。这一理论明显具有为发达

---

① 斯蒂格利茨：《不平等与经济增长》，周建军、张晔译，《经济社会体制比较》2017 年第 1 期。

国家的霸权主义行为辩护的色彩，却是西方国家看待国际关系的流行理论，也正因为如此，西方国家才会对中国的崛起抱有"修昔底德陷阱"的警惕。而事实上，如果按此理论理解，中国等后发国家兴起的最终角色也不过是以新的霸权取代旧的霸权，这与我国实际追求和一直提倡的平等、独立、和平的国际关系显然是矛盾的。

近些年来，伴随着逆经济全球化的兴起，哈佛大学教授丹尼·罗德里克（Dani Rodrik）提出的经济全球化"三元悖论"受到广泛关注。罗德里克认为，一国政府只能在经济全球化、政策主权和民主政体三者之中任选两个，而无法做到三个同时选择，如果要选择国家主权和民主政体，就必须要容忍一个轻量级的经济全球化①。"三元悖论"很巧妙地为当前逆经济全球化的发生提供了理论上的支撑，似乎引导人们相信当前的经济全球化陷入困境并不值得担忧，因为一个超级全球化本来就和国家主权及民主政体不相容。但是，这一理论更多地只是从经济全球化的表现上做了直观的分析，尚未揭示出矛盾的实质。民主政体和国家主权与经济全球化的矛盾关系，本质上是资本和劳动关系在一个更为复杂的博弈规则下的展开，属于资本主义生产方式下特定的产物，并不具有一般性。因此，全球经济的"三元悖论"也就只具有特殊性，并非一定不可避免。问题的根本并不是在三者之间做取舍，而是要考虑构建一个有利于劳动而不是有利于资本的经济全球化，一个更加包容和普惠、能够有效地解决"三元悖论"的经济全球化②。

时代的需要催生出理论和实践的创新，在西方发达国家对经济全球化抱以失望和消极态度之时，以中国为代表的发展中国家却在为更进一步推进经济全球化做出积极的努力。2017年1月，中国国家主席习近平在达沃斯世界经济论坛开幕式上发表主旨演讲，并指出，"世界经济的大海，你要还是不要，都在那儿，是回避不了的。想人为切断各国经济的资金流、技术流、产品流、产业流、人员流，让世界经济的大海退回到一个一个孤立的小湖泊、小河流，是不可能的，也是不符合历史潮流的。"③此外，习近平主席还多次在重要国际场合发表讲话，阐释了构建"人类命运共同体"和"共商共建共享"全球治理观的理念，为处于逆境中的经济全球化指明了发展的方向和路径。

二、新型经济全球化的理论建构：习近平经济全球化理念的形成及内涵

新型经济全球化的构建需要科学理论的指导，只有在正确的理论指导下，经济全球化才能朝着健康可持续的方向发展。习近平总书记的经济全球化理念在继承马克思恩格斯经典理论的基础上，深刻洞悉时代变化，准确把握历史走向，有力地回

① 罗德里克：《全球化的悖论》，廖丽华译，中国人民大学出版社，2011：167.
② 葛浩阳：《全球经济的"不可能三角"真的不可能吗——对丹尼·罗德里克全球化理论的批判性考察》，《经济学家》2019年第6期。
③ 习近平：《共担时代责任共促全球发展》，《人民日报》2017年1月18日。

350

应了经济全球化的理论之困，为新型经济全球化的构建指明了方向。具体地看，习近平总书记关于经济全球化的论述，以"人类命运共同体"思想及"共商共建共享"的全球治理观为核心，已逐渐形成了体系完善的经济全球化理论。

（一）"人类命运共同体"理念的内涵及意义

关于经济全球化理论，马克思恩格斯曾做过"世界历史"和"世界市场"的阐述。马克思恩格斯的"世界历史"理论主要包含以下内容：首先，世界历史形成的根本原因在于物质生产实践，在于生产力的不断发展以及与之相适应的交往关系的不断发展；其次，世界历史的形成和资本主义的发展紧密结合在一起；最后，世界历史的真正实现是通过共产主义和人类个体的解放达到的。"世界市场"理论则主要包括以下几个方面：第一，"世界市场"是资本对利润无限追逐的空间表现之一；第二，"世界市场"使各个生产要素得到了充分流动和有效利用，是社会生产力发展的必然要求和体现；第三，"世界市场"的形成，不可避免地带来了国际的不平等交换和依附关系。可以看出，"世界历史"和"世界市场"理论是马克思恩格斯运用唯物史观对资本主义全球扩张时期经济全球化的发展状况及未来走向和发展趋势进行的深入研究和思考，阐释了资本主义生产方式在全球范围的形成和发展。

以马克思恩格斯的"世界历史"和"世界市场"理论为观照，可以看到，当今的世界已经进入一个全新的发展阶段，互联网的普及、物联网的兴起，以及人工智能、大数据的突飞猛进，使人类社会无论在生产层面还是在信息交流层面都明显不同于第三次工业革命之后的世界。伴随着第四次工业革命的方兴未艾，"世界历史"日渐进入了一个新阶段，"经济全球化、社会信息化、文化多样化，这些潮流已经滚滚向前，全人类已经形成共识，在追求合作、和平、发展、共赢"[1]。而"世界历史"每推进到一个新的阶段，都需要新的理论来指导，如果说国与国之间的现实主义选择是二战之后国际秩序的一个典型特征，那么"人类命运共同体"则是形成新型国际关系的必然选择。

"人类命运共同体"理念是以习近平同志为核心的党中央在新的世界形势下，对解决新时期国际关系和人类历史发展方向等问题所做的深入系统的思考，是对马克思主义经济全球化理论的重大创新。2015年9月，习近平主席出席纪念联合国成立70周年大会并发表讲话，首次提出"人类命运共同体"的概念，习近平主席说："当今世界，各国相互依存、休戚与共。我们要继承和弘扬联合国宪章的宗旨和原则，构建以合作共赢为核心的新型国际关系，打造人类命运共同体。"[2] 2017年1月，习近平主席在联合国日内瓦总部发表重要讲话，从理论到政策建议全方位地阐述了为何要构建"人类命运共同体"以及如何构建"人类命运共同体"。在这一讲话中，习近平主席提出要从坚持协商对话、坚持共建共享、坚持合作共赢、坚持交流互鉴、坚持绿色低碳五个方面共同构建"人类命运共同体"[3]。

① 逄锦聚：《为构建人类命运共同体作出更大贡献》，《解放日报》2017年10月13日。
② 习近平：《携手构建合作共赢新伙伴同心打造人类命运共同体》，《人民日报》2015年9月29日。
③ 习近平：《共同构建人类命运共同体》，《人民日报》2017年1月20日。

　　"人类命运共同体"理念的提出，立足现实，展望未来，体现了中国人民对当今世界的深刻理解，是中国新一代领导人对经典马克思主义经济全球化理论的新发展，也是对解决当前逆经济全球化现象提供的"中国智慧"。新自由主义主导的资本主义经济全球化是"资本的全球化"，最终建构起来的是"资本共同体"，在资本面前，具体的个人消失了，一切行为都围绕着资本增殖展开，带来的只能是国与国之间和一国内部的贫富差距加剧、国家经济增长乏力等问题。"人类命运共同体"思想摒弃资本逻辑的束缚，明确提出构建全世界范围内的人类命运休戚与共的整体，人类普遍联系起来，超越传统的"国家共同体""民族共同体""意识形态共同体"等局部共同体的局限和狭隘，塑造新型国际关系。

　　"人类命运共同体"理念要求世界各国摒弃狭隘的短视行为，视全人类为一个统一的利益共同体。一国一地的行为会在全球范围内形成"蝴蝶效应"，影响其他国家和地区。在这个意义上，任何局部问题其实都成了世界问题，任何国家内部的问题都应该放置到世界范围内来考量，一意孤行地以本国利益为至上的单边主义行为，最终损害的不仅是他国的利益，本国利益也必将受到影响。事实上，在经济全球化背景下，本国的发展已经离不开世界，只有世界发展好了，本国才能发展得更好。所以，帮助他国其实就是帮助自己；反之，抵制或者试图抛弃他国搞孤立主义，那么最终也将会被世界所抛弃。习近平主席在2018年中非合作论坛北京峰会中提出："中国主张多予少取、先予后取、只予不取，张开怀抱欢迎非洲搭乘中国发展快车。"① 这样一种眼光和做法，既带动了世界的进步，也促进了中国本国的发展，是一种全球化的双赢选择，也是在当代各国紧密联系的现实下最智慧的选择。

　　（二）"共商共建共享"的全球治理观

　　以"人类命运共同体"理念为理论指导构建新型经济全球化，需要在具体政策层面有新的治理理念予以支撑和保障。过去西方发达国家主导的全球经济秩序，带有极大的强迫性和单向性。所谓强迫性，是指在参与全球经济过程中，发达国家通过各种软硬条款，迫使落后国家接受其提出的政治或其他方面的附加条件，变相地干预其他参与国的内政；所谓单向性，是指发达国家在主导全球经济时，往往不能平等地对待每个国家，对弱国和小国，以及意识形态、政治制度和自身异质的国家，有很大的歧视和偏见。这些做法不仅极大地损害了落后国家的利益，也影响了世界各国参与经济全球化的热情，使得在这一治理观念主导下的全球经济发展越来越不可持续。如果要破除这种困局，就必须以新的治理观推动新一轮的经济全球化。中国"共商共建共享"全球治理观的提出，为全球治理提供了可资借鉴的中国方案。

　　"共商共建共享"的全球治理观，是在2015年10月中共中央政治局第27次集体学习中被首次提出的。这一新的理念，是为应对当前逆经济全球化现象开出的"中国方案"，也是中国对未来经济全球化提出的构想。一方面，它承认过去的经济全球化的确存在不足和问题，尤其是全球范围内贫富差距的拉大和部分地区陷入

---

① 习近平：《携手共命运同心促发展》，《人民日报》2018年9月4日。

增长的困境；另一方面，它立足于改善目前全球治理的困境，为塑造更为公平和有效的良好治理环境提供新的思路。

（1）"共商"，是指经济全球化面临的问题应由各个国家共同商议解决，这一理念是对不负责任的单边主义行为的超越。全球各个国家是休戚与共的整体，任何部分的变动都会"牵一发而动全身"，影响到其他国家发展。而在国际关系当中，每个国家不论领土大小、不论实力强弱都应当是平等的存在，因此，在涉及共同利益的问题上，通过征求各方意见进而达成共识，将是最优的结果。"共商"的治理理念，意味着各个国家有平等的话语权，大国和强国应该承担更多的治理责任，而不是凭借实力为达到自身目的不惜牺牲小国的利益。事实上，"共商"是全球化的基本要求，如果国与国之间连共同商议都做不到，遇到问题单方面地选择损人利己甚至损人不利己的行为，只会为全球化的发展带来更加负面的影响。

（2）"共建"，是指国际化的合作平台和治理机构应该由各个国家共同建设、共同参与，这一理念是对本国优先、本国至上主义的超越，也是对各自为政的关门主义的超越。只有通过共同建设，才能更深地促进国与国之间的交流合作，才能将国与国之间的利益更多地结合在一起，进而使全球各国在风险来临的时候能够主动摒弃孤立主义的行为，参与到荣辱得失与共的全球治理体系之中。而在新自由主义推行的资本主义经济全球化过程中，一些国际机构事实上已经变相成为发达国家对发展中国家进行掠夺的工具。正如曾担任世界银行副行长的斯蒂格利茨所指出的，国际货币基金组织和世界银行这些助推经济全球化的国际机构并没有使发达国家和发展中国家之间的关系发生根本的改变，并且发展中国家面临的主要障碍正是国际货币基金组织造成的[①]。因此，"共建"的治理理念，为今后国际合作平台的建设提供了更为合理的思路。

（3）"共享"，是指经济全球化的成果应由各个参与国共同分享，这一理念针对的是全球范围内收入分配不平等、经济发展不均衡等现象。众所周知，新自由主义经济全球化所遭受的指责，其中一个重要方面即是经济全球化不仅没有解决全球范围内的贫困问题，反而使贫困问题日益突出，据世界银行估算，如果以 1.25 美元/日为贫困线，1981—2005 年全球共减少贫困人口 5.195 亿人，其中，中国减少了 6.274 亿人，也就是说，除中国以外世界其他国家的贫困人口净增了 1.08 亿人。显然，新自由主义主导的经济全球化并没有造福全球，而"共享"治理理念的提出，既是中国自身发展经验的总结提炼，也是针对目前经济全球化的弊端开出的"中国方案"，以期努力减少全球发展的不平等和不平衡，使各国人民共同分享世界经济增长的成果。

"共商共建共享"的全球治理观是中国面对西方主导的经济全球化退潮下提出的新的解决思路，它更加注重国与国之间的平等合作、互利共赢，强调国与国之间不论大小、不论强弱，都应该平等对待互相尊重，遇到问题只有各相关国家共同商议、共同谋划、共同解决，才能实现共赢式发展。中国倡导的全球治理，通过与国际社会的共商、共建、共享，必将为中国发展和人类进步作出划时代的贡献，中国

---

① 斯蒂格利茨：《全球化及其不满》，李杨、章添香译，机械工业出版社，2010，第20页。

智慧亦将在应对全球挑战中迸发出更加耀眼的光芒。

三、新型经济全球化的实践发展："一带一路"倡议与建设成就

在习近平经济全球化理念的指导下，新型经济全球化的实践也取得了显著成就，涵盖了商品贸易、金融投资、基础设施建设、合作平台搭建、对话机制培育等多项内容，具体体现在以下几个方面：围绕"一带一路"倡议而进行的铁路、港口等基础设施建设；以亚投行、丝路基金等为代表的金融机构的设立；以亚太经济合作组织（APEC）、区域全面经济伙伴关系协定（RCEP）等为代表的合作平台的强化或建立；以二十国集团（G20）峰会、中非合作论坛、中国—东盟领导人会议等为代表的政府间对话机制的加强。其中，以"一带一路"建设最具代表性，"一带一路"建设既有商品贸易的往来，又有金融资金的流动，还有基础设施的营建，覆盖范围广、涉及国家多、合作内容丰富，是新型经济全球化的重要推动力。

作为推进新型经济全球化建设的现实实践和"共商共建共享"全球治理观的载体，中国倡议的"一带一路"建设积极地将"人类命运共同体"的理念推广到全世界。"一带一路"建设是中国参与构建新型经济全球化的重要实践内容和探索路径，正如习近平总书记指出的，"在'一带一路'建设国际合作框架内，各方秉持共商、共建、共享原则，携手应对世界经济面临的挑战，开创发展新机遇，谋求发展新动力，拓展发展新空间，实现优势互补、互利共赢，不断朝着人类命运共同体方向迈进。"[①]

自 2013 年提出以来，"一带一路"倡议在短短数年内已取得了卓有成效的建设成果。首先，在顶层框架上基本形成了"五大建设方向"和"四大主体框架"，其中"五大建设方向"又包括丝绸之路经济带三大走向和 21 世纪海上丝绸之路两大走向。在顶层框架之下，"一带一路"建设的合作内容广泛、全面，主要涉及政策沟通、设施联通、贸易畅通、资金融通、民心相通五个方面。本质上，"一带一路"建设是经济全球化的新模式，是构建人类命运共同体的重要途径。它以经济建设为先导，以政治合作为助力，以文化交流为依托，为所有参与国提供平等的经济发展机会，各国共同携手参与全球经济治理，摒弃了以少数发达国家为中心、国与国之间不平等的经济全球化模式，真正体现了各个国家命运与共、合作共赢的价值理念。同时，经济合作和资金支持不再附有政治性条款——这种附加性条款在资本主义国家主导的经济全球化模式下是一种常见现象，各个国家在尊重彼此主权和文化的基础上，将自身利益与其他国家的利益协调起来，将本国发展与全球发展贯通起来，以打造"人类命运共同体"为目标，塑造新型经济全球化发展模式。其次，"一带一路"是一个具有巨大包容性和广泛辐射力的国际性合作倡议，围绕该倡议，中国同各方一道打造了多个国际合作新平台，并强化了相关国际交流机制，为世界共同发展增添新动力。2013 年 10 月 2 日，习近平主席提出筹建亚洲基础设施投资银行（AIIB）倡议，其主要功能在于重点支持基础设施建设，宗旨是为了

---

① 习近平：《开辟合作新起点谋求发展新动力》，《人民日报》2017 年 5 月 16 日。

促进亚洲区域的建设互联互通化和经济一体化的进程，并且加强中国及其他亚洲国家和地区的合作。2014 年 11 月 8 日，习近平主席在"加强互联互通伙伴关系"东道主伙伴对话会上宣布，中国将出资 400 亿美元成立丝路基金，为"一带一路"共建国家与互联互通有关的项目提供投融资支持。2017 年 1 月 17 日，习近平主席在达沃斯世界经济论坛年会上宣布，2017 年 5 月中国将在北京主办"一带一路"国际合作高峰论坛，为解决当前世界和区域经济面临的问题寻找方案，让"一带一路"建设更好造福各国人民。这些国际合作新平台，极大地推动了"一带一路"建设和国际合作发展。

正如"人类命运共同体"理念所揭示的，新型经济全球化应该是消除了霸权与强权，实行真正体现民主和平等的经济全球化，也应该是缩小国与国之间差距、化解发展赤字的经济全球化，"一带一路"建设即是这种思想的体现。"一带一路"是一个涉及全方位的经济合作体系，其秉持的理念是"共商、共建、共享"，只有共同合作才能破解经济全球化过程中面临的一系列新旧问题。"一带一路"通过港口、道路、桥梁等基础设施的建设，体现了中国实实在在地助力"一带一路"合作伙伴发展经济改善民生的目的，并通过强化实体经济为发展中国家经济的长足发展奠定了基础，同时，"一带一路"建设也更加强化了世界经济的多边贸易合作机制。

"一带一路"倡议自提出并实施以来，已取得了多方面的显著成就。第一，进出口贸易额和经济贡献度方面。2013 年至 2017 年，中国与"一带一路"共建国家进出口总额达 69 756.23 亿美元，与相关国家贸易增速高于中国对外整体增速，成为我国对外贸易的重要推动力量。截至 2018 年 9 月底，中国与"一带一路"合作伙伴进出口总额超 6 万亿美元，为当地创造 24.4 万个就业岗位，上缴东道国税费累计 20.1 亿美元，新签对外承包工程合同额超过 5 000 亿美元，建设境外经贸合作区 82 个，对外直接投资超过 800 亿美元[①]，为世界经济的增长和平稳发展做出了重要贡献。第二，港口建设和港口贸易方面。目前，我国港口已与世界 200 多个国家、600 多个主要港口建立航线联系，海运互联互通指数保持全球第一，而我国与"一带一路"合作伙伴的港口联通度要明显高于其他交通设施联通水平，其中，与韩国、印度、印度尼西亚三个国家的港口运输交流最为频繁，并带动了贸易合作的发展。第三，投融资和金融合作方面。"一带一路"倡议实施以来，投融资体系建设不断推进，开发性和政策性金融支持力度持续加大，多双边投融资机制和平台发展迅速，为共建"一带一路"提供了强有力的支撑。金融合作方面，截至 2018 年 7 月底，亚投行成员已达 87 个，其中来自"一带一路"的国家超过六成，而由中国出资 400 亿美元成立的丝路基金，2017 年获增资 1 000 亿元人民币，已签约 19 个项目。同时，24 个国家设立中资银行各类机构 102 家，人民币跨境支付系统覆

---

① 《数说"一带一路"成绩单》，中国一带一路网，https://www.yidaiyilu.gov.cn.访问日期：2021 年 1 月 21 日。

盖 40 个"一带一路"国家 165 家银行[1]。第四，铁路建设和铁路贸易方面。我国与世界其他国家的铁路联通水平也表现突出，其中中欧班列贡献不小并增速明显。截至 2018 年 8 月底，中欧班列累计开行数量突破 10 000 列，到达欧洲 15 个国家 43 个城市，国内开行城市也达到 48 个，返程班列比例达到去程班列数的 69%[2]，运载货物也由最初的电脑、手机等电子产品逐步扩大到服装鞋帽、粮食、葡萄酒、汽车及配件等日常生活必需品。

"一带一路"倡议是构建人类命运共同体的重要举措，体现了"共商共建共享"的全球治理观，是新型经济全球化的代表性成果。"以共建'一带一路'为实践平台推动构建人类命运共同体，这是从我国改革开放和长远发展出发提出来的，……共建'一带一路'不仅是经济合作，而且是完善全球发展模式和全球治理、推进经济全球化健康发展的重要途径。"[3] 共建"一带一路"成就的取得，不仅落实了习近平总书记经济全球化的理念，而且进一步丰富了其实践内容，有力地推动着新型经济全球化的发展。

四、以习近平经济全球化理念为指导构建新型经济全球化

综合以上对习近平总书记经济全球化理念的阐述，可以看出，这一理念是在新的时代形势下对马克思主义经济全球化理论的创新和发展，既继承了马克思恩格斯"世界历史"和"世界市场"等经典理论的思想内涵，又赋予其新的与当前实践密切相关的时代特征。经济全球化的趋势不会改变，虽然目前来看经济全球化遭受了不少挫折，但这只不过是新自由主义所建构的不合理国际经济秩序的阶段性反映，也是西方国家在内政治理上长期积累的弊病所致，并不会从根本上逆转世界经济的发展方向。这就需要改革不合理的国际制度和规则，倡导并落实国际关系的民主化，改善国内民生，缩小贫富差距，从根本上消除和平赤字、发展赤字、治理赤字，构建开放、包容、普惠、平衡、共赢的新型经济全球化秩序，使经济全球化朝着更加健康、稳定、可持续的方向发展。

新型经济全球化的构建是基于现实发展和时代需要而对未来经济全球化发展方向的准确判断。互联网、物联网、大数据、人工智能、3D 打印等新的技术手段正在把人类社会构建成一个密不可分的网络社会，你中有我，我中有你，全球产业链和全球市场使世界各地的人们越来越息息相关，这些都为"人类命运共同体"的构建和形成奠定了物质基础。伴随新的技术手段和生产方式的普及，也一定会有与之相适应的新的生产关系出现，这为"人类命运共同体"的形成提供了现实依据和社会基础。根据习近平经济全球化理念，未来的新型经济全球化应该具备开放、

---

[1] 《数说"一带一路"成绩单》，中国一带一路网，https://www.yidaiyilu.gov.cn.访问日期：2021 年 1 月 21 日。

[2] 《数说"一带一路"成绩单》，中国一带一路网，https://www.yidaiyilu.gov.cn.访问日期：2021 年 1 月 21 日。

[3] 赵超、安蓓：《坚持对话协商共建共享合作共赢交流互鉴推动共建"一带一路"走深走实造福人民》，《人民日报》，2018 年 8 月 28 日。

包容、普惠、平衡、共赢等基本内涵。

第一，新型经济全球化是更加开放的经济全球化。"开放"是全球化的内在基本要求，闭关锁国、保护主义与经济全球化的世界大势越来越不相符合，在全球分工日益细化、全球产业链日益复杂的今天，"开放"不仅能使一国经济融入世界经济的大浪潮中以更好发挥自身的比较优势，也能使其在更为激烈的国际竞争条件下不断提高技术水平和核心竞争力，从而使本国的经济更具活力和韧性。相反，以邻为壑的贸易保护主义在短期内似乎有利于缓解本国经济的问题，但长期来看，只会造成本国和其他国家双输的结局。也正是基于此，习近平总书记在 2019 年第二届中国国际进口博览会开幕式上讲道："中国开放的大门只会越开越大。"[①] 这种要求，不仅是中国对参与经济全球化的其他国家的庄严承诺，也是未来新型经济全球化应有的基本特征。

第二，新型经济全球化是包容的经济全球化。旧有的经济全球化模式之所以会陷入困境，就在于其本身具有一定的排他性，具体表现在：占主导地位的发达资本主义国家能够很容易地容纳与自身国情和自身制度模式相近的国家加入进来，但对于国情和制度模式跟自己不同的国家则较难容纳，甚至采取某些歧视性政策将这些国家排除在贸易体系之外。因此，这种经济全球化模式必然会有一定的局限性。而新型经济全球化则是包容度更广的全球化，世界上各个国家，不论大小强弱，不论实行何种制度，都可以在同一个平台上进行经济合作和贸易往来。

第三，新型经济全球化是普惠的经济全球化。所谓"普惠"，就是指各国能够普遍地享受到经济全球化带来的实惠，而不是成为中心国家掠夺外围国家的工具，使富国愈富穷国愈穷。新型经济全球化是对过去资本主义经济全球化模式的改造，也是对新自由主义思潮主导下的经济全球化模式的纠偏。在未来的新型国际经济发展格局中，应当更多地考虑和照顾弱小国家的利益，更加公平地对待发展中国家和落后国家，只有构建一个普惠的经济全球化模式，让全球化真正造福全球，才能保证经济全球化健康持续发展。

第四，新型经济全球化是平衡的经济全球化。当前的经济全球化之所以陷入困境，其中一个主要原因在于各方面的"失衡"：国家与国家之间利益关系的失衡，国家内部不同群体之间利益关系的失衡，经济全球化和主权国家之间关系的失衡，等等。所谓"平衡的经济全球化"，就是在推进经济全球化进程时，能够平衡考虑各方的诉求和呼声，平衡国与国之间的发展，发达国家在满足自身需求的情况下能够更多地帮助落后国家取得更快更好的发展。

第五，新型经济全球化是共赢的经济全球化。如上文所揭示的，新自由主义的全球化模式有着强烈的"中心-外围"特征，这样一种结构已经先天地决定了只要这个模式本身没有被打破，那么中心国家剥削外围和边缘国家的现实就不会改变，也正是这个原因，以往的经济全球化使一些国家不仅没有通过参与其中改善自身的状况，反而导致了本国的发展进程受阻、资源和环境条件恶化，因此，世界各地的

---

① 赵超、安蓓：《坚持对话协商共建共享合作共赢交流互鉴推动共建"一带一路"走深走实造福人民》，《人民日报》2018 年 8 月 28 日。

反全球化运动层出不穷。新型经济全球化将克服这种弊端，使各个参与国都能够赢取更多的发展成果，国与国之间通过共同协商、共同合作解决个别国家在参与经济全球化过程中的发展问题，要深刻地意识到只有少数国家能赢的模式是必定不可持续的，而这种不可持续反过来也会使这些少数国家陷入输局，最终的结果必然是"共输"，因此，新型经济全球化应该吸取旧有经济全球化模式的教训，努力构建成为一个具有吸引力的"共赢"平台。

以开放、包容、普惠、平衡、共赢为基本内涵的新型经济全球化，是解决当前经济全球化困境的有效方案，也是应对个别发达国家贸易保护主义政策和单边主义行为的针对性措施。新型经济全球化的构建，将为当前阴云笼罩的世界经济起到拨云见日的作用，使世界各国避免陷入以邻为壑、互立壁垒的恶性循环中，维护来之不易的多边贸易体制，推动世界经济向着更健康、更积极的方向迈进。从目前来看，旧有的经济全球化模式使后发国家陷入依附性发展的恶性循环中，导致外围国家出现种种发展中的"陷阱"，这种结果的出现其实和新自由主义政策有直接联系。新自由主义的实施使金融资本具有了极大的国际流动性，而产业资本和科技资本的流动性则相对较弱，所以这样一种机制不仅给后发国家带来了非常不利的产业结构扭曲等负面影响，也导致发达资本主义国家经济出现"脱实向虚"现象。新型经济全球化的构建，主要以基础设施和大型实体经济的建设为依托，以多方参与和共商、共建、共享为路径，有利于建立起一套更加平等、更具互利性的要素流动体制，推动世界经济实现更高层次、更高质量发展。

中国式现代化的实践逻辑

田世野

经过 70 多年的发展，中国已成为世界第二大经济体，同时保持了社会的长期稳定，人民生活水平显著提高。与惊人的发展成就一样引人注目的是，中国走出了一条不同于西方的全新的现代化道路。中国式现代化道路历经曲折，但透过历史，仍然可以清晰看见其背后贯穿始终的逻辑主线。

第一，中国式现代化始终在中国共产党领导下，坚持走社会主义现代化道路。西方式现代化本质上是以资本为中心的现代化，这使得这一现代化道路不可避免地带有自发性、掠夺性，伴随着激烈的社会冲突。中国式现代化是中国共产党领导下的社会主义现代化，有效克服了西方资本主义现代化道路的内在弊端。首先，中国共产党领导人民推进现代化，归根结底是为了增进全体人民的福祉，而不是为了少数人的利益，这就从根本上保证了中国式现代化是包容、共享、和谐的现代化。其次，在实现现代化的过程中，中国共产党始终起着总揽全局、协调各方的作用，这使得我们能够有效动员和组织全社会的人力、物力、财力，团结一致，集中力量办大事。最后，发展的包容性、共享性和有组织性使得中国式现代化是安定、和谐、有序的现代化，避免了西方现代化过程中普遍出现的社会对立与动荡。

第二，中国式现代化始终坚持人民至上，一切为了人民，一切依靠人民。党的二十大报告指出，"江山就是人民，人民就是江山。中国共产党领导人民打江山、守江山，守的是人民的心"。在探索和追求现代化的各个时期，党始终紧紧地和人民站在一起，这是中国共产党能够战胜一切艰难险阻、创造一个又一个人间奇迹的力量源泉。在新民主主义革命时期，党团结带领广大人民英勇斗争，彻底推翻了压在中国人民头上的"三座大山"，为中国的现代化奠定了牢固的基石；在社会主义革命和建设时期，通过社会主义改造和社会主义国家工业化，党团结带领广大人民自力更生、艰苦奋斗，为现代化奠定了最初的物质技术基础；改革开放时期，中国共产党领导人民不懈探索和奋斗，成功找到了中国特色社会主义这条新路，极大地释放了经济发展活力，中国的现代化进程自此驶入快车道；党的十八大以来，以习近平同志为核心的党中央坚持以人民为中心的发展思想，紧紧依靠人民，历史性地解决了绝对贫困问题，如期实现第一个百年奋斗目标，为全面建成社会主义现代化强国、实现第二个百年奋斗目标奠定了坚实基础。

第三，中国式现代化始终扎根中国大地，实事求是，勇于变革创新。中国式现代化道路是实践探索出来的。中国革命、建设和改革的一条基本经验就是：凡是脱离中国实际、照搬国外理论和模式，无一例外都遭遇失败；只要从中国国情出发，实事求是，总能找到出路。中国式现代化之所以能走出"山重水复"，终至"柳暗

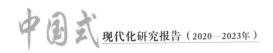

花明"，关键在于我们坚持"变与不变"的辩证法："不变"的是始终坚持马克思主义基本原理、立场和方法，始终坚持立足本国国情、实事求是，始终坚守中国共产党和中国人民矢志不渝追求国家富强、民族复兴、人民幸福的初心使命；"变"的是适应时代和环境变化，勇于变革，勇于创新，不断推进马克思主义中国化、时代化。

第四，中国式现代化始终坚持独立自主，自立自强，把命运牢牢掌握在自己手中。在追求现代化的风雨征程中，中国始终坚持独立自主、自力更生，靠中国人民自己的奋斗、力量实现现代化。改革开放后，我们统筹利用国内国际两个市场、两种资源为现代化建设服务，但独立自主的发展道路和自立自强的奋斗精神从未改变。这一原则、精神贯穿在中国式现代化道路的各个方面和全过程之中。进入新时代，我们一如既往地坚持独立自主、自立自强，从各个方面增强我国自主发展能力，积极构建以国内大循环为主体、国内国际双循环相互促进的新发展格局。

第五，中国式现代化始终坚持走和平发展、合作共赢之路。不同于西方国家通过战争和掠夺实现现代化，中国在实现现代化的过程中从未挑起战争，从未对外掠夺，始终坚持走和平发展道路。从文化上看，中华民族是爱好和平的民族，没有侵略扩张的基因；从发展方式上看，中国始终立足于通过亿万中国人民自己的勤劳、智慧和奋斗来实现现代化，这也决定了中国式现代化不会走上西方式对外侵略、掠夺的现代化老路。14亿多中国人民整体迈入现代化，对世界而言，不是威胁、挑战，而是世界发展的新机遇，包括中国市场、中国技术、中国方案等。在对外关系中，中国一直倡导和坚持平等互利、合作共赢、共同发展，发展成果惠及世界。特别是新时代，中国提出"一带一路"倡议，推动构建人类命运共同体，为解决人类面临的共同问题贡献中国智慧。

中国式现代化道路的这五条逻辑主线是相辅相成、内在统一的有机整体。其中，中国共产党的领导是中国式现代化的本质特征、根本保障和最大优势；人民立场是中国式现代化的力量源泉和价值旨归；立足国情、实事求是、勇于变革创新，是中国探索现代化道路的基本方法和活力之源；独立自主、自立自强是中国式现代化的立足点和精神动力；和平发展、合作共赢则是中国式现代化在对外关系中的基本原则，内生于中国自身的传统文化和发展方式。